北京市高等教育精品教材立项项目

COMPUTER-MEDIATED COMMUNICATION

网络传播学

田丽　谢新洲　编著

北京大学出版社
PEKING UNIVERSITY PRESS

图书在版编目(CIP)数据

网络传播学/田丽,谢新洲编著. —北京:北京大学出版社,2022.7
ISBN 978-7-301-32362-5

Ⅰ. ①网⋯　Ⅱ. ①田⋯ ②谢⋯　Ⅲ. ①网络传播—高等学校—教材
Ⅳ. ①G206.2

中国版本图书馆 CIP 数据核字(2021)第 154677 号

书　　　名	网络传播学 WANGLUO CHUANBOXUE
著作责任者	田　丽　谢新洲　编著
责 任 编 辑	胡利国
标 准 书 号	ISBN 978-7-301-32362-5
出 版 发 行	北京大学出版社
地　　　址	北京市海淀区成府路 205 号　100871
网　　　址	http://www.pup.cn
新 浪 微 博	@北京大学出版社　@未名社科-北大图书
微信公众号	北京大学出版社　北大出版社社科图书
电 子 邮 箱	编辑部 ss@pup.cn　总编室 zpup@pup.cn
电　　　话	邮购部 010-62752015　发行部 010-62750672　编辑部 010-62764706
印 刷 者	天津和萱印刷有限公司
经 销 者	新华书店 730 毫米×980 毫米　16 开本　25.5 印张　472 千字 2022 年 7 月第 1 版　2025 年 7 月第 3 次印刷
定　　　价	69.00 元

未经许可,不得以任何方式复制或抄袭本书之部分或全部内容。
版权所有,侵权必究
举报电话:010-62752024　电子邮箱:fd@pup.cn
图书如有印装质量问题,请与出版部联系,电话:010-62756370

目 录

第一部分 学科与发展

第一章 认识互联网 ………………………………………………………………… 3
第一节 工具说——作为信息存储与传播的工具 ……………………………… 4
第二节 媒介说——作为大众传播的媒体 ……………………………………… 5
第三节 平台说——作为信息发布、交互、交易和服务的平台 ……………… 7
第四节 空间说——作为人类活动的新疆域 …………………………………… 8
第五节 社会说——作为新的社会关系与社会结构的网络 ………………… 10

第二章 网络传播学 ……………………………………………………………… 12
第一节 网络传播的概念 ………………………………………………………… 12
第二节 网络传播学产生的必要性 ……………………………………………… 15
第三节 网络传播学的研究对象 ………………………………………………… 16
第四节 网络传播学的定位与发展 ……………………………………………… 17

第三章 网络传播研究 …………………………………………………………… 21
第一节 国内网络传播研究的回顾 ……………………………………………… 21
第二节 国外网络传播研究的回顾 ……………………………………………… 23
练习题 ……………………………………………………………………………… 25

第二部分 技术、应用与社会

第一章 技术:起源与发展 ……………………………………………………… 29
第一节 计算机网络的兴起 ……………………………………………………… 29
第二节 计算机网络的基本原理 ………………………………………………… 30
第三节 计算机网络的发展历程 ………………………………………………… 33

第二章 反思：技术与社会 … 43
第一节 社会的技术决定论 … 43
第二节 技术的社会建构论 … 47
第三节 网络技术与社会互动 … 48

第三章 应用：功能与批判 … 53
第一节 网络应用的变革 … 53
第二节 即时通信的功能与反思 … 53
第三节 搜索引擎的功能与反思 … 57
第四节 网络百科全书的功能与反思 … 61
第五节 手机客户端的功能与反思 … 63
练习题 … 65

第三部分 扩散、传播与网络

第一章 传播方式的沿革 … 69
第一节 从口耳相传到媒介化传播 … 69
第二节 从 5W 模式到网络扩散 … 74

第二章 网络传播的特征 … 85
第一节 互动传播 … 85
第二节 复合传播 … 86
第三节 同步传播与异步传播 … 86
第四节 社会化媒体的新特征 … 87

第三章 早期网络传播理论 … 90
第一节 线索过滤理论 … 90
第二节 经验与知觉理论 … 95
第三节 人际适应与媒介利用理论 … 98

第四章 传播网络理论 … 102
第一节 内生变量 … 103
第二节 外生变量 … 106
第三节 传播网络三层分析法 … 108
练习题 … 109

第四部分　符号、语言与文化

第一章　网络符号与网络语言 …… 113
　第一节　符号 …… 113
　第二节　网络符号 …… 117
　第三节　网络语言 …… 121
第二章　网络的符号化传播 …… 131
　第一节　符号互动论 …… 131
　第二节　网络传播的符号化 …… 133
第三章　网络文化 …… 136
　第一节　网络文化形态 …… 136
　第二节　网络文化的特征 …… 141
　第三节　网络文化的批判性思考 …… 149
　练习题 …… 155

第五部分　网民、结构与群体

第一章　网民规模与网民结构 …… 159
　第一节　网民规模、分布与结构 …… 159
　第二节　网民增长影响因素 …… 165
　第三节　不平等发展与数字鸿沟 …… 166
第二章　青少年网民与亚文化传播 …… 169
　第一节　青少年网民规模及特征 …… 169
　第二节　亚文化的内涵及其演变 …… 171
　第三节　互联网时代的青年亚文化 …… 176
第三章　女性网民与女性主义网络使用批判 …… 183
　第一节　女性网民群体特征 …… 183
　第二节　女性主义理论与媒介研究 …… 184
　第三节　女性主义网络使用的批判性思考 …… 190
第四章　老年群体与信息无障碍 …… 195
　第一节　老年网民群体特征 …… 195
　第二节　信息无障碍与年龄数字鸿沟 …… 196

练习题 …………………………………………………………………… 202

第六部分　网民、行为与心理

第一章　网络行为特征与类型 ………………………………………… 205
　　第一节　网络行为的特征 ………………………………………… 205
　　第二节　网络行为的类型 ………………………………………… 207
　　第三节　网络行为研究 …………………………………………… 209
第二章　网络信息行为与心理 ………………………………………… 212
　　第一节　网络信息行为的类型与特征 …………………………… 212
　　第二节　网络信息行为模型 ……………………………………… 214
　　第三节　网络信息行为影响因素 ………………………………… 216
第三章　网络社交行为与心理 ………………………………………… 222
　　第一节　网络社交行为的类型与特征 …………………………… 222
　　第二节　网络社交行为的人群特征 ……………………………… 224
　　第三节　网络社交行为的动机与心理 …………………………… 225
　　第四节　网络社交行为的影响 …………………………………… 227
第四章　网络言论行为与心理 ………………………………………… 230
　　第一节　网络言论行为的类型与特征 …………………………… 230
　　第二节　网络言论行为的人群特征 ……………………………… 233
　　第三节　网络言论行为的心理 …………………………………… 234
　　练习题 …………………………………………………………………… 236

第七部分　自我、互动与身份认同

第一章　自我与网络 …………………………………………………… 239
　　第一节　网络重塑自我 …………………………………………… 242
　　第二节　虚拟自我 ………………………………………………… 246
第二章　网络自我呈现 ………………………………………………… 248
　　第一节　网络自我呈现的特征 …………………………………… 250
　　第二节　网络自我呈现的策略 …………………………………… 252
　　第三节　网络自我呈现的方式 …………………………………… 253
　　第四节　网络自我呈现的批判 …………………………………… 255

第三章　网络身份认同 ·· 258
第一节　认同理论 ·· 258
第二节　网络自我认同：我是谁 ·································· 259
第三节　网络群体认同：我属于哪个群体 ···················· 263
练习题 ·· 263

第八部分　互动、关系与共同体

第一章　网络人际传播 ·· 267
第一节　网络人际传播的特征 ····································· 268
第二节　网络人际传播的功能 ····································· 270
第三节　网络人际关系 ··· 271

第二章　网络共同体 ·· 275
第一节　互联网与共同体 ·· 275
第二节　网络社群 ·· 283
第三节　网络社区 ·· 287
练习题 ·· 289

第九部分　媒体、新闻与大众传播

第一章　新媒体的兴起与发展 ·· 293
第一节　新媒体概述 ·· 293
第二节　数字媒体 ·· 296
第三节　网络媒体 ·· 299
第四节　手机媒介化 ·· 301
第五节　智能媒体 ·· 307

第二章　媒介产业变革 ·· 311
第一节　媒介生态与竞争格局 ····································· 311
第二节　媒介市场结构与边界 ····································· 313
第三节　平台经济与网络效应 ····································· 314
第四节　媒介融合的发展 ·· 316

第三章　新闻业的挑战 ·· 320
第一节　新闻业的变革 ··· 320

第二节	社会化生产	323
第三节	流程再造与全媒体记者	324
第四节	数据新闻	327

第四章　网络舆论与舆情管理 331
第一节	网络舆论	332
第二节	网络事件	336
第三节	网络舆情管理	337
第四节	案例：雷洋案——真相与追问的竞跑	339

练习题 345

第十部分　伦理、规范与治理

第一章　网络传播危机 349
第一节	内容危机	350
第二节	行为危机	352
第三节	社会危机	357
第四节	全球危机	359

第二章　网络传播伦理 363
第一节	理论基础与价值建构	363
第二节	信息伦理	365
第三节	新闻伦理	366
第四节	算法伦理	367
第五节	平台责任	369
第六节	网络文明	372
第七节	全球伦理	374

第三章　西方国家网络传播治理实践 375
第一节	美国：有争议的监管，更积极的监控	375
第二节	欧盟（欧洲大陆）：有法可依的分类治理	378
第三节	英联邦：注重行业自律的力量	379
第四节	亚洲邻国：侧重政府主导的行政管制	381

第四章　中国特色的网络传播治理之道 383
| 第一节 | 治理思想 | 384 |
| 第二节 | 治理体系 | 386 |

第三节 依法治理 …………………………………………… 388
第四节 行政管理 …………………………………………… 391
第五节 平台自治 …………………………………………… 394
练习题 ……………………………………………………… 395

后记 ……………………………………………………………… 396

知识框目录

知识框 1	互联网巨头对媒体行业的"降维打击"	7
知识框 2	网络效应	8
知识框 3	第一台计算机	30
知识框 4	从电信网的电路交换到互联网的分组交换	32
知识框 5	不能忽略的"草根"——从 OSI 到 TCP/IP	32
知识框 6	国际互联网资源如何分配？	35
知识框 7	阴差阳错的小发明	40
知识框 8	AlphaGo 引发的争论	46
知识框 9	拓展阅读：微博的六种理想类型	88
知识框 10	约瑟夫·B.沃尔瑟教授	101
知识框 11	网民增长的驱动因素	165
知识框 12	网络与青年亚文化	179
知识框 13	三次女性主义运动浪潮	187
知识框 14	信息无障碍内涵的四个层次	197
知识框 15	各国推进信息无障碍的措施	200
知识框 16	泥巴游戏 MUD（Multiple User Domain，多用户虚拟空间游戏）	206
知识框 17	网络信息行为的性别差异	217
知识框 18	数字素养全球框架	220
知识框 19	网络社交与孤独感	228
知识框 20	"自我"概念的理论发展	240
知识框 21	新媒体改变个性	245
知识框 22	自我呈现与印象管理	249
知识框 23	脑机接口	261
知识框 24	印刷术与民族共同体	277
知识框 25	案例：黑客社群研究	282

知识框 26	提升网络社群归属感的七大原则	285
知识框 27	网络社群运营策略	286
知识框 28	三网融合	298
知识框 29	重点新闻网站	301
知识框 30	四全媒体	318
知识框 31	网络推手	335
知识框 32	避风港原则和红旗原则	355
知识框 33	网络信息内容生态治理的网民责任	372
知识框 34	美国网络传播治理案例	378
知识框 35	网络传播治理的主要法律依据	389
知识框 36	网络传播治理的专项行动	394

第一部分
学科与发展

本章是网络传播学学习的入门指导,介绍了互联网的创建及其对人类传播活动产生的影响、网络传播概念的形成,以及网络传播学科发展和网络传播研究的发展现状等内容。

第一章
认识互联网

自从 1969 年美国国防部高级研究计划署（Advanced Research Project Agency，ARPA）建立了阿帕网（ARPA net）——互联网的雏形以来，互联网应用逐步从军事领域转向科研、教学以及商业领域发展。互联网深刻地影响着人类自身和社会的发展。以互联网为媒介的传播改变的不仅是信息传播的媒介和信道，还有信息类型、符号与意义等，并给大众媒体时代形成的媒介权力和社会结构带来冲击，引发了生产生活方式的变革，推动了社会文化与人类文明的发展。因此，网络传播逐渐成为一个热门的研究领域。

由美国国家研究委员会 1999 年编著的《资助革命：政府对计算研究的支持》一书将互联网的发展分为四个阶段：早期阶段（1960—1970）、阿帕网扩散阶段（1970—1980）、国家科学基金会（NSFNET）阶段（1980—1990），以及 Web 的兴起阶段（1990 年至今）。拉斐尔·科恩-阿尔马戈尔（Raphael Cohen-Almagor）根据网络技术与应用中的"里程碑"事件将互联网的发展分为三个阶段：早期的互联网（1957—1984），即主要由研究机构、大学和电信公司设计和实施互联网的阶段；商业化阶段（1985—1989），这一阶段的发展得益于主干网络的升级、新软件程序的编写和日益增多的国际互联网络；20 世纪 90 年代以来，具有不同操作系统的企业和个人计算机加入通用网络，互联网大规模扩展到全球网络中。约翰尼·瑞安（Johnny Ryan）根据网络的社会影响，将互联网的发展分为三个阶段：第一阶段考察了网络的概念和出现的背景，第二阶段追溯了网络技术和文化的成熟过程，第三阶段展示了 Web 2.0 时代以来互联网对文化、商业和政治的改变。[①]

从传播学和媒介研究的角度看，互联网经历了从信息存储介质到传播媒介，

---

① Johnny Ryan. *A History of the Internet Future*，London：Reaction Books LST，2010.

从传播媒介到大众媒体,从大众媒体到社会化媒体,进而超越媒体的范畴,与现实社会空间日渐融合,成为人类活动的新疆域的过程。

第一节 工具说——作为信息存储与传播的工具

互联网发展的基础是数字计算机。数字计算机拥有强大的科学计算和信息(数据)处理功能,最初是为了解决复杂运算问题,在 20 世纪 50 年代中期开始被用于图书馆的文献信息加工和管理,以提高信息处理和查找效率,并由脱机检索发展成为联机检索。脱机检索是采用穿孔纸带或穿孔卡片在本地磁带上进行检索的方式,其检索结果不能立即获得,必须等待成批或定期检索处理。进入 20 世纪 60 年代中后期,联机检索兴起,它允许用户直接同所检索的数据库通信并获得实时结果,具体的方式是:信息检索中心的主机借助电话线与远距离检索终端相连,形成联机实时检索系统,用户通过检索终端与检索系统进行对话,并在终端屏幕上即时获得检索结果。这一时期,美国洛克希德(Lockheed)公司的 DIALOG 系统(1963)、美国系统发展公司(SDC)的 ORBIT 系统(1965)等联机检索服务系统被创建并得到应用。20 世纪 70 年代中后期,伴随着计算机性能的提升和分组交换通信技术的出现,联机检索进入了联机网络化发展阶段,通过利用世界上主要的数据通信网,DIALOG、ORBIT、OCLC 等发展成为国际性的大型联机检索系统,用户可以在几分钟内查阅远在千里之外的文献资料。[1]

联机数据库的前提与基础是计算机用户之间的相互通信。事实上,早在 20 世纪 50 年代以后,美国的通信研究者就开始思考让不同的计算机用户通信的问题。1969 年 9 月,加利福尼亚大学洛杉矶分校(University of California, Los Angeles)的研究人员成功地通过一条 46 米长的电缆将数据从一台计算机传输到另一台计算机。20 世纪 70 年代末期,计算机技术的应用范围扩大,但依旧主要集中在电子邮件、远程教育、计算机会议以及信息检索领域。

1986 年 8 月 25 日,瑞士日内瓦时间 4 时 11 分 24 秒(北京时间 11 时 11 分 24 秒),中国科学院高能物理研究所的吴为民在北京航天 710 所的一台 IBM-PC 机上,通过卫星连接,远程登录到日内瓦欧洲核子研究中心(Conseil Européenn

---

[1] 马费成、宋恩梅,《信息管理学基础》,武汉:武汉大学出版社 2011 年版,第 33—34、249—250 页。

pour la Recherche Nucléaire，CERN)的一台机器(VXCRNA)上，并使用王淑琴的账户，向日内瓦的斯坦伯格(Steinberger)教授发出了第一封电子邮件。1987年9月20日，一封题为"越过长城，通向世界"的电子邮件从北京发往德国卡尔斯鲁厄大学(Karlsruhe University)。互联网在信息传输与通信方面的优势迅速得到媒体的重视。同年，硅谷的《圣何塞信使报》(*San Jose Mercury News*)开始利用网络传输报纸内容，只是当时还没有万维网，网络只能传播文字信息。[①] 在我国，1993年12月6日，《杭州日报·下午版》通过该市的社会化联机服务网络——展望资讯网同步加载传输，读者可迅速从计算机屏幕上看到整版的报纸内容，或所需要的时政要闻、文体新闻和股市行情、外汇牌价等部分内容。1994年，我国全面接入互联网。1995年1月12日，一份旨在服务海外留学人员的杂志《神州学人》正式在网上发行，成为我国第一家网络期刊。尽管如此，那时的互联网只不过类似于一页"巨大的纸"或者一个"空中邮局"，是信息存储和传播的介质工具。

第二节 媒介说——作为大众传播的媒体

虽然尼葛洛庞帝(Nicholas Negroponte)在《数字化生存》(*Being Digital*)中阐释了互联网与媒体的关系，认为互联网"可以是"媒体，但没有说"就是"媒体。如果互联网要成为大众化的媒体，就需要达到一定标准，在一定范围内具有一定的影响力。这句话也可以理解为互联网要成为大众媒体需要三个条件：网络的普及；网民的激增；网络信息的专业化生产。

互联网的媒介化有两种实现路径：一是传统媒体数字化、网络化。例如，1995年9月，人民日报新闻信息中心把《人民日报》的全部信息不加再次编辑，用域名"CNWEB"放到了新加坡的一个互联网网站上，开启了传统媒体的网络化进程。二是商业网站逐步媒介化。1998年，三大门户网站搜狐、新浪、网易陆续兴起，互联网成为"信息的集散地"，也有人将其形象地比作"信息超市"。尽管当时三大门户网站并没有独立的新闻采访权，但客观上已经成为人们接触"新闻"和"信息"的新途径。

[①] 闵大洪：《数字传媒概要》，上海：复旦大学出版社2003年版，第77页。

1998年5月,时任联合国秘书长安南在联合国新闻委员会年会上的讲话中提到"在加强传统的文字和声像传播手段的同时,应利用最先进的第四媒体——互联网,以加强新闻传播工作",自此互联网被称为继报刊、广播、电视之后的"第四媒体"而传播开来。

　　作为一种媒体,互联网囊括了传统媒体的一切形态,既有报纸的可存储性,也有广播电视的生动性,同时具备传统媒体不具备的特点,例如信息内容的广泛性、传播的交互性、信息组织的非线性等。此外,网络传播的方式很复杂,几乎涵盖了所有的传播类型,集人际传播、组织传播和大众传播于一体。因此,把网络媒体与报刊、广播、电视等三种传统大众媒体并列起来,按照它们出现的先后顺序,分别冠以第一、第二、第三和第四媒体的称号并不恰当。从2000年起,"网络媒体"的称谓开始出现,并逐渐得到业界和学界的认可。网络媒体是以计算机网络,尤其是互联网为物质基础,以计算机为媒介,传播数字化信息的新型传播媒体。[①] 网络媒体是一种"宏媒体"(Macromedia),"macro"是大规模的意思,与宏观经济(macroeconomics)等词中的"macro"含义一致。网络媒体的规模巨大,达到全球级的受众规模;网络媒体还是一种"元媒体"(metamedia)[②],即媒体的媒体,因为它为包括报刊、广播、电视等在内的传统媒体提供了一个系统平台。

　　互联网媒介化具有划时代的意义,标志着互联网从单一的存储与传播介质发展成为一种新兴的媒介力量,也意味着大众媒体时代媒介权力的转移。互联网等新媒体在信息传播和社会舆论发展中的作用日渐突出。

　　时至今日,媒介化的互联网已经不只是传统网站,具有科技优势和用户资源的互联网巨头已形成对媒体行业的"降维打击"。互联网公司进军新闻业并不是直接从事新闻采编业务,而是提供新闻再加工或者新闻整合服务。虽然传统媒体并不情愿把内容提供给这些互联网公司主导的新媒体平台,但是又非常清楚经由这些平台传播的内容会获得更大的关注度。庞大的用户量是互联网公司与传统媒体议价的核心能力,同时这种合作能解决平台内容匮乏的问题,进一步提升用户体验,巩固优势地位。

---

① 谢新洲:《网络传播理论与实践》,北京:北京大学出版社2004版,第12—13页。
② Tyone Adams, Norman Clark, *The Internet: Effective Online Communication*, New York: Harcourt College Publisher, 2001, p.29.

> **知识框 1　互联网巨头对媒体行业的"降维打击"**
>
> 2015 年以来,世界范围内重量级的互联网公司,不论是硬件设备生产商还是软件公司都争相向新闻业扩张。当年 5 月 13 日,脸书推出 Instant Articles 功能,新闻业者可以直接在脸书上发布新闻,而不是像之前那样仅能发送原文链接;6 月 8 日,苹果推出聚合类网络应用"News";谷歌在既有的"新闻实验室"的基础上,进一步向新闻业靠拢,联合推特推出了移动即时新闻应用"Instant News"。9 月,苹果旗下的 Apple News 已经吸引了包括《纽约时报》、路透社、美国有线电视新闻网(Cable News Network,CNN)等在内的 50 多家全球一流媒体进入。

第三节　平台说——作为信息发布、交互、交易和服务的平台

互联网已经被广泛地应用于社会生活的方方面面,成为集信息发布功能、交互功能、交易功能和服务功能于一体的平台。平台是交易空间或场所,它本身不生产产品,它的功能是集合各种生产资料,促进双方或多方交易的发生。互联网作为信息发布平台,具有媒介属性,新闻网站、门户网站、垂直网站以及一些视频网站、网络音乐、网络文学等都属于这一范畴;互联网作为交互平台,具有社交属性,表现形式包括即时聊天工具、社交网站、分享网站、问答百科等;互联网作为交易平台,具有商业属性,早期商业应用包括购物网站、预订网站、金融网站等,后来随着移动互联网的发展和位置服务的加入,诸如订餐、洗车等线上—线下(Online-to-Offline,O2O)类型的网站逐渐增多;互联网作为服务平台,具有信息资源服务属性,如提供搜索服务等。随着大数据、云计算和人工智能的介入,数据服务功能越来越强大,例如广告精准服务、舆情管理服务等。以互联网平台为代表的平台经济成为新的经济模式和产业组织模式。曾铮认为平台经济具有四方面的特征,即典型的双边市场、较强的规模经济性、一定的类公共性和数字要素显著重要性。[①] 其中,数字要素的重要性与互联网的数字化密切相关,数据是重要的生产要素并驱动和影响其他生产要素的配置,一定的类公共性源于当前

---

① 曾铮:《平台经济发展如何严监管补短板》,《经济日报》2021 年 8 月 26 日理论版。

主要的平台涉及衣食住行等民生和公共服务领域,而双边市场和规模经济成为平台经济区别于其他经济模式的本质特征。马克·阿姆斯特朗(Mark Armstrong)从交叉网络外部性的角度定义了双边市场,认为双边参与者需要通过中间平台来进行交易,一边参与者的收益取决于另一边参与者的数量,其系数为交叉网络外部性。[①] 由于网络效应和锚定效应的存在,平台竞争会出现强者愈强的局面,随着平台市场集中度的提升,规模效应也会产生。当然,这个过程中也会产生垄断,这就解释了在互联网平台的垂直领域往往"只有第一,没有第二"。

知识框2　网络效应

➢ 网络效应(network effect):一个网络的价值会随着别人对它的共享而增强。

➢ 同边网络效应(same-side network effect):一个产品的用户越多,对用户的价值越大,就越能吸引更多用户使用此产品。

➢ 跨边网络效应(cross-side network effect):市场一边的用户在市场中获取的价值取决于另一边的用户的数量。

➢ 梅特卡夫法则(Metcalfe's Law):指网络价值以用户数量的平方的速度增长。网络价值等于网络节点数的平方,即 $V=n^2$(V 表示网络的总价值,n 表示用户数)。

第四节　空间说——作为人类活动的新疆域

每一种特定的社会和生产方式都会历史性地生产出属于自己的社会空间。网络空间是信息时代生产出的新型社会空间。互联网的发明与运用,对人类文明发展的价值已经全面超越了蒸汽机革命、电气革命等技术革命的范畴,因为它不只是技术,还为人类社会开启了一个全新的生活空间——网络空间。

网络空间打破了传统的时空界限,呈现出去中心、无边界的"时空混搭"型新面貌,使得人际互动得以超越物理间隔,突破了社会交往必须依赖身体共同在场的局限。在网络空间中,真实与虚拟交织,延伸与压缩共存,在一定程度上实现

---

① Mark Armstrong, "Competition in Two-sided Markets," *RAND Journal of Economics*, 2006, 37(3), pp. 668 - 691.

了私人与公共空间、真实与虚拟空间的交织。人们对网络空间的认识也经历了一个逐步深入的过程。

一、虚拟空间

早期人们对网络空间的认识在于它的虚拟性,认为网络空间是随着互联网的发展而形成的信息传播与生活空间,是一个由信息技术基础设施组成的虚拟世界,因此网络空间也往往被当作虚拟空间。科幻作家威廉·福特·吉布森(William Ford Gibson)最先在《神经漫游者》(Neuromancer)一书中描述了由全球电脑网络构成的虚拟世界,并将其命名为"赛博空间"(Cyberspace)。在《网络空间:第一步》(Cyberspace: First Steps)中,迈克尔·贝内迪克特(Michael Benedikt)将"网络空间"描述为一个由计算机支持、联结和生成的多维全球网络。[①] 人们对虚拟空间的认识,一是表达其与现实空间的相似性,如美国著名的虚拟情景游戏——《第二人生》,在网络空间内建构了与现实社会相似的情景;二是关注虚拟空间的特殊性,例如人物身份的隐匿性、社会关系的虚拟性等特征。

二、人类生活的新疆域

近年来,网络空间凭借新的网络技术和应用获得了前所未有的发展。网络空间不再是与现实社会平行的虚拟空间,而是和现实社会相互融合,并发展成为现实社会的一部分。人们用辩证法来理解现实空间与虚拟空间的关系:一方面,网络空间成为人类生存的新疆域,人类社会生活的各方面均向网络空间拓展。个人的社交、娱乐、学习、消费等行为向网络空间拓展,宏观层面社会的政治、文化、经济也越来越依赖网络空间。另一方面,现实空间内的因素影响着网络空间的格局。霍华德·莱茵戈德(Howard Rheingold)在《虚拟社区:电子边疆的家园》一书中认为:"网络空间"是一个通过计算机技术,文字、人际关系、数据、财富和权力都能在其中得到显现的概念空间。[②] 美国社会学大师曼纽尔·卡斯特尔斯(又译为卡斯特)(Manuel Castells)在《网络社会的崛起》(The Rise of Network Society)中阐释了网络空间的技术性与社会性的辩证关系,他认为:"空间不是社会的反映(reflection),而是社会的表现。换言之,空间不是社会的拷贝,空间就是社会。……包括了依据社会结构中的位置而享有其利益的社会行动者

---

① Michael Benedikt, *Cyberspace: First Steps*, Cambridge: MIT Press, 1991, p.1.
② Howard Rheingold, *The Virtual Community: Homesteading on the Electronic Frontier*, Cambridge, MIT Press, 2000, p.1.

之间,相互冲突的价值与策略所导致的矛盾趋势。"①他还认为,"空间是一个物质产物,相关于其他物质产物——包括人类——而牵涉于'历史地'决定的社会关系之中,而这些社会关系赋予空间形式、功能和社会意义"②。

三、战略安全的第五空间

从政治与全球安全的视角考虑,随着互联网对现实社会影响力和改造力的增强,新的风险因素在增加。互联网在造福人类的同时也将战争、犯罪和恐怖主义等人类社会发展的阴暗面引入网络空间,国家之间利益与权力的博弈日渐向网络空间渗透。为了维护本国的战略安全,世界各主要大国纷纷制定网络空间战略,网络成为继陆、海、空、天之后的"第五空间"。2018年9月20日,美国国防部发布了《国家网络战略》报告,该报告不仅凸显了网络安全在美国国家安全方面的重要性,而且强化了美国在网络空间的全球领导地位,以及利用网络维护美国科技与经济优势的目标。

我国也高度重视网络空间,习近平主席2014年7月在巴西国会演讲时指出,"当今世界,互联网发展对国家主权、安全、发展利益提出了新的挑战,必须认真应对"③。但是,不同于某些西方国家的本国优先战略,我国提出了"共同构建网络空间命运共同体"的主张。习近平主席指出,"互联网真正让世界变成了地球村,让国际社会越来越成为你中有我、我中有你的命运共同体。同时,互联网发展对国家主权、安全、发展利益提出了新的挑战,迫切需要国际社会认真应对、谋求共治、实现共赢"④。

第五节 社会说——作为新的社会
关系与社会结构的网络

社会是由共同生活的个体通过各种各样的社会关系联合起来的集合。个人、群体、组织和社区是社会的基本要素,社会关系包括个体之间、个人与群体之间、群体与群体之间的关系。交流、整合、导向、继承和制度是社会的基本功能。

---

① 〔美〕曼纽尔·卡斯特:《网络社会的崛起》,夏铸九、王志弘等译,北京:社会科学文献出版社2006年版,第382页。

② 同上书,第383页。

③ 《习近平在巴西国会的演讲》,新华网(2014-07-17)[2016-03-12],http://www.xinhuanet.com/world/2014-07/17/c_1111665403.htm

④ 习近平:《让互联网发展成果惠及13亿中国人民》,中共中央网络安全和信息化委员会办公室官网(2014-11-19)[2017-04-12],http://www.cac.gov.cn/2014-11/19/c_1113314465.htm

互联网的兴起,对社会关系和社会功能产生了巨大的影响,传统的社会结构开始变革,社会的网络化结构特征更加明显。网络使个人从传统社会群体和结构中解脱出来,日益摆脱血缘、地缘的限制,重新形成建立在趣缘、业缘等关系上的"虚拟社会";社会成员之间的互动方式从面对面交流,走向越来越倚重网络的传播方式;社会组织从"少中心多层级"、依赖科层式的治理向"多中心少层级"、依靠信息支配的治理方式转变。社会的政治、经济层面也越来越倚重网络,"草根民主"在网络中"狂欢"、数字经济成为新经济模式。互联网不仅创造了人类的新活动疆域,而且孕育出基于网络的人际关系,基于网络的社会交流和整合方式,基于网络的政治与经济形态,互联网彰显了人类社会的新形态。

  网络社会说与互联网社会说常常被混为一谈,事实上两者之间有本质的区别,当然也有人把两者之间的区别当作是对网络社会的两种解释。网络社会是人类社会发展历程中形成的一种社会形态,在这种社会形态的形成过程中互联网发挥了重要的作用,但是网络社会的出现要远远早于互联网。麦克尼尔在《人类之网:鸟瞰世界历史》(*The Human Web: A Bird's Eye View of World History*)一书中将人类历史分为五个连续的世界网络:最早的网络是人类以狩猎和采集部落形式散居到世界各地形成的松散网络;大约6000年前基于定居形式形成的本地网络成长为城市网络;大约2000年前在欧亚大陆文明和北美文明的交流中产生了第三大人类网络——旧世界网络;从1450年大航海开始,海洋航行使欧亚大陆和美洲大陆建立起真正的世界网络;最后一个就是已经持续了160多年、伴随新型交通工具和传播方式形成的全球网络。[①] 在这个全球网络中,互联网起到了加速作用,使网络的密度和结构发生改变,这是互联网对网络社会的影响。互联网社会说的核心要义是,原本作为工具和平台的互联网随着人类活动范围的延伸,建构起新兴的社会关系和社会结构,从而具有了社会属性。

---

① 〔荷兰〕简·梵·迪克:《网络社会——新媒体的社会层面(第二版)》,蔡静译,北京:清华大学出版社2014年版,第22—23页。

第二章
网络传播学

　　网络传播是伴随互联网应用的发展而逐步兴起的传播形态。在网络传播中，互联网不仅是重要的传播介质，而且还改变了信息符号的特征，改变了传播系统和扩散方式，对人类传播活动产生了重要影响。

第一节　网络传播的概念

　　概念是理论的前提，是学科的基础。网络传播作为一个术语，形成稳定的内涵和外延是一个逐步发展的过程。

　　早期，网络传播的定义往往从表征概括而来，主要是揭示与其他传播形态的区别。2000年，中国现代媒体委员会常务副主任诗兰提出，网络传播以全球海量信息为背景、以海量参与者为对象，参与者同时又是信息接收与发布者，随时可以对信息作出反馈，它的文本形成与阅读是在各种文本之间的随意链接中完成的。同时，她归纳了网络传播的三个基本特点：全球性、交互性和超文本链接方式。[①] 2001年，王中义等在《网络传播——原理与实践》一书中写道："网络传播是利用计算机网络传递或交流信息的行为和过程，它汇聚了多种传播手段的优势，是更加个性化、更加平等交流的新的传播方式。"[②]

　　随着研究的深入，网络传播的定义越来越注重对本质特征的揭示，概念的内涵和外延也趋于稳定。2007年，匡文波在《网络传播理论与技术》一书中发展了网络传播的概念，认为"网络传播其实就是指通过计算机网络的人类信息（包括新闻、知识等信息）传播活动。在网络传播中的信息，以数字形式存贮在光、磁等

---

　　① 田发伟：《崛起中的中国网络媒体——现代传播评论圆桌会发言摘要》，《国际新闻界》2000年第6期，第49页。

　　② 王中义、史梁、丁代谊、许小进编著：《网络传播——原理与实践》，合肥：中国科学技术大学出版社2001年版，第20页。

存贮介质上,通过计算机网络高速传播,并通过计算机或类似设备阅读使用。网络传播以计算机网络为基础,进行信息传递、交流和利用,从而达到其社会文化传播的目的。在此,我们要特别强调,计算机网络应该是广义的,不仅包括目前流行的互联网,还包括基于计算机技术、现代通信技术的移动通信网络,以及下一代高速互联网等,不应该将网络传播局限于目前的互联网传播"[1]。这一定义后来被很多教材采纳。张海鹰在《网络传播概论新编》中将网络传播定义为"人类利用计算机和现代通信技术进行的数字化信息传播"[2]。网络传播得以实现的物质基础是通信网络、广播电视网络和计算机网络,它提供的是双向互动的多媒体信息的交流、传播和共享的平台。

从上述概念表述可见,网络传播的定义越来越明确,是一种以计算机网络为媒介的传播,并体现出以下特征:一是以计算机和互联网技术为基础;二是信息传播速度快、范围广、容量大;三是信息表现为数字化、多媒体等形式;四是开放性、互动性和去中心化的传播模式。

网络传播在英语中有多种翻译,其中使用最广泛的是计算机媒介传播,其次是互联网传播、在线传播、网络传播。值得指出的是,这些词语并不是同时出现的,而是伴随着互联网的发展演变而来,最早出现的是数字传播,然后依次是计算机媒介传播、在线传播、网络传播。通过对社会科学引文文献数据库(Social Sciences Citation Index,SSCI)收录的文献进行调查并统计分析,本书归纳了这些概念的演变过程(见图1-2-1)。

一、数字传播(Digital Communication)

Digital Communication 的中文翻译是数字传播,是出现最早的与网络传播相关的术语。大约在互联网兴起之前的20世纪五六十年代,数字传播一词就开始见之于电子信息和通信领域的论文中。数字传播的特征是通信信号从模拟向数字化的转变。

二、计算机媒介传播(Computer-Mediated Communication,CMC)

20世纪70年代末期,随着计算机网络应用于通信领域,以"计算机为媒介的传播"在传播学领域开始出现并被广泛使用。安德鲁·伍德(Andrew F. Wood)在2004年出版的教材《在线传播》(*Online Communication*)中,对 Com-

---

[1] 匡文波:《网络传播理论与技术》,北京:中国人民大学出版社2007年版,第6页。
[2] 张海鹰编著:《网络传播概论新编》,上海:复旦大学出版社2008年版,第48页。

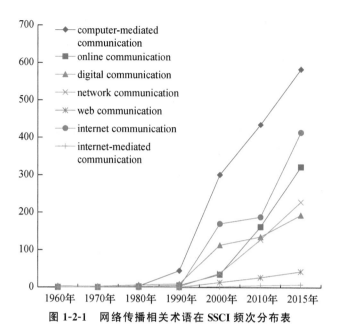

图 1-2-1 网络传播相关术语在 SSCI 频次分布表

puter-Mediated Communication 的定义是:通过计算机交换、传播信息而维持或改变人类行为的方式。仅从字面上看,此时人们看重的是计算机终端接入传播系统,而对连接计算机的网络还没有形成深刻的认识。时至今日,尽管以计算机为媒介的传播内涵发生了重大的变革,但是作为一个早期发展而来的概念,Computer-Mediated Communication 得到了学术界的公认,已经是一个规范的学术术语,从而成为与中文"网络传播"最接近的学术翻译。1995 年创刊的《网络传播期刊》(*Journal of Computer-Mediated Communication*)就使用了此术语。

三、在线传播(Online Communication)和网络传播(Network Communication)

直到 20 世纪 80 年代初,美国国家科学基金会资助的连接全美 6 个超级计算机中心的主干网络(National Science Foundation,NSFNET)的迅速发展才让人们意识到,在传播中发挥更大作用的不是计算机,而是网络。因此,"Online Communication"和"Network Communication"开始作为主题词出现在社会科学引文文献数据库中,但是当时网络应用被严格控制在教育和科研领域,相关的研究也多集中于探讨高校与图书馆系统中的信息联网共享以及图书、期刊数字化的课题,并未专门涉及网络传播学领域。20 世纪 80 年代末 90 年代初,网络传播被广泛应用于远程教育和远程会议中,因此很多基于远程通信产生的传播效果问题逐渐受到人们的关注,经验学派的学者开始关注如何促进网络与电子通信设备的普及,以及提升远程通信传播效果的问题,从而把网络传播的研究引入传播学领域,发展出去线索化理论(Cues-filter-out Theories)、社交临场感理论(Social Presence Theory)、媒介丰富度理论(Media Richness Theory)、电子临近理论(Electronic Propinquity Theory)、超人际模型理论(Hyperpersonal Model)等。

四、互联网传播(Internet Communication)和互联网媒介传播(Internet-Mediated Communication)

20世纪90年代末,互联网迅速普及,有关互联网的研究出现了井喷式发展,出现了"Internet Communication"和"Internet-Mediated Communication"等术语。网络应用不断丰富,社会化媒体登上历史舞台,无线互联网逐渐盛行,网络传播的社交化、移动化趋势越来越显著,因此出现了 Social Media Communication 和 Mobile Communication 的概念。需要指出的是,尽管后续概念不断发展,但是并没有改变基于互联网传播的本质特征,Internet Communication 仍旧是一个使用比较广泛的概念。

第二节 网络传播学产生的必要性

随着计算机和网络技术在20世纪末的飞速发展和初步普及,互联网毋庸置疑地成为当今人类社会中不可或缺的信息工具,并且超越了报刊、广播、电视等传统媒介成为传播媒介之中最具变革性的介质。它在为人类带来便捷与福祉的同时,也在信息、社会、文化等方面引发了诸多问题。不仅如此,互联网与传统媒体迥然不同的性质和特征还对传统传播学领域的既有理论提出了空前的质疑与挑战。这些使得一门研究网络传播活动的专门学科的建立变得尤为重要。

一、网络传播是全新的传播模式

网络信息是数字化的信息,本质上是统一的"二进制"信息,它减弱了对载体的依赖性,"0"和"1"两种符号可以自由地在不同媒介、不同时空传播,这是互联网提升传播效率和效果的基础。网络信息可以在不改变信息内容的前提下,适应不同的形式需要。以数字化方式记录和传播的信息,借助多媒体的技术渠道,在终端上表现为多媒体信息,使文本、声音、图像、动画、视频等多种媒体信息建立起逻辑联系;超链接技术则提供了一种全新的信息组织方式,打破了传统媒体对信息的线性组织方式。从传播模式上看,网络传播具有典型的双向和互动特征;从传播类型上看,网络传播兼具人内传播、人际传播、群体(组织)传播和大众传播的模式,网络传播兼备这四种传播模式的特征。

二、网络传播带来的新问题

作为一种全新的传播模式,网络传播在给人类社会生活带来极大便利的同时,也引发了一些问题。网络信息的高速累积与无限膨胀,导致了严重的信息超载;谣言、诽谤、暴力、色情等不良信息充斥网络的各个角落;网络欺诈和网络侵权等网络犯罪频频发生;网民使用网络时伴随着网络依赖和网络成瘾的风险;网络文化的草根性与反权威性对传统社会的信任机制形成挑战。

三、大众传播学的局限性与不适应性

大众传播学建立在传统媒体时代,形成了一系列基于大众传播的经典理论,而网络传播作为一种全新的传播模式及其引发的新问题,使得这些理论无法充分解释或者回应纷繁复杂的网络传播现象。

综合上述因素,建立一门直接面向人类网络传播行为的新学科成为燃眉之急。

第三节 网络传播学的研究对象

科学研究以问题为导向。人类传播方式改变引发的种种问题成为网络传播学的研究对象。网络传播学是以人类的网络传播活动为对象的研究,具体包括以下内容。

1. 网络信息。信息包括符号和意义。符号是信息的表达形式,意义是信息的内容。网络信息符号具有多媒体性、随意性和多变性,因此对于网络中的信息意义有不同于传统情景的解读。研究网络信息的符号、意义特征与信息产生的社会影响构成了网络传播学的一个重要领域。

2. 网络传播模式。随着网络应用范围的拓展以及网络应用服务的增加,网络信息的传播模式在不同的应用中也有不同的表现形式。网络传播研究要关注网络信息的产生、传播与扩散规律,对不同类型的网络传播模式进行总结和归纳。

3. 网络媒体。互联网并非天生的媒体。随着网络媒介化进程的推进,网络媒体被认为是网络信息产生和传播的重要力量,因此有关网络媒体的研究是网络传播研究中必不可少的内容。对网络媒体的研究包括网络媒体的界定、网络媒体的治理问题、网络媒体的经营管理问题,以及批判学派视角下的权力救济与制衡问题。

4. 网络应用与产品。网络传播最终要通过应用与产品作为载体来实现,网络应用与产品的研究包括生产与经营问题,以及批判学派视角下其对个人和社会的影响问题。

5. 网民。与传统媒体时代不同,网民既是受传者,也是网络信息的生产者、传播者和消费者。因此,准确地说,网民是互联网的使用者。网络传播学关注网民的结构、行为以及受到的网络的影响等。

6. 影响与效果。互联网对个人和社会的影响是网络传播研究的重要内容,同时也受到经验学派和批判学派的关注。经验学派研究的重点在于合目的性的功能检验,而批判学派研究的重点是新技术的伦理与价值问题。

第四节　网络传播学的定位与发展

网络传播学是传播学的二级学科,但是超越了传统传播学的范畴。对网络传播学的研究要坚持开放的态度,努力实现从网络传播学到互联网研究的发展。

一、网络传播学是传播学的二级学科

传播学是研究人类传播行为和传播过程规律以及传播与人、传播与社会的关系的学问,是研究社会信息系统及其运行规律的学科。网络传播是一种以互联网为媒介的传播,网络传播学是以网络传播为研究内容的学科,因此网络传播学是传播学的二级学科。

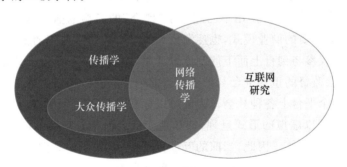

图 1-2-2　网络传播学的学科定位

二、当前网络传播学面临的问题

互联网自身的发展和传播环境的改变对网络传播研究提出了新的要求。然而,对传统学科的依赖导致当前的研究不能满足现实需求,研究层次难以提升,学科发展面临诸多问题:一是学科体系的建立过分拘泥于传统传播学,为了保证体系的完整性,不得不对一些网络传播中的非核心问题进行阐释,从而分散了研究的着力点,导致有些研究流于形式;二是网络传播的理论研究往往以在互联网中证实或者证伪传统传播学理论作为标准,缺乏对网络传播特有问题或传播现象的理论性总结;三是不少研究局限于从"媒体"的视角认知网络,从而把网络传播理解为网络大众传播,进而等同于网络新闻研究或者网络媒体研究。互联网是媒体,但又不只是媒体,更不是简单的大众媒体,当前互联网的平台性和社会性特征愈发突出,忽略这些特征就不能从本质上理解互联网和网络传播。

三、从网络传播研究到互联网研究

从网络传播研究到互联网研究是对传播学研究的一次突破,这既是网络功能发展的客观要求,也是突破网络研究困局的现实选择。

1. 网络功能早已超越了"媒体"的界限

纵观网络发展的历史,它并不是作为"媒体"而出现,也不会止于"媒体"而终结。进入21世纪之后,网络的交互性和社会性进一步增强,微博、博客、社交网站等社会化媒体兴起,网络从载体、大众媒体走向具有强烈的个人特征的"自媒体"。与此同时,网络的功能日渐突出,深入地参与到人们的生活、工作、学习等方方面面。就社会整体而言,网络不再是塑造信息环境的工具,而具有了强大的社会解构力和再造力,其作用早已超过了"媒介"的影响范围。例如,经济方面,网络购物成为重要的商业模式,也逐渐成为许多个体惯常使用的消费方式;政治方面,网络不仅参与到自上而下的制度设计中,还成为自下而上推动政府信息公开和加强社会监督的重要平台与渠道。当前的互联网已经成为真正意义上的开放平台,在这个平台上各种社会行为都可以存在;它还是一个与现实社会平行的空间,这个空间以虚拟的形式呈现,却和现实社会保持着高度的联系,正在日渐成为人类命运共同体。因此,当前的互联网研究需要跳出基于"媒体"的网络功能视角,迫切需要从网络传播研究走向互联网研究。

2. 网络传播行为的复杂性和载体性

传统传播学以人类的传播活动为主要研究对象。互联网上人们几乎所有的行为和活动最终都通过信息的传播和交互来实现,并通过符号化的内容表现出来,因此网络传播是不同类型的社会活动共同的载体和外化形式。以网络政治参与为例,网络抗议、网络选举、网络围观、网络揭发等行为最终表现出来的是呈现在网络中的数字、文字、图片或者音频、视频等符号化的信息。网络购物亦然,消费者通过电商网站获取的是有关商品的信息描述,而非产品本身,消费者对产品的感知、兴趣、消费过程也都以信息形式表现出来,消费行为通过传播行为得以实现。随着网络功能的日益丰富,网民的行为越来越多样,网络传播的内涵也愈来愈丰富。理解网络传播行为不仅需要传播学的阐释,而且无法缺少跨学科视角下的理论支持。因此,关于网络行为的研究需要挑战从网络传播研究到互联网研究的跨越。

3. 相关学科的重复与隔离

提出"从网络传播研究到互联网研究"的另一个重要原因,是对当前社会科学中有关网络研究的内容和现状的现实考量。通过对随机选取的网络传播学、网络社会学等不同学科中的典型教材进行比较,我们发现它们大体上都包括三部分内容:一是互联网的发展历程和技术基础;二是互联网的功能特征和社会影响;三是各个学科在理论观照下对互联网的解读。前二者构成了互联网研究的基础,在不同学科中具有高度重合性,建立大视角下的网络研究有助于在这个层面上共享信息和研究成果。后者是不同学科对类似问题的不同观照,但是学科间的交流壁垒影响了网络问题研究的深度。因此,提出"从网络传播研究到互联网研究"也是希望借助不同学科理论与视角的优势互补,提升研究层次。

从网络传播研究到互联网研究的跨越不仅体现了当前研究对象发展的需要,而且对学科发展大有裨益,具体表现为:

第一,有助于树立问题导向的研究范式。当前互联网研究应该以网络中存在的或者潜在的问题为出发点,致力于揭示这些问题背后的网络传播规律以及如何利用规律解决现实问题,从而避免"假、大、空"研究。

第二,有助于维护研究对象的完整性。随着网络影响力的扩大,很多学科把网络纳入研究范畴,但是这种"跑马圈地"式的研究,使它们对互联网的认识通常局限在已有的体系中,因此看待网络犹如"盲人摸象",往往只见局部,不见整体。为了实现本书提出的跨越,需要打破这种壁垒,共同致力于对网络中核心问题的研究。

　　第三,有助于研究人员更新知识结构。"从网络传播研究到互联网研究"对学者提出了更高的要求。无论是国内还是国外,网络传播的研究队伍通常来自传统的传播学或者其他某一门社会科学,这些专家学者熟悉各自的领域,但是相互之间的沟通是有限的。网络研究是一种打破了学科界限、直接面对研究对象复杂整体的模式,研究的问题可能涉及多个领域。因此,研究人员只有不断增加知识积累,改善知识结构,才能把这项综合性的研究做好。

第三章
网络传播研究

实践的发展带动了网络传播研究的兴起与发展,国内外网络传播研究的起点和发展阶段有一定的差异,但是随着实践中遇到的问题越来越集中,理论探索也越来越接近。网络传播的特点不仅影响着理论研究的范畴,也对研究方法产生了深刻的影响,催生了新的研究范式。

第一节 国内网络传播研究的回顾

网络传播学是伴随着人类网络传播活动逐渐发展起来的。我国网络传播研究起步晚于西方国家,但是随着我国互联网技术和应用的快速发展,这种差距逐步缩小。我国的网络传播研究可以分为三个阶段。

一、起步期(1995年之前)

1995年以前,传播学领域的学者谈论网络,主要讨论新的传播技术和新媒体的概念问题,而当时的新媒体主要就是指互联网。1994年,《新闻与传播研究》开始连载介绍"信息技术和信息高速公路"的文章;1995年6月,在第四次全国传播学研讨会上传播新技术和新媒体被列入议题;1995年,中国社会科学院设立重点研究课题"信息传播新技术、新媒介对大众传播的影响"。[1]

---

[1] 杜骏飞:《1994年以来中国网络新闻传播理论研究进展分析》,《上海师范大学学报(哲学社会科学版)》2009年第4期。

二、发展期(1996年到2005年)

1996年到2005年,是中国网络传播发展的第一个十年,也是网络传播研究迅速发展的十年。中国知网收录的文献显示,从1996年到2005年的十年间,以"网络传播"为主题检索得到的文献从96篇增长到1060篇,增长了十余倍。这一时期的主要研究议题包括:网络媒体的特征研究;互联网对青少年/大学生的影响;互联网对社会文化、道德的影响;互联网对政党或政治的影响;网民的网络依赖和网瘾问题;网络媒体的经营管理问题;互联网上的著作权问题;数字图书馆与数据存储;网络传播学学科的建设;等等。在此期间,网络传播研究领域形成了稳定的研究队伍,研究成果更加丰富,并逐渐系统化。谢新洲、杨伯溆、喻国明、匡文波、彭兰、蔡雯、闵大洪、钟瑛、张国良等学者相继出版大量专著或发表期刊论文,形成了核心作者群。与此同时,这些学者积极地推动网络传播专业在我国高校内的设立和发展。北京大学于2001年成立新媒体与网络传播系,于2014年成立新媒体研究院。

三、繁荣期(2006年至今)

2006年之后,网络传播研究增加了新的议题,包括网络舆论、媒介融合以及初步萌芽的博客、微博等社会化媒体和移动互联网等内容。在繁荣发展中,网络传播研究呈现出三大新特征:一是研究主题精细化,问题的提出更加扎根于网络现象与问题;二是研究的本土化意识增强;三是实证研究日渐丰富。值得注意的是,实证研究呈现出两条路径:一是对传统传播学理论在网络环境中进行检验,其中对"知沟理论""议程设置理论""创新扩散理论""数字鸿沟"理论的检验最多;二是对网络时代新的社会问题的观照,其中对网络依赖、网络成瘾的研究最多。

用文献计量学中的关键词分析法对2006年到2020年国内网络传播领域的研究热点进行追踪,发现了近十五年来研究热点从耦合网络、多重网络等泛自然科学研究领域向以网络新闻传播、网络小说、海外传播、网络平台、表情包等为代表的泛社会科学研究领域的转换过程(见图1-3-1)。

图 1-3-1　2006—2020 年网络传播研究领域的关键词突发性图谱

第二节　国外网络传播研究的回顾

国外关于网络传播的研究在时间上要早于网络自身的发展历程。早期与网络传播相关的研究主要在技术领域。《互联网研究手册》(The Handbook of Internet Studies)一书的作者在回顾西方网络传播学发展历程时描述了 1992 年一位社会学家参加计算机支持协同工作(Computer Support Cooperative Work, CSCW)的时候感受到的孤独：参加的很多人是计算机方面的专家，他提醒参会者计算机不能只针对少数人开发程序，可是没有多少人理会他。[①] 国外互联网

---

① Mia Consalvo, Charles Ess, eds, The Handbook of Internet Studies, Malden, MA: Wiley-Blackwell, 2011.

研究的历史也可以分为三个阶段。

一、猜想或预言阶段

在互联网还没有高度普及的阶段,网络传播的研究着力探讨网络可能带来的社会影响,主要是对未来社会的畅想与设计。随着网络的普及率提高,越来越多的学者从使用者的角度感知网络与传统媒体的区别,一些关于网络和网络传播的认识逐渐被诉诸笔端,例如认为"网络是一个虚拟的社交场所""网络是各种观点直接或间接碰撞的场所""网络带来了意想不到的新生活"等。

二、描述性研究阶段

从1998年开始,政府政策的制定者、追求商业利益的集团以及学者都希望能够系统地研究互联网。这一阶段的互联网研究开始采用大规模调查(surveys and fieldwork)的方式,描述网络用户和网络应用方面的特征,其中研究皮尤互联网和美国生活研究(Pew Internet and American Life Study)和研究全球互联网研究项目(World Internet Project)的美国加州大学洛杉矶分校传播政策研究中心是较早开展相关研究的机构,研究内容包括网络用户的人口特征、网络使用行为以及用户对互联网的态度等。

三、远程传播效果研究阶段

20世纪70年代,计算机的使用范围还比较小,仅有一些科研、教育机构和大型公司有条件使用计算机,计算机也主要用于工作,因此围绕计算机在处理远程工作中的效率和效果问题成为研究的重点。临场感理论(Social presence theory)是网络传播研究领域最早的理论之一。直到80年代,主流的网络传播研究仍认为计算机在分配工作、协调任务、促进远程办公方面效果显著,但是在促进人际交流和维系亲密关系方面作用有限。1987年,库尔兰(Culnan)和马库斯(Markus)总结了先前的相关研究,提出了线索过滤理论(Cue-Filtered-Out)。90年代之后,学术界对影响网络传播效果的因素的探讨超越了技术特征的范畴,开始探索心理、社会、文化等因素的影响,形成了社会信息处理理论(Social Information Processing)、去个性化效应的社会认同模型(Social Identity Model of Deindividuation Effects)以及超人际模型(Hypersonal Model)等。

四、成熟阶段

这个阶段有两个特征:一是互联网研究成为一门独立的学科,形成了稳定的研究队伍，一些来自社会学、人类学和计算机科学的学者开始长期稳定地从事互联网研究；不仅如此，长期的学术交流平台也开始建立起来，包括年会、学术组织和专门的学术期刊。二是互联网研究进入了主流的学术会议议程，并且形成了独立的学术门类和分科。在此阶段，互联网研究的理论、方法和研究议题逐步深入。

学科走向成熟的重要标志之一是学术交流平台的兴起。目前，网络传播方面主要的学术平台包括：一些学术组织，例如互联网研究人员协会（Associate of Internet Researchers—AoIR）（http://aoir.org/）；互联网研究方面的国际会议和研究进展，包括互联网研究年会（Internet Research Annual）、国际传播学协会年会（International Communication Association Conference）等；一些主要的学术期刊，如《人类行为角度的计算机研究》（*Computers in Human Behavior*）、《信息》（*Information*）、《传播与社会》（*Communication and Society*）、《信息社会》（*The Information Society*）、《网络传播》（*Journal of Computer-Mediated Communication*）、《新媒体与社会》（*New Media and Society*）和《社会科学计算机评论》（*Social Science Computer Review*）等。

当前，网络传播研究的范式变革仍在继续：一是研究方法在相互争论中日渐丰富，计算传播学的发展极大拓展了研究对象的范围，丰富了研究视角；二是研究重点正在从效果研究向过程研究拓展；三是研究对象从信息传播向情绪传播拓展；四是高度关注传播技术，人机互动成为热点。除此之外，互联网研究越来越像一个大熔炉，有关网络政策、网络治理、网络产品和应用推广、网络与政治权力、网络与文化的研究也越来越丰富，新冠肺炎疫情暴发后，网络与电子健康等话题被广泛关注。

▶ **练习题**

1. 名词解释
（1）网络传播
（2）CMC
（3）网络效应

2. 简答题
网络传播研究的特征有哪些？

3. 论述题
（1）如何认识互联网。
（2）谈谈对互联网平台经济的看法。

第二部分
技术、应用与社会

每一次技术的创新与发展都源源不断地作用于社会形态的更迭和社会思维的发展。信息技术的发展、互联网的兴起改变了人类的传播方式,也深刻影响着社会形态与人类思维。本部分沿着互联网技术发展的脉络,梳理了不同技术条件下的网络应用,并以批判的视角对其产生的影响进行了反思。

第一章
技术:起源与发展

计算机的发明和互联网的发展是新媒体产生和发展的重要技术基础。电子计算机自发明起来,体积不断缩小,性能不断提高,操作性越来越便捷,应用领域从军事科研发展到日常的信息处理。计算机网络经历了基础网络形成、网络结构演进、万维网产生以及移动网络发展等发展阶段,并且伴随着终端设备的发展和通信技术的进步,进入了"万物互联"的阶段。

第一节 计算机网络的兴起

虽然战争给人类带来极大的灾难,但在客观上却促进了科学技术的发展与普及。历史上几次科学技术中心的转移都或多或少与战争有关。计算机和互联网得以发展与第二次世界大战以及战后美苏之间的冷战密切相关。电子计算机的发明是计算机网络发展的基础。第二次世界大战期间,美国军方为了计算炮弹的弹道,委托宾夕法尼亚大学的莫克利(Mauchly)博士和他的学生埃克特(Eckert)设计出用真空管代替继电器的"电子化"计算机(Electronic Numerical Intergrator and Computer,ENIAC)。这台计算机长 30.48 米,宽 6 米,高 2.4 米,占地面积超过 167 平方米,拥有超过 19000 根真空管,70000 个电阻器,10000 个电容器,1500 个继电器和 6000 多个开关。它的耗电功率高达 175 千瓦,导致有的传言说,每当这台计算机启动的时候,费城的灯都会变暗(实际上它有自己的发电机)。ENIAC 并没有很强的可靠性,据记载平均每五天半就需要进行故障维修,但它的运算速度远高于当时最好的机电式计算机,每秒可完成 5000 次加法运算。[①] ENIAC 投入使用时二战已经结束。但是,随着冷战的开始,美国军方发现了它更多的用途,例如它曾协助技术人员测试首枚氢弹初期设计的可行性。

---

① Gregory C. Farrington, "ENIAC: Birth of the Information Age," *Popular Science*, 1996, p.74.

> **知识框3　第一台计算机**
>
> 曾有媒体把ENIAC称为"第一台电子计算机"。事实上,在ENIAC之前,已经出现了阿塔纳索夫—贝瑞计算机(Atanasoff—Berry Computer,简称ABC计算机)。ABC计算机由美国爱荷华州立大学的约翰·文森特·阿塔纳索夫(John Vincent Atanasoff)和他的研究生克利福德·贝瑞(Clifford Berry)发明,他们的设计初衷是为了解决向学生讲授求解线性偏微分方程组时不得不面对的繁杂计算问题,所以ABC计算机的设计仅仅用于求解线性方程组,不可编程。与ABC计算机不同,ENIAC是第一台电子通用计算机(数字计算机),通用计算机能够重新编程,解决各种计算问题,是各行业、各种工作环境都能使用的计算机。
>
> 第一台可批量生产的计算机是UNIVAC1。1946年,ENIAC的主要设计者莫克利和埃克特开设了电子控制公司,1947年开始研制世界上第一台可批量生产的计算机UNIVAC1。1951年3月,第一台UNIVAC1交付美国人口统计局使用。1952年,UNIVAC1被用于美国总统选举中的选票统计和结果预测。投票刚结束,计算机就根据选票的初步统计结果预告艾森豪威尔将当选总统,从而轰动美国,也因此名扬天下。

电子计算机出现之后,首先用于科技计算,随后拓展到数据处理领域。为了提高计算机的利用率,通常需要把两台或者多台计算机连接起来,这样就组成了简单的计算机网络。20世纪60年代,美苏争霸处于白热化阶段,美国国防部力图建立一个能够承受核打击的军用网络,以保证美国的任何地点或城市在遭受核打击后,军队仍然能够控制自己的系统并进行报复性核回击。实现这个设想的关键是将网络的控制和管理离散化,因此网络各个节点计算机之间的通信信道必须是多条。1968年,美国国防部高级研究计划署开始资助这个项目。1969年秋,具有4个节点的计算机网络阿帕网研制成功。阿帕计算机网的4个节点处于同等重要的网络位置关系中,4个节点之间互联互通,当其中一个节点出现故障后,信息依旧可以借助其他节点实现传输。"去中心化"的结构特征对后续的互联网发展产生了重大影响,甚至改变了人类社会的组织方式和思想观念。

第二节　计算机网络的基本原理

计算机网络由若干节点(node)和连接这些节点的链路(link)组成。网络中的节点可以是计算机、集线器、交换机或路由器等。网络之间还可以通过路由器连起来,构成一个范围更大的计算机网络,这样的网络称为互连网(internetwork 或 internet),因此互连网是"网络的网络"(network of networks)。网络把许多计算机连接在一起,而互连网则把许多网络通过路由器连接在一起。互联网(Internet)是世界上最大的互连网。①

相互通信的计算机系统必须高度协调才能工作,而这种"协调"是相当复杂的。为了使复杂的网络能够协调有序,阿帕网设计时提出了分层的思想。代表性的分层方式包括开放系统互连参考模型(Open System Interconnect,OSI)的七层协议体系结构和传输控制协议/因特网互联协议(Transmission Control Protocol/Internet Protocol,TCP/IP 协议)的四层体系结构。OSI 七层协议体系结构,自顶向下的顺序为应用层、表示层、会话层、传输层、网络层、数据链路层、物理层,这种分层概念清楚,理论体系非常完整,但是过于复杂。所以,目前互联网主要采用基于 TCP/IP 协议的四层体系结构,即应用层、传输层、网络层和网络接口层,其中的应用层包含了 OSI 体系中的表示层和会话层,网络接口层包含了 OSI 体系中的数据链路层和物理层。TCP/IP 协议定义了电子设备如何接入互联网,以及数据如何在它们之间传输,由网络层的 IP 协议和传输层的 TCP 协议组成。

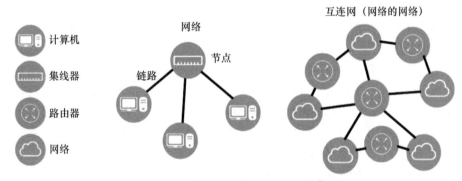

图 2-1-1　计算机网络结构示意图②

计算机网络在数据传输时采用了分组交换的模式,即把一个完整的报文(message)划分为几个更小的数据段,每个数据段为 1024bit。在每个数据段前面,加上一些由必要的控制信息组成的首部(header)后,就构成一个分组(packet),即"包",而分组的首部也被称为"包头"。"包头"包含了诸如目的地址和源地址等重要信息,每一个数据包在互联网中独立选择传输路径,并被正确地交付

---

① 谢希仁编著:《计算机网络(第 7 版)》,北京:电子工业出版社 2017 年版,第 4—5 页。
② 同上书,第 4 页。

到分组传输的终点。传输层的TCP协议的主要功能就是把来自应用层的用于网间传输的报文分割成若干数据包,然后传给网络层(IP层)。为了保证报文传输的可靠,TCP协议给每个包一个序号,序号也保证了传送到接收端实体的包按序接收。IP协议就是根据"包头"中的目的地址传送数据包,在此过程中IP负责选择传送的道路,这种选择道路被称为路由功能。这个过程可以形象地用"小学生春游"来比喻:TCP协议负责把学生分为若干组并给每一组发一张目的地说明和小组序号,IP协议负责帮学生选择通往目的地的道路,最后等学生们都到达目的地后重新组合。

知识框4 从电信网的电路交换到互联网的分组交换

世界上最大的网络是连接电话机的电信网,电信网之间的信息交换是典型的电路交换。原则上两部电话只需要一对电线就能互相连起来,用这种方式连接,如有N部电话就需要N(N−1)/2对电线,当电话机的数量很大时,这种连接方法所需的电线数量将变成天文数字。为了解决这个问题,就引入了电话交换机把每一部电话连接起来,这样就形成了一个以交换机为中心的网络结构。当两部电话通话时,主叫方通过交换机形成与被叫方的连接,这是一条专用的物理通路。这条通路保障双方顺利通话,但是其他用户将不能使用这条通路,直到通话结束,用户挂机才能释放出通路。互联网采取分组交换,数据包是传输的数据单位,每一个数据包根据TCP/IP协议进行独立传输并由接收端的路由器暂存并还原,因此分组交换不必先占有一条端对端的链路通信资源,而是一段段地选择空闲链路进行分组传输,这样就极大地提升了通信资源的利用率。从这个意义上说,选择并合理利用闲散的资源就成为互联网的一个重要特征——共享。近年来,随着"互联网+"的发展,共享已经从信息共享、知识共享,发展到车辆共享、房屋共享等,共享经济也成为热门的领域。

知识框5 不能忽略的"草根"——从OSI到TCP/IP

计算机网络之间需要协议才能运行,早期的互联网企业建立起各自的体系结构。这些体系结构解决了同一公司的产品之间的通信问题,但是不同厂商的产品很难互通。为此,国际标准化组织(ISO)于1977年成立了专门机构,研究试图连接各种计算机的标准框架,即开放系统互连基本参考模型(Open Systems Interconnection Reference Model,OSI/RM),并在此基础上形成了

> ISO 7489 国际标准。OSI 的目标是实现全球计算机互联互通,但是在 20 世纪 90 年代初期整套 OSI 国际标准制定出来的时候,基于 TCP/IP 协议的互联网已抢先在全球相当大的范围内成功运行。OSI 只获得了理论研究的成果,没有获得市场的认可。谢希仁教授把 OSI 的失败原因归结为以下四点:一是 OSI 的专家缺乏实际经验,在完成 OSI 标准时缺乏商业驱动力;二是 OSI 的协议实行起来过于复杂,运行效率很低;三是 OSI 标准的制定周期太长,使得按 OSI 标准生产的设备无法及时进入市场;四是 OSI 层次划分不太合理,有些功能在多个层次中重复出现。①回顾这段历史,不禁对互联网历史中的"草根"力量肃然起敬,互联网发展从走出实验室的那一刻起,就越来越趋向于摆脱"权威"和"正统",趋向于调动一切力量。互联网创建于军方严格控制的专业实验室,以谷歌为代表的第一代普及型网络应用源自半专业的非规范性组织,而以脸书为代表的第二代社交媒体的来源更加开放和多元。从这个意义上说,互联网培育了"草根","草根"同时也推动和滋养着互联网,"草根性"也成为互联网的重要特征。

第三节 计算机网络的发展历程

如果从 1969 年 11 月阿帕网创建算起,互联网的发展已经经历了 50 余年。在半个多世纪的发展中,互联网经历了技术和基础设施的不断完善、应用和商业化的发展,以及功能和边界的拓展。

这个过程大体可以分为四个阶段:第一个阶段从 20 世纪 60 年代到 80 年代,是互联网厚积薄发的 30 年,是基础技术、基础协议、基础应用的形成阶段;第二个阶段是 20 世纪 90 年代,万维网的形成和互联网商业化的浪潮兴起;第三个阶段是 21 世纪的前 10 年,是 Web 2.0 和移动互联网发展的阶段,也是社会化媒体兴起和线上—线下(O2O)模式快速发展的阶段;伴随着 5G、人工智能和物联网的发展,万物互联阶段成为第四个阶段。方兴东等认为,"整个互联网发展历程,前 30 年主要由技术创新引领,后 30 年商业创新转变为绝对的主角,最近 10 年,制度创新的重要性日渐凸显,成为最大的能动性"②。

---

① 谢希仁编著:《计算机网络(第 7 版)》,北京:电子工业出版社 2017 年版,第 28 页。
② 方兴东、钟祥铭、彭筱军:《全球互联网 50 年:发展阶段与演进逻辑》,《新闻记者》2019 年第 7 期,第 7 页。

进入第四个发展阶段的互联网在2021年迎来了一个新的讨论焦点——元宇宙(metaverse)，这是一个来自科幻小说的概念。1992年，尼尔·斯蒂芬森出版了小说《雪崩》(Snow Crash)，描绘了一个超现实主义的数字空间"Metaverse"[①]，这个空间能把现实世界或者地理空间中不能联系的人通过各自的"化身"(avatar)相互联系起来，让其相互交往、度过闲暇时光，还可以随意支配自己的财产和收入。恐怕连尼尔·斯蒂芬森本人也不曾预见在该书出版30年后，"Metaverse"的概念会产生如此大的冲击。2021年之所以被很多人称为"元宇宙"元年，与两件事密切相关：一是，3月沙盒游戏平台Roblox将"元宇宙"概念写进招股书，成功登陆纽约证券交易所，并在上市首日市值突破400亿美元；二是，10月脸书更名为"Meta"。元宇宙的概念首先在资本市场和科技圈引发热议，有些人认为"元宇宙"并不是下一代互联网，而是一种新的无线网络。

一、基础技术形成与网络结构演进

数字通信技术的发展为阿帕网的创建奠定了基础，TCP/IP协议的推广使不同计算机网络之间实现互联，一些基础的网络应用逐渐形成，这个过程伴随着互联网结构的三次重要演进。

1969年创建的阿帕网只是一个具有4个节点的单个分组交换网。到了20世纪70年代单一网络在解决通信问题方面的弊端不断暴露出来，于是研究网络之间的互联技术成为重点。起初只是同一厂商生产的设备之间互联，直到1983年TCP/IP协议成为阿帕网的标准协议，才实现了计算机网络之间的互联互通，因此也有人认为1983年才是互联网产生的时间。

20世纪80年代之前，美国将网络严格控制在计算机科学家、政府职员和政府项目承包商范围内。1985年，美国国家科学基金会(National Science Foundation, United States, NSF)资助建立连接六大超级计算机中心的计算机网络——美国国家科学基金会网络(NSFNET)。这是一个三级计算机网络，分为主干网、地区网和校园网(企业网)，这种三级计算机网络覆盖了全美主要的大学、研究所。NSFNET的重大贡献是把互联网推广到普通科教界，互联网进入了以资源共享为中心的实用服务阶段。NSFNET不仅向科研人员提供了可获得无限资源的通信网络，而且在不断完善、提高的过程中构造了现代美国互联网的结构。

20世纪90年代初期，互联网已形成一个"网中之网"，各个子网分别负责各

---

① 在2009年四川科学技术出版社翻译出版的版本中译为"超元域"。

自的架设和运行费用,而这些子网又与国家资助的主干网 NSFNET 互连,但是 NSFNET 主干网只允许用于教育和科研的目的,明确规定不准用于商业目的。美国的私人企业开始建立自己的网络,在一定程度上绕开了 NSFNET,向用户提供互联网商业的联网服务。1991 年这些企业组成了"商用互联网协会",纷纷宣布自己开发的子网可用于各种商业用途。商业公司的进入使得网络上的通信量急剧增长,互联网的容量已经满足不了需求,于是美国政府决定将互联网的主干网 NSFNET 转交给私人公司来经营,并开始对接入互联网的单位收费。1993 年互联网上的主机数量从 1985 年的 2000 台上升至超过 100 万台,NSFNET 主干网在 1991 年成为首个速率达到 45Mbits 的全国性网络。

在 1991 年美国国家科学基金会取消了商业方面的互联网访问限制后,专门提供互联网服务的商业公司——互联网服务提供商(Internet Service Provider, ISP)强势崛起并迅猛发展。中国最著名的 ISP 是中国电信、中国联通和中国移动。ISP 从互联网管理机构申请到很多 IP 地址,同时拥有通信线路以及路由器等联网设备,任何机构和个人只要向某个 ISP 交纳一定的费用就可以获得所需的 IP 地址的使用权,并通过该 ISP 接入互联网。

知识框 6　国际互联网资源如何分配?

互联网是一个巨大的通信系统,需要一套资源分配与管理体系来维持有效运转。20 世纪 90 年代初,美国国家科学基金会为互联网提供资金并代表美国政府与 NSI 公司签订协议,由 NSI 负责互联网顶级域名系统的注册、协调与维护。而互联网的地址资源则由互联网数字分配机构(The Internet Assigned Numbers Authority, IANA)来分配。IANA 将地址分配到北美地区(ARIN)、欧洲地区(RIPE)和亚太地区(APNIC),然后再由这些地区性组织将地址分配给各个 ISP。1998 年,为了推进互联网的商业化进程,美国商务部决定成立一个由私营部门主导、受美国政府监督与管理的"非营利机构"——互联网名称与数字地址分配机构(The Internet Corporation for Assigned Names and Numbers, ICANN)来负责基础资源的分配与管理。随着互联网的全球性发展,越来越多的国家对美国独自管理互联网的方式表示不满,但作为互联网的"发源地"与"提供方",美国有着天然的技术与机制优势,互联网管理一时难以摆脱美国政府的控制。经过多方的努力,ICANN 于 2009 年 10 月获准不受美国政府管理,取得独立地位。2016 年 10 月,美国商务部把互联网域名管理权完全交给 ICANN。ICANN 在社交媒体推特上写道:"这一管理权移交将帮助保证互联网长期保持开放、可交互与稳定。"

ICANN 是负责在全球范围内对互联网唯一标识符系统及其安全稳定的运营进行协调的非营利性国际组织,具体工作包括网络之间互联协议(IP)地址的空间分配、协议标识符的指派、通用顶级域名(gTLD)以及国家和地区顶级域名(ccTLD)系统的管理、根服务器系统的管理。

二、万维网的产生和商业化浪潮

随着 TCP/IP 协议的广泛应用,互联网的基本结构已经形成,互联网的发展开始集中于应用的多样性,万维网应运而生。万维网由欧洲粒子物理中心的蒂姆·伯纳斯-李(Tim Berners-Lee)于 1989 年 3 月提出,是一个大规模的联机式的信息储藏所。万维网的核心思想是让全球计算机网络中的资源能够相互连接并方便查找。当时,核物理的研究是分散在不同国家进行的,各地的研究人员通过计算机网络和互联网进行学术交流。那时互联网还没有一种统一的信息交流手段来处理不同类型的信息,例如交流图片、文字等不同类型的信息需要调用不同的互联网服务工具。1989 年 3 月,蒂姆·伯纳斯-李开发了一个超级文本系统,1990 年底第一个基于字符界面的万维网客户浏览程序开发成功,1991 年 3 月开始在互联网上运行。万维网在互联网上首次露面便立即引起轰动,被迅速广泛地推广应用。

万维网是一个超文本系统。所谓超文本,是指包含指向其他文档链接的文本(text),也就是说,一个超文本由多个信息源链接而成,这些信息源分布在世界各地,并且数目不受限制。利用一个链接就可找到远在异地的另一个文档,且可以继续链接到其他的文档(依次类推);万维网还是一个多媒体系统,多媒体文档不仅包括文本信息,还包括诸如图形、图像、声音、动画以及视频等信息;万维网是一个分布式系统,即信息并不是留在单个计算机磁盘中,而是分布在整个互联网上,每台主机的文档都可以独立管理。

万维网和互联网并不是一回事。互联网是计算机和其他设备通过装置连接起来实现可以通信的计算机网络的集合,是网络与网络连接成的超级网络,互联网的运行依靠分层结构和通信协议。万维网是建立在互联网应用层 HTTP 协议基础上的一种网络应用服务。万维网的创建,对于互联网的发展有划时代的意义,它降低了互联网的使用门槛,提升了互联网的服务能力,加速了互联网的迅速普及。

万维网离不开浏览器。1990年，蒂姆·伯纳斯-李在发明HTML网页架构之后，又对第一台网页服务器和第一个网页浏览器的出现作出了贡献。历史上，第一个网页浏览器名为World Wide Web，随后更名为Nexus。随后，网页浏览器开始大量出现。1993年，隶属于伊利诺伊大学厄巴纳—香槟分校（University of Illinois at Urbana-Champaign）的美国国家超级电脑应用中心（National Center for Super-computing Applications，NCSA）开发的网络多媒体浏览器Mosaic使万维网大受欢迎，这也是互联网历史上第一个获普遍使用和能够显示图片的网页浏览器。之后，网景公司的Netscape浏览器和微软公司的Internet Explorer浏览器相继出现，大大扩张了网络的版图。

万维网时代有些关键的概念需要了解：

1. 统一资源定位符（Uniform Resource Locator，URL）

互联网上可以被访问的任何对象都被称为资源，包括文件目录、文件、文档、图像、声音等以及与互联网相连的任何形式的数据。每一个资源都有一个统一资源定位符，用来标识从互联网上得到的资源位置和访问资源的方法。URL由四部分组成：

<协议>://<主机>:<端口>/<路径>

URL的第一部分是协议，即用什么协议来获取万维网的文档，万维网最常用的协议是HTTP协议，第二部分指文档在哪台主机上，即该主机在互联网上的域名，后面两部分有时可省略。现在有些浏览器为了方便用户，在输入URL时，把最前面的"http://"甚至把主机名最前面的"www"省略。

2. 超文本传输协议（Hypertext Transfer Protocol，HTTP）

HTTP协议是面向事务的应用层协议，定义了浏览器怎样向万维网服务器请求万维网文档以及服务器怎样把文档传送给浏览器，它是万维网上能够可靠地交换文件的重要基础。它不仅保证计算机能正确快速地传输超文本文档，还能确定传输文档中的哪一部分，以及哪部分内容首先显示（如文本先于图形）等。

3. 文件传输协议（File Transfer Protocol，FTP）

文件传输协议是维持万维网运营的另一重要通信协议，但它早在万维网创建之前已经出现在互联网中，是用户控制文件的双向传输的一个协议，即通过FTP可以与Internet上的FTP服务器进行文件的上传或下载等动作。

4. 超文本（Hypertext）

超文本是一种文本显示与连接技术，可以对文本中的有关词汇或句子建立链接（超链接），使其指向其他段落、文本或链接到其他文档。通过超链接，可以在文档之间、文档内部之间跳转。当超文本显示时，建立了链接的文本、图片通常以下划线、高亮等不同的方式显示,来表明这些文本或图片对应一个超链接。当鼠标移过这些文字时,鼠标会变成手形,点击超链接文本或图片,可以转到相关的位置。

5. 网页、网页文件及网站

网页是网站的基本信息单位,是万维网的基本文档,是承载各种网站应用的平台。它由文字、图片、动画、声音等多种媒体信息以及链接组成,是用HTML编写的,通过链接实现与其他网页或网站的关联和跳转。

网页文件是一个包含HTML标签的纯文本文件,其扩展名是.htm和.html。它可以存放在世界某个角落的某一台计算机中,是万维网中的一"页"。网页文件能被网页浏览器识别显示。

网站又称Web站点,是互联网中提供信息服务的机构,这些机构的计算机连接到互联网中,向用户提供网页服务。网站由众多内容不同的网页构成,这些网页通过超链接连接在一起,网页的内容可体现网站的全部功能。通常把进入网站首先看到的网页称为首页或主页(homepage),例如,新浪、网易、搜狐就是国内比较知名的大型门户网站。

早期万维网主要提供的是静态页面,即网页运行于客户端,而非运行于服务器端的动态HTML页面;网页内容由文件系统(File systems)提供而非关系型数据库(Relational Databases)提供;页面构建使用SSI(Server Side Include)或CGI(Computer Graphics Interface)而不是由动态编程语言写成的网页应用程序;页面布局使用边框和表格等典型要素;使用大量的GIF按钮和类似的图形。

这一时期,有一个非常时尚且形象的词语——网上冲浪(surfing the internet),受到年轻人的追捧,表达了人们利用浏览器在万维网中工作、学习的愉悦状态。这一时期的网络应用服务已经出现,电子邮件、电子商务开始在互联网中被广泛使用,早期的购物网站(如Amazon、eBay等)、论坛、电子公告板(Bulletin Board System,BBS)、个人网页和博客亦开始出现。网景(Netscape)、雅虎(Yahoo)和谷歌等互联网公司是当时的佼佼者。中国出现了以门户起步的新浪、以搜索技术起步的搜狐、以即时通信技术起步的腾讯和以网络游戏起步的盛大网络等。

三、Web 2.0与移动互联网的发展

Web 2.0是第二代互联网的简称,尽管学术界对Web 2.0并没有严格的定义,但是其与第一代互联网有明显的区别——网页内容及其利用方式从网站主导向用户主导转变。[1] Web 2.0具有以下特征:

---

[1] Jonathan Strickland,"How Web 2.0 Works," computer.howstuffworks.com, retrieved, 2015-02-28.

一是以用户生产内容占主导。Web 1.0 时代的典型模式为网站生产内容并进行单向发布,而 Web 2.0 时代的内容生产则是以用户为主导,用户拥有更多参与的机会。

二是 Web 2.0 更加注重社交性和交互性。在 Web 2.0 的网站及应用上,终端用户不仅可以与服务器交互,而且可以彼此交流、分享,乃至跨网站、跨平台进行交互,这使得用户真正成为网络的组成部分。

三是互联网应用大大丰富。Web 1.0 时代,桌面是用户使用应用及软件的重要平台;Web 2.0 时代,浏览器的功能和应用种类大幅度增加,可视化水平及易用性程度上升,用户体验从以桌面为中心向以浏览器为中心转变。

四是网站设计符合 Web 标准。Web 标准是目前国际上正在推广的网站标准。它是一系列标准的集合,而不是单一的某个标准。Web 标准的推行使得网站设计代码规范,代码数量减少,从而减少了网络带宽资源浪费,加快了网站访问速度,对于用户和搜索引擎的友好度上升。

Web 2.0 促进了社会化媒体的崛起,典型的应用包括微博、微信、脸书、推特等社交媒体,以及维基(Wiki)等社会协作网站,Flickr、del.icio.us、Bloglines 等应用程序接口(Application Programming Interface,API)网站以及社交网络服务(Social Networking Services,SNS)等用户参与占主导的网站。

社会化媒体的发展使网民不仅成为互联网的使用者,而且成为重要的参与者、贡献者。2006 年,《时代》周刊把年度风云人物称号授予"网民"。与此同时,移动互联网的发展、智能手机的普及,进一步降低了互联网的使用门槛。

目前,存在两种无线网络接入方式:一种是无线局域网(Wireless LAN,WLAN),另一种是蜂窝移动网络服务。无线局域网也可以分为两类:一类有固定基础设施,主要依靠 W-IEEE 802.11 系列标准,这种标准使用星状拓扑,其中心叫作接入点(Access Point,AP),凡是采用这种标准的局域网又被称为无线保真度(Wireless-Fidelity,Wi-Fi);另一类是无固定基础设施的无线局域网,又叫作自组网络。通常,这类网络是因为一些可移动设备发现附近还有其他设备要求和它们通信而形成。随着智能手机和便携式电脑的普及,这类网络越来越受到关注。近年来,移动自组织的一个子集——无线传感器网络(Wireless Sensor Network,WSN)备受关注,它是由大量传感器节点通过无线通信技术构成的自组网络。由于全球 98% 的处理器并不在传统计算机中,而在各种家电设备、运输工具以及工程机械中,如果把这些设备嵌入合适的传感器和无线通信功能,就可能把数量极大的节点连接成分布式的传感器无线网络,这也就构成了物联网的基础。

目前世界上通用的 Wi-Fi 技术,是澳大利亚联邦科学与工业研究组织

(Commonwealth Scientific and Industrial Research Organisation，CSIRO)在20世纪90年代发明的，发明人是悉尼大学工程系毕业生约翰·奥沙利文(John O'Sullivan)博士领导的一个研究小组。Wi-Fi技术广泛使用于网络连接、城市无线网覆盖、校园无线网覆盖、电脑间直接通信等领域。Wi-Fi的出现使得各类互联网应用都得到长足的发展，通信类、社交类、娱乐类、工具类、摄影类等均在Wi-Fi普及的浪潮下大放异彩。

知识框7　阴差阳错的小发明

爱因斯坦曾经说过这样一句话："If we knew what we were doing, it wouldn't be called research, would it?"("如果我们知道我们在做什么，那么这就不叫科学研究了，不是吗？")Wi-Fi的发明恰恰是这句话的证明。故事要从天文学和物理学的重大研究课题——黑洞开始说起。1974年，大名鼎鼎的物理学家斯蒂芬·威廉·霍金(Stephen William Hawking)通过计算得出了一个关于黑洞的结论：如果小型黑洞真实存在，那么它们可以在吸收一切的同时发射出无线电信号。基于这一结论，悉尼大学工程系的物理学家和工程师约翰·奥沙利文博士率领研究小组展开了研究，他们想在宇宙的无线电噪声中寻找到黑洞放出的无线电信号，从而证明这种计算的正确。经过长时间的努力，小组发明了一个相当不错的数学工具来捕捉这些微弱的信号。可惜的是，宇宙的无线电噪声环境实在过于嘈杂，寻找信号的工作最终无功而返。这次研究无奈地失败了，但历史却不想按逻辑出牌——这一技术对黑洞研究意义有限，却在互联网领域焕发了生机。1992年，约翰·奥沙利文当时所在的澳大利亚顶级科研机构——联邦科学与工业研究组织，尝试发明一种可靠而又廉价的计算机无线连接方式。这次，约翰·奥沙利文的黑洞数学工具终于派上了用场，尽管这一工具应付不了宇宙的混乱，但在普通环境下发现微弱而模糊的无线电信号，效果还是相当不错的，因而它成了Wi-Fi技术的基础。而随着美国电器和电子工程师学会(Institute of Electrical and Electronic Engineers, IEEE)将约翰·奥沙利文的技术纳为标准并推广到了全球，最终这一技术成为我们日常生活中不可或缺的Wi-Fi。

Wi-Fi无线局域网具有接入互联网的功能，但必须是当计算机处在某个Wi-Fi热点之中，由于热点覆盖直径只有10—100米，因此不能随时随地接入互

联网。蜂窝无线通信网克服了这一困难,其信号覆盖范围广。蜂窝移动网络发展迅速:第一代蜂窝移动通信(1G)是为语音通信设计的模拟 FDM 系统,现早已被淘汰;第二代蜂窝移动通信(2G)的代表性系统是最流行的 GSM 系统,除了语音通信外,还能提供低速数字通信(短信服务);第三代蜂窝移动通信(3G)使用的带宽增大到 5MHz,并且使用 IP 体系结构和混合交换机制,能够提供移动宽带多媒体业务,例如语音、数据、视频等,可以收发电子邮件、浏览网页、进行视频会议等;第四代蜂窝移动网络(4G)是集 3G 与 WLAN 技术于一体,能够快速传输数据以及高质量音频、视频和图像等的技术,它能够以 100Mbps 以上的速度下载,满足当时用户对于无线服务的几乎所有要求,随着 4G 技术的发展,视频类、游戏类应用等取得了较大的发展;第五代蜂窝移动通信(5G),传输速度的理论峰值可以达到每秒数 10Gbps,比 4G 网络快数百倍,它的主要目标是让终端用户始终处于互联网状态,且支持的设备远不止智能手机,还包括智能家电、可穿戴设备等;第六代蜂窝移动通信(6G)的传输能力又比 5G 提升了近百倍,网络延迟也从毫秒级压缩到微秒级。6G 网络性能的全面提升为实体环境中的数字化、产品形态的场景化赋能。6G 网络将广泛支持垂直的行业应用,包括为工业互联网提供确定性网络通信、增强垂直的行业应用以及全息通信等。

移动互联网的发展前提是智能手机的普及。1996 年,最早的商业移动互联网连接服务由芬兰的 Sonera 和 Radiolinja 公司提供,接入设备为诺基亚 9000 Communicator 手机。当时这款手机上网需要电脑进行配合,且不支持无线上网。而第一次基于浏览器的移动互联网服务,在 1999 年由日本 NTT DoCoMo 公司的 i-Mode 服务所提供。i-Mode 技术是一种供用户通过手机使用互联网服务的无线通信技术。该技术以分组数据传输技术为基础,用户可以据此使用自己的手机访问互联网以及收发电子邮件和浏览一些其他信息,这项服务成功地将移动电话从"通话手机"发展为全方位的"信息手机"。

移动操作系统(Mobile Operating System,Mobile OS)对推动移动终端发展意义重大。移动操作系统可近似看作在台式机上运行的操作系统,但它们通常较为简单,并提供了无线通信的功能。目前使用移动操作系统的设备有智能手机、平板电脑、个人掌上电脑(Personal Digital Assistant,PDA)等,另外也包括嵌入式系统、移动通信设备、无线设备等。移动操作系统出现于 1996 年,Palm 公司及微软公司先后推出 Palm OS 及 Windows CE 操作系统。2007 年,苹果公司推出 iOS 操作系统,大幅改进用户界面与用户体验。同年 9 月,谷歌公司推出 Android 操作系统。由于这两款操作系统的出现,智能手机销量大幅上升。

推动无线网络发展的另一个重要因素是移动应用程序的丰富。移动应用程序是在移动设备上运行的软件应用程序,其种类多样,功能丰富,可满足用户获取信息、娱乐、交易等多种不同的需求。移动应用服务的发展与移动智能终端向功能增强化、个人定制化、平台开放化的方向发展不谋而合。目前,较为著名的移动应用程序商店有 App Store(苹果 iOS 操作系统的代表,iTunes Store 的一部分),以及 Google Play Store(Android 操作系统的代表)。

四、网络技术前沿:数字网络(元宇宙)

通信技术建构了通信网络,计算机和互联网构成了信息网络,而随着人类全面进入数字时代,网络及运算技术、交互技术、物联网、区块链、人工智能(AI)等技术正在建构起数字网络。与互联网相比,数字网络存在三个方面的特征:一是网络节点可以是人,也可以是物;二是网络节点可以是真实的,也可以是完全虚拟的;三是数字网络不仅能够辅助生产生活,还可以通过纯数字产品的生产、创造、交换和消费建构起一套相对独立的系统。当下被热议的元宇宙,尽管还没有形成稳定的定义,但是基本符合数字网络的特征。

当前数字网络还处于发展的初期,五大技术会影响和制约其发展。一是网络和运算技术,数字网络对网络基础设施和算力提出更高要求,云化的智能网络、边缘计算、分布式计算是当前有待集中突破的核心技术。市场对算力的高要求也带动了量子计算机研发的热情。二是交互技术,广义的交互技术包括软硬件两个方面:软件方面,是指一切提升沉浸感和体验感的技术,例如游戏中常使用的 3D 建模、仿真技术等;硬件方面包括能够通过传导神经信号作用于人体感官的技术设备,目前主要是智能头盔和智能眼镜,还有一些复杂的脑机接口。三是物联网技术,它是虚实共生的数字网络中,连接物理世界和虚拟世界的桥梁,一方面采集物理世界的信息并进行数字化处理,另一方面把数字世界对物理世界发出的指令反馈到物理世界中。四是区块链技术,它不但支撑起数字世界的经济体系,而且实现了对虚拟财产的分配与管理。五是人工智能技术,它渗透到数字网络的各个层面、各个环节以及各种活动中。数字网络的基础是数据,如果不借助人工智能技术便无法处理海量的数据。

2020 年以来,新冠肺炎病毒在全球的肆虐大大加快了人类数字化的进程,数字网络也因此显出端倪。但是,目前的数字网络仍处在发展初期,主要应用还是在游戏、娱乐等方面。与资本市场和技术社群的狂欢相比,市场和需求侧较为冷静。毋庸讳言,数字网络是未来网络的发展方向,甚至就是下一代网络。但正如互联网在 21 世纪初期突然遭遇的"寒冬"一样,数字网络的发展也许也会经历波折。

第二章
反思:技术与社会

从刀耕火种的原始社会,到铁器大放异彩的封建社会,再到被蒸汽机拉开序幕的资本主义工业化社会,技术在人类社会演进中一直扮演着重要的角色。每一次技术的创新与发展又源源不断地作用于社会形态的更迭和社会文化的发展。对技术和社会关系的哲学性反思,成为人类思想文明发展史上的重要任务之一。

第一节 社会的技术决定论

技术决定论的思想源头可追溯至更久远的"决定论"思想。"决定论"源于对自然界本原和运行规则的追求,人们认为万事万物都有因果和规律。最初,"决定论"思想主要集中在对自然界事物和现象的解释方面,19世纪开始向社会和人文领域拓展,逐渐形成了形式与内容各异的"××决定论",如心理决定论、环境决定论、教育决定论、生产力决定论等。"技术决定论"正是在此背景下产生并逐步完善。

20世纪二三十年代,尤其是第二次世界大战之后,对技术的理解几乎被技术决定论所垄断。美国的威廉·菲尔丁·奥格本(William Fielding Ogburn)、阿尔文·托夫勒(Alvin Toffler)、丹尼尔·贝尔(Daniel Bell)、约翰·奈斯比特(John Naisbitt)、兰登·温纳(Langdon Winner),法国的雅克·埃吕尔(Jacques Ellul)、贝尔纳·斯蒂格勒(Bernard Stiegler)、让·鲍德里亚(Jean Baudrillard)等,都将技术视为一种影响和改变社会历史的自主力量。法兰克福学派更从哲学层面指出,科学技术的作用不仅显现于人们的日常生活之中,而且已经成为一种新的意识形态和社会统治形式,控制着人的思维行为方式与社会运行。

奥格本认为社会变迁的终极原因是技术因素,而非此前认为的经济因素,提出"历史的技术解释";埃吕尔则指出技术决定并支配着人类的精神和社会状况,他的"技术自主论"也被认为是"技术决定论"的极端化体现;温纳继承埃吕尔的衣钵,提出不是技术适应人,而是人要适应技术,人的目的被调整以迎合可用的技术手段。美国技术哲学家布鲁斯·宾伯(Bruce Bimber)则将"技术自主论""媒介决定论"和"技术统治论"都划入技术决定论的范畴,并将其称为技术决定论的"三重面孔"。①

马歇尔·麦克卢汉(Marshall McLuhan)是20世纪最为著名同时也备受争议的传播学家和思想家之一,20世纪60年代出版的代表作《理解媒介:论人的延伸》集中体现了他的主要理论主张。"媒介即讯息"(the Medium is the Message)是其中的核心观点。麦克卢汉认为,媒介技术是影响人和社会发展的重要因素,任何一种媒介自产生起,相比于它所传播的内容而言,该媒介形式本身及其技术要素会对人类社会环境产生更大的影响力。在麦克卢汉看来,"媒介塑造了时代和文明的形态",历史文化中发生的一切变化,都是媒介变革的结果,而千差万别的不同文明形态也是由信息与媒介形态的差异导致的。同时,麦克卢汉认为媒介对历史的决定和影响还体现在对人际关系和人本身特征的影响上。"正如机器在塑造人际关系中的作用是分割肢解的、集中制的、肤浅的一样,自动化的实质是整体化的、非集中制的、有深度的。"②任何媒介出现之后,在人们使用的过程中,无论它传播何种内容,社会生产关系和人们的生活方式都会受影响并被改变,例如看电视这一行为本身以及看电视的过程对我们的生活已经造成了影响,甚至远远超过了收看的电视节目内容。在麦克卢汉的理论中,电子时代的人都变成了"信息采集人和感知整合的人"③。

兹比格涅夫·布热津斯基(Zbigniew Kazimierz Brzezinski)是美国著名的地缘政治学家和国际事务专家,同时也是一名坚定的技术决定论者。他在1970年出版的著作《两个时代之间——美国在电子技术时代的任务》中,指出新技术革命正在推动电子技术渗透进社会生活的方方面面,从而引领美国走进"电子化社会"。在"电子化社会"中,科学技术,尤其是电子技术已经成为最重要的生产力要素,决定了生产关系、社会结构以及人们的价值观念。与此同时,掌握知识与专业技能的专家、知识分子取代了过去带有财阀性质的威权统治者,成为全面主

---

① Bruce Bimber, "Three Faces of Technological Determinism". Does Technology Drive History, edited by Merrit Roe Smith and Leo Marx. Cambridge, Ma: MIT Press, 1994, pp.79-100.
② 〔加拿大〕马歇尔·麦克卢汉:《理解媒介:论人的延伸》,何道宽译,北京:商务印书馆2000年版,第33页。
③ 〔加拿大〕埃里克·麦克卢汉、弗兰克·秦格龙编:《麦克卢汉精粹》,何道宽译,南京:南京大学出版社2000年版,第10页。

导"电子化社会"的主要力量。

总的来说,技术决定论在考察技术与社会的相互关系时,突出强调技术的独立性和自主性,认为技术控制并主宰着人类社会文明的发展,社会是技术的社会。"社会制度的性质、社会活动的秩序和人类生活的质量,都单向地、唯一地决定于技术的发展,受技术的控制"①;与此同时,人类无法控制技术的力量,技术的发展方向和路径不会因为社会因素的作用而发生变更。基于各自的研究视角和路径,技术决定论的理论体系先后呈现出不同的表现形式。按照不同的划分维度,通常来说,可以将其分为技术悲观主义与技术乐观主义、强技术决定论(Hard Technological Determinism)与弱技术决定论(Soft Technological Determinism)等几种不同形式。

一、技术悲观主义与技术乐观主义

基于技术给社会带来的不同后果,技术决定理论体系中逐渐发展呈现出了悲观主义和乐观主义两种理论分野。

技术悲观主义,指的是"认为技术本身的发展直接主宰社会命运,并必然给人类带来灾难的一种观点。又称反技术主义"。它"还是技术决定论的一种表现形式或变种。它怀疑、否定技术的积极作用,主张技术必须停止增长乃至向后退"②。在法兰克福学派、埃吕尔、芒福德等哲学家与技术哲学家的理论中,都充满了对人性在技术的应用过程中发生异变的忧虑,以及对技术与社会的关系、技术治国等主张的深切忧虑和无奈,甚至认为技术的发展将注定是一条"死亡之路"。具体来说,海德格尔认为技术的控制是人无法逃脱的厄运,人类最终将被技术逼索和奴役。埃吕尔提出"技术自主论",认为"技术的内在逻辑必然使人失去确立高于技术系统的目标的自主权"③,产生的结果便是"技术治国",科学技术的逻辑会取代政治行动。迈耶尔同样认为,包含人类社会的所有事物都处在自主性的技术规范之下,技术凭借其自身能量,最终使人丧失个性与自由,并走向技术趋同化。法兰克福学派的马尔库塞也表达了类似观点,他对异化了的技术支配下的人类社会进行了深刻批判,尖锐地指出多样性丧失之后单面性的社会人与社会本身的弊端。纵观技术悲观主义者的主要思想,不难发现,这种根植于人类思想潜意识的忧患意识,在"技术变化超前、文化滞后,新社会运行机制与

---

① 于光远等主编:《自然辩证法百科全书》,北京:中国大百科全书出版社1995年版,第225页。
② 同上书,第216页。
③ 〔德〕F.拉普:《技术哲学导论》,刘武等译,沈阳:辽宁科学技术出版社1986年版。

原有价值观产生冲突,导致人的心理失衡、自我在现实与理想中发生错位后"[①]获得了集中体现。虽然技术悲观主义看到了技术的变革往往带来自然、人、社会彼此之间的一系列矛盾与冲突,从而对技术所表现出的"邪恶"进行了批判性的阐释,在一定程度上忽视了人的主观能动性和技术要素对社会产生的积极影响,但技术悲观主义者充满彷徨的思索,正是人类否定性思维的直接体现,对技术本身的发展和社会历史的前进都极具启发。

技术乐观主义与技术悲观主义形成了观点对立。技术乐观主义者夸大了技术对社会进步的积极推动作用,认为人类能够依靠技术解决社会发展进程中的一系列社会问题,技术终将引领人类社会走向一个完美盛世。丹尼尔·贝尔在《后工业社会的来临》一书中提出了"中轴原则",认为在向后工业社会转变的现阶段,系统的理论知识将成为整个社会的中心和主导力量,科学技术对社会物质财富增长的积极作用日益突出,知识的核心地位被空前强调。贝尔对"技术治国"的赞赏与埃吕尔形成了鲜明对比。托夫勒也否定了技术悲观主义者的绝望态度,在他看来,人类社会的发展正在经历第三次浪潮,而高新技术在第二次世界大战结束之后兴起的工业化浪潮中,扮演着无可替代的关键性角色。在技术乐观主义者眼中,现如今的"技术环境"已经发展至人类梦想不到的地步,成为实现人类所有目的的现成手段,而现代技术的迅猛发展又进一步培育和激发了技术造福人类的乐观意识,同时在这个过程中,人类将始终发挥有效可控的主观能动性。在对现实问题的讨论中,就能看到技术乐观主义的这种观点。

知识框 8 AlphaGo 引发的争论

2016 年 3 月 15 日下午,Google 围棋人工智能"AlphaGo"以 4∶1 的总比分击败了世界级顶尖围棋选手李世石,昭示着人工智能技术的全新突破。而在"AlphaGo"战胜李世石之后,人工智能技术与人类发展之间的关系这一话题,随即引发了一场舆论热潮。一方号称"未来机器将颠覆人类世界""人机之间将爆发第三次世界大战",另一方倡导人工智能的普及,赞同"技术本身是人类发明的,是人类能力的一种延伸"等类似观点,就像"AlphaGo"和李世石比赛时,Google 董事长埃里克·施密特所说,"无论最终结果是什么,赢家都是人类"。

[①] 韩洪波:《论技术与社会的整体性》,武汉科技大学硕士学位论文,2008 年。

二、强技术决定论与弱技术决定论

在强技术决定论者看来,技术是决定社会发展的最重要的,甚至是唯一的因素;技术的发展终将引领人类社会抵达同一个特定的目的地,否认社会环境条件对技术发展的影响和制约。在埃吕尔看来,发展现代工业技术的决策一旦得以实施,社会的运作机制及人类的思维与行为方式就都将被技术规则所决定。技术自身存在能量,作为一个系统的"有机体",技术可以设定自身的发展方向和路径,趋于自我封闭和自我决定。技术本身就是目的,经济、政治、社会伦理要素都受到技术内在逻辑和自主功能的强制影响,进而从属于技术发展的逻辑与目标。

与此相对,弱技术决定论又被称为社会制约的技术决定论。在支持弱技术决定论的人看来,技术的历史就是人类社会行动的历史,社会环境与条件要素共同参与了技术对社会的变革过程。温纳创新性地提出了"技术漂流""技术梦游""技术命令"等概念,将技术描绘成了没有确定路径的可变的现象,社会因素在其中发挥了重要的选择和指向作用。

尽管在弱技术决定论者的观念中,社会要素的地位和作用在技术的发展中至关重要,但技术发展始终是"自主决定"的,这种作用也是在"技术最终将决定社会发展路径"的框架下被肯定和加以论述的。

综观技术决定论的不同分野和派别,其间都渗透着深深的彷徨与忧郁。无论是《摩登时代》(*Modern Times*)里人类被机器大工业奴役从而丧失自由的本性,还是《黑客帝国》(*The Matrix*)中人工智能系统对人类社会的操纵与控制,抑或是《机械公敌》(*I, Robot*)里的机器人拥有了自主意识并对人类社会发动反击,都是技术决定论者的主张和见解的体现,更是对我们每个人和所生活的时代的反思。

第二节 技术的社会建构论

与技术决定论相对,社会建构论对技术与社会的关系则存在大体相反的理解。社会建构论的理论起点是对简单技术决定论的批判。不同于技术决定论对技术的解释模式,技术的社会建构论提供了关于技术的史学、社会学和哲学的相互沟通的理解。

面临科学技术的快速发展与应用,自然生态环境遭受了前所未有的破坏,一直占统治地位的技术决定论的极端思维定式受到质疑,人们逐渐发觉,技术发展中的社会并不如技术决定论者描述的那般是个"美好世界"。人类开始试图寻求一种在社会人文理性价值引导下的合理的技术发展机制。正是在这样的背景之下,技术的社会建构论渐成气候。美国的休斯(T. Hughes)、平齐(Trevor Pinch),英国的麦肯齐(Scott MacKenzie),法国的卡隆(Michel Callon),科学知识社会学团队(Sociology of Scientific Knowledge,SSK)中的科林斯(H. Collins)、马尔凯(Michael Mulkay)、伍尔加(S. Woolgar)、拉图尔(Bruno Latour)等学者引领了技术的社会建构论研究。

社会建构论认为,技术的发展并不只是由技术自身的内在逻辑性和规律性所决定的,它的发展也不是一个单向的、固化的过程,而是包含诸多异质性因素,复杂的社会环境要素和文化价值取向共同对技术发展产生影响和制约。社会因素进入技术构成和发展的逻辑,即技术是社会的技术。技术的社会影响不是由其本身的客观规律性所决定的,而是取决于相关社会主体的认知与解释框架,取决于其所属社会要素的选择机制。也就是说,在不同的社会制度和社会形态下,同样的技术要素和技术形态也会产生不同的社会影响,印刷术在中西方的不同发展走向就是一个很典型的例子。

按照社会对技术产生影响的程度不同,可以把社会建构论分为强社会建构论和弱社会建构论。强社会建构论者主张完全用社会学的解释模式来展现技术的发展过程,认为科学知识的真理性和技术创新的有效性并不根源于自然界,而是社会环境要素对其进行建构的结果。只有通过对特定社会要素的解释才能理解技术本身的发展逻辑。与强社会建构论相比,弱社会建构论者的观点表达则较为缓和,他们在承认社会因素影响技术发展的同时,也认可技术对社会的强力影响。

第三节 网络技术与社会互动

社会的技术决定论和技术的社会建构论,各有建树,也各有局限,二者不可分割。技术决定论者将技术独立于人类社会之外,对技术形成发展的社会因素视而不见,对技术的意义只做本质主义的狭隘理解。而社会建构论者只观照了外部环境对技术的选择作用,忽视了技术变迁的内部动力,对技术的本质和意义也只做相对主义的理解。从形式逻辑的角度来看,技术决定论与社会建构论所阐述的对象并非属于同一命题的范畴之内,技术决定论基于技术对社会的影响向度,而社会建构论基于反向的社会对技术的影响向度,二者并不构成对立关系。而从马克思唯物主义的辩证逻辑角度分析,技术决定论和社会建构论在"技术与社会的关系"这同一矛盾命题中,构成了一对辩证统一的矛盾关系。

克服了单纯的技术决定论和社会建构论的偏颇与不足，马克思开启了在技术和社会之间建立一种合理的辩证关系的理论性尝试。首先，他深刻地指出了技术对资本主义经济、政治、文化等领域的决定性作用。在马克思看来，物质资料的生产方式是社会发展的决定性力量，而科学技术是生产力的体现，是人的本质力量外化和对象化的产物，因此科学技术直接驱动了社会的发展进步。其次，马克思揭示了社会诸要素对技术发展的影响与制约作用，技术的发明与创新是现实社会利益格局与价值取向的动态直接体现。可以说，马克思的技术观就是这样一种在社会影响制约视域之下的技术决定理念，为在技术与社会之间建立真正的良性互动运行机制带来启发。

网络技术"使信息与知识的优越性和价值得到了空前的发挥，真正成为推动经济和社会发展的决定性资源"[1]。没有目的的社会实践活动是不存在的，网络技术的产生同样是由人类的目的性驱动的，作为人类自我表达的一种新形式，同时蕴含着人类共同的价值理想，承载着丰富的文化和政治内涵。

一、网络技术重构社会互动空间

人们在物质、经济、政治、文化与心理因素的共同作用下，对特定空间进行体验和感知。格奥尔格·西美尔（Georg Simmel）认为，几乎所有人都有一种空间感，表现为彼此之间地理或者心理的距离。[2] 空间感是人对物体进行定位、测量尺寸和距离的过程，而这些过程从来都是不确定的，处于不断的变化之中。人们空间感的差异，不仅取决于感知者本身的不同，还依赖观察、感知、描述空间的方式。[3] 技术的介入，会对人的空间感产生巨大影响。传统物理意义上的空间存在被打破，人们对信息的接收和获取都超越了空间距离的阻隔。基于即时通信、移动社交等网络应用和服务，人们对空间的理解与认知都发生了革命性变化。在网络技术所打造的社会互动空间中，人们对距离"远近"的衡量不再是基于实在的物理间隔距离，而是更类似于现实社会中的"心理距离"感知，是否保持在线、是否使用相同的网络应用服务等因素都会影响到对空间距离的感知。

麦克卢汉认为："每一种新技术都创造一种环境，这一新环境本身常常被视为是腐朽堕落的。但是，新环境能使在此之前的旧环境转变为一种人为的艺术

---

[1] 林德宏：《科技哲学十五讲》，北京：北京大学出版社2004年版，第249页。
[2] 〔德〕盖奥尔格·西美尔：《社会学：关于社会化形式的研究》，林荣远译，北京：华夏出版社2002年版，第461页。
[3] 〔加拿大〕马歇尔·麦克卢汉：《理解媒介：论人的延伸》，何道宽译，北京：商务印书馆2003年版，第27页。

形式。"①任何一种传播技术的产生都会引发社会互动空间的震动与变革,网络技术的产生也不例外。在当代社会,网络技术创造了人类生活和交往的新空间。在网络空间这一人类生活的全新疆域,传统媒介间的边界被抹杀,各种信息传播渠道得以融合、相互交叉和渗透,多元化的意义表达得以实现,自我互动、人际互动、组织互动等不同类型和规模的信息交流规律和运行逻辑都被置于全新的社会空间之中。

    1. 地球村:麦克卢汉的媒介空间观

    地球村,这一极具形象意味的比喻,描述的是麦克卢汉眼中电子媒介所构建的空间状态,也是他在空间层面对电子媒介产生影响的思考。在现实地理空间中,由于自然条件的限制、距离的阻隔等,人们对时空的认识千差万别,黄土高原上一位正在躲避冬夜严寒的老汉,很难想象亚马孙热带雨林里,正在捕猎的16岁印第安少年正如何酷暑难耐。在麦克卢汉看来,媒介延伸了人的各种感官机能,取代了徒步、游历等亲身体验或实地考察等方式,成为人们感知空间的重要载具,从而改变了人们对于空间的感知方式。电子媒介使得信息实现了瞬时传递,人与人之间能够突破空间阻隔,实现日益频繁的交往和沟通,地域、种族、文化特征千差万别的地理空间,界限也不再那么分明,不再那么让人感觉遥不可及,人们好似生活在一个联系紧密的"地球村"中。如果说麦克卢汉的这个设想是针对电子媒介的影响,那么在网络技术迅猛发展的今天,麦克卢汉的这个妙想得到了更为淋漓尽致的呈现。尤其是在增强现实技术和各种沉浸式体验的推动下,人与人、乡村与城市、民族与国家之间的界限都在极大程度上被消除,时空差别带来的地理空间差异感被网络技术所掩盖,人们通过网络技术继续实现感官的延伸,在"地球村"的全新生活空间中开展多维互动。

    2. 地域消失:梅罗维茨(Joshua Meyrowitz)的空间观

    "消失的地域",是梅罗维茨在论述电子媒介对社会空间和社会行为的影响时所做的形象比喻。在以往面对面的人际交流场景下,行为的发生地与进行交流的空间二者通常是重合或者是相同的,但电子媒介的出现打破了这种物质的空间和社会场景之间的固有关系。②然而,伴随着交流空间的改变,传统社会建构的交往规范和交流规则也随之被颠覆,人们在享受新空间和自由感的同时,也陷入了身份迷茫和行为失范的茫然无措。例如,一个在现实生活中木讷寡言的

---

① 〔加拿大〕马歇尔·麦克卢汉:《理解媒介:论人的延伸》,何道宽译,北京:商务印书馆2003年版,第97页。
② 邵培仁:《媒介理论前沿》,杭州:浙江大学出版社2009年版,第119页。

人可能成为网络论坛中的健谈的"意见领袖",一个在日常生活中严谨克制的人在网络中可能大胆奔放。在梅罗维茨看来,人们的空间感在电子媒介影响下所发生的变化会在社会群体的性别关系、权力关系等方面得以表现,传统权威被解构,人与人之间的权力、地位等个体差异趋向减小,从而定位规则、交流方式等都会被重新定义。网络技术的出现进一步深化了人们的互动空间的重构,身份界限等群体差异被最大限度地削减,新的空间意义也被重新生成。

3. 对立与相融:公领域与私空间

戈夫曼(Erving Goffman)和洛夫兰德(John Lofland)将公共空间定义为那些不特定的人群可以接触和进入的地方,例如公园、广场等,而与公共空间相对的则是那些限制进入和只有受到邀请才能进入的私人地点,如家庭、办公室等。[①] 二者不仅存在物质上的隔离和标志,如房屋、围栏的阻隔,而且存在心理和认知上的区别,并因此引发行为方式的差异。公共空间与私人空间都搭配有各自的规范和准则,人们的个人生活与社会生活在两个空间中来回切换,各自适应,而传播技术和传播媒介的发展使得二者的界限日渐模糊,私人空间不断朝着公共空间渗透,越来越多私人化的信息被大众观看,变成了社会媒介文化的重要组成部分。电视最先被指认具有该项功能,大量偷窥性节目将私人生活展现在公共视野之中。如今,网络技术和网络媒介深化了这一趋势,其中网络直播尤甚。无论是明星还是普通大众,都在各自的日常生活场景中置入摄像头,在网络直播平台上展示自己的私人空间和私人生活,并被万千受众观看。公众的窥视欲被网络媒介进一步放大,私人空间与公共空间的融合也进一步加深。

二、网络技术变革社会互动形态

网络技术改变了社会互动形态。在个体的自我互动方面,网络技术的重要意义就在于延伸了人的感官、神经系统以及对外部世界的感知能力,进而给个体认知和理解世界的方式带来了改变。搜索引擎和知识问答成为新的信息获取方式,对学习能力的考查,不再限于记忆力,信息的获取和利用能力成为重要的指标。群体互动中,主体身份的虚拟性和互动过程的符号化,共同塑造了不同于现实社会的虚拟化的互动行为规范。一个很有趣的实验结果表明,通过网络社交软件进行沟通联络时,很多人都会表现出与现实生活中不同甚至相反的性格特征,同时绝大多数社交软件用户都表示假如离开表情包,他们就不会聊天了。

---

① 〔英〕阿雷恩·鲍尔德温等:《文化研究导论(修订版)》,陶东风等译,北京:高等教育出版社2004年版。

同时,网络技术构筑了新的文化范式。新的媒介形式会催生新的社会场景。梅罗维茨认为,电视实现了各种社会场景的重新组合。当一家人围坐在客厅观看电视时,他们每个人的私人空间,以及夫妻、母子、父女、兄弟姐妹之间的互动空间相互层叠和交融。在戈夫曼看来,互动场景规定了人们的行为角色和场景中的信息流动模式。网络空间中消除了现实社会中的身份与等级差异,众多社会场景的边界同时被消融,信息垄断的权威性也逐渐被消解。比如在微博、推特这一类社交网络平台上,不同身份、地位的人可以无障碍地进行互动交流。"对人们交往的性质起决定作用的并不是物质场地本身,而是信息流动的模式"①,权威与"草根"信息共享,精英与大众互动,网络技术真正实现了对社会互动形态的改变与颠覆。

三、网络技术重塑社会文化

媒介会在使用群体的逻辑思维方式、互动行为等方面留下技术的烙印,使得与技术共生的文化在社会诸要素的排列组合中发生位移,进而推动社会机器的运转。今天的社会文化已经被网络技术深刻改造。凭借史无前例的开放性、灵活性和交往性,网络技术增强了普通民众的话语权,文化生产的平民化和大众化趋势凸显。每个人都成为自我表达的主体,既是自身大众文化的生产者,又通过跨越时空的即时互动进行文化内容的消费。网络技术带有明显的大众文化偏向,网络流行语、狂欢式的网络恶搞,还有网络中的亚文化,都是网络技术重塑当代文化形态的重要表现。

---

① 〔美〕约书亚·梅罗维茨:《消失的地域:电子媒介对社会行为的影响》,肖志军译,北京:清华大学出版社2002年版,第30页。

第三章
应用:功能与批判

对技术及其批判的反思可以指导人们对网络应用及其社会影响的评估。近二十年来,互联网应用处于爆发式增长时期,人们的社交、工作、学习都因这些应用发生了深刻变化,然而这些应用引发的负面问题也越来越让人担心。

第一节 网络应用的变革

图 2-3-1 展示了 2000 年至 2021 年间,我国使用率排名前十的网络应用的变化情况。伴随着技术的发展,网络应用也经历着生生灭灭,有些应用久盛不衰,有些则被更先进的取代。无论工具和形态如何发展,基本上都可以归结为信息服务、社交服务、娱乐服务和交易服务四种类型。2008 年是网络应用发展的分水岭,此前电子邮件是最流行的网络服务产品,此后娱乐和社交类的应用迅速占领头把交椅,博客、微博等社交媒体兴盛发展。总的来看,这 21 年内,搜索引擎和网络新闻、网络视频(包括短视频)保持着较高的使用率;网络支付、网络购物、电子商务等交易服务类网络应用自 2015 年开始在应用市场中占据重要地位;即时通信、社交网站、电子邮箱等社交服务类网络应用迭代式发展,微信和 QQ 成为使用率最高的两大社交服务应用;网络游戏、网络视频、网络音乐、网络文学等娱乐服务类网络应用发展平稳,并出现了网络直播短视频等后起之秀。

第二节 即时通信的功能与反思

一、产生与发展

即时通信(Instant Message,IM)在普遍意义上是指一种在互联网上进行实时文本传输的在线聊天形式。当任一用户完成语句输入,点击"传送"后,短消息将在两方或多方间进行传输。部分即时通信软件可以逐字推送消息来提供实时文本。目前的即时通信软件可进行文件传输、超链接发送、语音或视频聊天等活动。

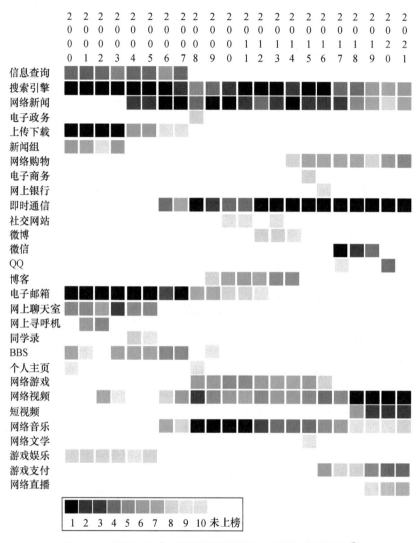

图 2-3-1 2000—2021 年我国使用率前十位网络应用统计①

即时通信的开创者是以色列公司 Mirabilis，Mirabilis 在拉丁文中是"神奇"的意思。1996 年该公司开发出世界上第一款注册型即时通信系统 ICQ(I seek you)。ICQ 受到用户的青睐，使用人数不断增长，Mirabilis 也不断发展壮大。

---

① 数据来源：根据中国互联网络信息中心(CNNIC)于 2000 年 7 月至 2021 年 9 月发布的第 6 次到第 48 次的《中国互联网络发展状况统计报告》整理。

1998年,美国在线公司以逾两亿美元的价格收购Mirabilis公司,2002年美国在线取得ICQ技术专利。2010年,ICQ向移动端转型,迎来了又一次的用户增长。时至今日,ICQ依然在即时通信市场上占据一席之地。

1999年,MSN、OICQ(opening I seek you,后更名为QQ)两大即时通信巨头问世。这两款软件也是第一代即时通信软件的典型代表。两款软件功能类似,但定位不同。QQ的主要用户是学生,MSN更受白领青睐。两大软件的竞争十分激烈。QQ的用户数量持续高速增长,而MSN与Windows系统的良好结合也使得MSN一直具有较强的影响力。2013年,MSN正式宣布停止除中国大陆地区以外的服务,二者的竞争也画上了句号。

其后,第二代即时通信软件问世,代表软件有网络电话Skype和阿里旺旺等。第二代即时通信软件是Web 2.0时代的典型产物,其突出特征是以满足特定用户的需要为导向来提供服务。智能手机兴起之后,以微信、陌陌等为代表的第三代即时通信软件出现,这一代即时通信软件以移动端为主体,配合基于地理位置服务(Location Based Service,LBS),大幅提升了用户友好度,能更大程度地满足用户多种多样的使用需求,而不只是聊天。

如今的即时通信工具扩展成一个整合了电子邮件、新闻资讯、社交媒体、电子商务、网络游戏等多种功能的综合化信息平台。

二、功能与特征

即时通信是目前网络应用服务中用户使用数量最多且范围最为广泛的应用,它具备以下四大功能。

第一是信息交流。即时通信与固定电话、移动电话并列成为三大基本沟通交流工具。基于通信与计算机融合的技术,即时通信工具能够为用户提供文字聊天、语音聊天和视频聊天等基本功能,以及多方聊天、消息群发、个人空间、群组管理等高级功能。

第二是协同办公。所谓协同,是指两个或者两个以上的不同资源或者个体,协调一致地完成某一目标的过程或能力。在信息交流功能的基础上,即时通信工具还有文件传输、文件共享、远程协助、屏幕截图、远程演示文档、网络硬盘等功能。基于这些功能,通信工具成为企业、政府、机构、组织进行协同办公的首选工具。

第三是可以作为应用程序编程接口(Application Programming Interface,API)关联其他程序。API是一些预先定义的函数,目的是提供应用程序与开发人员基于某软件或硬件得以访问一组程序的能力。运行即时通信工具是大多数人上网时会做的事,因此即时通信成为连接互联网的一个重要入口。基于 API 技术,即时通信工具可以关联新闻客户端、电子商务、SNS 网站等第三方应用,实现信息与资源的聚合。

第四是休闲娱乐。现在休闲娱乐功能在即时通信工具中所占的比重越来越大,囊括了网络游戏、在线音乐、在线视频等。因此,人们可以利用即时通信工具休闲娱乐,获得身心的愉悦、放松。

即时通信同时满足了沟通的同步性与异步性要求。对于传统的传播方式而言,同步性与异步性很难统一于同一传播方式之中。面对面交谈、电话交流可同步进行,书信乃至电子邮件则可满足异步沟通的需要,只有即时通信可同时满足同步性与异步性。

即时通信创造出了角色化的传播方式(虚拟化传播方式)。即时通信作为依托于互联网的交流技术,虚拟身份成为交谈必备的条件。这一身份可能与现实身份特征毫不相干,在即时通信的交谈之中,闪动的头像就是用户虚拟身份的典型特征。

即时通信使得人际传播从面对面传播过渡到以媒介为中介的传播。面对面传播在人类历史的长河中一直是最为重要的传播方式,而即时通信的出现使这一重心产生了一定的偏移。即时通信以计算机、智能手机等为中介,对人类的传播方式产生了深远的影响。时间和空间的距离被即时通信所超越,即时通信让人际传播可随时随地进行。

三、反思与批判

即时通信可以给现代人带来随时与他人沟通的幸福感。而在法兰克福学派学者马尔库塞看来,工业社会中的幸福感是表面而且虚假的,人们真实的需求和自由被忽视了。人们成了"工业文明的奴隶",成为屈从于社会需要而麻木的自感幸福的"单向度的人"。[1] 反观科学技术所创造出来的各种即时通信工具,它们无孔不入地渗透进了现代人生活中的每一个角落。在没有微信、QQ 的年代,人们拥有更多的选择与何人沟通、何时与人沟通的自由,那时人们不会被随时响起的各种各样的新消息提示音所绑架。即时通信在为人与人的沟通提供极大便利的同时,也让现代人失去了宝贵的自由。

此外,从某种程度上来说,媒介化的人际交往也带来了人际亲疏关系的改

---

[1] 〔美〕赫伯特·马尔库塞:《单向度的人:发达工业社会意识形态研究》,张峰、吕世平译,重庆:重庆出版社 1988 年版。

变。人们越来越关注虚拟世界里的联系,而疏远了现实社会的情感联系。

社交现场感理论(Social Presence Theory)认为,不同的媒体提供给传播者的现场感是不同的,媒体提供的现场感越强烈,传播者参与交流的积极性就越强,注意力就越集中。按照这一理论,面对面交流是现场感最强的交流,而媒介化交流的现场感显然不能比。如此一来,在虚拟空间内,即使高频率的互动,也未必能够体现出积极的参与和高度的注意。人们往往可以同时打开多个窗口与众人聊天,久而久之形成了一种"浅交往"的互动方式。

第三节 搜索引擎的功能与反思

一、产生与发展

搜索引擎(Search Engine)是指根据一定的策略、运用特定的计算机程序搜集互联网上的信息,对信息进行理解、提取、组织和处理后并提供给用户的检索服务系统。[①] 从本质上说,搜索引擎主要完成的是搜集信息、处理信息、返回结果三方面的工作。

20 世纪 90 年代,万维网迅速发展,网页数量剧增,迫切需要专业的信息搜索工具进行网络信息资源检索,搜索引擎应运而生。关于搜索引擎的起源,人们的观点莫衷一是。有人认为 1990 年由麦吉尔大学(University of McGill)三位学生艾伦·艾姆塔格(Alan Emtage)、彼得·多伊奇(Peter Deutsch)、比尔·惠伦(Bill Wheelan)共同开发的自动索引互联网上匿名 FTP 网站文件程序 Archie(Archie FAQ)是搜索引擎的开端[②];有人认为出现于 1994 年春的索引程序中接入了 Spider 程序的 Lycos 是搜索引擎诞生的标志[③];也有人认为搜索引擎发端于 1994 年 4 月 WebCrawler 搜索引擎在网上正式发布[④];还有人认为发布于 1994 年 7 月的超级目录索引 Yahoo 才是第一个真正意义上的现代搜索引擎[⑤]。尽管如此,搜索引擎从 1994 年开始迅速发展并逐渐为人们所了解和使用却是不争的事实。

[①] 于莉:《第三代中文智能搜索引擎浅析》,《情报探索》2004 年第 4 期。
[②] Peter Deutsch, Alan Emtage, "9 Searching the Internet with the SVD 9.1 Information Retrieva" (2012),(2012-01-16)[2021-05-04], https://www.semanticscholar.org/paper/9-Searching-the-Internet-with-the-SVD-9-.-1-Deutsch-Emtage/60cbc1b5de93c1c6f9d085a8024108b4e9f55e0f
[③] 宋学清、张中秋编著:《信息组织导论》,北京:中国致公出版社 2001 年版,第 242 页。
[④] 姜恩波:《搜索引擎的信息过滤技术》,《现代图书情报技术》2001 年第 3 期,第 33 页。
[⑤] 乔冬梅:《搜索引擎现状与发展研究》,郑州大学硕士学位论文,2002 年。

直至目前,搜索引擎的发展主要经历了三个阶段。第一代搜索引擎主要基于文档内容,以受图书情报管理方法影响的目录式搜索与基于文档内容匹配度和排序算法的全文式搜索为主要形式。目录式搜索引擎的代表是 Yahoo,这种形式的搜索相关度高,但主观性强,且数据库资源较少;全文式搜索引擎的代表是 AltaVista,依靠内容相似性的检索易受作弊手段影响,可靠性不高。

为解决第一代搜索引擎的问题,第二代搜索引擎的研发重心转向超链分析,因此在查全性和查准性上有了长足进步,搜索结果更客观,作弊难度更大。谷歌是这一阶段最具代表性的搜索引擎,因使用基于超链分析的链接分析算法(PageRank)而在检索速度及结果相关度上建立了优势。在国内,百度成为中文第二代搜索引擎的代表。

第二代搜索引擎取得巨大成功,但这代搜索引擎只把关键词作为一种符号而非有意义的词,检索结果的智能化、人性化不足导致用户满意度下降。2003 年 8 月 20 日,中国搜索首席执行官陈沛提出了第三代搜索引擎的概念,2004 年 12 月推出的"网络猪"被陈沛视作第三代搜索引擎的开端。2004 年 8 月,搜狐公司首席执行官张朝阳也提出了第三代互动搜索概念。2005 年 10 月,微软公布了该公司做第三代搜索引擎的构想。2007 年 3 月 2 日,日本经济产业省公开征集新一代信息搜索技术国家开发项目"信息大航海计划"的参与企业。2007 年 4 月,中国的精武门呱呱(Jwmguagua)率先提出了第三代直潜全能搜索引擎技术系统。[1]

二、功能与特征

搜索引擎对网络信息进行集中检索收集,经过必要的甄别和过滤后,将筛选出的信息按搜索引擎各自规定的标准进行分类、整合,使有效信息得以从纷繁复杂的网络信息集合中分离出来,并得到系统科学的处理,从而方便用户的检索。搜索引擎对过滤后的信息予以标引,进行关键词索引和分类索引,存储在一定的数据库中,并由 URL 与互联网建立起链接关系,使检索者随时可以获取文献。整合与更新后的信息资源开始呈现结构化,在促进网络信息高效利用的同时,也为用户提供了网络导航上的帮助。

搜索引擎的检索功能包括分类浏览检索功能和关键词检索功能,其中分类浏览检索所使用的分类方法包括主题分类法、学科分类法、图书分类法和分面组

---

[1] 张立彬、杨军花、杨琴茹:《第三代搜索引擎的研究现状及其发展趋向探析》,《情报理论与实践》2008 年第 5 期。

配法,关键词检索分为简单关键词检索和高级检索。此外,专门的搜索引擎还具有特殊的检索功能,如地图检索等。搜索引擎具有个性化、灵活的服务功能,同样会衍生出诸如价格限定、自动翻译等新的辅助式检索功能。

如今,搜索引擎的发展逐渐进入了第三个阶段。与前两个阶段不同,第三代搜索引擎逐渐从"资源导向型"向"用户导向型"转变,用户体验将成为搜索引擎关注并追求的目标。因此如今的搜索引擎,在前两代的基础上,又呈现出一些新特征。概括来说,这些特征包括智能化、整合化、个性化、社会化和商业化。

智能化逐渐成为搜索引擎的主要特征。搜索引擎试图"理解"用户的心理,使检索结果"所得即所需",从而提高用户的满意度。搜索引擎的智能化主要体现在三个方面:(1)基于自然语言处理技术、用户思维理解能力、情境分析能力的语义分析;(2)由检索行为习惯形成联想能力的行为分析;(3)为用户在问题不明确时提供检索提示的智能人机交互。

整合化即将搜索结果按一定标准进行筛选、合并与重组,从而避免重复搜索,提高用户的检索效率。具体来说,整合化搜索可以分为三个步骤:先将关键词与各种媒体形式信息进行相对应的形式整合,然后基于去重和聚类进行内容整合,最后基于搜索问题提供相关服务的服务整合。

在前两代搜索引擎中,整合后的信息容易出现"求全"的倾向,传统的爬虫程序更是无法满足用户的个性化需求。个性化搜索势在必行,不少搜索引擎公司也开始了相关实践,如 Google 的 iGoogle,Yahoo 的 My Yahoo 等。个性化主要通过内容和行为两方面实现——内容上,垂直搜索引擎的发展满足了用户对于专业知识信息的检索需求,从帮助用户"发现信息"转型为帮助用户"解决问题";行为上,搜索引擎通过对用户搜索行为的跟踪、记录、分析,试图掌握用户的搜索习惯,"揣摩"用户的搜索意图,并按用户喜好程度对搜索结果进行排序,从而满足用户的个性化需求。

机器终究不同于人,搜索引擎的智能程度再高,也始终无法完全实现人性化。因此,搜索引擎需借助人的力量从而给用户以更好的搜索体验,即搜索引擎从人到机器的发展路线将回归于人。社会化意味着互动程度提高:一方面,搜索引擎鼓励用户上传内容以增加搜索资源;另一方面,搜索引擎通过用户对搜索结果的反馈不断优化检索效果与用户体验。在用户群与搜索引擎的双向互动中,社会化搜索实现了人工智能与人的结合。

从第二代搜索引擎开始,搜索市场的商业化、产业化发展程度逐渐提高。搜索引擎运用多元的盈利模式、多样的技术产品,成为备受广告主关注的互联网广告投放领域。商业化搜索在吸收资金以维持自身运转的同时,也导致了商业信息的泛滥,不利于检索环境的净化与用户体验的优化。

三、反思与批判

搜索引擎已成为多数人生活、学习和工作中必不可少的工具,改变了人类认知世界的途径。求助搜索引擎是现代人获取信息、学习新知识的重要甚至是首要方式,因此搜索引擎在"注意力"成为重要经济要素的环境中,成为极具商业价值的平台,目前世界上最大的搜索引擎公司——谷歌2021财年营收为2576亿美元,较2020财年(营收为1825亿美元)增长41%,广告为最大收入来源[①]。搜索引擎的商业模式以精准广告投放为主,即通过算法,在搜索结果网页上展示与关键词相关的广告,实现对用户的精准投放,但是如果要在提供有效信息与商业利益之间进行平衡的话,搜索引擎则需要考量企业的价值诉求。

2009年,谷歌爆发了严重的社会责任问题——大卫·惠特克(David Whitaker)事件。惠特克长期通过网络向美国消费者出售假药,被捕后为申请减刑,惠特克供述,在明知不合法的情况下,谷歌广告销售人员曾主动帮助他避开谷歌过滤机制,在网上投放假药广告。随后,惠特克与美国司法机构共同对谷歌进行钓鱼式调查,最终拿到证据成功证明谷歌存在帮助假药进行广告投放的事实。这一事件让谷歌非法药品广告问题彻底暴露于公众面前,也成为打击网络非法医疗广告的分水岭,各国政府纷纷加强了对医疗广告的管制,而谷歌也因此付出了5亿美元的惨痛代价。[②]

"魏则西事件"同样暴露出百度公司存在的问题。百度将非法医疗广告置于搜索结果页面顶端,导致魏则西相信无效疗法,最终不治身亡,引起舆论哗然。但这只是百度利益链条中的冰山一角,众多的虚假广告占据着搜索页面的黄金位置,众多的疾病贴吧早已被卖给不具备医疗资质的机构和个人。百度的竞价排名机制同样为百度创造了巨大的财富,但该机制带来的后果是大量虚假网站和冗余消息出现在百度搜索结果的显眼位置,严重削弱了搜索引擎本应具备的满足信息需求的功能。

---

① "Alphabet Announces Fourth Quarter and Fiscal Year 2021 Results," Alphabet Inc., (2022-02-01)[2022-02-27], https://abc.xyz/investor/static/pdf/2021Q4_alphabet_earnings_release.pdf?cache=d7:fc76

② Office of Public Affairs, Department of Justice, the United States, "Google Forfeits $500 Million Generated by Online Ads & Prescription Drug Sales by Canadian Online Pharmacies," (2017-08-23)[2019-12-12], https://www.justice.gov/opa/pr/google-forfeits-500-million-generated-online-ads-prescription-drug-sales-canadian-online

第四节　网络百科全书的功能与反思

一、产生与发展

网络百科全书(Online encyclopaedia)目前大体可以分为三类:传统百科全书的网络集成版(或称衍生型网络百科)、整合型网络百科(或称集成型网络百科)和维基类网络百科(或称开放型网络百科)。

传统百科全书的网络集成版是指传统百科全书数字化后形成的网络版本,其内容保持不变,只是增加了用于强化条目之间联系的超链接。1994年,不列颠百科全书出版公司推出了面向互联网的第一部百科全书,即不列颠百科全书在线,标志着世界上第一套网络百科全书问世。除不列颠百科网络公司的尝试外,世界图书百科全书、康普顿百科全书等著名百科全书也相继上网。2011年,中国大百科全书出版社发布了"中国大百科全书数据库",目前已对全国300多家图书馆开放。[①]

整合型网络百科全书包括多种网络百科全书的集成网站(如知识在线www.db66.com)和基于某一百科全书并整合其他资源(如不列颠百科全书在线)两种形式。格罗利尔(Grolier)集成了美国百科全书、美国学术百科全书、知识新书等六部百科全书,推出了"格罗利尔在线"。在我国,据可查文献记载,第一部网络百科全书是2000年在台湾地区创建的"智慧藏电子百科全书网"。"智慧藏"汇集了众多的百科知识数据库,为用户提供"多库合一"的信息查询服务,现已成为台湾地区最主要的电子百科全书检索和相关信息服务的网站。

维基类网络百科全书以"维基百科"为典型代表,是指运用维基(wiki技术)、强调"共同创作"的在线免费百科全书。协作性是此类网络百科的最大特点,集中体现了互联网的自由性、开放性与共享性。在Web 2.0时代,开放的参与空间、潜在的商业价值等都使得维基类网络百科成为主流。2005年互动百科集团成立,旗下的互动百科网是目前全球最大的中文百科网站。2008年4月,百度公司推出了"百度百科"。百度百科充分调动并整合了百度已有的用户资源、百度其他产品资源、搜索引擎资源,以开放型的模式实现了快速发展。

---

① 孙革非:《我国网络百科全书的现状、存在问题及完善措施》,《大学图书情报学刊》2014年第4期。

二、功能与特征

百科全书是记录人类过去积累的全部知识或某一类知识的工具书。百科全书通过对知识的收集、整理,以结构化、概貌式的方式记录知识,满足人们的求知所需。百科全书的功能可以概括为存轶(古代很多重要典籍文献早已散失,一些内容正是靠百科全书记录、传承下来)、启蒙、急救和自学。[①] 网络百科全书,充分利用了数字技术和网络传播的优势,具有知识容量大、检索便捷、多媒体呈现和更新速度快的特点,随着大数据和人工智能技术的发展,个性化的百科全书正在形成。网络百科全书实现了知识的传承与传播同步,生产与使用同源,在某种程度上改变了人类知识生产的方式。

与传统百科全书相比,网络百科全书具有以下特征:一是合作生产,主要方式包括多机构合作完成后交由统一机构管理百科网站,百科全书出版社与网站合作,以及类似维基百科类组织用户"协作同创"等。二是孕育了知识社群,既包括围绕百科词条生产产生了社群,也包括用户与词条生产编辑者互动形成的社群,例如美国专家型百科全书"About.com"就为用户建立了一个庞大的专家群以供在线专业交流,维基百科的维基社群也为用户提供了线上讨论和交流的机会。三是利用集体智慧进行知识评价,传统百科全书通过专家进行知识评价,而以维基百科为代表的网络百科协作式和延迟式编辑,鼓励在激烈讨论中达成共识,通过集体智慧保证知识质量。维基百科对词条进行了区分,对那些编辑后处于稳定状态的词条,给予"精选词条"的标签,对"精选词条"的修改提出更高要求,以此来推动知识的优化。四是越来越倚重人工智能和技术手段维护信息秩序,作为一个完全开放的知识社区,网络百科全书平台要面对各种各样的带有恶意的"攻击"行为,为此除了严格平台治理规则和增强人工审核之外,越来越多的机器人被用于处理基本编辑问题,例如,识别和撤销恶意破坏、强制禁止、检查拼写、创建跨语言链接、自动导入内容、挖掘数据、识别版权侵犯等。[②]

三、反思与批判

维基百科是网络百科全书的典型代表。

从政治经济学的角度看,维基类网络百科全书可以被看成是一种信息"共产

[①] 付巧:《基于"众源方式"的维基百科编纂模式研究》,陕西师范大学博士学位论文,2007年。
[②] Sabine Niederer, José van Dijck, "Wisdom of the Crowd or Technicity of Content? Wikipedia as a Sociotechnical System," *New Media & Society*, 2010, 12(8), pp.1368-1387.

主义"的产物。马克思主义认为,共产主义生产方式是以生产资料公有制为基础的,应更好地体现社会生产按比例协调发展的客观要求及实行对生产过程有意识的社会调节,而维基百科的产生过程符合共产主义生产方式的要求。

维基类网络百科全书生产的主观维度是合作式劳动。信息"共产主义"严重依赖智力工作,而在维基类网络百科全书中,生产力是由众多智力型"工人"组成的。这些"工人"多数是收入状况较好且有时间和能力在闲暇时间为维基类网络百科全书贡献智慧的人。他们中多数是受过良好教育的学生、白领、程序员、学者等。维基类网络百科全书的工作是合作式的,没有人对于某一条目享有著作权,条目上的内容通常是众人一起写作和讨论之后的结果。维基类网络百科全书的生产资料具备普遍的所有权。以维基百科为例,维基百科的生产资料属于"工人"全体,程序和服务器作为共同财产由 Wikimedia 基金会管理,代码可免费使用和分析,用户可以复制和分享软件。维基百科无资本积累的目的,并且"工人"们可以对基金会产生制约。维基类网络百科全书实现了经济领域的参与式民主。在信息"共产主义"的生产模式中,"工人"们共同做决定并控制生产过程,这便是一种经济上的参与式民主的表现。维基类网络百科全书的使用价值便是免费的内容,百科生产的词条可以免费被所有人查看,满足人们的信息需求,"共产主义"的特征在这里得到了展现。

从形式上看,尽管维基百科的生产过程与"共产主义"生产方式不谋而合,但在实践中不乏政治、经济以及其他利益相关者通过技术或文化手段干预词条编辑,传播他们欲传达的价值观等,以潜移默化的方式影响查询资料的人,以至于网络百科全书能否真正保持"中立"一直备受质疑。

第五节 手机客户端的功能与反思

一、产生与发展

提到手机客户端产生的历史背景,就不得不先盘点手机的历史。首先就是"大哥大",其打开了移动电话的新世界大门;紧接着就是绿屏、蓝屏等手机的出现;之后是诺基亚、摩托罗拉、索尼爱立信等品牌所引领的彩屏时代;诺基亚的部分手机随后开启了影像时代,同时也搭载了塞班系统;最后则是苹果、三星等品牌所引领的智能手机时代。手机软件在绿屏、蓝屏时代已经出现,但真正意义上的手机客户端是从手机开始搭载操作系统后才发展起来。

2012 年,手机客户端技术被控制在腾讯、MSN 等少数公司手中。之后,技术的难题被突破,手机客户端如雨后春笋般兴起,争取用户成为核心要义,客户端越来越美观,越来越体现人文关怀。当前的客户端类型多种多样,包括几乎所有与受众生活息息相关的活动领域。从内容类别上分,可以分为新闻、社交、娱乐、旅游、生活等。

二、功能与特征

手机客户端作为庞大的全媒体平台,其功能几乎包含了原有 PC 端的全部功能,并在此基础上增加了移动及定位功能。其特征主要包括以下四点。

一是传播的移动即时性。保罗·莱文森(Paul Levinson)的"补偿性媒介"理论认为,任何一种后起的媒介都是对前一种媒介的颠覆与补救措施,"纠正"了网络媒体的时空偏向,使得信息传播由及时性转变为即时性,极大地提升了用户接收的信息的时效性。

二是跨平台传播,创造个性化的传播体验。用户可以根据自己的偏好设定界面、字体、字号以及日夜间背景模式等,可以针对不同的网络环境自由设置离线模式与图片模式,可以在有无线网络的环境下对信息进行预下载,最大限度地节省流量。用户还可以自由添加自己感兴趣的内容模块,使得自媒体个性化信息体验这一优势得到充分发挥。

三是传播的互动性,彰显了用户的"自主性"。手机客户端作为新媒体的新兴形式,继承了新媒体开放互动的传播特点。与网络媒体相比,手机客户端进一步挑战了传统媒介的地位,使得每个受众都能发布信息与表达意见,改变了从前单向传播的局面,用户角色由原来的"接受者"转变为"接受与传播一体"。

四是信息呈现高度聚合和自主订阅的特征。这一特征表明,手机客户端自身更像是一个庞大的全媒体咨询平台,包括海量且丰富的内容,能够聚合资源并进行分类,同时其传播形式的多样性满足了多层次受众的需求。

三、反思与批判

手机客户端,作为网络应用服务的集大成者,具备了几乎全部网络应用服务的功能,同时也继承了相当多网络应用服务的问题,如对隐私的威胁、公共权益与商业属性的矛盾等。更重要的是,手机客户端的大量出现使得人们对于网络的依赖程度更加严重。互联网深刻地改变了人们的生活方式与思维方式,网络社会的出现也改变着社会的时空观念,时间和空间维度均发生了深刻的变化。手机客户端出现之后,移动互联网便牢牢附着在每个人的身上。之前当离开电脑屏幕时,人们便从网络社会脱身,回到了现实社会,而如今,智能手机的随身携带,将网络社会与现实社会紧紧捆绑在一起。每时每刻,人们既是真实的人本身,也是网络中的"我们"。

手机客户端极大地方便了生活,衣食住行的各个方面几乎都能从手机客户端上得到满足。毫不夸张地说,在大城市中,人们现在可以开启"足不出户"的全新生活模式,包括食物、水、衣物在内的各种生活必需品均可使用客户端送到面前,各种费用的查询、缴纳有了电子商务之后也不再是难事。但这样的生活模式会让人们产生一种惰性,当所有的东西均无须付出多少努力便可得到时,便也失去了追寻更好的生活的动力。

手机客户端极大地增强了通信的功能,微信、QQ等各种即时通信工具让联络不再是难事。同时,娱乐等其他功能也在手机客户端上得到了更好的释放。而这样的变化均使得生活更加碎片化,甚至连一小段完整的时间都拼凑不出来。客户端消息的弹出及推送不停地打断我们的生活,将人们推向了一个多线程、注意力分散的状态,打破了生活的连续性。这样不仅会让我们的生活无所适从,我们的思维在不知不觉间也会发生改变。如何更好地利用手机客户端创造更加美好的世界,无止境地依赖无疑是最差的选择,而更好的选择需要人们认真地反思。

▶ 练习题

1. 名词解释

(1) 媒介即讯息

(2) 电子化社会

(3) 麦克卢汉

(4) 马尔库塞

(5) 技术治国

2. 简答题

(1) 阿帕网的结构对人类社会的结构和思维方式会产生怎样的影响?

(2) 网络新技术有哪些?将产生怎样的影响?

(3) 请简要分析社会的技术决定论与技术的社会建构论的关系。

3. 论述题

(1) 谈谈你对"技术决定并支配着人类精神与社会状况"的理解。

(2) 请阐释网络技术对社会互动的影响。

第三部分
扩散、传播与网络

在互联网时代，传播从 5W 模式发展为网络扩散，主体、节点以及节点间关系成为网络传播的构成要素。本部分总结概括了传播模式的发展，总结了网络传播的特征，并介绍了早期网络传播研究的理论成果，以及"多理论多层次框架"下传播网络的研究方法与思想。

第一章
传播方式的沿革

人类的传播方式经历了从最初的口耳相传到如今的媒介化传播的过程。随着媒介形态的演变和媒介工具的发展,传播方式和文明形态日益多元。进入网络传播阶段,信息文明揭开了序幕。网络传播中,传者和受者被理解为无差异的主体,信息传播路径表现为节点与节点之间的关系,主体和节点成为传播网络的要素。

第一节 从口耳相传到媒介化传播

人类传播史经历了从口耳相传到多种媒介系统并存的发展过程,借助不同的媒介形式,人类传播活动的范围得到了极大的扩展。根据媒介产生和发展的历史脉络,可以把互联网出现以前的人类传播活动区分为以下几个阶段:口语传播阶段、文字传播阶段、印刷传播阶段和电子传播阶段。这个过程并不是各种媒介依次取代,而是一个依次叠加的进程。20世纪后期,互联网被应用于信息传播,成为人类传播媒介的新成员,网络传播促使人类传播进入新阶段。传播方式决定了社会的信息交流方式,也影响着人类文明的进展——口语传播使人类摆脱了原始状态,揭开了人类文明的序幕,文字传播巩固了封建王朝,印刷传播加剧了精英主义,电子传播催生了大众文化的现代文明,而网络传播标志着人类走向了信息文明。

一、口语传播与文明启幕

口耳相传是人类传播史的第一个阶段。语言的产生使人类传播活动相较于动物之间的互动获得了极大的飞跃,成为人类区别于动物的标志之一。口语的产生大大加速人类社会进化发展的进程,直到今天,口语依然是人类最基本、最常用和最灵活的传播方式。但是,作为音声符号的口语有其局限性:一是口语靠人体的发声功能传递信息,受到人体能量的限制,口语只能在很近的距离内传递和交互；二是口语使用的音声符号是一种转瞬即逝的事物，记录性较差，口语信息的保存和积累只能依赖人脑的记忆力。因此，口语只能适用于较小规模的近距离的社会群体或部落内的信息传播。①

媒介环境学第二代代表人物之一、麦克卢汉的弟子和同事——沃尔特·翁(Walter J. Ong)在其著作《口语文化与书面文化——语词的技术化》一书中研究了口头传统和口语文化的九大特征："附加的而不是附属的；聚合的而不是分析的；冗余的或'丰裕'的；保守的或传统的；贴近人生世界的；带有对抗色彩的；移情的和参与式的；衡稳状态的；情景式的而不是抽象的。"② 口语交流往往不能脱离情境，具有强烈的人情味和群体感，口语文化有其独特的交流方式和修辞特征。例如，口语文化往往在交流与互动中完成，"一个参与会话的人是必不可少的条件；人很难一口气自言自语说几个小时。在口语文化里，长时间的思考和与他人的交流是紧紧联系在一起的"③。

语言的产生和口语传播的开始，也拉开了人类文明的大幕。美国历史学家斯塔夫里阿诺斯(Leften Stavros Stavrianos)在其著作《全球通史》中写道："人类在距今约35000年时终于完成了自己的整个进化过程而转变为人类——能进行思维的人类。"智人生存的历史在3万—5万年之间，而最早的文字距今只有6000年，这期间都是口语传播支撑着人类文明的发展。有了语言，人类的沟通和交流才更加便捷有效，人类共同体才得以存续。控制论的提出者诺伯特·维纳(Norbert Wiener)把人类传播形象地比喻为"社会这个建筑物得以黏合在一起的混凝土"。传播活动必须得借助一定的工具与手段或方法——"媒介"来进行。最便利、最通用的媒介自然是语言即口语了。语言不仅是最初始、最重要的媒介，而且是最基本的媒介。口语文化不仅是一种交流方式，还影响着人们的思维和意识。沃尔特·翁认为："口语和意识不能分离；在人类意识形成的初期，早在文字出现之前，口语就使我们神往，激发我们认真地反思自身。世界各地的格言警句充满了这样的智慧，反映了人们对这种现象的认识。"④ 语言不仅促进了社会的产生，而且催生了早期的艺术形式——神话传说。神话传说的流传，在中西方文化发展史中达到了惊人的一致，中国有先秦古籍《山海经》《诗经》，古希腊有《奥德赛》《伊利亚特》。

---

① 郭庆光：《传播学教程（第二版）》，北京：中国人民大学出版社2011年版，第24页。
② 〔美〕沃尔特·翁：《口语文化与书面文化——语词的技术化》，何道宽译，北京：北京大学出版社2008年版，第5—6页。
③ 同上书，第25页。
④ 同上书，第5页。

二、文字传播与封建统治

为了克服口语传播的固有缺点,适应越来越复杂的生存环境,人类利用和发明了一些体外化的信息媒介和传播手段,从直接传播发展到借助媒介的间接传播。《信息简史》中记录了 1730 年欧洲人抵达非洲大陆后发现当地居民已经在利用鼓语进行远距离信息传播的故事:"欧洲人言必称'土著思维',以为非洲人'原始'而'信奉万物有灵',结果却发现,非洲人早已实现了所有人类文化的一个古老梦想。他们的传信系统,速度比世界上最好的信使骑着最快的骏马在最好的道路上通过驿站层层接力还要快。"[①]公元前 12 世纪,希腊人在特洛伊战争时已经使用烽火来传递信息:在山顶燃起一堆篝火,能够被三十多千米外的守望台哨兵看到,有时甚至可以距离更远。当然,在所有的信号中,文字的诞生使传播发生了颠覆性的变化。公元前 3000 年前后,古埃及的象形文字经过不断发展,从原始的图画、花纹雏形演变为成体系的象形文字——圣书字。公元前 14—前 11 世纪,即中国的商朝后期,出现了比较系统的甲骨文。

如果没有语言,人类就只能生活在动物世界;没有文字,社会就只能停留在原始水平。英国历史学家杰弗里·巴勒克拉夫(Geoffrey Barraclough)在其主编的《泰晤士世界历史地图集》中写道:"公元前 3000 年前后的文字发明是文明发展中的根本性的重大事件。它使人们能够把行政文献保存下来,把消息传播到遥远的地方,也就使中央政府能够把大量的人口组织起来;它还提供了记载知识并使之世代相传的手段。"文字不是用于口语的自然习得过程,而是一个人为的、社会化的过程,在这个过程中形成了新的阶层和社会统治方式。通过对文字传承和传播的控制,封建社会形成了新的统治基础。无论是实行科举制的隋唐、两宋等朝代,还是被古希腊哲学体系浸润的马其顿王国和东、西罗马帝国等王朝,它们都是建立在书写传统上的封建君主制王朝。

三、印刷传播与精英主义

文字的产生和书写文明的发展刺激着对文字复制的需求。公元 4 年,我国长安太学附近出现了买卖书籍的集市——槐市,在槐市上交易的不是作者的原作品,而是手工抄写的复制品。这种手工抄写的方式在我国从西汉末年开始,一直延续到公元 6 世纪。西方社会也经历了这样一个时期,当时的手工抄写通常是在羊皮纸上,"由于羊皮纸造价高,加之手抄本抄写复杂、耗时很多,所以中世纪的书十分昂贵。书价昂贵使得许多图书馆用锁把书锁在书架上。书的主人往往在遗嘱中除

---

① 〔美〕詹姆斯·格雷克:《信息简史》,高博译,北京:人民邮电出版社 2013 年版,第 13—14 页。

了房屋、土地或者手工艺品之外还要指定唯一的一本书的占有人"①。手抄传播效率低、规模小、成本高,是一项费时、费力的巨大工程。造纸术和印刷术发明后,情况大为改观。公元105年,我国东汉时期的蔡伦在总结前人经验的基础上发明了造纸术;公元7世纪的唐代,我国出现了雕版印刷,印刷传播开始产生;1045年,我国宋代的毕昇发明了胶泥活字印刷。印刷术的发明标志着人类已经掌握了复制文字信息的技术原理,有了对信息批量生产的观念;到15世纪40年代,德国工匠古登堡发明了金属活字排版印刷术和印刷机,这样文字信息的机械化生产和复制成为可能。② 仅仅半个世纪,欧洲的书籍总量便激增了近1000倍——从15世纪中叶的约1万册达到1500年的900万册。"正是印刷术的发明(而不是别的)使历史从中世纪发展到近代。这期间,能够阅读的大众日益增多导致了思想的广泛传播。思想的广泛传播又推动了哲学与科技的变革。这些变革最终推翻了教士和贵族的统治,从而产生崭新的政治、经济、社会、文化和宗教制度。"③印刷术促进了专业分工,也最终促进了专业领域内的精英分子的产生。印刷时代对传播活动的另一大影响是新闻业的兴起。19世纪30年代,美国兴起了以《纽约太阳报》《纽约先驱报》和《纽约论坛报》为代表的大众报业。同一时期,通讯社开始出现。

四、电子媒介与大众文化

从19世纪后半期到20世纪前期,随着电子技术的发展,信息传播工具又发生了一次质的飞跃,揭开了人类传播史上新的一页。1835年,美国人塞缪尔·莫尔斯发明了有线电报机,1844年发出了世界上第一份电报,开启了电子传播的新时代;1860年,美国人安东尼奥·穆齐发明了电话;1895年,意大利人马可尼发明了无线电报;同年,法国的卢米埃尔兄弟改进并发明了活动电影机,开创了电影时代;1900年,费森登首先用无线电传出人类的声音;1925年,英国人贝尔德与英国广播公司(BBC)合作,研制电视获得成功;1936年,英国广播公司播出了世界上第一次无线电视广播。④

电子媒介有广义和狭义之分。广义的电子媒介是指一切依靠电流或电波传播信息的媒介,既包括个人媒介如电话、电报,又包括公共媒介如广播、电视;而

---

① 〔苏联〕B. A. 伊斯特林:《文字的产生和发展》,左少兴译,北京:北京大学出版社1987年版,第396页。
② 谢新洲:《网络传播理论与实践》,北京:北京大学出版社2004年版,第5页。
③ 〔美〕J. 赫伯特·阿特休尔:《权力的媒介》,黄煜、裘志康译,北京:华夏出版社1989年版,第4页。
④ 谢新洲:《网络传播理论与实践》,北京:北京大学出版社2004年版,第5—6页。

狭义的电子媒介专指公共性的媒介。电子媒介的出现和发展,给人类传播带来的不只是空间和速度上的突破,也形成了人类体外化的声音信息系统和体外化的影像信息系统,使人类的知识经验的积累和文化传承的效率和质量产生了新的飞跃。沃尔特·翁认为电子媒介的产生重新定义了口语文化,并将电子媒体时代的口语文化界定为"次生口语文化",他认为:"广播电视诱发次生口语化"[①],"次生口语文化也产生强烈的群体感,因为听人说话的过程是聆听者形成群体的过程……但次生口语文化产生的群体比原生口语文化产生的群体大得多,甚至于难以估量"[②]。次生口语文化恢复了"原生口语文化"的一些特征,但是此时的口头交谈只扮演相对次要的角色,它不是真实的会话,而是虚拟的仿真会话——是靠电波信号还原的视觉和听觉信息建构的公共会话,例如电影、电视和广播节目等。

电子媒介和次生口语传播,降低了媒介消费的门槛,促进了大众文化的产生,也带来了文化工业的发展。电子媒介是商业与工业的产物,它展现了商业与工业对自然与人类的征服,人的耳目摆脱了时空局限,地球逐渐成了小小的"地球村",但是在技术理性的神话里,人不断地异化,越发趋近于"单向度"。

五、网络传播与信息文明

在电子媒体日益普及并逐渐促成大众文化向文化工业发展的过程中,互联网兴起并发展成为新的媒介。有数据显示,无线电广播的听众达到5000万用户用了38年,电视的观众达到5000万用户则用了13年,而互联网拥有5000万用户仅仅用了不到5年的时间。[③] 网络传播的出现昭示着信息文明的到来。倘若我们以生产形态这个标准对人类文明有机体进行生命阶段划分的话,那么人类文明大致先后经历了采集和渔猎文明、畜牧和农业文明、商业和工业文明,接下来就是以网络信息技术为依托的信息文明。[④]

网络传播的去中心化、虚拟性、后现代主义特征均在不同程度上影响着信息文明的成型。互联网这一媒介本身的虚拟特质和网络信息资源的非物质性特质决定了信息文明的虚拟性和非物质化特征。信息文明的这一本质特征与以物质资源和物质技术的客观实在性为基础的农业文明和工业文明形成了质

---

① 〔美〕沃尔特·翁:《口语文化与书面文化——语词的技术化》,何道宽译,北京:北京大学出版社2008年版,前言第7页。
② 同上。
③ 张海鹰、滕谦编著:《网络传播概论》,上海:复旦大学出版社2001年版,第5页。
④ 柯泽、宗益祥:《信息文明的哲学启示——一种传播哲学的反思(上)》,《文化与传播》2013年第5期。

的区别[①];当前的网络传播呈现出诸多后现代主义特性——"消解"与"颠覆"性,即碎片性、狂欢性、祛魅性、虚拟性、口语性、同质性、娱乐性。[②] 互联网的这些消解与颠覆特性潜移默化地影响着信息文明,使其带有一种反传统的特质。

互联网物理结构的去中心化特征影响着信息文明时代人类的思维模式。这是一种东西方文明融合的思维模式:信息文明的思维模式是东方文明"主客合一"的悟性思维以及西方文明"主客二分"两种思维的活态的调整,它不是"主客合一"取代"主客二分",也不是后者取代前者,更不是二者的杂糅,而是要求用理性外推去分辨、用直觉内观去体悟的贯通。它是一种方以智且圆而神的思维方式,要求在尊重自然、人类的整体生态的同时,人之主体意识也能得到充分的彰显。信息文明的主角是"信息人",信息人的思维方式是"主客活转"的全球思维方式,信息文明是东西方文明的汇通,网络媒介的出现是在电子时代的基础上的超越,超越商业与工业文明的桎梏,超越生态危机、技术垄断、人文异化、工具理性的生存困境。[③]

第二节 从 5W 模式到网络扩散

采用图像模式对传播现象进行描述和解释,是传播研究的一大特色。模式,是现实事件的内在机制以及事件之间关系的直观和简洁的描述。20 世纪 80 年代,英国传播学家、荷兰阿姆斯特丹大学传播学终身教授丹尼斯·麦奎尔通过大量的文献总结,绘制出 48 种具有代表性的模式,完成了代表作《大众传播模式论》。该书的中文版译者祝建华教授认为"模式具有结构性和功能性两种类型,它是理论的一种简化形式,具有构造、解释、启发、预测等多种功能,可以向人们提供某一事件的整体形象和明确信息。"[④] 多伊奇在《政府的神经》中阐释了社会科学中模式的主要优点:模式具有构造功能,能揭示各系统之间的次序及相互关系,能使我们对事物有一个很难从其他方法中获得的整体形象;模式具有解释功能,它能用简洁的方式提供可能被其他方式复杂化或含糊化的信息;由于模

---

① 杨文祥:《论信息文明与信息时代人的素质——兼论信息、创新的哲学本质》,《河北大学学报(哲学社会科学版)》2001 年第 1 期。
② 苏建美:《后现代主义视阈下的网络传播》,吉林大学硕士学位论文,2014 年 5 月。
③ 柯泽、宗益祥:《信息文明的哲学启示——一种传播哲学的反思(下)》,《文化与传播》2013 年第 6 期。
④ 〔英〕丹尼斯·麦奎尔、〔瑞典〕斯文·温德尔:《大众传播模式论》,祝建华、武伟译,上海:上海译文出版社 1997 年版,序言第 3 页。

式能引导学生或研究者关注某一过程或系统的核心环节,这又使模式具有启发功能;模式有可能对事件的进展或结果进行预测。至少,它能够为估算各种不同结局的概率提供基本依据,研究者可以据此建立其假说。有些模式仅仅试图描述某种现象的结构,从这个意义上说,可以把一台收音机的线路图称为"结构性模式",而另一些模式(我们称之为"功能性模式")则从能量、力量及其方向等角度来描述各系统,描述各部分之间的关系和相互影响。①

丹尼斯·麦奎尔总结了48种大众传播的模式并详细分析了每种模式的含义、演变过程和主要优缺点,其中基本模式反映了大众传播的一般性过程。这些模式对后续的传播学的发展产生了深远的影响,此后陆续有学者完善或发展了这些模式。

关于传播模式的研究可以追溯到古希腊时期,亚里士多德在其著作《修辞学》中道出了类似于信息传播的见解。他把"讲者、听者、内容"称为演讲的三要素——第一种是由演说者的性格造成的,第二种是因听者处于某种心情而造成的,第三种是由演说本身有所证明或似乎有所证明而造成的。② 这是对人类自身的传播行为较早的认识。这一认识主要体现出传播活动中从传者到受者的线性特征。

1939年,第二次世界大战爆发,美国政治学家哈罗德·拉斯韦尔(Harold Lasswell)成为美国国会图书馆的战时传播研究实验部主任,得到一笔来自洛克菲勒基金会的资助,每月组织一次洛克菲勒传播研讨班,目的就是重点研究联邦政府在即将到来的战时紧急状态中如何使用大众传播。5W传播模式(如图3-1-1)——谁(Who),说什么(Says What),通过什么渠道(In Which Channel),对谁说(To Whom),取得了什么效果(With What Effect)——就是在这个研讨班上发展起来的。③ 此后,这五个问题出现在他1948年发表的一篇论文的开头,这一传播模式导致了传播学对于传播效果的重视。5W模型在传播学研究领域具有开创性意义,为后续研究提供了基本的视角和框架。大众传播的五大研究领域"控制研究"(谁)、"内容分析"(说什么)、"媒介分析"(通过什么渠道)、"受众分析"(给谁)和"效果分析"(取得什么效果),就是沿着5W模式的这条思路形成的。

---

① 〔英〕丹尼斯·麦奎尔、〔瑞典〕斯文·温德尔:《大众传播模式论》,祝建华、武伟译,上海:上海译文出版社1997年版,第3页。

② 〔古希腊〕亚里斯多德:《修辞学》,罗念生译,北京:生活·读书·新知三联书店1991年版,第24—25页。

③ 〔美〕E.M.罗杰斯:《传播学史》,殷晓蓉译,上海:上海译文出版社2002年版,第225—237页。

图 3-1-1 拉斯韦尔 5W 模式①

第二次世界大战结束后,美国数学家克劳德·艾尔伍德·香农(Claude Elwood Shannon)和计算机工程师沃伦·韦弗(Warren Weaver)基于有所发展的计算机信息科学,于 1949 年在《通讯的数学理论》(Mathematical Theory of Communication)一书中提出了"香农—韦弗模式"(如图 3-1-2),又称为"传播过程的数学模式"。这一模式贴合了当时刚刚兴起的信号传播形式,但仍旧是线性传播模式。香农—韦弗模式主要描述电子通信过程,为传播过程研究提供了重要的启发。在这个模式中,传播被描述为一种直线性的单向过程,包括信息源(信源)、发射器、信道、接收器、信息接收者(信宿)以及噪声六个因素,这里的发射器和接收器起到了编码和译码的功能。它的第一个环节是信源,由信源发出信息,再由发射器将信息转为可以传送的信号,经过传输,由接收器把接收到的信号还原为信息,将之传递给信宿。在这个过程中,信息可能受到噪音的干扰,产生某些衰减和失真。② 该模式的重要意义在于提到了传播过程中外在因素的影响,说明信息传播并不是在一个封闭的、真空的环境中进行的。传播失败的一个共同原因是传播者认识不到发出的信息与接收者收到的信息并不相同。同拉斯韦尔的理论一样,这个模式的缺陷在于无法体现反馈,无法体现人类传播行为中的互动性,因此不能完全解释传播过程。

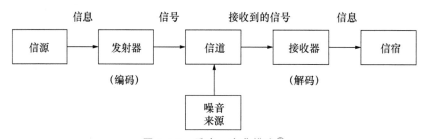

图 3-1-2 香农—韦弗模式③

---

① 〔英〕丹尼斯·麦奎尔、〔瑞典〕斯文·温德尔:《大众传播模式论》,祝建华,武伟译,上海:上海译文出版社 1997 年版,第 17 页。

② 郭庆光:《传播学教程》,北京:中国人民大学出版社 1999 年版,第 60—61 页。

③ 〔英〕丹尼斯·麦奎尔、〔瑞典〕斯文·温德尔:《大众传播模式论》,祝建华,武伟译,上海:上海译文出版社 1997 年版,第 20 页。

1966年，美国社会学家梅尔文·德弗勒(Melvin L. Defleur)在论述发出信息的含义与接收信息的含义之间的一致性时，增加了另一组要素，以显示信源是如何获得反馈的，而反馈有助于促使信源改善传播方式从而更有效地适应信宿。但是需要明确的是，在大众传播中，信源(传播者)只能从受众处获得有限的或者间接的反馈。

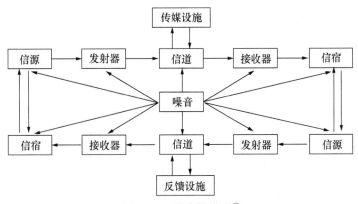

图 3-1-3　德弗勒模式①

香农—韦弗模式(见图 3-1-2)的另外一个重要发展是由查尔斯·埃杰顿·奥斯古德 (Charles Egerton Osgood) 首创，并由威尔伯·施拉姆 (Wilbur Schramm)在 1954 年系统提出的"奥斯古德—施拉姆模式"(见图 3-1-4)。"香农—韦弗模式"是典型的直线模式，主要用于揭示信源与信宿之间的传递渠道，而"奥斯古德—施拉姆模式"主要讨论传播过程中各主要行动者的行为。他们把行动的各方描述成对等的，行使着相同的功能，即编码、译码和释码。正是这种平等性，使该模式也遭到了批评——就传播的资源、能力和传播时间而言，传播往往相当不平衡。这个模式更适合于人际传播中传播者与受传者之间的关系，而不是大众传播。在大众传播中，媒体拥有更多的渠道接近信源，拥有强大的技术和设备支持，保证信息可以传递给成千上万的受众，而受众针对媒体反馈的信息相对有限，并不容易到达媒介组织。

施拉姆本人也注意到循环模式在解释大众传播方面存在的缺陷，于是他又提出了一个单独的大众传播过程模式，如图 3-1-5 所示。在大众传播过程中，有一个专门从事信息加工的媒介组织，与各种信息来源保持着密切的联系，从获得的各种信息中筛选出一部分，进行编码、复制并通过渠道，将大量统一的信息传达

---

① 郭庆光：《传播学教程》，北京：中国人民大学出版社 1999 年版，第 58 页。

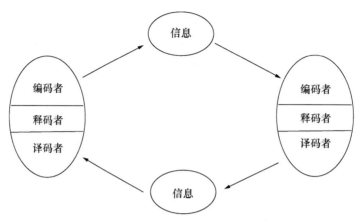

图 3-1-4 奥斯古德—施拉姆模式①

给大量的受众。这些受众中的每一个个体都扮演着译码者、释码者和编码者的角色,同时他们对接收到的信息作出一定的反应。其中有一部分受众会将反馈通过特定的渠道传递给媒介组织,这时候受众就扮演了编码者和传播者的角色。在该模型中,还有一个较大的贡献就是对受众所属社会群体和社会环境的分

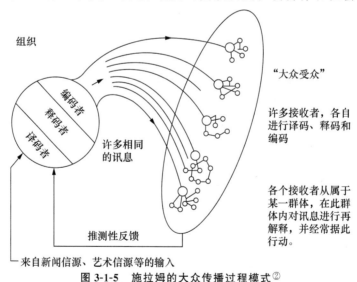

图 3-1-5 施拉姆的大众传播过程模式②

---

① Werner J. Severin, James W. Tankard, Jr. *Communication Theories: Origins, Methods, Uses*, New York & London: Longman, 1987, p.35.
② 〔英〕丹尼斯·麦奎尔、〔瑞典〕斯文·温德尔:《大众传播模式论》,祝建华、武伟译,上海:上海译文出版社 1997 年版,第 46 页。

析。在这些群体内部,个人与个人、个人与群体之间相互作用,信息得到再传播、再加工和再解释。媒介组织在接收到受众反馈的信息时,也扮演了释码者和译码者的角色。这些反馈意见中的一部分可能会给媒介组织的传播行为带来影响。通过这种方式,大众传播的传播者和接收者之间的互动得以实现。①

随着大众传播业的发展,美国大众媒介研究者乔治·格伯纳(George Gerbner)希望用一个一般模型来概括大众传播的过程。格伯纳的一般模型最突出的特点是提炼了十项传播的环节和要素,在解释具体的传播过程时可以通过这些环节和要素的组合来实现。这些环节和要素包括:某人;感知某事;作出反应;在某种场合下;借助某种工具;制作可用的材料;在某种形式中;在某种背景中;传递某种内容;获得某种结果。这些要素和环节未必都出现在这个基本的图解模式中。

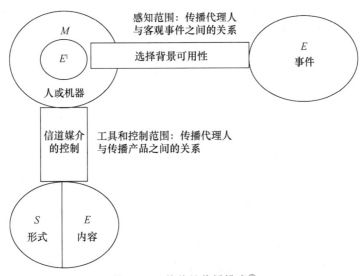

图 3-1-6　格伯纳传播模式②

在图 3-1-6 中,被感知的东西用 E(事件)表示,而感知者 M 对事件的感知为 E^1。E、M 和 E^1 之间的关系是第一种感知关系。格伯纳以两个极端来讨论这种关系。一个极端是"交互感知",其中把 E^1 当作 M 的"假定、见解、经验背景及其他相关因素"的功能。因此,E^1 在 M 看来将是什么样子,取决于 M 的各种内在

---

① 谢新洲:《网络传播理论与实践》,北京:北京大学出版社 2004 年版,第 58 页。
② 〔英〕丹尼斯·麦奎尔、〔瑞典〕斯文·温德尔:《大众传播模式论》,祝建华、武伟译,上海:上海译文出版社 1997 年版,第 28 页。

或与 M 相关的因素。另一极端,格伯纳称之为"心理物理学",E 本身就是最重要的因素,导致"在有利环境下的真实、充分的"感知。M 所能感知到的东西,取决于它的选择方式、发现正被谈论的 E 的背景,以及这个 E 和其他 E 的可用程度。在这个模式的下一个环节中,假定 M 希望将有关 E^1 的信息传递给其他人。M 制作了信息 SE(有关事件的叙述),这里 S 表示"形式",而 E 表示"内容"。格伯纳认为,S 从不独立存在,除非它表示噪音;S 总是与 E(信号的表示和内容质量)相连。为了发出 SE,M 需要借助一定的信息渠道。接着,SE(信息)又可能被另一个传播代理人(M^2)所感知。像 E 被 M 感知为 E^1 一样,SE 将被 M^2 感知为 SE^1。这个模式的特殊之处在于把人类传播过程看作是主观的、有选择性的、多变的和不可预测的,是一个开放的系统。[1]

大众传播领域另一个重要且经典的模式是"韦斯特利—麦克莱恩模式"。这个模式建立在对当时各种研究成果的整理的基础上,尤其是"纽科姆 ABX 模式"(Newcomb's A-B-X Model)(如图 3-1-7)。"纽科姆 ABX 模式"主要是对两个个体之间的传播关系的表述,尤其是在涉及第三者(人或物)时,两个个体之间可能存在的一致或不一致程度。西奥多·纽科姆(Theodore Mead Newcomb)吸收了弗里茨·海德(Fritz Heider)的早期理论。海德的思想可以被概括为"同性相吸,异性相斥",具体来说,当两个人(A 和 B)对第三人或物(X)表示出一致的喜欢或厌倦时,A 和 B 之间就会形成相对稳定的关系,但是当 A 和 B 对 X 的态度不一致时,关系就不稳定,双方就会做出努力以恢复"认知"平衡。纽科姆把这种理论运用于解释两人或更多人之间的传播现象,认为 A 与 B 对 X 的意向上的差异将刺激传播的发生;而这种传播的效果将趋向于恢复平衡,这种平衡被假定是一个关系系统的"正常状态"。[2] 此后,小雷蒙德·麦克劳德(Raymond McLeod Jr.)和史蒂文·查菲(Steven H. Chaffee)把这些理论发展为"互向模式"(如图 3-1-8),即在大众传播中,精英阶层相当于 A,公众相当于 B,各种问题相当于 X,媒体作为关系的另一种在一定程度上独立的一方相当于 C。一个动态环境产生的结果将取决于公众与特定精英阶层的相互关系,取决于公众对媒介的态度,并且取决于精英阶层的信源与媒介渠道的关系。精英阶层与公众对各种问题的感知差异,可能成为压力的来源,导致人们试图从媒介或其他来源处获取信息。同时,这种差异也会导致精英阶层试图通过直接干预事件或控制媒介渠道

---

[1] 〔英〕丹尼斯·麦奎尔、〔瑞典〕斯文·温德尔:《大众传播模式论》,祝建华、武伟译,上海:上海译文出版社 1997 年版,第 28—29 页。

[2] 同上书,第 35 页。

来操纵受众的感知。韦斯特利(Bruce Westley)和麦克莱恩(Malcolm S. MacLean)吸收前人的思想成果,认为大众传播中反馈的可能性很小,且作为个人的 B 将面临大量的可供选择的媒介 A 和特定环境中的事务 X,并从中作出选择,在这个过程中大众媒介 C 发挥了"看门人"的作用,因此把模型修正为图 3-1-9。

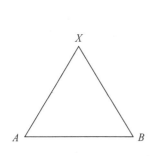

图 3-1-7　纽科姆 ABX 模式①

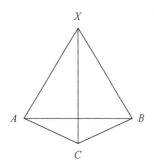

图 3-1-8　互向模式②

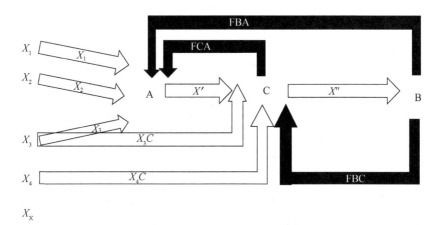

图 3-1-9　韦斯特利—麦克莱恩模式③

在图 3-1-9 中,X 代表社会环境中的事物;A 是有传播需求的精英阶层,可能是政治家、广告客户等;C 代表媒介组织,根据对受众兴趣的理解和媒介价值标准在 X 和 A 中选择信息;B 代表受众。X' 是大众媒体的信息源,X'' 是经过大

---

① 〔英〕丹尼斯·麦奎尔、〔瑞典〕斯文·温德尔:《大众传播模式论》,祝建华、武伟译,上海:上海译文出版社 1997 年版,第 31 页。
② 同上书,第 34 页。
③ 同上书,第 39 页。

众媒体的加工传达给受众的信息。FBA 是公众对原始信息或传播需求者的反馈,FBC 是受众对大众媒体的反馈,FCA 是大众媒体对传播需求者的反馈。

至此,传播模式从重视信息传递过程逐步向重视社会因素发展,在这方面作出进一步贡献的是美国社会学家 J. W. 赖利(J. W. Riley)和 M. W. 赖利(M. W. Riley)夫妇。他们在 1959 年发表的《大众传播与社会系统》一文中提出了一个新的传播系统模式。这个模式说明,多重结构或等级层次结构是传播系统的本质特点:这个模式包括人内传播、人际传播、群体传播和总体社会系统传播。人内传播是指无论是传播者还是受众,都是个体系统,这些个体系统有自己内在的传播活动;人际传播是指不同的个体系统之间的联系与互动;群体传播是指由于个体系统又分属不同的群体,因此形成了群体内部的互动和传播;群体系统的运行构成了更大范围的互动,形成了总体社会系统,它与政治、经济、文化、意识形态等紧密联系并相互作用。这一模式在传播环境中进一步强调了"群体"这一概念,突出了传播过程的系统性特点(见图 3-1-10)。

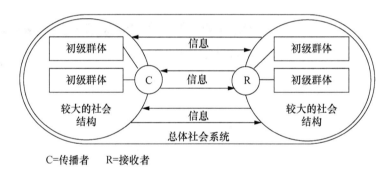

C=传播者　　R=接收者

图 3-1-10　赖利夫妇的传播结构模式①

马莱兹克(Maletzke)在赖利夫妇模式的基础上,应用"场论"思想,从社会心理学视角切入,对那些影响传播各环节的因素进行了考察。他认为在研究传播过程中如果只选出一个或两个因素可能会导致错误。因为他认为大众传播是一个非常复杂的社会过程,可能是多因素影响的而不是单因素。他认为在传播过程中,信息的传播者和接收者都会受到自我形象、个性结构、人员群体、社会环境的影响,这些信息会对传播者选择传播内容、接收者获取信息内容产生巨大的影响。媒体同时受到来自传播者和接收者的影响,在选择信息、编辑信息的时候

---

① 〔英〕丹尼斯·麦奎尔、〔瑞典〕斯文·温德尔:《大众传播模式论》,祝建华、武伟译,上海:上海译文出版社 1997 年版,第 49 页。

会进行多重考虑,配合传收两者的需求进行信息产出。与以往的大众传播模式相比,这个模式加入了受众对传播者的印象和传播者对受众的印象。传播者对受众需求的大致了解有利于产出与之相适应的信息,受众对传播者的认知也会影响到他们对信息的接收。(见图 3-1-11)

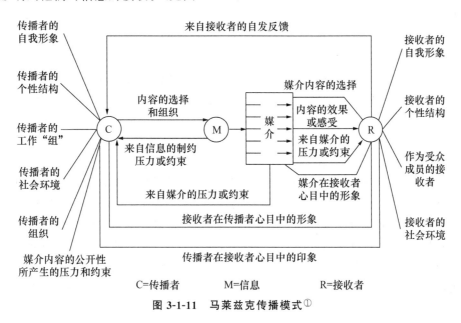

图 3-1-11　马莱兹克传播模式[1]

传播模式研究发展的历程,经过了从关注信息传递到关注参与主体的心理与社会动机,再到关注社会结构性和群体性因素的历程,这个过程给研究网络传播结构带来较大的启发。

20 世纪 90 年代以来,互联网技术的迅猛发展和日益普及使得新媒体对旧有的大众传播格局产生了强烈冲击。传者和受众之间的固有界限被基本打破,信息的发布权利被赋予无数的网络个体,大众传播形成了网络结构,基于互联网等的新媒体网络传播模式日渐形成。

在网络传播中,传者与受者被平等地理解为无差异的主体,信息传播路径转化为节点与节点的关系,因此主体和节点的关系构成传播网络的要素。网络信息的扩散呈现出新的结构和特征。

主体是网络环境中释放和接收信号最根本的对象,拥有典型的属性和特征,

---

[1] 〔英〕丹尼斯·麦奎尔、〔瑞典〕斯文·温德尔:《大众传播模式论》,祝建华、武伟译,上海:上海译文出版社 1997 年版,第 82 页。

人、小组、组织或其他网络传播的参与者都可以成为主体。主体有三个重要特征：位置、能力和记忆。"位置代表主体存在和运行的地方。这可以被认为是他们相对于其他主体的空间坐标。能力指的是主体能从事的行为，可以是主体为完成某一确定任务所必须具备的技能或主体所进行的活动。记忆指的是有关过去行为的信息或知识。"①

节点间关系是表征节点位置的概念。它是指网络环境中的节点通过关注、留言、转发等方式与其他用户进行互动而产生的联系，互动方式不同，产生的关系也不同。"网络是一张巨大的'网'，这意味着从底层结构来说，它的各个节点是可以相互连通的。"②每个节点之间的超链接改变了网络信息的结构方式，将传统的线性传播转变为网状传播，这个"网"也就是节点关系。影响节点的因素有很多，诸如用户身份因素、匿名与否、关注者数量、活跃平台等，还包括节点互动模式、平台定位、用户关系、社区本身的结构等。

关于网络传播模式的研究在技术、平台、受众等维度日渐兴起。从技术视角研究网络传播模式继承了香农信息论的思想，基于信息扩散的过程讨论传播效率和效果问题，例如流量、算法对网络演化的影响，以及网络规模结构与功能实现的关系；从平台维度研究网络传播模式，涉及不同信息或服务类型的网络平台建构的差异，例如微信的多级扩散与微博的圈层传播等；基于受众的网络传播模式，主要从受众心理角度，探讨受众接收与接受信息以及参与扩散的动机和行为。

---

① 〔美〕彼得·R. 芒戈、〔美〕诺什·S. 康特拉克特：《传播网络理论》，陈禹、刘颖等译，北京：中国人民大学出版社2009年版，第81页。
② 彭兰：《网络传播概论》，北京：中国人民大学出版社2009年版，第188页。

第二章
网络传播的特征

网络传播的路径和结构发生重大变化，表现出新的特征。网络传播是一种双向互动式的传播，传播过程中融合了一对一、一对多、多对多的传播模式，兼具了同步传播和异步传播的功能。进入社交媒体时代以后，信息的自我扩散、借助社交网络的多级扩散逐渐形成，同时也形成了圈层结构。

第一节 互动传播

传播不仅是为了实现信息扩散，而且是为了交换信息，达到交流、沟通的目的。因此，互动是提升传播效果的重要方式。网络传播之前的传播侧重于"传"的能力与效率，而不是在互动上发力。网络传播反映了节点与节点的关系，强调传授双方身份的互换和信息流动的网状结构。

在传统的大众传播模式中，信息往往是单向的线性扩散，信息从传播者流向受众，受众被动接受且很少互动和反馈信息；信息传播的路径单一，一旦出现故障就难以维系传播活动；受众是独立的分散个体，相互之间几乎没有联系。网络结构提供了信息扩散的多重路径方案，信息之间的交互变得简单易行，受众之间的联系变得丰富起来，也正是因此，网络传播兴起之后，粉丝群等开始兴起。

在传统的大众传播中，传播者往往是专业的、具有一定规模和能力的组织，对信息把控拥有绝对权威。由于缺乏反馈机制，受众的意见很少得到关注，传授双方处在不平等的地位。网络传播改变了这种境况。传播者权威被削弱，受众地位日益提升。事实上，传受双方的身份逐渐统一到"用户"身份中。传播者除了发布信息外，还要负责对受众反馈的信息进行采集、筛选和加工处理，而受众也逐渐从单纯的被动接受信息转变为主动贡献内容。

第二节 复合传播

互联网能够满足一对一、多对多等多种传播需求,因此可以被广泛用于人际传播、组织传播、群体传播与大众传播。人际传播是人与人之间的信息交互,以及两个个体传播系统之间的互动。网络中的人际传播手段多种多样。用于人际传播的即时聊天工具始终是最重要的网络应用。随着技术的发展,网络人际传播的应用工具呈现出移动化、私密化的特征。组织传播是组织从事的信息活动,具有部门分工专业化、利益目标共享、职务分工和岗位责任制明确、组织系统阶层制或等级制等结构特点,可以发挥内部协调、指挥管理、决策应变、形成共识等功能。互联网为组织传播提供了一定的便利,有利于组织实现利益最大化。日本社会学家岩原勉将群体传播定义为将共同目标和协作意愿加以连接和实现的过程。社交媒体的出现与发展,不仅开辟了群体传播的新方式,而且极大地提升了群体传播的效果。大众传播是专业化的媒介组织运用专业性传播工具和产业化手段,面向社会一般大众进行的公开的、大范围的生产与传播活动。互联网成为大众传播的重要渠道,一方面媒介机构通过建立网站和客户端来拓展传播途径,另一方面社交媒体成为大众媒体接触受众的重要入口。此外,自媒体的崛起改变了大众传播被少数媒介精英和机构控制的局面。

随着互联网的发展,一些平台媒体开始崛起,四种传播类型以不同的应用形态嵌入网络应用。以微信为例,基于微信的实时对讲聊天功能可以实现一对一的人际传播活动;微信朋友圈页面的广告宣传可以实现大众传播;偶像明星的粉丝团后援会的微信公众号可以实现群体传播;微信群聊功能还可以实现多对多的传播。

第三节 同步传播与异步传播

网络传播兼有同步传播与异步传播的功能。同步和异步这两个概念来源于计算机网络通信过程中的同步传输和异步传输。在网络通信中,接收方的采样速度如果和发送方发出的比特到达速度保持一致,那么收发双方就实现了同步,这时的数据传输状态叫同步传输。所谓异步传输,是指接收方并不知道数据会在什么时候到达,因此每次异步传输的信息都以一个起始位开头,以便给接收方一个响应、接收和缓存数据比特的时间。① 同步传播是指受众实时接收传播者传达的信息,异步传播是指受众可以选择时间查看传播者传达的信息。

传统媒体时代,报纸、杂志之类的平面媒体是异步传播,而广播、电视之类的广电媒体是同步传播,造成二者同步、异步之区别的根本原因是虚拟信号。网络传播则建立在数字化传播基础上,实现了同步与异步的并行。例如,微信平台的实时对讲功能就属于同步传播,参与者必须同时打开插件才能收到彼此的信息;而微信朋友圈的留言功能属于异步传播,无论对方是否在线,用户的留言都存在于朋友圈的评论框中,对方可以选择在任意时间查看。

第四节　社会化媒体的新特征

进入社会化媒体时代,信息扩散出现新的趋势——用户参与贡献和分享内容成为社会化媒体的典型特征。用户的参与使信息出现自我扩散的特征,且信息的自我扩散通常基于社交关系形成多级和圈层的结构。

一、自我扩散

社会化媒体是开放性平台,用户贡献内容并参与传播,因此社交媒体中的信息具有自我扩散的潜力。网民会选择有趣、有益或者有用的信息,以分享、转发或者推荐阅读的方式进行扩散,由此信息传播形成了不再依赖原始传播者,而呈现自我扩散的态势。

二、社交传播

信息在社会化媒体中自我扩散并非"一点上网,全网共享"式的扩散,而是形成了伴随着用户社交关系扩散的形态。事实上,网民对"大众门户"甚至是搜索引擎的依赖程度逐渐降低,逐步搭建起了自己的"个人门户",这个个人门户通过社会关系网络与外界相连,关系网络成为人们双向(对外传播和从外界获取)的信息传播通道。②

三、多级扩散

由于社交网络纷繁复杂,存在不同的节点和节点关系,信息在社交媒体中的

---

① 陈光玲:《网络传播对传统新闻理论的挑战》,《科技传播》2014年第15期。
② 彭兰:《从"大众门户"到"个人门户"——网络传播模式的关键变革》,《国际新闻界》2012年第10期。

扩散形成了逐级传递的效果。由此一来,处在不同网络连接处的节点在逐级扩散中扮演着重要角色,也往往是传播中的意见领袖。

四、圈层结构

网络传播是基于社会网络的"圈层化"传播。网络传播在去中心化的同时,也是一个再中心化的过程。网络促使人与人的连接方式由血缘、地缘向趣缘、业缘转变,大量网络群体由此形成,也就是通常所讲的"圈子"。圈子往往具有一定的封闭性,与圈子主流意见相似的意见被不断强化,而相左的意见常常被排斥。

知识框9 拓展阅读:微博的六种理想类型

北京大学新媒体研究院的刘德寰教授基于马克斯·韦伯(Max Weber)的理想类型的建构方法,在历时八个月参与观察研究的基础上,提出了社会化媒体传播的六种理想类型,分别是:单链条传播(萌化传播)、互动传播(信任传播)、散弹式传播(事件传播)、克里斯玛传播(偶像传播)、新闻式传播(告知性传播)与广告式传播(营销型传播)。理想类型的提出,有助于从根本上把握社会化媒体的传播特性以及进一步深入研究特定传播类型的特点。

单链条传播,也可以称为萌化传播。传播路径是单向的链式结构,用户在收到信息之后,产生内心的情感共鸣,对传播内容采取收藏或转发的行为。单链条传播在女性群体中尤为常见。在女性群体中以单链条式传播的一类典型信息是可爱或"萌"的文字和图片,这类信息最能够触动女性的共同情感,因而能在其群体中迅速传播开来。

互动传播是指发生在较小范围内的互动交流,从群体结构和传播方式上看,一般发生在具有强关系连接的群体中,且具有较强的排他性。互动传播的群体是一种准封闭集团,只在熟人群体中小范围传播,成员间关系同时靠线下互动维系。互动的内容通常是私人的碎片化语言和生活痕迹的记录。互动传播的目的并不在于引发广泛关注,而是一种自得其乐的自我展示。

散弹式传播是舆论形成过程中一种典型的传播方式,在价值和事件传播中表现尤为明显。散弹式传播具有巨大威力,影响力随传播节点几何式扩散,在极短时间内汇聚巨大的关注度,引发社会热议。

克里斯玛传播,又称偶像传播,是指偶像明星将现实世界中拥有的高关注度和大批粉丝带入微博的传播方式。微博的出现使以往覆盖在偶像身上的神秘感与距离感逐渐消失。"吃喝拉撒都要发微博"、日常生活的一切都要延伸到微博上,这已经成为明星微博的常态。微博是明星的秀场,而对于其粉丝而言,则是深入了解偶像的重要渠道。微博的偶像传播是盲从式的,偶像发布的任何信息都能引发其粉丝群体的热烈转发和讨论,另外,任何与偶像相关的信息也都能引起粉丝的关注。微博偶像传播的内容大体上可分为两类,一类是明星自己发布的微博,另一类是明星成为微博讨论的热点。但无论是哪种形式,偶像传播的内容都为人们提供了谈资,起到了社会轻松剂的作用。微博不仅仅是八卦谈资的集散地,同时还是明星重要的公关场。

新闻式传播是指微博为普通人发布新闻提供了一个即时、方便的渠道,以新奇特为特点的微博新闻日益对传统媒体的基本业务造成冲击。与传统新闻相比,微博在突发新闻事件的报道中具有明显优势,已经成为突发新闻的来源地与聚集场;微博的新闻式传播还带来了一种全新的新闻生产模式——全民记者;很多传统媒体都开通了法人微博。

广告式传播是传统广告推销在微博上的延伸。这类广告通常采取介绍自己的产品、@所谓意见领袖等方式来引起注意。微博的广告式传播往往不把微博用户看作完整的"人",而只将其当作消费者,自认为做到了精准营销,而实际上只会引发反感。

第三章
早期网络传播理论

早期的网络传播主要用于人际交往和远程教育,对网络传播社会接受和效果的研究也最早在这两个领域展开。由于早期的网络传播建立在文本基础上,因此线索(Cue)被理解为影响传播效果的重要因素,而作为一种新兴的技术,它的推广与普及因素同样是研究的热点。线索过滤理论、经验与知觉理论以及个人适应与开发媒体的理论成为早期网络传播理论的研究成果。

第一节 线索过滤理论

"Cue"本意是线索、暗示,作为传播学中的专业术语,它指能够传递意义的信号类型。例如,书信能够提供文本线索,广播能够提供音频线索等。由于早期的网络传播能够提供的信息线索仅限于文本类型,因此线索成为研究传播效果的重要因素。1987年,库尔兰和马库斯将一系列研究信息线索与传播效果的理论概括为线索过滤理论,也称为线索消除理论(Cue-Filter-Out Theories),具体包括社会临场感理论、社会情境线索缺乏假设、媒介丰富度理论(Media Richness Theory)、去个性化效应的社会认同模型以及信号理论(Signaling Theory)等。

一、社会临场感理论

社会临场感理论,又译为社会存在理论、社会现场感理论。其中,核心概念"Social Presence"可以理解为交流中所感觉到的自己置身其中的情况,或者"在利用媒体进行沟通的过程中,一个人被视为'真实的人'的程度及与他人联系的感知程度"[①]。

[①] 腾艳杨:《社会临场感研究综述》,《现代教育技术》2013年第3期,第64页。

该理论产生于20世纪70年代中后期,是英国伦敦大学学院(University College London)的传播学研究小组(Communication Studies Group)在一项关于远程教育的研究项目中提出来的。1976年,威廉姆斯等人发表了名为《电信传播的社会心理》(*The Social Psychology of Telecommunication*)的文章,对该理论进行了阐释,核心思想是"不同的媒介提供给传播者的临场感是不同的,媒介提供的临场感越强,传播者参与交流的积极性和注意力就越高"[1]。他们认为面对面交流是临场感最强的交流,而文本交流是临场感最弱的交流。临场感的强弱与媒介所提供给传播者可使用的信息线索多寡有关。限于当时网络只能提供文本信息的状况,他们认为网络是一种天生的反社交(antisocial)、冷漠(impersonal)的工具。

《电信传播的社会心理》一文的作者之一肖特(Short)认为能够提供的社会临场感程度是媒体的重要属性。这样一来,随着网络传播技术的发展,网络媒体在远程教育中能够提供的临场感越来越强,相关的实证研究驳斥了原有的"网络在交流中缺乏临场感"的结论。

二、社会情境线索缺乏假设

社会情境线索缺乏假设在网络传播领域的应用,可追溯到1986年的两个研究。一个研究是斯普劳尔(Sproull)和基斯勒(Kiesler)所发表的《减少社交情境线索:组织传播中的电子邮件》(*Reducing Social Context Cues: Electronic Mail in Organizational Communication*)[2];另一个研究是基斯勒、西加尔(Siegel)、道布罗夫斯基(Doubrovsky)和麦奎尔等人发表的《计算机媒介传播的群体过程》(*Group Process in Computer-Mediated-Communication*)[3]。

第一项研究通过对一家世界500强企业进行田野调查,考查公司各级组织使用电子邮件的情况,调查发现:电子邮件加速了信息传播速度,可以产生新的信息,而这些信息在其他传播方式中是不会出现的;通过电子邮件沟通导致交流双方自我关注,追求地位平等和不受约束的行为。也就是说,由于缺少社会情境线索,导致放松管制,忽视规则,产生了不受约束的沟通行为和在其他传播方式

---

[1] John Short, Ederyn Williams, Bruce Christie, "The Social Psychology of Telecommunication," *Contemporary Sociology*, 1978, 7(1), p. 32.

[2] Lee Sproull, Sara Kiesler, "Reducing Social Context Cues: Electronic Mail in Organizational Communication," *Management Science*, 1986, 32(11), pp. 1492-1512.

[3] Jane Siegel, Vitaly Dubrovsky, Sara Kiesler, Timothy W. McGuire, "Group Processes in Computer-mediated Communication," *Organizational Behavior & Human Decision Processes*, 1986, 37(2), pp. 157-187.

中不会出现的信息。

第二项研究运用对比实验的方法来检验网络传播的沟通效率、参与性、个人行为以及群体选择。每个小组包括三名成员,他们的任务是就某个职业选择上的问题达成共识,可以从面对面交流、在线即时聊天或者使用电子邮件沟通三种方式中进行选择。研究结果发现:当小组通过电脑沟通的时候,组里的成员发表的评论少于面对面交流;通过网络沟通的小组社会公平性更好,成员之间会更加平等地参与讨论;通过网络沟通的小组同样展示出更多的不受拘束的行为——在与人互动中使用强烈且具有煽动性的表达;与面对面沟通相比,通过网络沟通的小组做出的决定与小组成员最初的选择相差较远。

在这两个早期研究的基础上,社会情境线索研究不断发展,有学者对这一理论进行了总结:社会情境线索是适当行为的指示器;缺乏社会情境线索会导致个体在媒介环境中流露出更多的本性;缺乏社会情境线索导致个体过分关注自我、抵制沟通、好战且带有负面情绪。

三、媒介丰富度理论

媒介丰富度理论,有时也被称为信息丰富理论(Information Richness Theory),是用来描述一个媒介再现它所发送的信息的能力的框架。这一理论产生于1986年,由达夫(Daft)和伦格尔(Lengel)在信息处理理论的基础上发展而来。[1]

达夫等认为,媒介丰富度是"在一定的时间内传递可被理解的信息的能力"。也就是说,媒体如能在时限内,克服不同的思考框架并清楚表达信息的真正含义则可被称为高丰富度媒体,反之则被称为低丰富度媒体。结合社会信息处理理论的观点,需要较长时间传递信息才能实现理解的是低丰富度媒体,反之是高丰富度媒体。媒介丰富度理论认为,任何媒体在传递信息方面都有自己的特点,信息丰富度因而有差异,选择媒体的一个基本原则就是尽量选择丰富度高的媒体,从而减弱信息的模糊性。如果是模棱两可的信息,就需要更多的线索来传播。他的研究发现影响媒体丰富度的因素有四个:及时反馈的能力、可利用的线索和渠道数量、语言的种类以及接收者的关注程度。

此后,媒介丰富度理论被广泛地应用于网络传播学的研究中,当然也有一些实证研究对它的结果提出了挑战。比如,1998年丹尼斯(Dennis)与肯尼(Kinney)的实验,把一组简单但是模棱两可的任务分配给两个小组,其中一个小组用

---

[1] Richard L. Daft, Robert H. Lengel, "Organizational Information Requirements, Media Richness and Structural Design," *Management Science*, 1986, 32(5), pp.554-571.

视频会议(高丰富度媒体)沟通,另一个小组用书面信息沟通(低丰富度媒体),结果并不支持这个理论。① 使用高丰富度媒体的小组并没有明显提高决策的质量和参与决策的积极性。对于结果的差异,沃尔瑟(Walther)和帕克斯(Parks)认为是因为判断媒介丰富与否的标准存在问题。当这些标准用于判断传统媒体时是没有问题的,但是判断网络媒体就有麻烦了,比如用电子邮件,因为电子邮件也可以在交流双方间建立联系,进行及时回复,使用个性化的自然语言等。②

媒介丰富度理论提供了一个研究媒介效果和用户行为的重要视角,因而在此基础上学者们还发展出了媒介自然性理论、媒介同步性理论和渠道扩展理论等。目前,媒介丰富度理论依然保持着一定的活力,但在分析新媒体上遇到了一定的挑战,部分学者认为媒介丰富度理论对不同传播媒介进行分类的一维方法不再足以捕捉媒体类型可产生变化的所有维度,因而媒介丰富度理论在新媒体研究的应用中应进行一定程度的修正与补充。

这一理论的应用范围较广,既包括组织传播、工作绩效、在线购物、企业社会责任等行业领域,也包括网站、即时通信、电子邮件等媒介领域以及远程教育、公民参与等其他领域。

四、去个性化效应的社会认同模型

去个性化效应的社会认同模型是从心理学中的去个性化理论发展而来的。③ 去个性化理论(Deindividuation Theory)是社会心理学描述群体中个人心理与行为的理论。以往的研究认为,"去个性化"是理性个体在群体中采取个体单独活动时不会出现的行为,即以非典型的、反规则的方式行动。但是,大量的实证研究并不支持这个理论。1995年,赖歇尔等人(Reicher, Spears & Postmes)从社会认同和社会分类的观点出发,指出个性化状态下个体并未丧失自我,而是人们的自我从个人认同水平转移到社会认同水平,从而表现出更多地遵守群体规则的行为。④ 以此为主线,赖歇尔等人提出了去个性化效应的社会认同模型。

---

① Alan R. Dennis, Susan T. Kinney, "Testing Media Richness Theory in the New Media: the Effects of Cues, Feedback, and Task Equivocality," *Information Systems Research*, 1998, 9(3), pp. 256 - 274.
② Joseph B. Walther, Malcolm R. Parks, "Cues Filtered Out, Cues Filtered In: Computer-Mediated Communication and Relationships," *Handbook of Interpersonal Communication*, Thousand Oaks, Sage, 2002.
③ 兰玉娟、佐斌:《去个性化效应的社会认同模型》,《心理科学进展》2009年第2期。
④ Stephen D. Reicher, Russeu Spears, Tom Postmes, "A Social Identity Model of Deindividuation Phenomena," *European Review of Social Psychology*, 1995, 6(1), pp. 161 - 198.

这一模型包括两个维度,即认知维度和策略维度。在认知维度上,去个性化效应的社会认同模型为经典去个性化理论提供了另一种解释,其丰富了关于匿名性影响和其他个性化因素,说明了匿名性和可识别性对于群体行为的影响,其已成为描述网络传播社会效果的重要技术理论之一。匿名性是早期网络传播中去个性化的重要特征之一。过去人们的观点是匿名性使个体从规则的束缚中解脱出来,但是匿名性也让人们彼此疏远,使人与人之间产生隔阂。[①] 去个性化效应的社会认同模型则反对这些观点,斯皮尔斯(Spears)等人的早期研究发现,当个体有高社会认同或低个人认同时,网络传播的匿名性将增强个体对社会规则的遵守。[②] 波斯梅斯(Postmes)等人发现网络传播中匿名的群体成员在任务解决中表现出更多的一致性。[③] 近期的研究还发现,在网络传播中,匿名性和个体性的减弱使交流从个体水平转化为群体水平,而这种群际交流将增加刻板印象和偏见,导致内群体吸引和外群体拒绝,从而强化了群体边界。[④] 这些研究都表明匿名性并没有将个体与群体分离,反而加强了群体对个体的影响,产生了群体规则遵守、群体吸引、刻板印象和群际差异等效果,验证和拓展了去个体效应的社会认同模型。[⑤]

在策略维度上,去个性化效应的社会认同模型研究也开始在网络传播中得到关注,即个体如何策略性地利用网络传播的匿名性抵制强大的优势群体,但这种行为要在符合劣势群体规则的条件下才会发生。去个性化效应的社会认同模型适用在各类情境下解释匿名性和社会隔离的影响,因而在群体行为、虚拟社区、知识共享、监视的社会效应等方面均有一定的应用。

五、信号理论

"信号理论"原本是经济学和生物学中的重要理论。多纳特(Donath)将这

---

① Kimberly M. Christopherson, "The Positive and Negative Implications of Anonymity in Internet Social Interactions: On the Internet, Nobody Knows You're a Dog," *Computers in Human Behavior*, 2007, 23(6), pp. 3038 – 3056.

② Russell Spears, Martin Lea, Stephen Lee, "De-individuation and Group Polarization in Computer-Mediated Communication," *British Journal of Social Psychology*, 1990, 29(2), pp. 121 – 134.

③ Tom Postmes, Russell Spears, Khaled Sakhel, Daphne de Groot, "Social Influence in Computer-Mediated Communication: The Effects of Anonymity on Group Behavior," *Personality & Social Psychology Bulletin*, 2001, 27(10), pp. 1242 – 1254.

④ Martin Lea, Russell Spears, Daphne de Groot, "Knowing Me, Knowing You: Anonymity Effects on Social Identity Processes within Groups," *Personality & Social Psychology Bulletin*, 2001, 27(5), pp. 526 – 537.

⑤ 兰玉娟、佐斌:《去个性化效应的社会认同模型》,《心理科学进展》2009 年第 2 期。

一理论引入传播学领域,对网络信息的真实性以及网络如何导致欺骗的问题进行研究。其实,在他之前,已有很多人研究过网络中的欺骗问题,但是他们认为网络的匿名性是导致欺骗的原因。可有一项调查显示,被捕的网络欺骗分子,正是通过使用自己的真名或者真实笔名来掩饰自己,而非匿名。所以,多纳特认为有必要研究为什么人们在网络上容易相信其他信息,而不相信别人关于"自我展示"的信息。他认为"信号理论研究了信号和信息质量的问题,揭示了为什么有些信息是可信的,而有些信息不是。对于一个可信的信号来说,产生迷惑信息的成本要大于它的收益,信号理论的核心是分析信号的类型和信号所带来的情景。"①

信号理论中包括两类信号:一类是评估信号(assessment signal),它与某些特征有天然、固有的联系。例如能举起400斤的东西意味着身体强壮,一个体质弱的人是举不起来的。再比如,鹿角越大证明鹿越强壮。另一类是习惯信号(conventional signal)。习惯信号不是固有的,信号与意义之间的联系来源于社会的约定俗成。习惯信号通过法律和社会道德的约束使其保持意义的可信。比如,警车上的警报器意味着官方对紧急情况的应对。当然,人人都可以装个警报器,代价是受到法律的惩罚。人们对习惯信号的信任度不及评估信号。而网络论坛正是被习惯信号控制的,因为关于"自我描述"的信息很容易通过话语造假,所以人们对这种信息存有戒心(这种分法类似于符号学研究中符号分为信号和象征符号,详见第四部分第一章第一节)。

尽管这个理论对于解释网络中的"怀疑论"有一定的帮助,但是就连多纳特自己也认为这个理论对于判断未来的预测性和解决问题的有效性没有太大的意义。因此,他认为有必要探讨影响人们判断的变量因素。此外,这个理论也没有考虑有些特征只能通过语言来表述,或者仅仅通过语言就足以表达。

第二节 经验与知觉理论

个体的经验与感受对网络传播方式的接受和效果产生的影响是早期网络传播研究的第二个重点,其中电子亲近理论回应了媒介属性与个体经验感受之间的关系,社会影响理论和渠道扩展理论分别从社会网络和个体知识结构的角度研究了影响人们对媒介丰富度进行判断的依据。

---

① Judith S. Donath, "Identity and Deception in the Virtual Community," Marc A. Smith & Peter Kollock (Eds.), *Communities in Cyberspace*, London: Routledge, 1999, pp. 29-59.

一、电子亲近理论

电子亲近理论(Electronic Propinquity Theory)提出于1978年,费利皮·科日曾尼(Felipe Korzenny)发表的论文《电子亲近理论:组织中的媒介化传播》[①],核心思想是新技术带来了新的传播手段,改变了人们对于"亲近"的感受。传统的亲近感来自空间,但是新的交流手段使空间上不在一起的人也可以产生亲近感。该研究还提供了一些可能影响亲近感的媒介属性变量,并使用了"bandwidth"来描述媒体可能提供的交流方式。研究发现:

1. 媒体提供的信息方式越多,亲近感越强。
2. 信息越复杂,亲近感越弱。
3. 互动渠道越多,亲近感越强。
4. 沟通技巧越多,亲近感越强。
5. 传播的规则越多,亲近感越弱。
6. 渠道越少,亲近感越强。

由于这个理论研究的是电话产生的亲近感问题,在网络传播的研究中很少被提及,直到2002年开始才又重新受到关注。2008年,沃尔瑟(Walther)和巴扎罗娃(Bazarova)在这个理论的基础上进行实证研究,对比了面对面谈话、视频会议、电话会议和文本交流的亲近感问题。研究发现,两个变量仍旧起作用——可供选择的媒体数量,以及媒体提供信息的方式、种类。[②]

二、社会影响理论

社会影响理论(Social Influence Theory)关注的是网络传播如何影响个体媒体使用习惯的改变。社会影响理论的代表人物是福尔克(Fulk)[③],他认为媒体的性质和潜能是社会建构的。人们对某种媒体的丰富性和功能的认识受到同一个社交网络内的人际互动的影响。从社会网络的视角分析,这个理论预言强关系在改变人们对网络传播的看法方面的影响大于弱关系,社会互动联系包括

---

① Felipe Korzenny, "A Theory of Electronic Propinquity: Mediated Communication in Organizations," *Communication Research—An International Quarterly*, 1978, 5(5), pp. 3 - 24.

② Joseph B. Walther, Natalya N. Bazarova, "Validation and Application of Electronic Propinquity Theory to Computer-Mediated Communication in Groups," *Communication Research*, 2008, 35(5), pp. 622 - 645.

③ Janet Fulk, Charles W. Steinfield, Joseph Schmitz, J. Gerard Power, "A Social Information Processing Model of Media Use in Organizations," *Communication Research: An International Quarterly*, 1987, 14(5), pp. 529 - 552.

关于网络传播的讨论和人们的使用情况。

社会影响理论得到了许多经验研究的大力支持。例如,研究显示,如果个人对电子邮件的丰富度认可较高,那么跟他保持强关系的人比保持弱关系的人更认可电子邮件的丰富度。近年来,社会影响理论不再受人关注,因为很多学者认为之前的研究已经完善,再做只是简单地重复而已。尽管如此,关于用户如何理解新传播技术的潜力以及如何选择使用这些技术成为新的研究热点,这一理论所开启的思路也将继续启发后续研究。

三、渠道扩展理论

渠道扩展理论(Channel Expansion Theory)是一种传播媒介的感知理论,由卡尔森等人(Carlson & Zmud)于1999年提出。[①] 这一理论最早关注的也是用户如何对媒体丰富度进行识别以及如何选择媒体的问题。但是与社会影响理论有所不同,社会影响理论关注的是社会网络对用户认知的影响,渠道扩展理论则采用了内部归因的方法,即将用户对媒体丰富度的认识归因为先前使用同类媒体形成的"知识结构"。这个理论的中心思想是个体对某种媒体的使用经验越丰富,那么这个媒体对他们来说丰富度就越高。

在实证研究方面,卡尔森和兹马德(Zmud)做了两次调查:一次是截面调查,另一次是纵向追踪调查,两次调查都聚焦在电子邮件上。截面调查研究发现,使用电子邮件的经验对电子邮件丰富性的认知的观点之间存在中等强度的相关关系,而且与沟通伙伴的熟悉程度与对电子邮件丰富性的认识之间也存在相关关系。纵向追踪调查发现,随着用户使用电子邮件的经验越来越丰富,他们对电子邮件丰富性的认可程度越来越高,但是社会影响没有显示出相关关系。

之后,这个理论一直没有再被验证过,直到2008年杜尔索(D'Urso)和雷恩斯(Rains)[②]重复并拓展了这个研究,重新进行了调查实验。他们使用的媒体既包括传统媒体(面对面交流和电话),也包括网络传播的类型(文本聊天、电子邮件)。他们的研究结果与卡尔森和兹马德的研究类似:对于文本聊天、电子邮件而言,使用经验对媒体丰富性评估产生了影响,其他因素则没有作用;但是对传统媒体而言,社会影响和与交流对象的熟悉程度对媒体丰富性感受产生了影响,

---

① John R. Carlson, Robert W. Zmud, "Channel Expansion Theory and the Experiential Nature of Media Richness Perceptions," *Academy of Management Journal*, 1999, 42(2), pp. 153–170.

② Scott C. D'Urso, Stephen A. Rains, "Examining the Scope of Channel Expansion: A Test of Channel Expansion Theory with New and Traditional Communication Media," *Management Communication Quarterly: An International Journal*, 2008, 21(4), pp. 486–507.

而对使用经验没有产生影响。渠道扩展理论在某种意义上为理解那些与媒介丰富度理论研究结果不一样的现象提供了依据。

第三节 人际适应与媒介利用理论

20世纪90年代以来,网络应用的数量大幅增长,类型愈发多样,用户如何选择与使用媒介成为学界的焦点,人际适应与媒介利用的一系列理论(Theories of Interpersonal Adaptation and Exploitation of Media)应运而生。本节介绍的相关理论包括社会信息处理理论(Social Information Processing)、超人际模型(Hyperpersonal model)、担保理论(Warranting Theory)、效率框架(Eefficiency Framework)。

一、社会信息处理理论

社会信息处理理论由沃尔瑟于1992年提出。他认为此前对网络传播的效果研究都普遍忽略了时间要素,例如早期的社会临场感理论认为,由于缺乏非语言线索,传播变得冷漠且主要是面向任务。社会信息处理理论认为,如果时间足够的话,网络传播可以达到与面对面沟通同样的效果。[1]

沃尔瑟认为,在网络传播中同样能够发展情感关系,但是需要足够的时间,尤其是在异步的环境中,例如电子邮件、讨论组等,人们对互动对象会有一定的期待,并且倾向于持续交换信息。当人们持续地互动,社交就会形成。经过一段时间的积累,人们会对对方产生更多的了解,于是情感、信任等便会增强。他的这个结论是对早期社会临场感理论的否定,即他并不认为网络传播一定是冷漠的、面向任务的。归纳起来,概括为两点:不管使用何种媒体,传播者均存在发展人际关系和增强亲和力的动机;如果给足够的时间,网络传播可以达到与面对面交流一样的社交效果。后续研究发现,除了以文本为基础的网络传播,个人照片和其他多媒体信息同样具有类似功能。[2][3]

---

[1] Joseph B. Walther, "Interpersonal Effects in Computer-Mediated Interaction: A Relational Perspective," *Communication Research*, 1992, 19(1), p.52.

[2] Martin Tanis, Tom Postmes, "Social Cues and Impression Formation in CMC," *Journal of Communication*, 2003, 53(4), pp.676–693.

[3] Joseph B. Walther, Brandon Van Der Heide, Sang-Yeon Kim, David Westerman, Stephanie Tom Tong, "The Role of Friends' Appearance and Behavior on Evaluations of Individuals on Facebook: Are We Known by the Company We Keep?" *Human Communication Research*, 2008, 34(1), pp.28–49.

二、超人际模型

超人际模型是沃尔瑟提出的另一重要概念,他在 1996 年发表的论文《网络传播:非个人化、人际关系和超人际互动》中提出,网络传播提供了一系列沟通的优势,从而使其互动效果优于面对面传播。与传统的面对面情境相比,超人际的信息发送者可以选择更好的策略来展示自己,使自己以更完美的形象出现。媒体属性、社会现象和社会心理过程是网络传播出现超个人因素的原因。①

他认为关于网络传播的研究经历了三个阶段,分别是非个人的传播(impersonal)、人际传播和超人际传播。在第一个阶段,网络传播缺乏非语言线索,主要是面向任务的、冷漠的(社会临场感理论);在第二个阶段,网络传播是用来发展社会关系的,但是发展关系需要时间,如果限制了网络传播的时间,就难以达到如同面对面交流的效果(社会信息处理理论);在第三个阶段,网络传播是超个人传播阶段,它的含义是"网络传播被赋予更多的社会需求,就像我们在平行空间里的面对面互动一样"。

他认为网络用户的确参与了超人际传播的过程。网络传播的双方通过信息创造和传播过程中的选择性"自我展示"来塑造自我的形象。这种情况在异步交流中会得到进一步加强。超人际的互动甚至会超过正常的人际互动。换句话说,网络关系可以发展成为超越个人的。用户可以利用有限的渠道,以及可供他们选择和编辑的自我表现方式,从而建构一个不受现实环境干扰的自我形象,因此超人际传播使传播者更具有魅力。

在超人际模型中,不仅传播者有更多的机会进行自我展示,接受者也会陷入"理想化认识",尤其是在缺乏足够的线索时,会对有限而微弱的线索进行过分解读。在网络互动中,传授双方会把对方的信息进行放大型解读。随着放大倍率的提高,双方都会把对方理想化为一个更具亲和力的伙伴。这个过程不断地循环往复,从而发展成为在有限信息线索环境中超个人的关系。

超个人模型在后续得到了较多关注,支持和挑战其结论的研究均不在少数。如埃里森(Ellison)、海诺(Heino)和吉布斯(Gibbs)发现使用在线约会服务的人过分依赖微弱的暗示预测对方,包括对方个人资料中的拼写错误,或者对方上网

---

① Joseph B. Walther, "Computer-Mediated Communication: Impersonal, Interpersonal, and Hyperpersonal Interaction," *Communication Research*, 1996, 23(23), pp. 3–43.

的时间等,来推测对方的状态。①

三、担保理论

担保理论由沃尔瑟与帕克斯(Parks)于2002年提出,核心思想是线上的自我介绍和自我展示可能存在欺骗现象,而线下活动和现实社交圈由于不受个人控制,所展示的信息更可靠。② 网络传播的用户会经过深思熟虑向网友提供一些与个人社交圈有关的信息,或者通过超链接联系到那些自己无法控制的网页或网站,以证明自己的身份。

这个理论源于文本沟通的情境,近期的研究把它推广到多媒体网站中去验证,得出了类似的结论。第一个对担保理论进行实证研究的是一个在线约会网站的印象管理研究,研究发现对于寻找信息的人而言,他们更倾向于参与那些展示参加者进行业余兴趣照片的活动。比如说,他们认为显示一个人在攀岩的照片是难以被控制的,因此信息更加真实。沃尔瑟等人通过对脸书中的现象进行研究,发现个体倾向于相信那些在脸书中展示自己更充分且朋友评论比较多的人,而不是那些自我陈述多的人。

四、效率框架

效率框架关注的是网络传播中的满意度与有效性之间的关系问题。研究发现,有时候人们对网络传播给予较低的满意度评价,但是并没有发现这对于完成任务有何负面影响。例如加勒格(Galegher)和克劳特(Kraut)发现以文本为基础的网络传播小组的满意度不如以视频为媒介的网络传播小组,但是这两个小组在完成工作的实际效果方面没有显著差异。

满意和功能之间可能是不相关的,甚至在某些任务中可能是反向相关的。当人们合作完成一个作品时,面对面交流是最舒服的方式,但是长远来看,网络传播不仅可以达到同样的效果,而且提供了可供记录、检索和重复使用的文本,可能会产生更好的效果。

---

① Nicole Ellison, Rebecca Heino, Jennifer Gibbs,"Managing Impressions Online: Self-Presentation Processes in the Online Dating Environment," *Journal of Computer-Mediated Communication*, 2006, 11(2), pp. 415–441.
② Joseph B. Walther, Malcolm R. Parks,"Cues Filtered Out, Cues Filtered In: Computer-Mediated Communication and Relationships," *Handbook of Interpersonal Communication*, Thousand Oaks Ca.: Sage, 2002.

关于效率框架的实证研究非常少。最为经典的是诺瓦克(Nowak)等人①进行的实验研究。实验要求5个被试小组为准备一个演讲进行为期5周的沟通,分别采纳的交流方式包括:面对面开会,在特定时间以文本为基础的即时会谈,以文本为基础的异步会议,即时视频会议,异步视频会议(允许成员录像、离开或者通过其他途径联系成员)。结果显示,满意度得分最高的是面对面开会,而实际效果最好的是异步视频会议。

> **知识框10　约瑟夫·B.沃尔瑟教授**
>
> 约瑟夫·B.沃尔瑟(Joseph B. Walther)教授,生于1958年,在美国亚利桑那大学先后取得了学士、语言交际专业硕士和博士学位,现任加利福尼亚大学圣塔芭芭拉分校信息技术与社会中心主任。沃尔瑟教授的研究主要集中于网络传播(以计算机为中介的)领域的群体中的社会与个人动力学、人际关系、组织与教育环境等,其最为突出的学术贡献为1992年提出的社会信息处理理论和1996年提出的超人际模型。

---

① Kristine L. Nowak, James Watt, Joseph B. Walther, "Computer Mediated Teamwork and the Efficiency Framework: Exploring the Influence of Synchrony and Cues on Media Satisfaction and Outcome Success," *Computers in Human Behavior*, 2009, 25(5), pp. 1108-1119.

第四章
传播网络理论

尽管在本书其他部分中,"网络"一词通常指代"互联网",然而事实上,凡由节点和节点的相互连接均可构成网络,如神经网络、社会网络等。主体间的传播行为形成了有向的信息流,复杂的主体与信息流相互连接,构成了传播网络。互联网是一个典型的传播网络。因此,本章借用传播网络的相关研究,对网络传播的一些特征进行分析。

传播网络可以分为正式网络和涌现网络。前者代表正式的、强制的或"托管"网络,命令自上而下传达,信息自下而上传递;后者则代表非正式的、自然复杂的趋势。互联网出现后,传播网络越来越多地由涌现网络连接而成,并呈现出越来越复杂的趋势。彼得·R.芒戈在他的《传播网络理论》一书中,提供了一个分析网络趋势的多理论多层次框架(Multitheoretical, Multilevel, MTML),提出了十级网络假设,如表3-4-1所示,每一级描述了影响某个传播网络的实现概率的相关属性的不同集合。每一级中都有一个基于理论的假定,如果当中含有假设的属性时,网络更容易形成和发展。

表 3-4-1 检验组织网络假设的多理论多层次框架的总结[①]

独立变量		具体测量的例子	假设
内生(同一网络)	成员层	个体网络度量,例如成员选择中心度、结构自治	成员层次测度值越高,网络发生的概率越大(如社会资本理论、结构洞理论)

---

① 〔美〕彼得·R.芒戈、诺什·S.康特拉克特:《传播网络理论》,陈禹、刘颖等译,北京:中国人民大学出版社2009年版,第52页。

（续表）

独立变量		具体测量的例子	假设
内生（同一网络）	二元层	共有性、互惠性	共有性或互惠性（如从 i 到 j 的一个连接与从 j 到 i 的一个连接）越高，网络发生概率越大（如交换理论）
	三元层	传递性、循环性	循环性或传递性越高，网络发生概率越大（如平衡理论）
	全局层	网络密度、中心势	网络中心度越高，网络发生概率越大（如集体行为理论）
外生	成员属性（成员层）	年龄、性别、组织类型、教育	相似属性（年龄、性别、组织类型、教育）越多，成员之间网络形成的概率越大（如同嗜理论）
	成员属性（二元层）	有差别的共有性和互惠性	具有相似属性的成员之间共有性和互惠性越强，成员之间网络形成的概率越大（或互惠），连接的可能性的图实现有更大的发生概率（如交换理论）
	成员属性（三元层）	有差别的传递性和循环性	具有相似属性的成员之间的可传递或循环性越强，成员之间网络形成的概率越大（如平衡理论）
	成员属性（全局层）	有差别的网络密度、中心势	具有相似属性的子图之间网络中心势越多，成员之间网络形成的概率越大（如集体行为理论）
	网络（其他关系）	建议、友谊网络	成员之间友谊连接越多，网络形成的概率越大（如认知理论）
	网络（先前外生关系）	传播网络	成员之间先前连接越多，网络形成的概率越大（如演化理论）

多理论多层次模型由内生变量与外生变量两个大类组成，第一级到第四级为内生变量，第五级到第十级为外生变量。内生变量与外生变量均能影响一个传播网络实现的概率，因此可被用来解读传播网络的结构趋势。内生变量主要指影响网络实现的内在关系的属性，外生变量则指能够对网络实现产生影响的外部因子。这些变量将在后文中详细分析。

第一节　内　生　变　量

内生变量是指传播网络中的关系属性，强调"关系"本身，主要从个体层（成员层）、二元层、三元层、全局层四个层次进行分析。

一、个体层

内生变量中的个体层主要涉及组成网络的各个节点的网络属性,包括点度中心度、中间中心度、接近中心度的测量,以及一些关于有效规模、效率、结构自主性等问题的测量。"自利"或者"利己"的理论一直被用于分析个体行为的动因,自利理论的依据是理性经济人,即认为人们的每一项交易都会衡量其代价和利益,并且会选择对自己最有利的方案来行动。自利理论中的社会资本理论与交易成本理论可用来预测传播网络中的节点趋势。

社会资本是人们在社会结构中所处的位置给他们带来的资源。[1] 社会资本中的"自利"行为即指人们期望从投资的社会资本中取得回报。人们可以依靠结构洞对自己拥有的社会资本进行投资。罗纳德·伯特(Ronald Burt)利用结构洞对社会资本在网络中的配置做了细致的研究。结构洞指一个网络中无连接的地方。"非重复关系人被隔离开来,简单地说他们彼此之间没有直接联系,或者说,一个人拥有的关系对另一个人具有排他性。"[2]人们通过两个或更多的无连接的人建立直接的联系,从而使这些没有联系的人建立起了间接联系,"投资者"即建立联系的人,就成为这两个人的"中间人",能够影响两个人之间的信息流,进而产生社会利润上的回报。

除了社会资本与结构洞理论外,奥利弗·威廉姆森(Oliver Williamson)提出的交易成本经济理论也是研究内生个体变量的重要自利理论。人们在进行经济活动时,总是面临着有限理性和信息不完全,因此交易决策不可能是毫无成本的。交易成本经济理论的前提在于,公司在决定组织策略时会以寻求最小化成本作为目标。当一家公司需要扩大生产,企业主通常需要考虑是从市场购进原料,还是兼并收购一家原料生产公司,使自己能够以低于开放市场价格的成本得到原料。前者的交易成本在于信息搜集、谈判等流程,而后者为公司嵌入了新的科层组织,势必带来更高的管理成本。因此,公司必须权衡寻找最好的市场交易是否比阶层式组织的成本更低。在传播网络中,个体选择何种互动对象和互动方式受到交易成本理论的影响。

---

[1] 〔美〕罗伯特·帕特南:《独自打保龄:美国社区的衰落与复兴》,刘波、祝乃娟、张孜异、林挺进、郑寰译,北京:北京大学出版社2011年版。
[2] 〔美〕罗纳德·S.伯特:《结构洞:竞争的社会结构》,任敏、李璐、林虹译,上海:格致出版社、上海人民出版社2008年版,第19页。

二、二元层

内生变量中的二元层主要用来解读节点间的相互连接,连接通过节点间的信息交换来建立。依据交换和依赖理论,网络中互惠连接数量越多,网络实现的可能性越大。

社会交换理论由霍曼斯和布劳等人提出,试图解释人们如何根据自身以及网络中其他成员所拥有和需要的资源及属性来创建、维持和解除网络连接。如果节点之间存在着潜在的资源或信息交换,传播关系就有可能产生。当可交换的节点较多时,人们倾向于选择与能减少他们的依赖度、增加他们在网络中的中心度的节点建立联系。当两个节点彼此认为与对方建立联系是有好处的,互惠关系就由此产生。

社会交换理论倾向于解释一个二元关系存续的可能性,如果我们将其范围进行扩展,就来到了网络交换理论。埃默森(Richard Marc Emerson)及其之后的威勒(David Willer)等人总结了网络交换理论,认为个体根据他们与网络中其他成员交换投资所带来的相关成本和收益的分析建立网络连接。网络交换理论与自利理论的区别在于,前者认为个体不仅仅追求投资利益最大化,还追求自身的网络交换价值,并通过不确定和持续的投资来保持相互连接。

三、三元层

内生变量的三元层旨在研究网络中可能的三节点组合集,这个三元组彼此之间的联系是可传递、可循环的,即三个节点间的连接是无向的或单向的(i→k→j→i)。三元组的传递性与循环性基于认知平衡理论(认知一致性理论)。认知平衡理论是心理学家弗里茨·海德(Fritz Heider)于1958年提出。他认为生活在同一范围中的人们在态度、行为、对客观事物的理解、个人的发展各方面都有一种追求一致的需要。一旦人在认识上有了不平衡、不和谐,就会在心理上产生紧张和焦虑,从而促使他们的认识结构向平衡和谐的方向转化。因此,在一个三元传播组中,其中两个个体应对第三方产生一致的评价,否则就会感觉失调,直到两个个体改变自己对第三方的评价,或三元组被打破。

四、全局层

全局层着眼于被观测网络的整体属性,如网络密度、中心势等。集体行为理论提出,如果网络是中心化的,那么网络中的人或组织更可能获得集体产品。从传播网络角度出发,可以进行两个层面的推测:一是网络中心势越高,网络实现的概率越高;二是网络中的新建连接更容易产生在那些有助于提高网络中心势的节点之间。

第二节 外 生 变 量

外生变量是网络的属性,包括网络节点的属性、其他关系和网络在先前时间点上的同一关系。因此,除了内生变量中需要分析的四个预测变量层次之外,还需要分析关系到其他网络的变量。

一、个体层

外生变量的个体层涉及影响网络存续的个体属性或组织属性,如年龄、收入水平、受教育程度等。需要注意的是,内生变量的个体层与外生变量的个体层在理解中容易产生混淆。内生变量是被"网络关系"本身所定义的,比如节点间距离、个体中心度等,而外生变量的个体属性是独立于网络存在的。节点更倾向于与那些和它们的外生变量属性类似的节点建立联系,这种对相似性的选择假设我们称之为同嗜性假设。

同嗜性假设基于一些关于相似性的社会心理学研究。伯奇德(Ellen S. Berscheid)和伯恩(Donn Byrne)等人提出了相似相吸理论(Similarity/Attraction theory),认为人口学特征、个性特点、价值观等层面上的相似性能够增加一个人的吸引力。特纳(John Turner)提出的自我归类论(Self-categorization Theory)也从个体的角度出发,认为个体会对认知范围内的其他个体进行去人格化处理,并通过种族、年龄等标签为这些个体归类,同一类别的个体在认知中具有高度的一致性,因此类别的划分能够影响他们与其他人建立连接的程度。在同一网络中,某一连接的存在或不存在能够在一定程度上反映其他有相似属性的节点关系存在的概率大小。

二、二元层

二元层外生变量的影响是指两个节点共享的外部属性对网络的影响。二元层内生变量的影响类似,二元层外生变量的特性也包含互惠性。不同在于,内生变量影响聚焦于节点的网络价值,而外生变量影响指节点的外生属性对互惠连接可能产生的影响。具有相似属性的节点之间建立互惠连接的可能性会更大,这种增加的可能性被称为"差别效应"。由此,可以根据网络中某互惠连接存在与否来推知连接中的一方建立和连接中的另一方具有相似属性的节点的互惠连接的概率。

三、三元层

外生属性对三元层特性产生影响,与三元层中内生属性的影响相关,认知平衡理论可以扩展至三元层中外生属性的影响,三元组网络的传递性与循环性更容易在拥有相似属性的节点中产生。因此,可以从网络已有三元组的共有或相似属性推测出组内节点更倾向于/更不倾向于与其他节点建立联系。

四、全局层

外生变量的全局层主要指共享外生属性对被观测网络整体属性的影响。根据集体行为理论和同嗜性理论,外生变量中具有相似属性的节点的连接更可能出现网络中心化,因此在相似属性节点间,有更高中心势的网络子图出现的概率更大。

五、其他外生关系

其他外生关系,指除了节点本身固有属性外,节点间的其他关系即外生网络构成的影响因素,如友谊网络等。当我们聚焦于焦点网络的时候,不应忽略外生网络对其产生的影响。外生网络对焦点网络的影响基于传染机制,传播网络所提供的接触机会形成一种机制,使得个人、团体和组织会与他人的信息、态度和行为接触,这些接触增加了网络成员形成与其他成员相似的信念、假设和态度的可能性。[①] 这就意味着,如果焦点网络中的两个节点处于同一个外生网络中,它们有更大概率形成相似的信念、假设和态度,因此在焦点网络中也更有可能建立连接。传染机制是目前研究网络涌现较为常用的理论机制,关注网络传播中通过凝聚或结构对等相连的个体对彼此态度和行为的影响程度。当然,由于网络中小团体的存在,以及接受预防消息的程度不同等其他因素,每个节点对传染消息的认知程度不同,传染消息并不一定能感染整个网络,而有可能仅仅提升了认知趋同的概率。

六、先前外生关系

先前有无建立过联系会对网络建立和发展产生影响。先前曾建立过的联系

---

① 〔美〕彼得·R.芒戈、诺什·S.康特拉克特:《传播网络理论》,陈禹、刘颖等译,北京:中国人民大学出版社 2009 年版,第 163—164 页。

会对焦点网络中的新建关系产生影响。这个假设放在生活经验中非常容易理解：两个伙伴搭档参加比赛的次数越多，下一次需要参加比赛时他们选择对方作为搭档的概率就越高。演化理论为这个现象做出了解释。纳尔逊（Richard R. Nelson）和温特（Sidney G. Winter）较早从经济学的角度建构了演化理论，认为在长期的渐变的关系中，企业的目标是追求利润，但并不是追求利润的最大化。企业会沿着自身行之有效的"惯例"持续运转或细微调整，除非自身的存在受到威胁。

演化系统建立在变异、选择和保持三个基础上。随机产生的外力导致变革，而现存的"惯例"与惯性抵制变革。选择则是在变异中有意识地挑选出某些变异执行，使利益最大化。但由于人们不可能预先知道自己做出的选择究竟是有益的变异还是有害的变异，因此对变异的选择通常掺杂着组织间的模仿性学习，以复制或借鉴成功经验，期望自身的选择也能达成同样的效果。当被选择的变异代替了旧的"惯例"，成为组织行之有效的工作流程，组织就进入了保持变异、形成新的"惯例"的过程，直到下一次变异被打破。在传播网络中，受到惯性的影响，当前正在进行或已建立联系的节点之间继续互动的概率更大。

第三节　传播网络三层分析法

多理论多层次框架将复杂传播网络分拆成了多重结构组件，并且在每一层次提供了来自复合学科的理论基础支撑，为传播网络研究提供了较为全面的研究视角。在《传播网络理论》一书中，芒戈等总结了网络研究的三层分析法。①

一、网络分解

首先将传播网络中所包含的各个组件进行识别与评估，判断其密度、互惠性、三元循环性、整体性等属性特点，这些属性都能利用我们在第二节中提到的社会理论进行解释。第一分析层为整体分析焦点网络，考察可能相关的解释理论，并在这些解释理论的基础上将网络分解成相应的部件进行解读。

二、属性分析

第二分析层中的属性分析指节点属性研究，也就是针对节点的外生属性进

---

① 〔美〕彼得·R.芒戈、诺什·S.康特拉克特：《传播网络理论》，陈禹、刘颖等译，北京：中国人民大学出版社 2009 年版，第 277—280 页。

行考察。节点研究可以通过分块模型将整个网络重新配置成具有不同相似属性的子网络,在此基础上研究子网络内部节点与子网络间的关系。在实际的分析中,属性研究通常与网络基本组件分析、多元网络分析结合进行。

三、多元网络分析

第三分析层为多元网络分析,即联系网络中的其他关系、先前时点的网络关系对当前的焦点网络进行研究,用网络关系去推测网络关系,进行更丰富、更结构化的观察。

芒戈提出的多理论多层次框架解释了网络实现和演化的概率和动因,对理解由自由信息构成的信息网络传播和演化有重要的启发意义。

▶ 练习题

1. 名词解释
(1) 马莱兹克模式
(2) 社会资本
(3) 媒介丰富度
(4) 社会交换理论
(5) 同嗜性

2. 简答题
网络传播具有哪些特征?

3. 论述题
(1) 试论述传播技术对人类文明的影响。
(2) 试结合具体案例,阐述多理论多层次框架在分析网络舆情传播中的作用与意义。

第四部分
符号、语言与文化

符号是人与人进行社会互动的必备材料,语言的产生是人类文明和思想交流的先决条件。历经数千年的嬗变与发展,语言被纳入网络时代,语言交流的规则受到冲击,逐步形成区别于其他媒介化传播的符号、语言和文化体系。本部分从符号的定义出发,对网络符号的类型、特征和发展进行剖析,并且讨论网络符号、网络语言的特征与相互作用关系;以符号互动论作为基础讨论人类社会中的符号化互动,以及网络传播的符号化特征;对网络文化形态、网络文化特征进行介绍和阐述,并对网络文化的传播效果进行批判性的思考。

第一章
网络符号与网络语言

在纷繁复杂的网络世界里,一切画面、字符、声音都是符号,人们键入、发布的信息也由符号构成。它们或许意义复杂耐人寻味,或许只是一目了然的象征。本章从符号的定义出发,对网络符号的类型、特征和发展进行剖析,并且讨论网络符号与网络语言的特征与相互作用关系。

第一节 符 号

一、符号的定义

通常意义上的符号指代表事物的记号、标记,或佩戴在身上表明职别、身份等的标志。比如说奥林匹克运动会赛场上选手后背的号码牌,或者生物学家为便于观察动物而在它们身上用颜料做的特殊标记,都属于符号。

美国哲学家皮尔斯(Charles Sanders Peirce)这样给符号下定义:"符号,或者说再现体,在某种程度上向某人代表某一样东西。它是针对某个人而言的。也就是说,它在那个人的头脑里激起一个相应的符号,或者一个更加发达的符号。我把这个后产生的符号称为第一个符号的解释项。符号代表某样东西,即它的对象。它不是在所有方面,而是通过指称某种观念来代表那个对象的。"[①]

美国符号学理论先驱莫里斯(Charles William Morris)将确定某个东西是符号(指号)的条件用其精确而晦涩的方式表述为:"如果某个东西A是用这样一个方式控制了指向某个目标的行为,而这种方式类似于(但不必等同于)另一个东西乃在它被观察到的情况下用以控制指向这个目标的行为的那种方式,那么,

---

① 〔美〕皮尔斯:《符号学的逻辑:符号理论》,〔法〕伊尼斯:《符号学文集》第5页,转引自丁尔苏:《符号与意义》,南京:南京大学出版社2012年版,第54页。

A 就是一个指号。"①

定义有些难懂,但对符号的认识有一个基本一致的观点,也是符号概念中最基本的要点,即两个事物之间存在着指示、指代的关系。如果事物 A 能够指代或表述事物 B,那么 A 和 B 的关系就是符号和符号所指示的意义的关系。

这样的关系也被瑞士语言学家、结构主义语言学奠基人索绪尔(Ferdinand de Saussure)以"能指"(signifier)与"所指"(signified)的概念进行了表述。在他著名的《普通语言学教程》中,他将"能指"界定为"意符",意符能够使人对于它指定的特定对象进行概念联想;"所指"被界定为"意指",表示意符所指定对象的概念和意义。例如,人们常说玫瑰花代表爱情。那么玫瑰花就是"能指",而爱情就是"所指"。

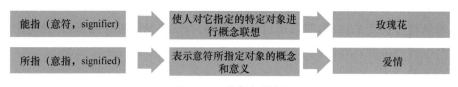

图 4-1-1 能指与所指

法国文学家、符号学家罗兰·巴特(Roland Barthes)进一步发展了索绪尔的符号定义,他将第二个层次引入了原本为单一二元层次的能指和所指系统,将两个层次分别称为"外延"(第一序列)和"内涵"(第二序列)。第一序列即外延,是一个完整的能指与所指的组合。第二序列即内涵,在这个序列中,第一序列里的能指和所指被一同作为一个"能指",同时亦有另外一个"所指",代表额外的意义。例如,"meiguihua"的发音可代表"玫瑰花"的字母,从而让人联想到一朵鲜活的玫瑰花,这就是第一序列,而鲜活的玫瑰花代表着爱情,这就是第二序列。

另外,"意指"(signification)也被罗兰·巴特重新阐释为一个将能指和所指合为一体的过程,也就是"符号化过程",这个过程的产物便是符号。简单一点说来,意指便是在能指和所指之间的关联物,符号化过程便是从符号达到其指代的意义的过程,是一个如同"解释"的过程。罗兰·巴特举了这样的例子:一朵玫瑰花是一个符号,能指是玫瑰花本身,所指则是爱情。玫瑰花本身只是一株植物,作为符号的玫瑰花则象征着爱情,是充满意味的。而意指,就是让玫瑰花充满意味的过程。

回到之前皮尔斯的定义中,他并不把符号看作是二元的、静止的,而是处在

---

① 〔美〕C. W. 莫里斯:《指号、语言和行为》,罗兰、周易译,上海:上海人民出版社 2011 年版,第 8 页。

一种三角关系之中。从广义上讲,符号被用来称谓"再现体""对象"和"解释项"这三者之间的相互关系;从狭义上讲,符号相当于再现体。狭义的符号本身处在一个三角关系之中,它指称某个"对象",但又不是简单地与该指称对象相对应,而是通过一个中介成分("解释项")与其发生联系。①

从抽象的观点中可以总结出符号定义的几个要素:首先,符号必须伴随着两个事物间指示、指代的关系存在;其次,符号是作为一个中介物出现在这两个事物之中的;最后,符号一定是带有意义的,是存在符号化过程的,即能够被解释的。没有不带有意义的符号。如同李彬在《传播符号论》中转述传播学者施拉姆等所言:"无论人们怎样称谓符号,符号总归是传播的元素(elements in communication)——能够释读出'意义'的元素。"②

对于复杂的符号世界,学界依照不同的标准对符号采取了不同的分类方式,如人工符号和非人工符号、意图性符号和非意图性符号、推论性符号和非推论性符号、语言符号和非语言符号等。符号的分类方式多种多样,有两种最常见和最简洁明了的分类法:第一,信号(signal)与象征符号(symbol),即动物所面对的信号与人类所面对的信号;第二,语言符号与非语言符号,即通过语言传播的符号与通过非语言方式(各种非语言的信息传递手段,诸如姿势、表情、眼神、形体动作、身体接触、服装、气味)传播的符号。

二、信号与象征符号

信号与其对象的指代关系更直接,可以理解为一种相对固定对应的、自然的因果关系。例如,一个人头痛、脉搏紊乱,是他身体不健康的信号;太阳落山,天黑了,是夜晚降临的信号;柳枝抽芽、河流破冰,是天气渐暖、春天来临的信号。

象征符号与其对象的指代关系是人为创造的。结合莫里斯的分析,一个人头痛、脉搏紊乱,这本身是一种信号;但他自言自语,"我心脏的老毛病可能又要犯了",他对自己的解释便是一种象征符号。另外一个人人皆知的例子就是鸽子。鸽子本身只是一种动物,不与任何事物存在指代关系,既不是信号也不是象征符号。而人类将鸽子分别冠以"信鸽"和"和平鸽"的称谓之后,鸽子就成为符号的载体。

象征符号既然是人类社会的产物,也就不是恒定不变的,它会随着大到社会文化背景、小到交流语境的变化而产生不同的象征意义。例如,中国人会伸出大

---

① 丁尔苏:《符号与意义》,南京:南京大学出版社2012年版,第55页。
② 李彬:《传播符号论》,北京:清华大学出版社2012年版,第4页。

拇指和食指同时蜷缩其他手指来表示数字"8",然而这个象征符号到了其他国家的文化背景下含有不同的意义。又如,"叮叮叮"的响铃声,可能是骑车人提醒行人躲避的车铃声;在学校里,可能代表着上下课时间到了;在西餐厅里,可能代表着牛排已经煎好,请服务员上菜。

图 4-1-2　中国代表数字"8"的手势符号

郭庆光在《传播学教程》中还提到另外一种特殊的符号,它们遵守一一对应且基本固定的、类似信号的指示关系。比如古代的狼烟、现代的交通信号、摩斯电码、计算机编程语言等。从产生的方式这一角度来考虑,它们毫无疑问也是人类创造的象征符号,但在被长期使用且语法规则趋于恒定之后,它们呈现出信号的特点和性质。

创造、传播和理解象征符号是人类思维的独特功能,它赋予了万事万物以自由的、可变的、天马行空的意义。人类社会通过驾驭不计其数的象征符号而形成了既丰富多彩又复杂深奥的符号体系。如果说人类历史上琳琅满目的社会文化是一栋栋广厦,那么象征符号则是承载它们的坚实土地。

三、语言符号与非语言符号

语言先于文字产生,对于人类来说,语言无疑是一切传播方式中最基础的形式。例如,语言也可被视为一种特殊的符号现象。

索绪尔在《普通语言学教程》中对符号进行了阐述:语言符号表示的不是事物与名称的关系,而是概念与音响形象的关系。能指表示音响形象,所指表示概念,这两者相结合进而形成语言符号。语言符号在被发出的一瞬间就同时包含了能指与所指,此时两者是对立统一的关系:看似紧密结合,但却相互分离,然而也相互依赖,缺一不可。

希腊化时期的斯多葛学派采用三分法对语言进行理解:一是语言的声音或

材料;二是语言的内容或意义;三是语言的指涉或对象。如果从符号学的角度看,语言的声音或材料是语言符号能指的一种,语言的指涉或对象则是它的所指。至于语言的内容或意义,则被模糊地认为是能指与所指的结合体,因为在有些情况下,语言的内容与意义是一致的,有时内容却含有一种"弦外之音",即内容之外的意义。

既然语言是一种符号现象,那么如何让使用者感受到它表达的意义?皮尔斯认为:人们必须把符号置于具体的交流环境中,才能把握它的意味。皮尔斯将符号分解成两部分,一部分是符号自身独立带有的信息,一部分是符号的使用者对于该信息以及自己实际生活经验的一般知识。在交流过程中,两部分信息需要结合起来才能让人准确地理解符号的意义。举一个例子,小明晚上回到宿舍对室友说:"美嘉昨晚人特别多。"陌生人很难理解小明这句话想表达的意思。因为单就这句话分析,"美嘉"可能指称一个地点,也可能是一个商场、一栋大厦,或者一家餐厅,人们无法确定其准确的指代对象。接着,小明的室友问道:"看了什么电影?""《少年派的奇幻漂流》。"这说明室友得到了小明的信息,并且将交流的关注点移到下一个对象"电影"上面。这段语言交流之所以能够无障碍地完成,是因为它涉及小明和其室友的共同生活经验:宿舍附近有一家他们常去的电影院叫"美嘉"。由此可以看出,这些围绕语言符号的因素——交流环境、交流双方的生活经验、对周围事物共同的认知——都是符号本身之外的信息,但是对理解符号的意义具有至关重要的作用。

第二节 网络符号

网络符号是指在网络传播中使用或在网络活动中创造的信息符号等。

一、网络符号的类型

依循传统的符号分类方式,网络符号可以分为语言符号和非语言符号。网络语言符号,即通常所说的"网络语言"。网络语言是以互联网为技术载体,以常态的各通用语言的基本词汇、基本形态和语法结构为主体形式,在原有的语言和非语言符号基础之上,加以重新组合,在网络中所使用的语言。[①]

网络语言符号在互联网发展初始就已萌芽。早期的网络符号以文字、代码为主,能够实现简单纯文本信息交流。时至今日,快速更新变化的网络互动

---

① 曹进:《符号学视域下的汉语网络语言的传播研究》,《现代传播(中国传媒大学学报)》2009年第6期。

语境促使新的网络语言符号不断产生。以汉语网络传播环境为例,网络语言符号来自多种语言符号系统,如汉字(普通话、方言等)与汉语拼音、阿拉伯数字、外语、常用标点符号等,并通过缩略、谐音、拼接重组、旧词新意等形式不断衍生出新的语言符号。下一节将详细介绍更多有关网络语言符号(网络语言)的内容。

关于非语言符号的界定,北京大学关世杰教授曾对传统意义上的非语言符号进行了较为直观的划分(图4-1-3中"非言语语"即"非语言符号")[①]:

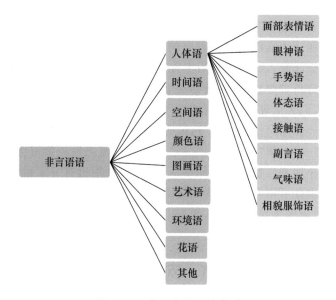

图 4-1-3　非语言符号的类别

可以看出,非语言符号更强调互动环境、氛围以及主观的、模糊的"感觉"因素,与人的潜意识相关联。美国语言学家萨丕尔(Edward Sapir)曾将非语言符号总结为"一种不曾写在什么地方,也不为什么人所知,而又人人皆晓的代码"。

网络中的非语言符号是指那些对语言符号所指意义,起加重语气、强调或加入某种感情的作用的一些非言语现象(包括面部表情、肢体语言、头部活动、眼部活动、手势,甚至沉默等)。[②] 汉语是一种高语境语言,在互动中,编码和解码在很大程度上依赖非语言符号和语境,非语言符号在一定程度上弥补了网络传播

---

① 关世杰:《跨文化交流学》,北京:北京大学出版社1995年版,第261页。
② 王顺玲:《网络语言的符号学阐释》,《外语电化教学》2008年第2期。

中语境不足的缺陷。在两人会话的情境中,有65%的社会意义(social meaning)是通过非语言符号传播的。① 但在网络的虚拟环境中,由于语境等互动线索的缺失,单纯的语言符号难以将一个人的感觉和内心活动全部表达出来。互动者为了使发出的信息不致流失或被误解,寻找常规语言符号之外的途径就成了一种必然。② 因而在网络传播中,非语言符号在辅助编码解码、增强互动效率和效果上起到了很大的作用。但与现实社会中的非语言符号不同,网络符号难以囊括现实中多样的感官因素(如接触、气味、体态等),因此网络非语言符号主要以视听形式呈现,包括图像、声音等。

总的来说,在传统传播环境中,语言符号是有序排列的,可按层次来组织,往往表现为有意识地使用。非语言符号在结构上有独特之处:一是类推的而非数字的③;二是形象化的、实在的而非抽象的;三是可能引起普遍意义,尤其是表现情感方面的意义;四是可以同时传递多个信息,表达信息的差异;五是常常会引起不经思考的自动反应,具有自发性。④然而,在网络传播环境中,语言符号与非语言符号之间的"壁垒"随着媒介环境的转变不再界限分明,而呈现出相互融合的趋势。

二、网络符号的特征

受到网络传播环境和日新月异的社会文化的影响,网络符号在不断发展的过程中显现出不同于其他媒介符号的特征。

1. 能指与所指的易变性

传统传播环境中的能指与所指在特定文化环境中形成,社会互动中的每一组能指—所指的"配对"都需要一个相对而言广泛和稳定的文化环境与话语体系,经过人们频繁地使用而渐渐约定俗成,被大众所熟知、认可,最后成为固定的符号意指。然而在网络环境下,能指和所指复杂多变,一些在传统社会中固定的能指—所指组合会在网络中衍生出意外的变化。例如,粉丝一词作为"fans"的谐音而发展出了"追星族"这个新的意涵,并逐渐由网络拓展到日常生活中,成为一个通用的所指。网络传播需要面对更多跨文化环境因素。网络中分出多个亚

---

① 李彬:《传播符号论》,北京:清华大学出版社2012年版,第14页。
② 曹进:《符号学视域下的汉语网络语言传播研究》,《现代传播》2009年第6期,第119页。
③ 非语言符号往往在表意上采用"类推"的形式,而并不是像语言符号一样拥有数字化的、规律化的表意系统。
④ 孟威:《网络"虚拟世界"的符号意义》,《新闻与传播研究》2001年第4期,第34页。

文化子群，这些子群通常发展出独立的体系，改变了约定俗成的能指—所指组合，也加剧了网络语言符号的"易变性"。因此，网络的开放性，尤其是用户贡献内容机制的兴起，使得网民有意无意把网络作为自我展示和表达个性的平台，并通过参与式消费融入网络语言符号的创新发展。然而，能指与所指的关系表现出更多的随意性。各个亚文化子群拥有自己的一套话语体系，子群间的沟通规则可能截然不同。

2. 语言符号与非语言符号的融合

瑞士心理学家皮亚杰（Jean Piaget）的研究成果表明：人所获得的知识，60％来自视觉，20％来自听觉，15％来自触觉，3％来自嗅觉，2％来自味觉。自古以来，人类文化便形成了"一种视觉在场的形而上学，一种可称为'视觉中心主义（ocularcentrism）的传统'"[①]。尤其是随着千百年来人类社会文化的发展和媒介自身形态的延伸，社会互动中所传递的符号丰富度不断提升。法国媒介学者德布雷（Regis Debray）以传播媒介为标准把人类社会划分为书写时代、印刷时代与视听时代三个时期。在视听时代，人们往往徜徉在图像的景观中，以视觉化的方式进行生存和互动。以人类对媒介符号的接受来讲，视觉符号的媒介丰富度较高，更容易吸引人的注意力，也更加便于理解，网络的多媒体、超文本属性使以文本、声音、视频等多元形式呈现的各类符号得以畅通无阻地传播，为各类符号的结合与共生提供了平台。因此，网络符号逐渐呈现出语言与非语言符号相互融合的特征，例如颜文字、表情包、短视频等网络符号在网络中越来越受欢迎，人们也越来越倾向于将非语言符号和语言符号结合使用来增强互动的临场感和趣味性。

3. 抽象规则的极简化

符号在表意的过程中，往往采取相似性的原则。例如，我国传统语言文字中的象声、象形、形声、会意、假借等造字及表达方式都体现了符号相似性的原则。然而，随着时代的变迁和进步，符号的相似性会逐渐被磨损，取而代之的是更适应社会日常生活的权宜性乃至任意性的符号表达方式。这也就是说，在符号体系趋于完善的条件下，人们在日常生活中更倾向于使用更便捷的方式去进行符号互动。美国语言学家齐普夫（George Kingsley Zipf）所提出的经济原则，又称

[①] 曾庆香：《大众传播符号：幻象与巫术》，北京：中国广播电视出版社2012年版，第83页。

省力原则[1]，也能在符号学领域印证这一点：当人们认为信息可以预测或者比较熟悉时，往往会用简缩的形式进行表达。这一省力原则，在网络符号中得到了尤为明显的体现。如"人艰不拆""何弃疗"等网络用语中常见的表达方式之所以得到了普及，往往是因为其言简意赅，便于复制和再传播。

第三节　网　络　语　言

网络语言是网络传播的产物，是在不断发展的社会文化环境下逐渐形成的语言符号的变异现象。不同于传统的口头和书面语言形式，网络语言复杂多样，可以由汉字、数字、英文字母、标点符号、图像图形乃至音响和影像构成。

语言的产生与发展总是与一定的社会环境相联系。网络传播的开放性和互动性造就了网络语言的口语化、简洁、开放、通俗等特点。近年来，网络语言呈现出向线下扩张的趋势。越来越多的人在现实生活中不经意地使用网络语言，连传统媒体如报纸、杂志、电视等也屡屡使用网络语言。

语言学学者于根元认为，"除了电脑和描述网络组成的专业术语之外，还有网络经济、电子商务、网上广告、网络教育等有关的专业术语。网上的帖子、聊天等还有其他许多用语，如大虾（网络高手）、东东（东西，一说比较好的东西）、恰特（聊天室）、小床（聊天室里一对一的小窗口）、DD（弟弟）。还有一套表示情感的符号。还有语体、修辞方面的特点。这些，形成了语言"[2]。网络发展飞速，网络语言也不断更迭，计算机科技、个人电脑硬件的突破也使得网络专业术语的数量大大增加；早期网络聊天中出现的热词也消逝在历史长河中。

虽然语言、词汇的演化后浪推前浪，但网络语言的定义范畴则相对稳定。广义上的网络语言包含三个部分：一是网络专业术语，比如局域网、DNS 服务器、防火墙、VPN 等；二是与网络行业相关的专有词汇和用语，比如黑客、电子商务、O2O、VPN 等；三是用户在使用网络进行沟通交流、信息传达等活动时的习惯用语，比如 BTW、ORZ、酱紫、沙发、翻墙、不明觉厉、233333 等。狭义上人们通常所指的网络语言主要是第三种，这一类网络语言特点鲜明、最具代表性，也为广

---

[1] 齐普夫于 1937 年提出著名的齐普夫定律（Zipf Law），可以表述为：在自然语言的语料库里，如果把单词出现的频率按由大到小的顺序排列，则每个单词出现的频率与它的名次的常数次幂存在简单的反比关系，这表明在英语单词中，只有极少数的词被经常使用，而绝大多数词很少被使用。实际上，包括汉语在内的许多国家的语言都有这种特点。

[2] 于根元：《网络语言概说》，北京：中国经济出版社 2001 年版，第 1—2 页。

大网民所认知,是本章所主要探讨的对象。

语言的意义是通过交流双方"协商一致"得到的。这样的协商需要建立在背景环境、上下文、语气语速、交流双方的关系等基础上,并且几乎是在语言信息传递—接收的一瞬间达成一致的。语言本身携带着信息,但是必须要将语言放在使用者的实际生活经验与当时的实际交流环境中进行解码,才能得出有效准确的意义。因此对于网络语言来说,其意义的呈现必然同使用网络进行交流的行为有重要关系,其意义是在以网络为媒介的传播活动中,通过所有传播参与者的默认或达成共识,产生并且完成传递。在网络人际传播中,尤其是在一对一的传播情况下,只要交流双方彼此的背景知识和相互了解程度能使他们就某符号的特定信息达成一致,即可顺利地使用网络语言进行沟通。举个例子,小明给他的朋友发微信说:"考完试我们FB一下吧。"朋友立即能够明白,"FB"在这里是"腐败",也就是去吃大餐、娱乐一下的意思,而不是社交网站Facebook或者网络游戏副本的简写。

然而,在面向更大范围的交流对象的传播时,比如发布新闻消息、广告文案、论坛讨论等,网络语言的使用与意义呈现则必须符合整个传播活动的大环境背景。也就是说,网络语言若要被普遍、大量地使用并且顺利传递意义,需要在特定的网络语境中。飞速发展的互联网技术、不断拓展的互联网传播方式为网络语言提供了越来越成熟的语境,同时要求网络语言随着网络传播的方式特点进行改变。

一、网络语言的类型

互联网的开放环境为网民天马行空地沟通提供了场所,因此其语言类型也五花八门。网络语言可以由各种文字、字母、符号、词语、句子灵活组成,看似杂乱无章,但大致可以归为以下几类。

1. 表情符号类

一是由常用标点符号和字母构成的表情符号,有的需要将其旋转才能看明白,但因为输入简便所以经常被使用。例如:

:) 开心、微笑

:(难过

XD 眯着眼大笑

^__^ 微笑

:P 吐舌头做鬼脸

=w= 眯着眼抿着嘴,很满足的样子

＝3＝ 眯着眼亲亲

＝_＝ 眯着眼很无奈的样子

另外如"233",最初来自猫扑社区的第233号表情符号,是一个捶地大笑的表情,之后不少网友喜欢在发帖末尾加上"233"。目前"233"已成为一个形容大笑的表情符号。

二是由复杂的标点符号和字母构成的表情符号,也就是颜文字和字符画。

颜文字比简单的表情符号更加生动有趣,最初出现在日本网络上,之后流行到中国国内,例如：

ヽ(ˊ_ˋ)ノ　摊手,无奈的样子

╭(╯ˊ▵ˋ)╮　皱眉噘嘴,傲娇的样子

~(≧▽≦)/~　手舞足蹈,开心地大笑

(●'∀'●)　红着脸可爱的样子

o(*≥▽≤)ツ ┌─┐　拍桌狂笑

(ノ'皿')ノ (⊥─┴　气愤地掀桌

ψ(｀▽´)ψ　小恶魔一样邪恶地笑

除了以上这些,还有一个特殊的颜文字,就是汉字"囧"。因为其字形酷似一个人感觉困窘的面部表情,发音也正好与"窘"相同,于是飞速流行起来,成为中国网友最频繁使用的颜文字。

字符画更加复杂,由许多符号拼接成较大的图像或者汉字,往往用于节假日发送祝福,或者加重语气。字符画以前在被用作编辑论坛和社交网站的个人介绍栏时,以及在群聊天中很受欢迎,近几年使用频率在下降。

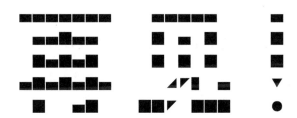

三是Emoji类。Emoji特指苹果手机等智能设备自带的表情图案输入法,现在也用来表示其他热门应用程序,如微博、QQ、微信等带有的表情图案。这类图案发送方式简便快捷,形式俏皮幽默。

四是表情包类。近年来表情包逐渐成为网民最热衷使用的沟通符号。这些风格幽默、多元的表情包不仅使用便利、可以自由编辑,还能够在互动过程中大大增强代入感,拉近双方的心理距离。如:

总而言之,表情符号类网络语言的广泛使用,改变了传统意义上有系统、有规划的语言体系,显示着网络文化正在从以语言为中心的呈现方式向以视觉呈现为主的符号化方向转变。

2. 缩略简称类

一是英文词汇缩略。这类多数是较简单的英文短句或广泛通用的缩略术语,例如:

BTW:by the way

C U:See you

PS:Post Script,即附言;另外也指图片软件 Photoshop,即处理照片的意思

FB/油管:Facebook/YouTube 的简称

二是中文词汇缩略。其中有些是汉语拼音的首字母缩略,或根据词汇意义衍生出来的新的缩略词语,还有一些是将短句的意义保留并缩略成一个较短的词语。例如:

LZ:楼主

BT:变态

躺枪:躺着也中枪,形容无辜

不明觉厉:不明白是什么意思但是觉得很厉害

人艰不拆:是一句歌词"人生已经如此的艰难,有些事情就不要拆穿"的缩略词

注孤生:注定孤独一生,形容某人不解风情

何弃疗:为何放弃治疗,常用于调侃他人

细思极恐:指仔细想想之后,觉得极其恐怖

3. 谐音类

这一类中既有数字谐音、中文谐音,也有将外国语言词汇用中文谐音的方式写出来,代替原本的字符,例如:

88:拜拜

555:呜呜呜,表示哭声

1314:一生一世

(以上是数字谐音)

酱紫:这样子

我宣你:我喜欢你

男票、女票:男朋友、女朋友

(以上三种是模仿台湾腔的谐音)

搜嘎:这样啊,知道了

阿里嘎多:谢谢

(以上为模仿日语词汇发音的谐音)

某某控,如正太控、游戏控、微博控等:"控"原本来自英语 complex(情结)的前缀,被日语采用后发"コン",即"kon"的读音,并根据日本语法演变为某某控的形式,意思为对某某的狂热爱好。

闹太套:Not at all,此处是戏谑某演员在一首英文歌曲中的发音

鸭梨山大:指压力很大

盆友:朋友

碉堡:形容很厉害

油菜花:有才华

歪果仁:外国人,此处为利用谐音戏谑外国人汉语发音不准确

4. 语气类

这一类主要由各种拟声词和形容动作的词汇组成,用来加强语气、模仿动作,以显得交流更口语化,更具现场感和亲密感。

例如:哈哈、嘿嘿、嘻嘻、呵呵、呼呼、么么哒、摸摸头等。

5. 网络流行语

一是因热门文化现象而产生的网络流行语。例如"淘宝体",起初源于部分淘宝店客服的殷勤态度,用"亲"代替"亲爱的"来称呼顾客,成为淘宝网语言交流的独特方式,后来扩散到全网,人们常用"亲"来称呼联系人,表示友好的态度。除此之外,还有"甄嬛体""HOLD 住""信春哥""图样图森破"等。这些词汇或句式都是由网络上或者生活中的热门文化现象催生,有些还有名人的推动,最终成为网民热衷于参与改编和使用的流行语句。

二是因特定社会事件而产生的网络流行语。例如自从 2008 年出现并一直流行至今的"打酱油",源自广州电视台采访一位市民对某新闻事件的看法,市民回答说:"关我什么事,我是出来打酱油的。"这句无心插柳的回答迅速流传开来,在天涯等热门论坛上得到广泛使用,意义也被衍生为不谈敏感话题,明哲保身,自己什么也不知道,仅仅路过、表示一下关注而已,成为一种对某话题表示不感兴趣或者爱莫能助的态度的流行语。除此之外,还有"很黄很暴力""躲猫猫""我爸是李刚""欺实马(七十码)"等。这些流行语均脱胎于近些年来受到强烈关注和引起争议的社会事件。

三是在特定网络领域中使用的流行语。例如在 ACG(Animation、Comic、Game,即动画、漫画、游戏)爱好者中流行的用语,如"现充""御宅""中二""腹黑""残念"等。ACG 文化发源于日本,大多数词汇都是来自相关日语。因为我国 ACG 爱好者在青年群体中数量庞大,这些词汇在被大量使用的过程中逐渐获得了青年网民的注意和认知,其中一些成为网络通用流行语。

四是以讽刺、调侃、幽默为目的,由网民、名人或网络推手通过制造网络热点话题而流行起来的词汇和短句。例如"高富帅""白富美""男神""女神""土豪""矮矬穷""土肥圆"等指代人物的词汇,一开始在贴吧、论坛被高频使用,继而获得了网民的普遍认可。又如"神马都是浮云""you can you up""你这么厉害,你家人知道么"一类的短句,起初源于网络热帖,往往在微博被转发数万次之多,独立于原文开始流行起来。

五是旧词新义。它是指将原有汉语词汇的意思加以改变或增添新的含义,并普遍在网络上使用的词汇。例如"极品""奇葩",在网络上由褒义变为贬义,用来指代行为举止令人难以忍受的人。相反的还有"土豪",从原先贬义性质的名词演变为中性词,指代有钱、出手大方的人,常被用作于调侃。又如"备胎",其含义被引申到了感情方面,形容单恋一个人,而自愿被对方当成情感慰藉的对象。

二、网络语言的特征

在外文文献中,"网络语言"对应的英文是 Netspeak、Netlingo、Geekspeak、E-talk、Weblish 等,比较常见的是前两个。在英文中,"speak"强调"说"的动作,而"lingo"意指"行话",从 Netspeak 和 Netlingo 两种称谓的普及和混用中或能管中窥豹,嗅出网络语言的一丝特征:它既有口语的自然随意特征,又与整个网络的环境背景紧紧相连。作为网络世界的嫡生子,网络语言的各种特征也充分反映着整个网络传播背景的时代色彩。

1. 表达的口语化和随意性

网络语言与传统书面文字不同,通常以键盘方式输入,网络文字则好比是将平时的口语对话直接"听译"或"转换"成文字。正如美国传播学者克里斯平·瑟洛(Crispin Thurlow)等人所写,"Netlingo is more like speech than writing… Netspeak is speech that looks like writing"[1]。交流双方在网络的两端进行沟通时,无论是朋友还是陌生人,都不会用"亲爱的×××""尊敬的××先生/女士""此致敬礼""顺颂冬祺"等传统严肃的书面交流格式来进行寒暄,而会直截了当地用"你好""打扰了"或者更加随意的"嘿""hi""88""回聊"来代替。

网络交流用语随意化的原因主要在于交流者身份的对等。有了虚拟身份的面具,交流双方都可以把真实年龄、职业、社会阶层等因素主动地隐藏起来。在这样的条件下,网络交流主体之间的地位具有平等性。另外,因为多数情况下,人们使用网络进行互动交流时都是在闲暇、业余的环境下进行,所以网络互动的氛围也往往是日常的、轻松的,这就为表达的随意性提供了适合的语境。

2. 用语简化

从前文网络语言的分类可以看出,标点符号、词语、词组和短句这些零散简短的语言符号构成了网络语言的主体。综合论坛回帖、网络即时通信软件等完整的互动段落来看,人们也多倾向于使用较短的词语和句子,以及外文或中文的缩略词汇。用语简化还表现为忽略错别字和句子语法上的错误,以及省略使用标点符号、忽略英文大小写等。只要不妨碍基本信息的准确传递,其他标准的语言使用规范都可被视为"繁文缛节"。随着人们的生活、工作节奏不断提速,语言

---

[1] Crispin Thurlow, Laura Lengel, Alice Tomic, *Computer Mediated Communication: Social Interaction Online*, Thousand Oaks, CA: Sage Publications, 2004, p. 124.

的传播也需要进行改变以适应迅速的传播节奏,网络语言的简化则可被看作语言发展方向的"先头部队"。

3. 开放性和创新性

五花八门的网络语言在网络传播的过程中不断由传播主体发明、使用并渐渐约定俗成,所以它天生具有开放和创新的特质,同样也极不稳定。一方面,随着互联网技术和产业的不断发展,会有相关的新词语不断涌来。"云××(云计算、云输入、云共享等)""大数据""自媒体""众筹""O2O"等,这些词语通过技术、媒介的普及通常会被网民普遍使用并保留下来,成为网络传播中日益标准化的语言形式。另一方面,网络空间中一波接一波的热门事件、文化现象等也会为人们提供源源不断的素材,从而创造新的网络语言。例如,"坑爹""有钱任性""no zuo no die""画面太美我不敢看"等。这类网络语言不同于前一个类别,它们通常随着网络文化的日新月异而进入"适者生存"的角逐——或被保留,或在新流行语的接踵而至中渐渐被网民所淡忘。

4. 通俗性和低俗化

网民是大众在网络领域的能指,那么他们习惯使用的语言自然也会具有普适通俗的性质。由于网络环境开放且缺乏现实情境的约束,网络语言在网民的自由表达中凸显低俗化的特征,表现为人们使用污言秽语在网络上进行争论谩骂、情绪宣泄,或是仅仅为了哗众取宠、吸引眼球。情境的虚拟、身份的模糊、责任感的缺失使得网络语言的不文明现象大有愈演愈烈之势,一些本意为脏话、粗话的网络用语甚至因为其过高的网络普及度而传播到线下,在传统大众媒体上出现。考虑到网络传播的盛行和网络使用人群的扩大化、低龄化趋势,对网络语言的引导和规范也已经成为一个亟待重视的诉求。

三、网络语言的影响

网络用语的扩张会对现实社会产生怎样的影响?著名的"萨丕尔—沃尔夫假说(Sapir-Whorf Hypothesis)"有"强假说"和"弱假说"之分。其"强假说"也被称为"语言决定论(Linguistic Determinism)",认为一个人习惯使用的语言(尤其是母语)能够决定人的思维方式;语言不同的民族,其思维方式完全不同。[①] 虽

[①] 2016年的美国电影《降临》(Arrival)可以说是使用了"萨丕尔—沃尔夫假说"的"强假说"作为理论基础。电影中的女主角学会了一门外星人的语言,这门语言是非线性的、非时间性的,不受时间维度控制,一句话中的每个词语同时呈现,没有先后顺序。当女主角学会这门语言,用这门语言交流和思考的时候,自我意识就可以超越时间维度,从而能够感知从过去到未来所有自己已有的和会有的记忆,换句话说,几乎可以预知未来。

然这个假说自被提出以来便面对大量来自语言学、心理学、人类学、哲学等角度的强烈质疑,但是它的"弱假说",即"语言相对论(Linguistic Relativity)"已能被越来越多的人所接受,它认为一个人所习惯使用的语言结构会影响人对周围事物和世界的理解方式。也就是说,语言能够影响人的思维。

在网络社会的背景下,网络用语的变迁及语言范式的形成是同网络符号的传播方式紧密相连的,它们的共同作用使得网络语言符号的能指出现了短、快、可变、通俗的特征。这些特征在网络兴起前,对习惯于传统媒介的线性阅读、逻辑思考的大众造成了较强的刺激。传统的印刷文本或连续的电视图像通常采取更有编排感、顺序性和逻辑性的符号能指排列,但这样的符号传递方式在网络技术崛起后受到严重影响。首先,人们普遍使用快速且带有联想功能的文字输入软件,使得语言的互动交流往往追求速度而忽略了深思熟虑的环节。其次,网上充斥的大量文字信息缺乏逻辑性排列和实质价值的内容,并且同图像、动画等其他种类的符号混杂。再次,超链接的普及使得线性的文字阅读方式被破坏,人们会无意识地放弃去专心解码传递到中途的原信息,转而不断追逐新链接中的未知乐趣。最后,拷贝、剪切、粘贴等迅捷的编辑工具又使得信息的传递变得细碎且重复化……由此看来,网络语言通过其传播方式已经强迫人们改变了信息输入、输出的习惯:由传统的线性、逻辑性转而朝片断式、碎片化、杂糅的方向偏移。这也是网络语言对人们认知、思维方式的影响。

当把这种对人们微观思维方式的影响投射和应用到现实的人际互动乃至更大尺度的传播活动中时,网络语言便会显示出它对于宏观的社会层面的影响。

作为一种生命力旺盛、创新性强且贴近生活的语言形式,网络语言被网民集体使用、不断创造的过程,就是它对于大众社会文化的显示和浓缩的过程。网民采用网络语言作为一种符号能指,它的所指本是大众对于日常生活、流行文化和热门事件的态度与价值取向,但这样的所指也往往会在语言符号的大量重复和缺失初始语境所导致的误读中被浅层化、被剥夺了原来的意思,最后逐渐散佚,只留下一个空泛的能指。由此看来,网络语言本能够对社会现实起到诚实的反映,然而在它对现实社会产生反射作用时,现实语境与原始网络语境的差异会导致作用的扭曲和折射。

有些比较粗俗的词语,原本被部分网民利用来表达对某种行为的戏谑态度和"非暴力抗争"立场,但是因为这些词语被迅速普及开来,普通网民使用时只强调它表面的能指,因此它们在大部分情况下也仅仅简单地表达一种戏谑性秽语的情绪宣泄功能,对于维持良好的社会文化风气起到的是负面的作用。如果这些能指与所指的断裂偏差被利用并导致网络语言暴力乃至垃圾信息和网络谣言的大量散布,则会对社会风气和秩序起到更大程度的破坏作用。

另外有些网络语言,它们本身在所指上仅具有与能指相近的文字本身的意味,如"神马"代替"什么","肿么了"代替"怎么了","盆友"代替"朋友"等。当它们扩张到线下,虽然会给传统的语言世界带来些许生动和创新,但是也会给不了解网络用语的人造成困惑。由于网络语言自身特殊结构的意义的不成熟、不规范,加之它在现实中的广泛普及和传播,网络语言对现有的规范语言文字体系已经产生了不良的干扰和冲击。

所以,对于网络语言的扩张现象,个体需要采取扬弃的态度,不能盲目无知地跟风使用;社会面需要建立健全语言规范化的机制,以净化网络空间。

第二章
网络的符号化传播

符号既然是人与人的社会互动的必备材料,那么符号具体是通过何种方式在互动中产生意义、促进沟通的?在网络的传播环境中,符号的表现、传播方式与其他存在于传统媒介上的符号相比有何不同?"符号化"的传播又是怎样体现在网络符号互动之中的呢?本章以符号互动论为基础讨论人类社会中的符号化互动,继而就网络环境具体而言,讨论网络传播的符号化特征。

第一节 符号互动论

符号互动论(Symbolic Interaction Theory)也被称作象征性互动理论,由美国社会心理学家乔治·赫伯特·米德(George Herbert Mead)提出。所谓符号性的互动,是指人与人之间通过传递符号和意义而相互作用和相互影响的过程,这个过程强调从符号的角度来解释社会与个人的协调和整合。

人类独有象征的能力,也就是用象征符号来指示、表达其他具象事物、抽象概念或者复杂的思想情感的能力。符号互动论中的"符号",根据其英文释义"symbolic"来理解,实际上就是指象征符号"symbol"。所以符号互动论肯定和强调了人类利用象征符号的行为,将象征活动视为可被传递和理解的、有建设性的创造过程。事实上,人类社会大部分形式的互动交流都需要利用意义复杂的符号组合、符号流来完成,此时较单一的能指—所指的指代关系很难明晰地表达社会互动中抽象的观念、情感、氛围、思想等非具象形态层面的内容。因此,象征符号的使用和理解在涉及多层次、多领域的复杂社会互动时具有至关重要的地位。不同类型象征符号的叠加、连续运用,还能起到互相借助、互相补充的作用,以帮助意指过程的顺利进行。例如,中国的唐诗和宋词常常运用比喻、拟人、借代等象征性修辞手法来抒发作者的情感和人生观、价值观;而夸张、对仗等侧重于修饰普通语言符号的修辞手法则有助于强调和加重作者希望传递的象征符号意义。又如,大多数摄影作品都含有图片说明,这是在使用更直观的文字符号来提示图像中象征符号的意义。一部舞台剧中,角色的样貌、服装、妆容,说话的声音、语气、神态等耐人寻味的可推论符号也都能够指示观众结合台词和剧情,去更深入地理解围绕角色产生的象征意义。

那么,人与人之间是怎样通过象征符号来进行互动的?美国心理学家奥斯古德(Charles Egerton Osgood)认为,在人际传播的活动中,传播过程不同于先前香农和韦弗提出的单向化、直线化、缺乏反馈的数学模式。正如本书第三部分提到的奥斯古德—施拉姆循环模式,针对人际传播形态作出描述,该模式可以被理解为符合互动论的一种表现。在奥斯古德—施拉姆循环模式下,传播者和受传者是位置可被交换的互动关系,参与传播过程的双方既可以发送信息也可以接收信息,地位对等。双方在信息的传递、接受、解码、反馈过程中会相互产生反应,相互影响,并且保持这个传播的过程不断循环持续下去。

这个模式和符号互动论的一致性在于,肯定了传播活动参加者的能动性,并且重视意义(符号)交换过程中双方的互动和相互影响,以及这种互动对意义(符号)产生的作用。美国社会学家布鲁默(Herbert Blumer)对符号互动论进行了进一步阐释。他认为,符号互动论是以研究人与人之间的互动关系为核心的理论,并且这种互动关系以象征符号为媒介物。他提出三个关键点:一是象征符号的意义是由人来解释的;二是象征符号的意义是在社会互动的过程中产生的;三是人们根据他们所理解的意义来做出反应和行为。

由此可以得出符号互动论的中心内容,即人与人以象征符号为媒介来进行社会互动,象征符号的意义在互动时通过人的解释而产生,又反过来指示、刺激双方来采取行为,进而产生新的象征符号和意义,与此同时也促成了新一轮的社会互动。

符号具有重要的传播意义和社会意义。举一个例子,小明的一个多年未联系的同学突然打电话给他,对他嘘寒问暖,态度殷切。在此,同学使用的语言、说话的态度语气和表达的内容共同构成了他传递给小明的符号,小明需要通过解读符号的意义来了解同学的想法。基于对符号的理解,小明可以得出几种不同的解释:同学想问候小明的近况;同学有事相求;或者同学是骗子伪装的,有其他不正当的目的。小明对符号的意义解释完成以后,他需要对同学做出反馈,通过语言符号传递他想表达的意义。当然,小明和同学互动的结果我们不得而知,但是他们之间的互动过程全是基于对符号的传递与解释来完成的。

人是社会性的动物,人与人之间的联系是确立人在社会中的位置的必要条件。只有通过与他人之间的意义交换,完成意义的解释、反应和循环交流,一个人才能从中得出他人对自己的反馈评价和态度，进而形成"客我"的意识（他人意识中的我）。"客我"的意识会同人的"主我"（主体意识中的我）意识相结合，而形成"自我"。一个人自我意识形成的过程，也就是个体逐渐适应社会、融入社会的过程。个人处在社会之中，不仅会随着自我意识的完善去调整自己在社会中的位置和塑造周围的社会关系，而且会利用主观能动性去反作用于社会，完成并重复这一套循环着的、与社会的互动动作。所以，符号性的互动能够呈现和影响人与人之间的社会关系，进而借由人类的能动性和社会实践活动，形成人与社会之间的适应和制约。

综上所述，在符号互动论的核心观点中，最频繁、最主要的关键语就是"人"——人类本身。人对象征符号的创造和理解，对他人信息的反应和接受以及人的自我意识，这些在符号性互动中不可或缺的因素归根结底都是来源于人自身，最后又回到人自身。例如在欣赏唐诗宋词时，得到的虽然是关于田园、草木、战争的象征符号，但理解的却是诗人、词人自身的情感，反过来受到触动、作出反馈的也是自身。所以任何形式的符号传播活动，其实都是人与人之间的传球游戏——人类的社会互动。

第二节 网络传播的符号化

网络传播的"符号化"不仅是信息内容的"符号化"，还包括传播主体网络传播场景和表达方式的"符号化"。

一、主体符号化

北京大学新媒体研究院杨伯溆教授认为，网络传播构筑了人类传播和精神传播的第二世界——虚拟世界。这个虚拟网络传播空间在形成的同时，也创造了一个新的有机体或者说"虚拟人"。资本主义工业化时代是要把人变成机器或者说把人当成机器来使用；后工业化时代则进而发展到要把人变成坐在电视机前的消费机器；而全球化时代产生的是虚拟人。[①]

在虚拟的网络空间中，人的身份也是虚拟的。人们可以改名换姓，虚构年龄、性别和职业，随意更改自己的相片和所在地。只要我们愿意，就可以用虚拟的面具来替换真实的自己；甚至可以把这一切忽略，让自己在网络上成为隐形

---

① 杨伯溆主编：《因特网与社会——论网络对当代西方社会及国际传播的影响》，武汉：华中科技大学出版社 2002 年版，第 45 页。

人、潜水者,当然,这依然是一套面具。虚拟空间就像是一场假面舞会,人们扮成甲乙丙丁在其中完成交流和互动,而那些光怪陆离的面具、妆容、服装和编造的假名,都是符号的组合。在论坛、贴吧和微博上,用户们各不相同的 ID 和发布的观点一同作为文字符号来完善他们的虚拟替身;在聊天软件中,一个由几百像素的头像和几个字节的昵称构成的符号组合就可以代表屏幕另一边或许是在地球另一端的人。更有甚者,在网络游戏中,3D 立体的游戏角色代表着玩家,它们在凭空搭建的异次元中遇见其他虚拟角色,进行与真实世界中别无二致的符号互动,并组队、经历游戏中的情节和任务乃至成为好友。这一切都是由虚拟的网络符号所构成的,然而其中真实的元素有二:一是角色符号面具后的玩家本人,二是玩家本人的符号替身与其他玩家的符号替身所进行的互动,即便玩家本人并没有经历网络世界中所发生的一切——这一切都被符号化的形象所代替去经历了——但互动是真实的。

网络中的社会化媒体同样在以符号身份去吸引用户保持活跃。例如微博中的"达人""大 V"等称号、论坛贴吧中的版主和会员头衔、网络游戏中的等级和职业,它们都可以给予用户在相应虚拟空间中的特权。这些虚拟身份让用户趋之若鹜,甚至付出真实世界中的代价去获得,只因为在这个由符号所形成的空间中,只有拥有符号,才能获得意义。

二、场景符号化

"虚拟即是符号化"。网络空间的首要意义不仅是对自然的超越,而且是对人们思维空间和传统的符号空间的内在突破和超越。"虚拟世界"能够从人们的心理、头脑中走出,第一次以有形的、立体的方式出现在人们面前。这种表现方式是文字符号所不可企及的,也是平面化的电视表现所无法比拟的。①

三、符号化表达

荷兰学者简·梵·迪克(Jan Van Dijk)在《网络社会》一书中提到,拼贴、再创造和多媒体表达,是网络数字化视觉文化中的典型传播形式。事实上,这些表达形式本身也是网络传播过程符号化的明显体现。拼贴、再创造是对网络符号信息进行拆解、重新组合、重新编码之后而形成的新的符号信息,它们即便与其原先的形态尚有关联,但其传递的意义或许大相径庭;模仿、重复传播方式常常指示着关注、加重态势以及广告宣传的意图;转发式传播成为社会化媒体独有的

---

① 孟威:《网络"虚拟世界"的符号意义》,《新闻与传播研究》2001 年第 4 期,第 36 页。

符号传播方式,其自身也有着很明显的符号意义。

　　此外,网络环境中还有许多种带有符号化意义的具体传播方式。例如"扫描二维码"的行为,这是一种将客观存在的手机摄像头同虚拟的图像符号相连接的动作,既是手机本身对于图像符号的读码和解码,也是用户本人对于该符号的信任和自线下现实空间"穿越"到线上虚拟空间的沟通尝试。又如"贴标签""搜索标签"的行为,通过这个具有明显符号意义、将信息和身份标签化的过程,行为的主体往往能得到在同一个标签下存在个体性差异的信息内容,从而对整个标签类别形成模糊的多元化认识;同样,以兴趣、职业、特长等为自己贴标签,也能帮助个体将自身的"主我"意识和虚拟身份简化分割为一个个标签形态的能指,以方便个体去同贴有相似"能指标签"的其他个体建立联系。

第三章
网络文化

"文化是人们在历史的特定时代中的一种特殊的生活方式,它制造出了各种各样的符号和人工制品并且通过信息生产和沟通渠道一代一代地传播开来。"① 网络文化是互联网时代人们的一种生活方式,网络语言、网络符号化传播方式等是这种生活方式下的人工产物,这些产物各自呈现的与时代背景紧密联系、并行不悖的特点和表现也相互聚集、整合而成为网络文化的总体特性。

第一节　网络文化形态

网络文化起初被认为是媒介文化的分支,随着互联网本身超越媒介范畴,网络文化也随之处于不断的形塑和变化过程之中。目前,对网络文化的界定有两种切入方法——从网络的角度看文化和从文化的角度看网络。前者从网络的技术性特点切入,强调由技术变革所形成的文化传播方式对传统文化的革命,认为网络文化的特征主要表现在技术实现的多媒体性、传播速度的即时性、传播空间的全球性和传播的交互性等方面。后者主要从文化的特性切入,注重网络的思想性特点,强调网络内容构成的文化属性,认为网络文化的特征主要体现为存在方式的数字化、主体关系的互动与平等性、内容的多元性,以及共享性和关系结构的去中心性等方面。应该说,网络文化是文化外在形式(互联网技术)、文化内在形式(互动平等、多元共享等)和文化内容的综合统一体。② 研究网络文化,单纯强调其中的某个方面都是不妥当的,最终的落脚点应当在于研究网络与现实社会的互动。也就是说,网络的现实意义是网络文化研究的最终指向。宏观意

---

① 〔荷兰〕简·梵·迪克:《网络社会:新媒体的社会层面(第二版)》,蔡静译,北京:清华大学出版社 2014 年版,第 205 页。
② 万峰:《网络文化的内涵和特征分析》,《教育学术月刊》2010 年第 4 期。

义上的网络文化可以包括与互联网相联系的所有社会关系与状态,但是一般提起网络文化,通常指的是与互联网相关的活动、观念与生活方式。①

互联网的出现也彻底改变了传统社会文化由于地理、空间等因素而产生的分化与封闭特征,极大地提升了文化的流动性,使文化的传播互动、更新换代的速度大大加快。互联网的普及推动了个人主义,促进了文化的多元化,一定程度上消解了主流文化的主导地位,乃至冲击着主流文化推崇的伦理价值体系。

一、融合的文化——网络化的大众文化

所谓"网络化的大众文化",即既有的大众文化形态将自身的符号体系、内容创造、传播、参与互动等环节借由网络媒介进行进一步的融合、推动和发展。深入我们生活的网络语言、网络文学、网络音乐、网络影视等都属于当下最为显著的网络化大众文化形态。这些文化形态在前互联网时期已经相当成熟,具有相当稳定的生产、传播和消费系统。互联网时代,它们拥有了更大的受众群体、更丰富的传播渠道和内容表达形式。

大众文化具有现代性、商业性、世俗性和娱乐性等特点,不同于精英阶层文化或高雅文化所构建的"英雄叙事"模式,而以"平民叙事"模式所代替,在对日常现象的深度介入和描述中呈现对大众生活和大众情怀的关注。② 而这些特征本身与互联网的开放、互动、去中心化的本质属性不谋而合。可以说,互联网为大众文化的发展提供了一个全新的维度,网络化正是大众文化在新时期的必然走向。

二、文化符号的高速与多样性流动

网络为文化符号的高速流动提供了场域。其超文本、超链接、多媒体、数字化的属性大大促进了交际信号和信息在生产、分散和消费方面的增长速度,同时也显著降低了文化符号生产与传播的时间成本。例如在传统文学领域,一本书从作者构想、写作到最后出版、上市、获得读者关注并产生影响,是一个相当费工夫的过程。而如今的网络文学,作者可以随时开启和更新作品连载,并在写作的过程中逐渐积累读者,乃至根据读者的反馈调整内容。随着第一批网络文学作家(痞子蔡、安妮宝贝等人)的走红和"榕树下""起点""晋江"等网络文学网站的兴盛,网络文学依靠网络传播的巨大影响力,成为大众流行文化的重要组成部

---

① 程洁、张健:《网络传播学》,苏州:苏州大学出版社2007年版。
② 杨雪:《互联网时代大众文化的消解与重构》,《新闻前哨》2017年第3期。

分,乃至反过来影响到传统文学的领域。

文化生产主体在互联网时代得以开放,大众文化的生产者、传播者和参与者的角色得到了有机的统一。例如从"文学"到"网络文学",作者门槛几乎消失,这使得有着创作欲望的草根阶层也可以打破精英阶层统治文学领域的传统,自由进行表达和创作。又如,传统意义上的大众流行音乐,往往由专业的音乐从业者进行内容生产、分发和销售,再到消费者购买、收听、反馈,有一套成熟完整但是相互割裂的、按部就班的流程。而在一个在线音乐社交平台上,同一个用户既可以作为听众,用平台获取音乐资源,满足收听音乐的需求,也可以作为积极的参与者,在平台上贡献内容,比如为专辑、音乐人打分,发布讨论和评论;与此同时,用户也可以成为生产者和创作者,在平台发布自己原创的音乐作品、电台节目、演出活动等内容,与收听自己作品的其他用户互动。在这样一个多角色、多向度、多对多的群体互动环境中,个人的信息需求、社会互动需求以及自我表达需求都可以得到最大意义上的满足,同时平台本身也因为用户的贡献,成为一个文化的内容聚集地和交流空间。

形形色色的文化样式、价值观念通过网络无差别地呈现在大众面前,满足不同品位、不同心理需求的人们的需要。大众文化通过网络化的过程使不同类型的文化形态完全冲破了地域限制和时间限制,不同文化之间得以相互碰撞、了解和沟通,从而使人群与人群之间的差异性、独立性得到认同。可以说,大众文化在网络化的过程中,得以真正"大众化(popular)"了。

三、小众与大众界限的模糊

在目前网络化的大众文化阶段,从某种意义上来讲,"小众"已经趋于消失。正如"长尾理论"①所指涉的那样,文化在互联网时代也拥有一条长长的尾巴,而在没有互联网的时候,这条尾巴是不可见的,这才是真正"小众"的文化,如同躲避现代生活的阿米什人(Amish)。这些曾经的小众文化在无垠的互联网空间中同样平等地获得了一席之地,获得了开放的②互动和生产空间,也获得了可见性。同时,网络结构使得个人、集体和组织越来越多地直接联系起来,能够跨越

---

① 长尾理论由《连线》(*Wired*)杂志主编克里斯·安德森(Chris Anderson)在 2004 年最早提出,用来描述诸如亚马逊和 Netflix 之类网站的商业和经济模式。长尾理论展示,由于成本和效率的因素,当商品储存、流通、展示的场地和渠道足够宽广,商品生产成本急剧下降以至于个人都可以进行生产,并且商品的销售成本急剧降低时,几乎任何以前看似需求极低的产品,只要有卖,都会有人买。这些需求和销量不高的产品所占据的共同市场份额,可以和主流产品的市场份额相当,甚至更大。

② 事实上,这样的"开放"是网络媒介的本身属性所致,生存在网络上的文化形态难以长期维持一种小众的私密感。

很远的距离联系在一起,在线交流成为线下面对面交流的补充。这也使得某类小众文化的同好者得以超越传统的线下社会关系,通过网络进行互通和结合,从而在更大的范围内得以聚集和联络,并且生产、扩散他们的文化符号,吸引更多的同好者。很多时候,小众文化会由于某类文化符号(有可能仅仅是符号能指)的输出,被大范围的网络用户所采纳和沿用(有时可能是误读),继而广泛流传开来。网络空间中文化符号是普遍流动的,是没有边界隔绝的。小众文化可以在网络空间中保持自身的高度认同感,但是往往难以使自身一直保持小众。

在互联网时代,已经难以划定小众文化与大众文化之间的界限,可以说网络上没有真正的小众文化,或者说,已经没有分辨大众文化和小众文化的必要性,因为网络消除了它们之间的边界。

四、在融合中变迁

大众文化的网络化一定伴随着"融合"的趋势。在互联网环境下,无论是视听节目、音乐还是其他文化产品,它们的呈现、推广和售卖都是通过多媒体平台来实现的。例如 2017 年热播的电视剧《三生三世十里桃花》,原作来自网络文学,发布在电视、网站、移动端等各类媒体平台,推广宣发也在电视、门户网站、社交平台、车站灯牌乃至地铁主题车厢等线上线下各类公共空间和私人空间同时进行。又如,一个成功的大 IP(如漫威、海贼王等)可以催生一整个文化产业链,其中几乎每一个次级的文化符号都可以衍生出适合于不同媒介平台的各种文化产品。这里的"融合",也体现出一种将文化形态按照需求拆分、安放在多个媒体介质之上的"解构—建构"逻辑。首先是对文化产品的解构,将产品拆散后的每一个符号和原件,都会在不同的媒介中寻找新的场所和用途,并可能和其他符号或产品绑定在一起,成为新的具备独立意义的文化符号。

融合,指的是文化生产、参与、消费整个流程的融合,这也代表着内容、信息的开放和流动,代表着整个文化形态的网络化和"云端"化。亨利·詹金斯认为,"融合并不是一个技术过程,即在一种设备上汇集了多种媒体功能的过程。事实上,融合代表了一种文化变迁。因为它鼓励消费者获取新信息,并把分散的媒体内容联系起来"[1]。这里的"消费者",也就是传统意义上大众文化的接受者,他们在新的"融合"的文化生态中扮演了关键的角色。可以说,网络大众文化的具体倾向,都可由消费者的倾向所决定。例如包括《纸牌屋》在内的一众热播美剧,

---

[1] 〔美〕亨利·詹金斯:《融合文化:新媒体和旧媒体的冲突地带》,杜永明译,北京:商务印书馆 2012 年版,第 31 页。

每季结束后是否续拍下一季,乃至剧中某个角色的未来命运,都是被观众的反馈所左右的。而这样的反馈,有的是由观众直接通过论坛、社交媒体表达,有的则通过收集在线观众的大数据分析后得到。如今,一个熟练的网民早已习惯每天在多个终端和屏幕之间切换工作、学习、娱乐、社交等生活模式,并在不同的平台和介质中消费文化符号与产品。他也许并未注意,但实际上正在发生的是:他的每一个点击和评论都在参与对这套网络化的大众文化的形塑。

五、认同的文化——网络原生文化

网络的发展史可以说是一部叛逆文化史。20世纪60年代伴随着冷战的阴云和后现代文化思潮的涌动,电脑集权的反叛者创造了分时技术,70年代乔布斯的个人电脑彻底粉碎了IBM利用大型机为大公司服务的"专制"体系,使IBM调整了自己的发展方向;80年代,以比尔·盖茨为代表所开发的电脑应用软件,使电脑真正成为普通人就能运用的工具。如今乔布斯、盖茨等人仍被视为网络界的英雄,因为他们自始至终热衷于在网络空间内打破权威,希望实现"信息的自由获取"的目标。[①] 一切文化都是随着社会需要的发展而演变的,主流文化是传统社会文化的核心,互联网的出现导致了文化控制力的颠覆和转移,互联网所导致的新的社会需要对主流文化的统治地位形成挑战,并为新文化形态的不断孕育和萌芽提供了自由的空气和土壤。

事实上,很难断定何种文化形态是在网络中"原生",它们通常都在前互联网时代已经蠢蠢欲动,直到互联网兴起后破壳而出,例如,网络直播、网络游戏/VR游戏/AR游戏、网络百科全书。如若将这些文化形态放在一起,不难发现鼓励在线交流、分享和用户生产内容是它们的统一特征,也是网络原生文化的精神与内涵。

网络原生文化的典型特征是文化选择过程中形成的认同而不是在文化浸染中实现文化传播。后者如同一个鱼缸,给处于其中的人涵化、灌输一系列文化价值体系、话语体系与审美体系。相比之下,前者(网络原生文化)更像是一个大型集市。个体可以在集市的不同区域、不同摊位中自由来去,选择认同和中意的部分。在全球化、商业化的趋势下,文化样式不仅是流动性的,而且是可供选择和消费的。人们在自主选择和消费一类文化(及其符号)的过程中,以更积极主动的方式去构筑自己的行为、生活和形象,并在其中通过与其他参与者的连接和交

[①] 戴元光、赵士林、邢虹文:《互联网与文化重构及社会分化》,《上海大学学报(社会科学版)》2002年第2期。

互建立认同感,乃至形成基于统一认同的社区和社区文化。

人们在使用社会化媒体时就是通过各式各样的认同来"找寻自己人",推动群体的互动、分化、聚集与行动。社会化媒体通过平台"关注""加好友""私信"等形式鼓励用户彼此连接,纷杂的文化圈子与生态则通过文化符号来逐渐划分:例如,豆瓣网通过标记和评论书籍、电影、音乐的方式分化用户群体,并增强群体内部的认同感;二次元视频网站 Bilibili 通过不同的内容板块区分以及视频页面中"弹幕"的互动形式来构筑认同;微博则在基于真实身份和人际关系之余通过构建话题、热搜榜单来吸引拥有相似认同的用户的聚集,自然也同时吸引观念相悖的群体围绕话题争辩不休。

网络传播的结构特征也推动着大众文化向认同文化过渡。在网状结构的社交网络中,文化符号的扩散自然地规避了大众文化模式中由主流媒体和精英所主导的状况,而由个体自身的兴趣和社交圈所决定。例如在主打文化、生活方式社交的豆瓣网中,没有所谓占据核心和主流话语地位的文化领袖,用户凭兴趣和爱好选择关注和收藏的书籍影音、加入的小组,以及感兴趣的友邻。因而豆瓣的文化生态不同于以新闻、舆论和观点传播为主的微博生态。

总而言之,从大众文化到融合的文化,再到认同的文化,互联网的发展和渗透推动着文化从生产到消费的整个流程模式不断改变,也越来越符合网络用户的表达、互动、参与的天性,反过来促进了整个文化生态的开放化和多样化——人们似乎可以乐观地相信,这将是文化的春天。

第二节 网络文化的特征

社会学家曼纽尔·卡斯特(Manuel Castells)曾指出至少有四种独特的文化塑造了互联网的本质,这四种文化的参与构建者只是互联网用户中的一小部分,但他们在很大程度上塑造了网络世界的精神特质。这四类人分别是:技术精英、黑客[①]、虚拟社群主义者和企业家。他们分别代表着:科学技术发展的开放创新精神、创造的自由精神、网络化的个人主义,以及商业头脑。[②] 创新、自由、个人主义以及商业化,这些精神特质其实并不新奇——毕竟在现代社会,它们就已经被大众流行文化所强调和追逐。互联网使它们如此轻易地接近我们:各

---

① 此处的"黑客"不是一般意义上窃取资料、实施破坏的黑客,而是类同于"解密高手",即通过自己的工作促进互联网升级换代的编程人员,他们的工作并非某个公司或机构指派的。

② 〔美〕李·雷尼、巴里·威尔曼:《超越孤独:移动互联时代的生存之道》,杨伯溆、高崇等译,北京:中国传媒大学出版社 2015 年版,第 66—67 页。

种技术、产品、应用日新月异,日常生活即便足不出户也能满足各种需要;平民百姓可以获得在公共平台自由发声的机会,甚至成为"网红",获得数以万计的拥趸;自媒体的声量也能与传统主流媒体不相上下;白菜价、海淘和"双十一"将人们拉入一次又一次的购物狂潮……本节将从技术和思想角度讨论和阐述网络文化的几项显著特征,并从批判的角度再次进行反思。

一、数字化与视觉化

网络传播是数字化传播,突出的特征之一就是视觉符号的爆炸式增长。自古已有"一目十行""百闻不如一见""一叶知秋""盲人摸象"等成语和寓言故事,虽然含义各不相同,但都能从中揣度出视觉符号传播的传播特征。

屏幕为网络视觉符号的呈现和传播提供了强有力的技术支撑,并且成为网络虚拟世界与客观现实世界之间的唯一通道——当人们面对屏幕,他们即便是在身体静止不动的状态下也能无负担、无成本地迅速踏入网络中纷繁而逼真的虚拟视觉空间。随着触屏、大屏智能手机的大量普及,这些能够被随身携带、随时可以出现在眼前的屏幕已经成为网络文化最重要的象征之一。简·梵·迪克这样描述道:"屏幕将不仅仅是面向我们世界的一扇窗户,将同样是我们的第二扇门——一扇离开和进入我们家的最重要的门。这意味着我们给了监视器一个在社会中相当重要的位置,重要到足以影响我们的文化。"[1]

美国学者米尔佐夫(Nicholas Mirzoeff)在《视觉文化导论》一书中认为:"新的视觉文化最惊人的特征之一是它越来越趋于把那些本身并非视觉性的东西予以视觉化。""……换句话说,视觉文化并不取决于图像本身,而取决于对图像或是视觉存在的现代偏好。""……最近,计算机环境的可视化已经围绕着视觉的可能性而产生了一种新的刺激感。……早期的计算机语言如 ASCII 和 Pascal 完全是文本化的,它们所包含的指令并不是直觉性的,而是必须学习掌握。微软开发的操作系统,比如著名的 MS-DOS,保留了这些技术特征,直到遇到了苹果公司的'点—击'界面的挑战。在微软转向 Windows 环境后,这个依托于图标和下拉菜单的系统,已经成为业界标准。随着互联网的发展,Java 计算机代码如今使没有受过正规教育的家用计算机操作者也能轻而易举地掌握图形技术。……随着计算机记忆体价格的下跌,以及诸如 Real Player 和 Shockwave 等通常在网上可以自由下载的程序的出现,个人计算机已能播放全彩色的实时图像。这些

---

[1] 〔荷兰〕简·梵·迪克:《网络社会:新媒体的社会层面(第二版)》,蔡静译,北京:清华大学出版社 2014 年版,第 205 页。

变化是由消费和技术所共同推进的,记住这点很重要。计算机使用目前占主流的可视化界面,这并没有什么必然的理由,只是因为人们现在更喜欢这种方式而已。"①与其说是互联网带领人们穿过屏幕,进入了视觉世界,不如说是在现代性支配下的社会文化环境中,大众通过消费主动选择和拥抱了视觉世界(选择了屏幕与可视化的信息)。随着软硬件技术的发展,人们拍摄、拷贝、编辑和创作视觉信息的能力大大提升,越来越多的人成为视觉符号的提供者和分享者。网络的视觉表达有了更多创新、互动的可能。

通过绚丽多彩的网络视觉空间,人们可以足不出户地欣赏纽约当代艺术博物馆里 R. 凡·高的《星月夜》,在 TED 的页面看哈佛大学教授的公开课;和大洋彼岸的朋友清晰流畅地视频通话;在一次说走就走的旅行前用街景(street view)查看预订的旅店门口的夜宵摊;可以一键将前一天聚会的照片共享给所有朋友……德国哲学家马丁·海德格尔把这称作是"世界图景的出现"。他指出:"世界图景……指的并不是一幅关于世界的图画,而是作为一幅图画而加以理解和把握的世界……世界图景也不是从中世纪的图景变化为现代的图景的,事实上,世界成为图景根本就是现代的区别性本质。"②

网络文化的数字化、视觉化带来的负面影响也日益受到人们的关注。"多而不精""信息泛滥"问题日益严重。信息质量和信息密度都十分有限。视觉符号的过度美化和包装往往能吸引网民的眼球,但实质只是一些浅层意义上的能指。追求速度、效率和"快"的数字化逐渐形成了"快餐文化"。简·梵·迪克在评论"速度文化"时有这样的论述:"速度文化……这同时也意味着我们的文化的本质变化,下面的例子很明显。首先,文化的表达更新变快,它所带来的倾向也高速变化。现代社会中,各种各样的倾向在互相竞争。其次,为了吸引注意力,越来越多的信息正在更频繁和更快速地被传递。这种现象被称为信息和交流超载。其结果就是在文化领悟上的肤浅,产品的制造是预设和固化的;此外,交流和语言已经达到这样一种速度:我们甚至来不及坐下来去思考是写信还是开始交谈,取而代之的是我们立即拿起电话通过邮件或者是打电话给出特别的回答。"③当下,越来越多的视频网站为了适应人们对"速度"的追求,提供2倍或多倍阅读速度服务。

---

① 〔美〕尼古拉斯·米尔佐夫:《视觉文化导论》,倪伟译,南京:江苏人民出版社2006年版,第5、7页。
② 同上书,第5页。
③ 〔荷兰〕简·梵·迪克:《网络社会:新媒体的社会层面(第二版)》,蔡静译,北京:清华大学出版社2014年版,第209页。

网络文字、图像、影像、音响等杂糅在一起。为了使用户保持关注度，各种符号都会采取强力、频繁、短促的刺激方式引发网民关注。例如，文字元素常会采用夸张、醒目的标题引发人的好奇心。音频元素则常用创意和声光的共同配合制造视听奇观。然而符号的杂糅本身会消解、分散用户的注意力；过多、过激或不当的刺激方式也会使人产生厌倦麻木的心理；尤其当用复杂的符号能指组合方式去表示碎片化和浅薄的所指内容时，会使人忽略意指的过程而放弃独立译码、解码的权利。因此，当人们开始过度依赖屏幕时，不仅会浪费时间、降低效率，还可能会坠入一个困境：渐渐从主动、活跃、思辨的网上阅读者变为消极、麻木、缺乏思考的人。

二、参与式文化

随着社会化媒体的兴起，网络由"读"时代进入了"写"时代，网民不再是被动的信息受众，也不再是传统意义上的信息消费者，而成为主动的信息分享者、传播者和创造者。媒介文化的生态发生变革，参与式文化因而成为网络文化的主流。

参与式文化（participatory culture）是由美国学者亨利·詹金斯在1992年提出的，用于描述媒介文化中的互动现象[①]，他较为详细地阐述了参与式文化的具体体现：

一是对于艺术表现和公民参与有相对较低的门槛；

二是对于创意、创造和人与人之间的分享有着强力支持；

三是新手可以通过某种非正式性的渠道向更有经验的人寻求帮助和指导；

四是使得成员相信：自己的贡献是有用的；

五是能让成员感受到与他人之间存在社会联系（至少他们会在意其他人对自己的想法和评价）。[②]

参与式文化，指的是以 Web 2.0 网络为平台，以全体网民为主体，以积极主动创作媒介文本、传播媒介内容、加强网络交流为主要形式所创造出来的一种自由、开放、共享、交互的新型媒介文化样式。[③] 用户创造内容（user-generated content，UGC）可以说是参与式文化的一大核心特征。如果没有数以亿计的网民不

---

① Henry Jenkins, *Textual Poachers: Television Fans and Participatory Culture*, New York, NY: Routledge, 2012.

② 〔荷兰〕简·梵·迪克：《网络社会：新媒体的社会层面（第二版）》，蔡静译，北京：清华大学出版社2014年版，第209页。

③ 周荣庭、管华骥：《参与式文化：一种全新的媒介文化样式》，《新闻爱好者》2010年第12期，第16页。

分昼夜地在各类网络平台上参与创造和讨论、分享知识和观点,网络空间一定不会像现在这样成为一个生机勃勃、多元文化不断碰撞出火花的大舞台。美国媒体研究者凯文·凯利(Kevin Kelly)把互联网带来的参与、共享的浪潮称为"一种改良技术版的社会主义":"当众多拥有生产工具的人都朝着一个共同的目标努力,共享他们的产品,不计较劳务报酬,乐于让他人免费享用其成果时,新社会主义的叫法也就不足为奇了……它并非一种强调意识形态的'主义',也不会要求人们对其具备坚定的信念。它更像是一种态度、一类技术、一些工具,可以推进协作、共享、聚合、协调、灵活机构以及其他各种各样新兴的社会合作形式。它是前沿,也是创新的沃土。"①

"知识共享"便是在参与式文化中凸显的文化现象之一。当社会化媒体兴起之后,朋友之间、熟人之间,乃至陌生人之间的联系越来越多,形成了许多社群,这些社群之间的信息思想不断地交互,逐渐形成了一种"认知盈余"②现象。形形色色的个体在这些社群中,并不是杂乱无章地进行联系和信息交换,而是有一种协作、共享、交往的张力。其中个体能在自我展示的同时建构并传播知识、塑造自身的社会价值,其他用户也能在浏览和分享的行为中提升并丰富经验,同时助推知识的传播。"认知盈余"的现象不仅代表着思想的汇聚,还代表着在整个思想传播的过程中社会关系的解放,在这样的社会关系中,信息、思想、知识的传播既是更加个体化的,又是更加社会化的。通过网络的便捷沟通、对时空限制的跨越以及自组织的协调形式,个体得以在科层制的组织之外参与集体协作,并在其中发挥自身的潜力与价值。

参与式文化的兴起也被视作网络赋权③的一个层次,是互联网时代的文化话语权④由传统精英阶层向草根阶层转移的表现之一。一般意义上,传统的大

---

① 〔美〕凯文·凯利:《必然》,周峰、董理、金阳译,北京:电子工业出版社2016年版,第156—157页。
② 美国学者克莱·舍基所论证的"认知盈余"概念认为,同时拥有知识背景、可自由支配时间以及分享欲望的人,他们将这些盈余的知识、时间汇聚在一起并相互分享,便可能产生可观的社会效应。
③ 网络赋权指的是网络媒介成为权力实现的重要源泉与力量。个体、群体、组织等通过网络媒介以获取信息、沟通互动、表达思想,从而为其采取行动、带来改变以实现自身的权力诉求提供了可能。
④ 荷兰批判传播学者冯·戴伊克(Teun A. van Dijk)认为,话语是一种社会控制力量,话语体现着各种社会权势的意志对应着特定的权力结构(〔荷〕冯·戴伊克:《话语心理社会》,施旭、冯冰译,北京:中华书局2003年版,第74页)。例如,父与子、白人与有色人种、发达国家与发展中国家等。权力位置和权力关系不仅可以通过与这些相似的话语体现出来,而且是话语背后的社会力量。"话语与权势紧密相连,两者的关系是阶级、群体、机构权势的直接体现,也是阶级、群体、机构成员地位的直接体现。"而掌握话语权的群体,也就是操纵着话语的建构、生产与传播的群体,这类群体被法国社会学家布迪厄(Pierre Bourdieu)称作"符号精英(symbolic elites)"。

众媒体以及媒体人、作家、官员、学者、明星占有优势话语权。互联网通过将话语建构的权力分发至用户层面,自下而上地撬动了墙角,从理论上以"自我建构"的模式代替了传统的"权力规制"式的话语生产模式。

参与式文化所带来的话语权"平民化"的契机,是否能够在实质上颠覆现有的话语权格局,仍然是一个广受争议的话题。有学者认为,"互联网提供了看似信息传播、表达和行动的自由,实则在媒体叙事中彰显出自由的表象与控制的实质"[1]。关于小世界网络模型的研究同样表明,互联网的动态架构中存在着"结构洞"和"中心节点",网络结构中大多数的节点并不互相联通,而是仅仅连向少数的节点。这也就是说,尽管人人都有平等的权利在网上发声,但只有少数精英的声音能够被多数人听到,从而引导公共舆论。虽然大部分人在网络空间活动,但事实上也只是信息内容的被动接受者,偶尔会转发他人的意见,但几乎不会主动就某一公共话题展开讨论。

从政治经济学的角度,传播学者克里斯琴·富克斯(Christian Fuchs)也对参与式文化展开了反思。他认为,仅仅从媒介文化的层面考虑参与式文化,忽略了"参与"概念本身带有的政治维度,是一种狭隘的还原论思维。他认为互联网用户和消费者虽然参与到文化产品的合作、互动、生产、传播环节,但却被排除在所有权分配和经济决策的环节之外。而真正的媒介参与式民主(participatory media democracy)需要保证草根用户同样拥有平等的所有权,以及在决策环节中能得到平等的权力关系。[2] 他提醒我们需要重新从阶级的和广义的参与式民主的尺度来反思参与式文化之中的权力运作问题。

同样,在网民集体参与和共享的大环境下,一直以来伴随着互联网发展的"数字鸿沟"问题依然显著存在,并且有体现为"参与鸿沟"的趋势。具备较好社会经济地位的群体得以接触并率先进入数字时代,但多数处于较低社会经济地位的群体仍然被排除在互联网这一共同体之外。以"参与"的视角代入同样适用,因为这样的鸿沟不仅存在于用户和非用户之间,也存在于新手和熟手之间。互联网作为全球性的参与空间,实际上也受到商业、政治力量与精英阶层的把持,仍存在着严重的参与鸿沟。在参与式文化的场域中,许多人仅仅是简单涉足,只有部分人会更加深入地参与,还有一些人将拥有社区中最受重视的那些

---

[1] 师曾志、胡泳等:《新媒介赋权及意义互联网的兴起》,北京:社会科学文献出版社2014年版,第5页。

[2] Christian Fuchs, *Social Media: A Critical Introduction*, London: SAGE Publications, 2014, pp. 56 - 66.

技能。①

三、后现代主义与消费主义

关于"后现代主义",美国学者詹明信(Fredric Jameson)将其总结为"一种晚期资本主义的文化逻辑"。其中"晚期资本主义"的概念来自马克思主义经济学家欧内斯特·曼德尔(Ernest Mandel)在1972年的《晚期资本主义》一书中对资本主义三阶段——市场资本主义、垄断资本主义和晚期资本主义(又称多国化资本主义)——的划分。按照詹明信的观点,后现代主义的社会首先表现出的一个重要特点就是文化产品的极度丰富,此前没有任何一种社会文化形态能够拥有如此充足的符号和影像。② 社会中的一切都变成了文化。而这样的文化符号堆积,很大程度上与大众传播脱不开关系。詹明信在演讲集《后现代主义与文化理论》中描述道:

>……我认为后现代主义文化正是具有这种特色。形象、照片、摄影的复制、机械性复制以及商品的复制和大规模生产,所有这一切都是类象。所以,我们的世界,起码从文化上来说是没有任何现实感的,因为我们无法确定现实从哪里开始在哪里结束。正是在这里,有着后现代主义理论中最核心的道德、心理和政治的批判力量。这一理论必须探讨的不仅是艺术作品的非真实化、事物的非真实化,而且还包括形象,可复制的形象对社会和世界的非真实化,最终,这一理论必须讨论类象的巨大作用力。③

"类象",即机械性的复制品,正是无差别式、公开、大规模的大众传播所携带的一种能指。德国哲学家瓦尔特·本雅明(Walter Benjamin)曾经就机械性复制发表过著名的观点:艺术在大规模的机械复制中失去了"灵韵(aura)",也就是艺术品的独一无二性、自主性和距离感。结合网络文化的普遍数字化、视觉化,巨量类象的出现则是这种背景下可预料的产物。这一切体现到网络文化的后现代主义特征中,表现为大量文化产品的输出、大量文化符号的拼贴和复制;同时由于虚拟网络社会中社会责任感的普遍缺失,文化作品的原创性往往容易散佚和被漠视;在开放多元的网络环境中,即使是精英文化和高雅文化的产品也难以避免被市场化和疯狂复制的消解作用所影响,进而模糊了大众文化和通俗文化

---

① 岳改玲:《新媒体时代的参与式文化研究》,武汉大学博士学位论文,2010年。
② 姜华:《大众文化理论的后现代转向》,黑龙江大学博士学位论文,2004年。
③ 〔美〕弗雷德里克·杰姆逊:《后现代主义与文化理论》,唐小兵译,北京:北京大学出版社2005年版,第219—220页。

的边界。

网络传播环境中能指与所指发生的断裂,也是带有后现代主义特征的网络文化的产物之一。在后现代主义文化中,符号无处不在而又飘忽不定,能指和所指之间的关系,不论是比喻性的还是转喻性的都和表意链一同崩溃了,留下的只是一连串的能指。① 詹明信将这样的状况称为"能指的狂欢"。罗兰·巴特在谈及这一点时,便利用服装生产者与消费者的关系进行论述,他认为:前者必须给事物罩上一层意向的、理性的、意义的面纱,创造出一种虚像,使之成为消费意象。这也就是说,甄选一个本不与原先能指相对应的、崭新的所指,将其以看似合适的方式与能指相连接,从而使受众为这个新的所指吸引。

法国传播学家琼·鲍德里亚致力于研究被他定义为"消费社会"的后现代主义社会中的传播学现象。鲍德里亚的消费社会观点是对詹明信"能指的狂欢"的赞同和重申。在他看来,消费社会中的商品已经被淡化了它原本的使用价值,并且被附加了一层符号化了的象征性体系,从而形成它的交换价值。在这样的情况下,人们消费的商品其实并不是商品本身,而是笼罩在其外的符号意义。消费世界中铺天盖地的广告便充分说明了这一点,脍炙人口的广告词"钻石恒久远,一颗永流传"是一个最成功的案例,戴比尔斯钻石公司成功地将"永恒的爱情"的所指与当时并没有进入大众消费市场的钻石的能指相连接,从而使钻石成为至今仍被无数人追捧的"永恒化身"。

现今的网络文化,显然步入了一种被消费社会的逻辑所主导的阶段。通过为网络能指符号附加一层精心打造的意义,人们就会通过消费这样的虚拟网络商品去试图获得这种被附加了丰富文化意义的符号,并以此在社会化互动中增加一种无形的筹码。典型的案例如淘宝网及其子品牌天猫等电子商务网站掀起的"双十一"购物狂潮。"11·11"这个日期本无特殊之处,也并非法定或传统节日,它被广泛认可为"光棍节",也是校园文化和网络传播力量的共同作用——人们根据其形态发挥想象力,为其增加了象征单身的能指。所以在这一天,单身者便会利用这个文化符号进行聚会等社交活动,意图"摆脱单身",同时在这种群体性的符号互动中完成一种情感上的身份认同。然而,电商成功地将"光棍节"变身为"购物节",则又是符号的狂欢之上消费社会精神的大获全胜。"双十一裸价脱光,1.1折起团购脱单""脱光要从小,抢购要趁早"等颇具煽动性和暗示意义的广告语层出不穷,消费者趋之若鹜。2021年的"双十一",仅天猫网交易额即达5403亿元,而"双十一"萌生的2009年,交易额只有0.5亿元。另一个案例是

---

① 蒋晓丽:《奇观与全景——传媒文化新论》,北京:中国社会科学出版社2010年版,第25页。

2015年春节期间引得全民参与、席卷网络空间的"发红包"活动。"发红包"的行为本身只是阿里巴巴与腾讯两家公司各自的网络支付平台意欲推广的手机转账支付业务,然而当它被冠以"发红包"的名称,并同中国最盛大的传统节日——春节联合在一起,其被赋予的所指便远远超越了"手机转账支付"这个单纯的日常生活行为所能提供的意义。"发红包"不单单契合了中国人过年图彩头、求吉利的心理,并且与"派压岁钱""拜年""恭喜发财"等根深蒂固的传统文化风俗紧密结合。显然,比起群发千篇一律、已成灾害之势的拜年短信,用"红包"拜年显得更有诚意、更讲礼数。人们在竞相发红包、抢红包,通过红包来破除网络社会中熟人变生的尴尬时,仿佛也即刻获得了这个源自消费社会的文化符号给他们带来的"吉祥如意"的心理满足感。在网络上大获成功、继而渐渐进入主流社会并成为大众文化现象的人造节日与"发红包"狂潮,充分显示着网络文化背景下后现代主义的胜利。

在实际操作的层面上,网络大众媒介或是利益群体为了获得更多的利润,还需要不断地在传播领域和市场领域进行开拓以吸引更多人消费。所以他们既需要满足大众的需求,采取规模化、标准化的生产,又需要在众多能指的堆积中脱颖而出。这样便使得网络文化符号产生两个特性:一方面显示出批量化、世俗化、娱乐化的特点,以适应大众文化的需要;另一方面通过利用人们对符号的追逐,在能指层面显示出足够的吸引力。当企业受利益驱使而罔顾互联网隐性化的道德标准时,便会出现种种制造噱头、宣传感官刺激的现象,例如充斥着"美女""一夜情"等性暗示和暴力犯罪等符号内容。又如,大量的网络页面设定的"强制性"广告。屏幕的无处不在和视觉符号的逼视会迫使受众的眼球追随消费热潮,网络视觉文化会因此更多停留于物象表征和对于瞬间刺激的关注,传统视觉文化强调的深层的观照内涵和美学意蕴将会逐渐得不到实践的空间。[①] 这不得不说是高度发达的网络文化带给社会的一部分令人遗憾的反作用,然而密切融入这个后现代社会的个体却往往浑然不知。

第三节 网络文化的批判性思考

一、"拟态环境"与"全景监狱"——对虚拟与真实的担忧

拟态环境(Pseudo-Environment)最初是由美国著名新闻工作者李普曼

---

① 宋永琴:《网络视觉文化传播中的后现代伦理表征与反思》,2012年北京大学新闻传播伦理与法制国际学术研讨会论文集,北京大学新闻与传播学院、世界汉语修辞学会,2012年6月。

(Walter Lippmann)在其著作《舆论》中提出的概念,用来揭示人们头脑中对于世界、事物的认知与真实客观世界的不一致现象。他认为,客观世界广大纷繁,个人由于受到地理位置、生活经验与知识等各种因素的制约,无法以直接方式去全面感知客观世界。个人主要是通过接收大众传媒提供的信息来形成对客观世界的图景。不过,大众传媒对于客观事实是进行了选择、编辑加工后再传递给受众的,因此,人们被大众传媒包围的环境实际上是一个与现实环境存在差异的"拟态环境"。当然,并不能说这个拟态环境全是失实和扭曲的信息,它必定同客观真实性存在出入。然而,人们却将这个拟态环境当作真实环境来看待,对拟态环境产生的反馈和行为也将作用到真实的环境之上。

网络环境下拟态环境似乎也多了一层"虚拟"的概念。人们已经越来越习惯于通过虚拟的网络媒介来接受信息和进行社会互动,正如柏拉图"洞穴"理论所揭示的,一旦人们熟悉了"影子世界"并理所当然地接受它,真实的世界就会遭到拒绝。而网络与"洞穴"的不同又在于,人们不仅在被选择过的和折射过的信息环境中生活,更重要的是,人们已经真的可以依靠被选择过的和折射过的,并且被虚拟的信息环境而生活——只要保持在线,便能在虚拟的网络环境中完成社交、工作、休闲、点餐、购物等事无巨细的社会互动和生产性活动。这一切均来自虚拟世界的日趋真实化——它与客观真实世界的交集范围也越来越大。"洞穴"脱离了真实社会,而网络建立在真实社会之上。在高度发展的网络文化中,已经很难区分一个人对网络化拟态环境产生的反馈究竟是作用在真实环境之中还是在虚拟环境之上,甚至这个拟态环境与真实环境的出入缩小到了难以分辨的程度。

拟态环境的世界是"现代社会中人们无法逃避的生活世界,它同感性世界并驾齐驱,成为决定人们生活情感、生活欲望、期待、认知和态度的两大环境世界"[①]。不同的媒介符号作用于媒介使用者的心理,其产生的意义是不同的,会引发不同的感受,影响人们对媒介的选择和接受,进而影响他们认知世界的视野和水准。网络传播环境在带给用户看似更智能、更合乎心意的个性化信息流的同时,在另一方面则容易导致人的信息接收范围变窄,形成"信息茧"——人们越来越多地看到自己"想要"看到的信息,而他们真正"需要"看到的信息却渐渐淡出了视野。

"全景监狱"的概念全称为"中央监控式全景监狱(Panopticon)",是法国哲学家米歇尔·福柯(Michel Foucault)在《规训与惩罚》一书中论述、最初由英国

---

① 沙莲香:《社会心理学》,北京:中国人民大学出版社2006年版,第59页。

哲学家杰里米·边沁(Jeremy Bentham)所提出的著名概念。

　　法国封建刑罚相当野蛮,长期以酷刑恫吓民众,炫耀王权,结果是反叛不断加剧。原因是,旧法律代表君主意志,违者必须重罚：先用肉刑逼供,继以公开处决昭示真理。行刑时让民众围观,目击暴力(正义象征)在犯人身上施行,以确保统治合法性。问题是犯人临死没了顾忌,往往谩骂嘲弄,弄出狂欢局面。"权威被嘲弄,罪犯却成了英雄。"大革命怒而爆发,先将国王砍了头,继而开始了血腥内战,滥用肉刑。待到资产阶级一统天下,不得不改良刑罚。此时工商经济发展,增加了伪造、欺诈、怠工、破坏机器等经济犯罪。因此,实际上是经济理性,而非人道考虑支配了刑罚改良。福柯说,改良不仅是资产阶级寻求有效统治的策略,而且是一种为行使权力而亟须改进的"技术"。

　　新刑罚一改肉刑弊端,代之以监禁和驯化罪犯。它突出漫长的审判,伴以新闻报道,向社会证明合法性。惩罚本身倒成了隐秘部分：犯人被关进高墙,以单间囚房羁押。囚房被编号并分层纳入一个巨大的环形建筑。院子中央设有观望塔,卫兵通过监视孔,可对所有囚犯一览无遗。这种"理想构筑"由边沁发明,学名为中央监控式全景监狱。其特点是利用先进的监视技术和系统分隔法,大大提高控管效率。全景监控模式确立后,迅速得到各学科知识(社会学、心理学、统计学、工程设计、通信联络、运筹决策等)的协同配合。在此基础上逐步产生了科层组织、监督检验标准,流水作业与集约调度,最终形成中央调控系统。仿照监狱的有效管理模式,军队、工厂、学校、医院等现代机构也纷纷建立,不断改进,像一台台机器那样自动运转,并联网扩展为严整的西方社会制度。[①]

　　福柯通过对西方现代监狱体制的翔实考察,描绘了知识与权力之间的共谋关系。全景监狱的目的在于,使得犯人永久性地处于一种有意识的可见状态,从而保证权力的自动运行。虽然福柯论述这个概念时互联网还没有出现,但全景监狱在互联网时代的背景下仍然适用并具有强烈的现实意义,它仿佛成了一句咒语,盘旋在我们每个互联网用户的头顶上。

　　只要接入网络就随时随地处于一种监视的目光之下。人们对于社会化网络、即时通信软件的依赖让个体一直处在网络社交圈的监视之下；一旦使用搜索引擎和地图定位,个体的搜索数据、浏览记录以及随时随地身处的地理位置会毫无保留地被所使用的互联网工具搜集、记录下来；人们也知道,每个需要注册填写个人资料的网站都声称不会泄露用户的任何个人信息,但是在网络犯罪分子的盗取和某些利益的作用下,人们会不断地受到各种形式的骚扰。

---

① 赵一凡：《哈佛读书札记　福柯的话语理论》,《读书》1994年第5期,第116—117页。

一个人不受打扰的阅读、观看、购物活动,以及与朋友私下的互动行为本应是私人化的,具有隐私性质,然而在网络中,这一切都会在被事先知会甚至完全无知无觉的情况下被记录、被征用,变成了公共档案乃至"大数据"的一部分,变成构筑全景监狱的一块砖头。

然而对于用户,也就是网络传播活动的主体而言,没有人是被强迫的。既然人们需要使用搜索引擎,利用互联网无所不能、无所不知的技术和信息,就要面对现实,承受代价。既然互联网技术和网络文化的开放性赋予了人们几乎毫无遮挡的信源和话语权,似乎也没有理由对网络遮遮掩掩。只是,网络仅仅作为一个平台,一堵"监狱"的墙壁,是没有力量去监视"囚犯"——用户——的行为的,令"囚犯"感到不安的应当是"监狱管理者"的身份和用意。但是,事实上,在网络这座"监狱"中,"监狱管理者"的面目是模糊的,"囚犯"们无法辨清监视着他们的究竟是网络平台的拥有者、政府机构的人员还是某个似乎不相干的社会组织;甚至"囚犯"群体内部,也在互相监视和窥视。比较明显的例子是近年来频频发生的"人肉搜索"事件,被"人肉"的个体往往因为在网络上留下的一点蛛丝马迹而被网民挖掘分析,同时网民自发收集、拼凑、验证数据,最终使被"人肉"的个体的真实身份、联系方式乃至私生活都暴露在网络上。在这种情况下,被"人肉"的个体的隐私几乎荡然无存。在很大程度上,这是一种公开的、自线上到线下对他人私领域的侵犯,其将受害者在网络上精心摆放的"主我"和现实状态下受保护的"自我"一并破坏。

二、"文化抵抗"与"抵抗的文化"——对符号的控制说不

符号泛滥和消费化已经成为网络文化后现代主义特征表露出来的弊端,它们在消费社会里如鱼得水,使得受众在符号景观中越陷越深,被空泛的能指和虚无的所指所驱使和控制。面对这些可能出现的负面传播效果,多元化的网民并不会一概无差别地消极接受。一部分网民会随着对网络媒介的深入认识与思考,增强对网络信息识别的自主性,对网络话语权的认识和利用也会逐渐成熟。当感知到网络文化对他们已显露出控制的端倪时,这部分网民往往会通过"媒介抵抗"或"内容抵抗"的形式进行"文化抵抗"。

这样的"文化抵抗"在互联网普及之前的大众文化领域同样存在,凸显着文化场域之中消费者与生产者之间权力的相互争斗。在文化理论学者约翰·费斯克(John Fiske)看来,大众文化主要在符号领域内运行,但它也深深卷入社会"同质化与差异,或共识与冲突的斗争之中"。在此意义上,大众文化其实是一个

符号的战场,受众则持续不断地投身于"收编"与"抵抗"的"符号游击战"之中。①在互联网这样的主体、场景、表达皆凸显符号特征,符号的传播速度和量级都呈指数疯长的空间里,这样的"游击战"大有蔓延为主战场之势。

对网络媒介的抵抗通常直接而猛烈——关闭屏幕,逃离能指的狂欢场域。实际上这样的抵抗早在网络文化病毒式蔓延之前就已经被使用了。1994年美国就有组织发起了"关闭电视周"活动,口号为"关闭电视,扭转生活"。这一活动后来被命名为"关机运动",活动组织者号召公众一周不看电视,并利用这一段时间去反思电视对公众生活的影响。同时组织者还给出了在不看电视时能做的事的建议清单,清单里各种活动的数量从1994年的51种增加到了2005年的101种。②同样,每年4月23日的"世界读书日",起初是联合国教科文组织为了倡导读书写作和号召对知识产权的保护而设置的,而近年来,它已经越来越多地具有呼吁人们"多看书而不是上网"的衍生意义。又如,一部分人已开始尝试摒弃如影随形的智能手机,改回用最基本款、只能打电话和发短信的手机。

然而,对网络文化的控制采取拒绝和逃避的方式是抵抗方式中显得相对极端和消极的。并不是说关掉了面前的电脑和手机,就能隔绝这些文化符号的渗透——事实上,它们无处不在。一旦走出门,走到街上,走到公共场所,满眼满耳仍然会充斥消费文化鲜艳的招牌和低音喇叭的喧嚣。所以,对网络媒介绝对的抵抗是无法取胜的,只能时刻怀有审视的态度,少受符号的干扰而多专注于思考和自省。鲍德里亚曾断言:唯有死亡,才能无视和逃避这个为符号所支配的世界,才能逃避这个任何物都与其他物既等同又无关的世界。

相比之下,对文化内容的抵抗往往表现为"以毒攻毒",即利用生产文化符号的方式来抵抗文化符号。这是一种更容易产生传播效果的做法,我们称之为"抵抗的文化"。何威在《网众传播》一书中这样描述其特质:"始终以'反对派'、'边缘人'、'异议者'、'质疑者'的姿态自居,采用讥讽、嘲弄、贬低、挑衅、破坏和解构等方式,产制、操控和传播观念、象征与符号,应对权力之重压、地位之不平、境遇之不公,表达其对官方权威话语经常性的'不合作'、'不认同'。"③举一个例子,

---

① 〔英〕约翰·斯道雷:《文化理论与大众文化导论(第五版)》,常江译,北京:北京大学出版社2010年版,第269页。
② 蒋晓丽:《奇观与全景——传媒文化新论》,北京:中国社会科学出版社2010年版,第41页。
③ 何威:《网众传播:一种关于数字媒体、网络化用户和中国社会的新范式》,北京:清华大学出版社2011年版,第246页。

2014年在网络上广为流传的"洗脑神曲"《我的滑板鞋》,粗糙的编曲制作、带有浓重方言口音的唱腔和歌手本身唱功平平、其貌不扬、名不见经传的个人条件,本应同大部分粗制滥造的网络歌曲一样不会掀起任何波澜,却近乎疯狂地充斥互联网空间并引起激烈的讨论,甚至得到大部分网友的共鸣和追捧。网络上对这首歌曲大多数的褒奖都针对其"朴实无华,却真诚感人"的歌词。以刻画小人物的故事而享誉的导演贾樟柯也对其表示赞赏:"《我的滑板鞋》把我听哭了。时间,时间,会给我答案。多准确的孤独啊。"这首歌带来的文化影响是自下而上的,它反传统和反精英文化,甚至反大众流行文化。歌手本人是一个名副其实的普通人,歌唱的也是普通人简单的悲与喜,却真实热切地表达出了普通人对于梦想的热望和呐喊。在一个主流价值取向追求"高大上"和"男神女神",污名化"穷二代"、农民工等边缘群体的消费主义社会中,《我的滑板鞋》的流行和疯狂受追捧无疑是"抵抗的文化"的一次胜利——这种对主流价值公然的调侃和反讽在引得人们纷纷为这首歌辩驳、反思的同时,也完成了自身反主流文化符号的生产和大批量传播。当然,让人惋惜的是,歌手庞麦郎本人,甚至这首歌本身也仅仅是这一盘文化抵抗棋局中的一颗棋子,一个同样被消费和追逐的能指符号。

当抵抗的文化吸引到众多参加者、影响范围扩大到一定程度时,他们中的一部分可能会形成新的亚文化群落,成为一类价值追求相对固定、文化符号产出相对稳定的文化群体。其本身也是网络文化开放多元特质的衍生物,他们所表达的也是公共话语中的一部分声音。然而抵抗的文化和其他难以预测风向的网络文化景观一样,由于其自发性和社会语境的缺乏,往往难以受控而朝方向错误或程度过激的情况演变。同样,抵抗的文化本身作为网络文化产物的一种,也难以避免消费社会的娱乐化、浅薄化和商业化特征。严重的话,这可能导致抵抗活动在自身的符号形成之前便被从内部瓦解,遗忘了真正的有抵抗意义的所指,而仅仅留下一群能指的空壳,也就是一种"为了抵抗而抵抗"、空有抵抗姿态的活动。

所以,不论是对文化的接受还是对文化的抵抗,人们都需要在行动前首先叩问自己:究竟什么样的文化符号是能够、是需要被选择的。从社会层面讲,文化抵抗以及抵抗的文化都是开放的、符号肆虐的后现代主义社会中的必然产物,然而自由、秩序、理性三者在其中的平衡,则是一个需要社会多方面角色长时间共同努力的过程。

▶ 练习题

1. 名词解释

(1) 能指与所指

(2) 符号互动论

(3) 参与式文化

2. 简答题

(1) 网络符号有哪些特征?

(2) 网络语言如何产生?具有哪些特征?

(3) 互联网的符号化传播体现在哪些方面?

(4) 网络语言存在哪些潜在的社会风险?

3. 论述题

(1) 谈谈对网络文化的理解。

(2) 试结合网络传播的具体案例,谈谈语言对认知与思维的影响。

(3) 请结合案例谈谈对"人们必须把符号置于具体的交流环境中,才能把握它的意义"的理解。

第五部分
网民、结构与群体

网民既是网络应用的使用者,也是网络空间的居住者、维护者和建设者。本部分分析了网民的规模、结构以及群体特征,并重点研究了青少年、女性以及老年人三类群体,借由亚文化、女性主义、数字鸿沟与信息无障碍等相关理论,对这些群体在网络空间所表征的文化、社会现象予以介绍、分析和阐释。

第一章
网民规模与网民结构

网民是互联网的使用者,也是推动网络应用发展的重要动力。英语中指代网民的词汇"Netizen"由网络"Net"与公民"Citizen"两个单词组合而成,表达两层含义:一是不论使用意图,泛指一切网络使用者;二是特指那些对互联网具有强烈关怀意识、愿意以集体努力的方式建构一个对大家都有好处的网络社会的网络使用者。① 在应用领域,为了统计方便,一些组织对"网民"进行了操作化定义。例如,世界银行将网民定义为"网络用户"(Internet User),即"过去12个月内在任何地点,通过电脑、手机、个人数字辅助工具、游戏机、数字电视等工具使用过互联网的个人";联合国国际电信联盟(ITU)将网民定义为"过去30天内使用过互联网的2周岁及以上的个人"。中国互联网络信息中心(CNNIC)将网民定义为过去半年内使用过互联网的6周岁及以上的中国居民。②

第一节 网民规模、分布与结构

互联网自20世纪60年代发轫至今,网民的分布由发达国家拓展到世界各地,网民的构成也由最初接触互联网的工程师、专家科研人员等精英阶层扩散到普罗大众。

一、世界网民规模与分布

根据 internetworldstats.com③ 发布的统计报告,截至2021年3月31日,全

---

① 钟瑛主编:《网络传播导论》,北京:中国人民大学出版社2012年版,第77页。
② 中国互联网络信息中心:《第36次中国互联网络发展状况统计报告》,2015年5月。
③ Internetworldstats.com 是一个发布国际互联网统计数据的公共站点,其人口统计数据主要来源于美国、欧盟及世界各地区的人口普查机构,其网络统计数据来源于联合国国际电信联盟(ITU)、地方性ICT监管机构以及 Nielson、GfK 等市场调研机构。

球网民数量已达51.69亿,全球网络普及率(penetration)为65.6%。从区域分布来看,亚洲网民数量最多,达到了27.62亿,占全球网民比例的53.4%;其次是欧洲网民,数量约为7.37亿,占全球网民的14.3%;非洲、拉丁美洲、北美洲区域,网民数量分别约为5.94亿、4.98亿和3.48亿,分别占全球网民的11.5%、9.6%和6.7%;中东地区和大洋洲地区的网民数量最少,分别为1.99亿和0.3亿,占比分别为3.9%和0.6%(参见表5-1-1)。

表5-1-1 世界互联网使用与网民数量统计(截至2021年3月31日)

地区	总人口（亿）	人口数量占全世界比重	网民数量（亿）	互联网普及率	网民增长率（2000—2021）	网民数量占全世界比重
亚洲	43.27	54.9%	27.62	63.8%	2317%	53.4%
欧洲	8.36	10.6%	7.37	88.2%	601%	14.3%
非洲	13.73	17.4%	5.94	43.2%	13058%	11.5%
拉丁美洲	6.60	8.4%	4.98	75.6%	2659%	9.6%
北美洲	3.70	4.7%	3.48	93.9%	222%	6.7%
中东	2.66	3.4%	1.99	74.9%	5954%	3.9%
大洋洲	0.43	0.6%	0.30	69.9%	299%	0.6%
全球总计	78.76	100.0%	51.69	65.6%	1332%	100.0%

数据来源:internetworldstats.com。

全球网民总体呈现增长态势。2000年后,来自非洲、中东以及拉丁美洲地区的网民数量增长显著。从2000年到2021年间,非洲网民增长了130倍,中东地区增长了近60倍,拉丁美洲增长了26倍,亚洲增长了23倍。尽管增长势头较快,但从互联网普及率来看,发展还极不平衡。非洲、拉丁美洲、亚洲和中东的互联网普及率较低。非洲的互联网普及率仅为43.2%,这意味着非洲尚有近8亿人口处在无网络的世界中;相比之下,北美洲的互联网普及率达到了93.9%,欧洲的互联网普及率也达到了88.2%。

国际电信联盟的报告显示,全球女性使用互联网的比例相较于男性而言要低12%,性别数字鸿沟仍然存在。自2013年以来,多数区域的互联网用户性别差别有所缩小,但全球仍有三分之二的国家,男性网民比例高于女性。图5-1-2显示,2017年,全球使用互联网的男性占比50.9%,女性占比则为44.9%。近年来,性别数字鸿沟在全球范围内逐渐缩小,但在非洲呈现出加大的趋势,非洲女性使用互联网的比例比男性低了25%。

第五部分 网民、结构与群体

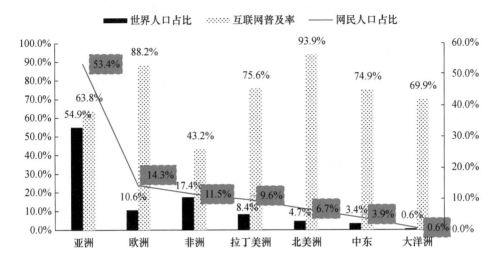

图 5-1-1　世界各区域人口世界占比、网民世界占比与
互联网普及率(2021 年 3 月 31 日)[①]

图 5-1-2　世界网民性别比例分布示意图

二、中国网民规模与结构

中国网民的规模发展经历了几个阶段。1997 年到 2000 年间,网民人数几乎每半年翻一番;2000 年以后,增长速度也维持在 20% 左右;2007 年以后增长

[①] 数据来源:internetworldstats.com。"人口世界占比"指该区域人口数量占全世界人口总数的比重,"网民世界占比"指该区域网民数量占全世界网民总数的比重。

· 161 ·

率逐渐下降,但总数仍然保持增长。大部分创新扩散传播过程都呈"S"形曲线,某项技术的普及率一旦超过10%,用户规模将会经历一个以幂律速度大幅增长的阶段,如图5-1-3。2006年12月,中国网民的人数已经达到了1.37亿,互联网普及率超过了10%的临界点。在东部和中部地区的各省份中,网民的比例都超过了10%甚至20%;在部分西部省份,网民比例也接近10%。这些都说明,作为新生事物的互联网的扩散在中国已经达到了临界点。[①] 2006年之后,互联网在中国进入了快速发展阶段,上网人数急剧增长,至2008年6月,我国网民数量达到了2.53亿,网民规模跃居世界第一位。

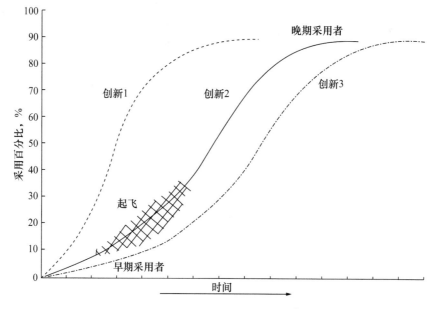

图5-1-3 创新扩散的S形曲线[②]

2015年12月,我国网民人数已达到6.88亿,互联网普及率为50.3%,首次超过了全国人口数的一半;截至2021年6月,我国网民规模达到10.11亿,互联网普及率为71.6%。然而与发达国家超过80%的互联网普及率相比,我国仍然偏低,仍然有约4亿人口处在无网络的环境中。

---

① 中国互联网络信息中心:《第20次中国互联网络发展状况统计报告》,2007年7月。
② 〔美〕埃弗雷特·M.罗杰斯:《创新的扩散》,辛欣译,北京:中央编译出版社2002年版,第10页。

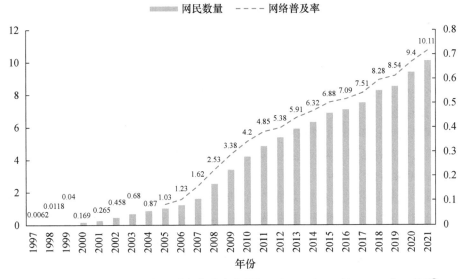

图 5-1-4　中国网民数量与互联网普及率发展概况(1997 年 10 月—2021 年 6 月)①

　　移动互联网的发展对我国互联网的普及起到了重要的作用。2008 年,我国手机网民开始迅速增长,第一个增长周期在 2010 年上半年结束。从 2011 年下半年开始,手机网民又重新出现了回升势头。2012 年 6 月底,我国手机网民规模达到 3.88 亿,网民中用手机接入互联网的用户占比达到 72.2%。截至 2021 年 12 月,我国手机网民规模已达 10.07 亿,全年新增 2092 万人,网民使用手机上网的比例提升至 99.6%。

　　终端的普及和网络应用的创新是刺激网民数量增长的重要因素。随着智能手机功能越来越强大,移动网络应用层出不穷,同时手机价格不断走低,大幅降低了移动智能终端的使用门槛。随着手机终端的大屏化和手机应用体验的不断提升,手机作为网民主要上网终端的趋势进一步明显。② 2020 年突如其来的新冠肺炎疫情成为刺激移动互联网人数激增的另一重要原因。2020 年较 2019 年移动互联网人数增长了近 1 亿。一方面,由于疫情防控的需要,"健康码"成为人们出行的通行证,进而带动一些不常使用智能手机的用户不得不加入移动网络用户群体。另一方面,疫情防控期间线下社会活动受阻,一些线上娱乐受到关

---

① 图中显示的数据统计截止时间为每年的 6 月。数据来源:中国互联网络信息中心。
② 中国互联网络信息中心:《第 36 次中国互联网络发展状况统计报告》,2015 年 7 月。

注。此外,在线教学活动也极大地吸引了一批未成年用户加入网民队伍。

我国的网民分布和网民结构,可以从以下几个侧面进行了解:

1. 性别结构

从性别结构上看,我国男性网民数量一直多于女性网民,但总体上差异在逐步缩小,男女比例向均衡方向发展。1997年,男性网民占总体网民数量的87.7%,女性网民仅占12.3%。2001年,女性网民的比重快速增加到40%左右,并持续稳步上升,直到近年与男性网民的比重趋向平衡。截至2021年6月,中国网民男女比例为51.2∶48.8,同期全国人口男女比例为51.24∶48.76(第七次全国人口普查结果),网民性别结构趋向均衡,与我国总体人口性别比例趋同。

2. 年龄结构

青年始终是网民的中坚力量,1999年,21—25岁年龄段的网民就已经占到网民总数的41.3%。随着全民接入互联网,网民的年龄结构越来越接近人口结构。其中"一老一小"的问题尤为值得关注,截至2021年6月,6—19岁网民规模达1.58亿。随着互联网基础设施逐渐完善,信息无障碍设施和其他上网设备中便于中老年群体使用的应用及辅助功能更加便利多元。2020年以来,为有效解决互联网适老问题,中央和国家机关采取了多种措施。2021年2月,工业和信息化部发布《工业和信息化部关于切实解决老年人运用智能技术困难便利老年人使用智能化产品和服务的通知》,明确开展适老化工作的总体要求和重点工作。4月,工业和信息化部又发布了两个规范性文件,对互联网的适老化改造提出具体要求。截至2021年6月,50岁以上网民占比达到28%。[①]

3. 学历结构

在互联网发展初期,网民的文化程度普遍较高。随着越来越多的人加入网民群体,网民的学历结构呈现出多元化、低端化趋势。1998年至2021年间大学学历以下的网民占比快速增长,从1998年的41.1%增长至2020年6月的80.5%。

我国网民结构逐渐低学历化,与互联网产业的发展有着较大的关系。互联网产业不断发展,各种网络应用越来越智能,极大地降低了使用的知识门槛。

总体而言,我国网民逐步从精英阶层扩散到普通百姓,网民构成也从单一群体向大众化、多元化不断发展。如今,我国网民的人口统计特征已经与我国自然人口特征高度趋近。

[①] 中国互联网络信息中心:《第48次中国互联网络发展状况统计报告》,2021年7月。

第二节 网民增长影响因素

当前世界互联网发展的空间格局是"中心两翼"型,这一态势与世界各国国内生产总值(GDP)的状况大致相符,但也受到其他诸多因素的影响。西方学者的研究显示,经济发展水平、法律制度环境、现有技术资源、人力资源受教育程度与英语水平是影响多数国家互联网连接的主要因素。[①] 贸易量、电信流量、科技水平和地区则影响着网络空间中的信息流量、网民规模的增长和网民活跃度。[②] 我国学者的研究得出类似的结论:国民收入、城镇化水平、教育水平、上网工具、上网资费和网络就绪程度等因素都会对网络普及率产生影响。影响国家网民规模的因素主要是国家经济总量,因为经济越发达,国家对互联网相关基础设施的建设以及相关产业发展的投资越多,会相应刺激网民数量增长。[③]

知识框 11　网民增长的驱动因素

市场研究公司 EtForecasts 分析和预测了影响世界 57 个国家的网民增长的关键驱动因素[④]如下。

1996—2007 年	2008 年以后
电子邮件扩散	宽带连接:DSL、光纤、手机宽带(WiMax)或其他
免费浏览器	通过无线接入点(WIFI)和手持设备接入互联网
低于 500 美元的 PC 机	无线和手持设备的网络内容
企业局域网	多功能手持设备、移动互联网设备
虚拟主机服务	预付的网络支付卡
B2C、B2B 电子商务	电子商务在发展中国家的发展
下降的互联网接入价格	200 美元—400 美元的上网本
网吧	50 美元以下手机入网
电缆调制解调器和 DSL 连接	基于位置的内容
互联网接入设备的家庭网络	互联网娱乐内容

---

① Eszter Hargittai, "Weaving the Western Web: Explaining Differences in Internet Connectivity among OECD Countries," *Telecommunications Policy*, 1999, 23(10/11), pp. 701 – 718.
② George A Barnett, Bum-Soo Chon, Devan Rosan, "The Structure of the Internet Flows in Cyberspace," *Netcom*, 2001, 15(1/2), pp. 61 – 80.
③ 孙中伟、杨阳、陆相林:《世界互联网网民的空间分布规律与影响因素》,《经济地理》2015 年第 9 期。
④ 《论文下载:影响我国网民数量的因素分析》,免费论文下载中心网(2011-07-19)[2016-04-13], http://down.hi138.com/jisuanji/hulianyanjiu/201107/327563.asp

1996—2007年,全球网民增长的驱动力主要包括上网设备的成本(主要是PC机成本)的下降、互联网接入成本的下降、早期网络应用(主要是电子邮件)的扩散、电子商务的发展等。2008年以后,网民增长的驱动因素也随着互联网基础设施的逐步健全普及、人们的上网设备的多样化、互联网接入成本的进一步降低而发生变化。这一阶段,移动上网设备的作用显著;网络中传播的信息和内容更加专业化,并能使用不同的上网设备;网络应用(如电子商务、社交媒体等)更具有吸引力和娱乐性,通过与位置服务的结合也更进一步地深入民众的日常生活。

显然,网民增长的驱动力在两个阶段发生了变化,移动互联网的作用越来越重要,网络应用的影响加大,互联网的接入方式和设备更加多样化,上网设备的购买成本更加低廉,内容专业化和针对性更强。

第三节　不平等发展与数字鸿沟

"由于宽带网络的不断普及,互联网接入正在取得长足进步。数字连接在改善人们生活方面发挥着至关重要的作用,它为全球数十亿人口获取知识、进行就业和得到其他经济机遇开辟了前所未有的途径",国际电信联盟秘书长赵厚麟如是说。[1] 然而根据国际电信联盟的统计数据,截至2017年,全球互联网普及率为49.7%,这意味着世界上还有30多亿人接触不到网络。在我国,截至2018年12月,非网民尚有5.62亿。上网技能缺失以及文化水平限制仍是阻碍网络接入的重要原因,两者导致非网民不上网的比例分别为54%和33%;因为没有电脑等上网设备而不上网的非网民占比为10%;因为无需求/不感兴趣、缺乏上网时间及无法连接互联网等造成非网民不上网的占比均低于10%。[2]

"数字鸿沟"(digital divide)是信息时代人类面临的一个重要问题。尽管获取数据与设备的成本在不断降低,网络空间中的资源和便利生活的功能对于网民来说已是唾手可得,但对于无法接触和利用互联网的非网民而言,互联网仍然可望而不可即。甚至,由于信息素养较低,一些人即使上了网,也会被淹没在鱼龙混杂的网络信息中,甚至被骗或被侵害。随着全球经济的不断发展、数字化转型的逐渐深入,横亘在来自不同区域、不同社会经济背景、不同种族、不同收入群体面前的"数字鸿沟"也愈加明显。

---

[1]《国际电信联盟发布2017年全球信息通信技术事实与数字——国际电信联盟》,国际电信联盟官网(2017-07-31)[2020-12-04], http://www.itu.int/zh/mediacentre/Pages/2017-PR37.aspx

[2] 中国互联网络信息中心:《第43次中国互联网络发展状况统计报告》,2019年12月。

"数字鸿沟"的由来与知识沟(knowledge gap)假设相关。早在1970年,"知识沟"假设就已经被提出,并一直是传播研究者关注的重要研究领域。知识沟假设主要关注大众媒体的知识传播效果,即不同社会经济地位的人群通过大众传播获得的某一方面的知识或信息差距有扩大的趋势。20世纪80年代,随着信息传播技术的发展,尤其是计算机的普及,一些学者开始注意到社会上出现的信息富人和信息穷人之间存在的鸿沟。① 20世纪90年代,随着互联网的使用日益广泛,数字鸿沟成为一个笼统的标签或比喻,用来说明人们对信息传播技术,特别是互联网的采纳和使用上存在的差距。② 作为一个比喻,"数字鸿沟"使人们有机会认识到技术富有者和技术贫穷者之间存在的不平等。③

"数字鸿沟"是一个不断发展的过程,大体可以分为三代,每一代"数字鸿沟"的内涵阐述如下④⑤:

第一代"数字鸿沟",也是关于"数字鸿沟"最早形成的共识,是指拥有者和缺乏者在接入信息通信技术方面存在的鸿沟。简·梵·迪克认为,接入的概念可以分为四种:一是由于缺少兴趣、技术焦虑而导致基本数字经验的缺乏,他将其称为"精神接入"(mental access);二是电脑和网络连接的缺乏,他将其称为"物质接入"(material access);三是由于技术界面不够友好、教育和社会支持不足而导致的数字技能的缺乏,他将其称为"技能接入"(skill access);四是使用机会的缺乏以及这些机会的不平等分布,他将其称为"使用接入"(usage access)。⑥

第二代"数字鸿沟"的内涵,在接入鸿沟之上更加深入一层,还包括信息技术的素养和培训方面的鸿沟、信息技术利用水平方面的鸿沟等。在这一代的含义中,"数字鸿沟"更强调的是信息"使用"中产生的鸿沟。简·梵·迪克将数字技能划分为工具技能、信息技能和策略技能这三个等级递进的技能层次,提出了

---

① "数字鸿沟"一词肇始于劳埃德·莫里塞特(Lloyd Morrisett)有关对信息富人(the information-haves)和信息穷人(the information have-nots)之间所存在的一种鸿沟的认识。不过这里的"鸿沟",主要指20世纪80年代不同的社会群体在个人计算机占有率上的差异。"数字鸿沟"一词真正引起公众关注则是1995年美国商务部电信和信息管理局(NTIA)发布的题为《被互联网遗忘的角落:一项有关美国城乡信息穷人的调查报告》中对数字鸿沟现象的具体描述,报告详细揭示了当时美国社会不同阶层人群采纳和使用互联网的差别。自此,数字鸿沟现象开始逐渐被研究者所重视。金兼斌:《数字鸿沟的概念辨析》,《新闻与传播研究》2003年第1期。
② 金兼斌:《数字鸿沟的概念辨析》,《新闻与传播研究》2003年第1期。
③ 韦路、张明新:《数字鸿沟、知识沟和政治参与》,《新闻与传播评论》2007第Z1期。
④ 闫慧、孙立立:《1989年以来国内外数字鸿沟研究回顾:内涵、表现维度及影响因素综述》,《中国图书馆学报》2012年第5期。
⑤ 韦路、张明新:《第三道数字鸿沟:互联网上的知识沟》,《新闻与传播研究》2006年第4期。
⑥ Jan van Dijk, "A Framework for Digital Divide Research," *Electronic Journal of Communication*, 2002, 12.

"使用鸿沟"的假设。他指出,一部分人能够系统地将高级数字技术用于工作和教育,并从中受益;另一部分人则只能使用基本的数字技术和简单的应用,并主要以娱乐为目的。通过这一假设,他强调了电脑网络的多用性(multifunctionality),正是这种多用性使得人们使用它的方式千差万别。①

第三代"数字鸿沟",即信息和知识鸿沟,不仅表现在信息通信技术的接入和利用上,还表现在对信息资源和知识的理解、运用方面。② 在数字技术上的"贫穷"是否会导致在社会生活中的"贫穷"? 回答这个问题的关键就在于互联网对于知识获取的影响。由于知识往往与话语和权利的建构紧密相连,信息和知识能够被转化为社会和政治力量,人们在知识获取上的不平等必然会对人们的社会和政治生活产生直接的影响。因此,一旦数字技术接入和使用上存在的鸿沟的问题开始得到解决,知识鸿沟的问题将成为人们下一步关注的焦点。③

接入鸿沟、使用鸿沟、信息和知识鸿沟是对于数字鸿沟内涵三个时期的解读,客观上体现的是一个纵深维度的思考。如果从横向维度进行划分,数字鸿沟还能分成性别数字鸿沟、种族数字鸿沟、年龄数字鸿沟、经济数字鸿沟、收入数字鸿沟、地区数字鸿沟、国家数字鸿沟。从"数字鸿沟"这三个时期内涵的丰富变迁上来分析,从根本上来说,"数字鸿沟"是由那些对接入信息设备有影响的社会经济因素造成的。伴随着互联网的普及,"数字鸿沟"的核心问题趋向于从"谁能有机会接入信息媒体或者获得更多信息"转变为"谁恰到好处地使用了获得的信息"或者"使用者对信息本身具有什么样的观点"。换言之,数字鸿沟的关键议题已从"客观拥有"的问题转变为"主动接受"和"如何接受"的问题。④ 正如戴维·温伯格(David Weinberger)在其《知识的边界》中所设问的:互联网究竟使我们更加聪明了还是更笨了? 虽然这是一个带有技术决定论色彩的问题,但它暗含了一个重要的假设:我们是在以一种特殊的方式去利用和理解技术⑤——当我们接入、使用互联网,我们从互联网中究竟获得了什么,将决定我们成为什么样的人。所以,"数字鸿沟"所真正担忧和关心的并非"数字",而是通路和渠道,能使鸿沟弥合的也不是数字,只能是我们自身。

---

① 〔荷兰〕简·梵·迪克:《网络社会:新媒体的社会层面(第二版)》,蔡静译,北京:清华大学出版社2014年版,第191—120页。
② 赖茂生:《信息化与数字鸿沟》,《现代信息技术》2000年第12期。
③ 韦路、张明新:《第三道数字鸿沟:互联网上的知识沟》,《新闻与传播研究》2006年第4期。
④ 金文朝、金锺吉、张海东:《数字鸿沟的批判性再检讨》,《学习与探索》2005年第1期。
⑤ 〔美〕戴维·温伯格:《知识的边界》,胡泳、高美译,太原:山西人民出版社2014年版。

第二章
青少年网民与亚文化传播

青少年是网络使用的主力军。青少年网络参与的热情较高,其参与度高、范围广的特点,对网络应用的发展和网络文化的走向都有着重要的影响。同时,青少年尤其是未成年人,正处于世界观、人生观、价值观形成的关键阶段,思想尚未成熟、心态开放活跃,也是最容易受到网络不良影响的群体。

第一节 青少年网民规模及特征

在世界范围内,青少年都是互联网使用的先锋和主力军。根据国际电信联盟发布的《衡量数字化发展:2020年事实与数字》报告,全球15—24岁的青少年使用互联网的比例接近70%,在发达国家,青少年的上网比例超过95%。然而,青少年上网状况在全球范围内并不平衡,来自富裕家庭的学龄儿童中,58%在家中可以连接互联网,而来自最贫困家庭的这一比例仅为16%。全球依旧有三分之二学龄儿童(13亿3—17岁的少年和儿童)在家中无法使用互联网。

在我国,青少年网民同样具有较大的规模和远远超过全球平均水平。截至2021年6月,中国青少年网民规模达到1.58亿,青少年互联网普及率超过90%,高于同期全国平均水平。

根据共青团中央维护青少年权益部和中国互联网络信息中心在2021年7月联合发布的《2020年全国未成年人互联网使用情况研究报告》,互联网在未成年人学习、休闲娱乐、社交等方面发挥了重要作用,89%的未成年人使用网络学习,听音乐和玩游戏仍是未成年人主要的网上娱乐休闲活动,占比分别为64.8%和62.5%,上网聊天的占比为55.1%,参加粉丝应援活动的达到8%。青少年网民在网络中呈现出以下特征:

一、青少年对互联网具有较高的依赖程度

青少年网民对互联网的依赖程度高于网民总体,尤其在网络游戏与网络娱乐方面。在麦克卢汉对游戏的作用的理解中,游戏能使人发泄紧张情绪;人能通过游戏感受一种乌托邦似的幻景,用以补足日常生活的意义;在游戏中人还能感受到震颤的欢快和极大的自信。网络游戏相较传统意义上的电子游戏,更能提供一种实时的互动交流机制、团队合作感、身临其境感以及实际的奖励(如称号、装备等),在某种意义上能提供一种虚拟的"第二人生",对青少年的吸引力极大。网络游戏中的社会互动和团队合作给玩家一种归属感和群体认同。多数青少年认为网络游戏和娱乐是实现自我与放松心情的重要方式,在其中可以避开现实的挫折和压力,在游戏和娱乐应用中与趣味相投的同龄人互动、合作,有利于情绪的疏导和精神上的自我实现。然而,由于缺乏足够的判断力和控制力,青少年也容易陷入网络沉迷的困境。网络沉迷会给青少年身心带来极大的伤害,因此防沉迷成为未成年人网络保护领域的核心问题之一。

二、青少年具有较强的网络表达意愿

青少年倾向于在网络上分享、评论和自我表达,例如分享个人照片和信息、发表交流个人观点、就共同话题展开讨论等。年龄越小,发表评论的意愿越强,小学生非常喜欢在网上发表评论,中学生其次,大学生的评论意愿则低于中小学生群体。

从米德的符号互动论来看,一个人需要通过与他人之间的意义交换,完成意义的解释、反应和循环交流,从中得出他人对自己的反馈评价和态度,进而形成"客我"的意识。"客我"意识会同"主我"意识相结合,而形成完整的"自我"。处于成长阶段的青少年,其自我意识正在不断地丰富和建构之中,因此进行自我表达、交流分享、社会互动对于青少年形成对自身、对社会、对世界的认识都具有重要的作用。青少年在现实生活中往往受到学校、老师和家长的约束,生活节奏相对单一,表达空间较小,因此具有开放、分享、低门槛特征的互联网成为他们表达、分享的主要替代工具和场所,写网络日记/博客、发微博、装饰网络个人空间、晒自拍等都成为青少年自我表达的渠道。

然而,由于缺乏对"度"的把握,容易忽视对个人信息、个人隐私的保护,可能形成安全隐患。过度参与、依赖在网络虚拟世界之中的表达和互动,有可能会与现实生活之间产生断层,导致现实人际交往障碍等问题。此外,青少年在网络上与朋辈群体交流较多,也会使其忽视与家人、长辈的沟通,使家庭中的"代沟"更加明显,这对维持良好的家庭关系和青少年的成长环境具有不利的影响。

三、青少年对互联网的信任程度较高

青少年对互联网的信任程度要高于网民总体水平,年龄越大,对互联网的信任程度越低。互联网上信息量庞大,但青少年受到年龄、阅历的限制,对于信息真伪缺乏辨识能力,容易轻信。

第二节 亚文化的内涵及其演变

"亚文化"并不是一个绝对客观、确定地描述某种特定文化现象的概念,相反,它是一个带有判断含义的词——"亚"是相对于"主"而言的。因而"亚文化"这一概念,正是强调这些与主导的、主流的、大众的、流行的文化相对应的文化形态与文化现象,它包含着对于某些从属的、边缘的、小众的、非流行的文化的指涉。文化研究学者盖尔德(Ken Gelder)在其主编的《亚文化读本》(*The Subcultures Reader*)中,对"亚文化"做了界定:"亚文化(subcultures)是指一群通过身份、行为和行为地点在某些方面呈现为非常规状态(non-normative)或边缘化的状态。"[①]然而,正如"文化"这一概念给我们带来的广博、抽象和难以捉摸的感觉一样,由于"亚文化"指涉的相对性,其概念长期以来存在着争议性、模糊性。因此,我们有必要回溯"亚文化"这一概念及其研究的起源,了解学者对其阐释的发展过程,从而对这一概念的内涵进行更为系统的理解。

一、芝加哥学派时期

"亚文化"作为学术上的正式概念,最初是由美国社会学家弥尔顿·戈登(Milton M. Gordon)于1947年提出并予以界定的。[②] 戈登在《亚文化的概念及应用》中将亚文化界定为"民族文化的一种分支,包括一系列社会要素的综合,如阶级地位、种族背景、地域差异和宗教归属,但是它们被整合成一个功能性的整体,并且对其成员产生综合性的影响"。他继而指出,"亚文化是一个'世界中的

[①] Ken Gelder, Sarah Thornton, *The Subcultures Reader*, London: Routledge, 2005.
[②] 马中红、陈霖:《无法忽视的另一种力量:新媒介与青年亚文化研究》,北京:清华大学出版社2015年版,第12页。

世界',也可以说它就是一个独立的世界"①。戈登关于亚文化的定义中包含了对于其差异性、独立性的强调,指出了亚文化在各类社会要素方面具有区别于整体民族文化(主文化)的特性。他认为亚文化产生于不同的阶级地位、种族背景、地域差异和宗教归属等社会要素,但他并没有针对亚文化和主文化之间的关系做进一步的阐述。

事实上,在戈登正式提出亚文化这一概念之前,美国芝加哥学派就已经针对这类文化形态进行过系统研究。具体而言,以罗伯特·帕克(Robert E. Park)及其学生所开创的城市社会学为代表,他们的一系列研究关注了城市中最混乱失序的区域以及生活在其中的边缘人群,如非法移民、底层劳工、越轨青少年、流浪汉等,将这些群体以及围绕他们的社会、文化生活纳入了正式的社会学研究范围。虽然在帕克的研究中,通常使用"边缘人"来指称亚文化群体,并未正式运用和辨析亚文化这一术语②,但是"亚文化"概念的提出及这一研究领域的最终形成,可以说与芝加哥学派早期对于边缘群体的关注和研究密不可分。③ 但是,芝加哥学派的研究主要将亚文化放置在其"越轨社会学"研究的范式之中,大多聚焦在犯罪学领域,多少使亚文化的概念带有离经叛道、越轨失范的负面意涵。

二、伯明翰学派时期

芝加哥学派之后,20 世纪 70 年代至 80 年代,英国伯明翰大学的当代文化研究中心(the Center for Contemporary Cultural Studies,CCCS)针对第二次世界大战后欧美青年亚文化进行了一系列研究,出版了大量著作④,构成了亚文化研究最重要、最有影响力的风向标和理论体系。以理查德·霍加特(Richard Hogart)、斯图亚特·霍尔(Stuart Hall)、托尼·杰斐逊(Tony Jefferson)、迪克·赫伯迪格(Dick Hebdige)等学者为代表的伯明翰学派将文化置于社会生产和再生产的理论中加以研究。伯明翰学派既借鉴了芝加哥学派的研究方法,也吸收了著名文化研究学者雷蒙德·威廉斯(Raymond H. Williams)的"文化与社会"理论视角和葛兰西(Antonio Gramsci)的文化霸权理论⑤,重视阶级语境,

---

① Milton M. Gordon, "The Concept of the Sub-Culture and Its Application," *Social Forces*, 1947, 26(1), pp. 40-42.
② 黄瑞玲:《亚文化:概念及其变迁》,《国外理论动态》2013 年第 3 期。
③ 马中红、陈霖:《无法忽视的另一种力量:新媒介与青年亚文化研究》,北京:清华大学出版社 2015 年版,第 16 页。
④ 伯明翰学派的代表性研究成果《仪式抵抗:战后英国青年亚文化》《亚文化:风格的意义》《女性主义与青年亚文化》《躲在亮处》《共同文化》等专著,均出版于 20 世纪 70 年代末至 90 年代初期。
⑤ 孟登迎:《"亚文化"概念形成史浅析》,《外国文学》2008 年第 6 期。

将亚文化对主文化和霸权的"抵抗"作为核心问题去关注。

在伯明翰学派看来,亚文化是与其身处的阶级语境相联系的,亚文化产生于持续不断的社会结构矛盾、阶级问题以及相应产生的文化矛盾之中,亚文化群体形成自身各式各样的、引人注目的且不被主流社会文化所理解和认可的独特"风格",在对主流文化符号进行"抵抗"的同时解决自身的认同危机。在伯明翰学派的研究中,战后英国所不断涌现的朋克(Punk)、无赖青年(Teddy Boy)、摩登族(Mods)、光头党(Skinhead)等亚文化群体及其文化潮流,是来自工人阶级家庭中的青年人为了抵抗英国社会当中居于支配霸权地位的各种体制及宰制性阶级文化而发展出来的小团体,他们用具有集合性特征的独特文化符号(如穿着、生活方式等)作为他们身份认同的标签和文化抵抗的"武器"。①

图 5-2-1　1979 年的英国电影《四重人格》(*Quadrophenia*)中所展现的摩登族青年②

---

① 有关这一时期的欧美青年亚文化,在《四重人格》(*Quadrophenia*)、《猜火车》(*Trainspotting*)、《这就是英格兰》(*This Is England*)、《几近成名》(*Almost Famous*)、《工厂女孩》(*Factory Girl*)等电影中均有反映。

② 摩登族(Mods):Mod 是现代主义(Modernist)的缩写,摩登族起源于 20 世纪 60 年代的英国。第二次世界大战后,英国青年男子用创新的时尚风潮来打破不安和乏味,他们多来自中下层阶级,穿着工整的西装皮鞋、留着法式覆耳发型、骑着改装的 Vespa 或 Lambertta 机车展现自我;女孩们则留短头发,穿男款裤子、衬衫或者修身迷你裙。摩登族风格在音乐、艺术、时尚界的影响很大,例如著名的 the Who、the Beatles、the Kinks 等乐队,以及 90 年代蓬勃兴起的英伦摇滚(Brit-pop)风潮都深深受到摩登族风格的影响。

"风格"(style)是伯明翰学派为亚文化而标注的核心关键词。"对风格的解读实际上就是对亚文化的解读。"[1]青年亚文化群体制造出具有独特风格的符号系统为他们自己所用。通过日常用语、文学、音乐、舞蹈、服装、休闲活动等"风格"来协商他们的阶级存在。迥异于英国主导文化当中的考究绅士形象,英国青年亚文化群体拥有他们独树一帜的风格,就如同朋克青年的莫西干发型、铆钉皮衣和朋克摇滚乐歌词中表达的对社会现实的不满和宣泄,风格乖张有力;而光头党则以极短的圆寸发型、背带牛仔裤、马丁靴、啤酒足球等白人工人阶级趣味作为其风格标志。

"收编"(incorporation)是伯明翰学派亚文化理论中的又一个关键词:在亚文化群体的抵抗风格产生以后,社会主导文化和利益集团不可能坐视不理,他们开始对亚文化进行不懈的遏制和收编。[2]赫伯迪格指出,占统治地位的文化和社会秩序通常通过两种主要的路径收编亚文化:一是商品化(the commodity form)的收编,也就是将亚文化的风格和符号(服装、休闲活动、音乐等)转化为大量生产的商品。对亚文化进行商业化收编,无异于将亚文化群体独有的各种文化符号进行拆解,让它们原本的意义在成为商品的过程中逐渐弱化,最终使得亚文化最初的"抵抗性"所指被消费文化偷换了意义,只剩下能指的空壳。二是意识形态(the ideological form)的收编,通过支配集团(如大众媒体、警察、司法系统等)为亚文化行为贴上标签并重新界定,以尽力抹杀亚文化的"他者性"(otherness),否定他们的特殊性和反抗性,将亚文化群体重新安置在主导文化的意义框架内。[3]

例如,朋克亚文化产生于 20 世纪 70 年代英国社会衰退的时期。在这个时期,福利国家濒临瓦解、失业率升高、城市贫民区的种族暴乱频发使得青年的挫折感、焦虑感日益增加。朋克群体多出自饱受就业、教育等问题困扰的下层工人阶级,他们以暴躁的音乐演出现场、叛逆尖锐的歌词和随心所欲的装扮去宣泄和批判,反抗主流社会为他们构筑的"理想未来",形成一股反中产、反理想主义和无政府主义的文化潮流。然而朋克后来难以避免被商业大潮所席卷:朋克音乐获得了主流认可,甚至被提名格莱美奖;朋克装扮则被时尚所青睐,朋克风格的元素被各大百货公司和时装品牌频频采用,时尚杂志还做了诸如"如果你想和朋

---

[1] 转引自胡疆锋、陆道夫:《抵抗·风格·收编——英国伯明翰学派文化理论关键词解读》,《南京社会科学》2006 年第 4 期。

[2] 同上。

[3] Dick Hebdige, *Subculture: The Meaning of Style*, London: Routledge, 1979, pp. 92-99.

克一样酷,只需要这六个步骤"的专题。在商业体系、大众文化大肆照搬和传播朋克风格的同时,朋克的核心精神也在这个过程中丢失散佚了。①

简言之,在伯明翰学派对亚文化的研究中,可以看出亚文化原先内涵中的"越轨"和"争议"性被悬置,而代之以阶级对抗的视角,突出了"亚文化风格"所展示和传递的阶级、种族、社会性别等关系。这样的研究视角是对此前将亚文化视为一种"反"文化的负面价值判断的超越。

三、"后亚文化"时期

20世纪80年代至世纪末,随着冷战结束,世界格局走向全球化,多元文化逐渐取代单一的主流文化,青年群体反抗和斗争的对象也不再针对由任何单一阶级、政治、价值体系所支配的文化。在新的时代背景下,消费主义、后现代主义、新自由主义在全球范围内盛行,互联网文化随之萌芽,亚文化的形态、风格以及亚文化群体的行为和认同特征也随着整个文化潮流一同不断发生变化,显露出更加多元、混杂的态势。此时伯明翰学派所秉承的阶级、抵抗视角也开始面临挑战,而以萨拉·桑顿(Sarah Thornton)、史蒂芬·雷德黑德(Stephen Redhead)、戴维·马格尔顿(David Muggleton)、安迪·贝内特(Andy Bennett)等学者为代表的"后亚文化"理论与研究开始崭露头角。

不同于伯明翰学派所提出的较为系统的理论体系,基于对后现代语境中社会文化结构发生变化的考量,后亚文化研究更多关注这一时期所涌现的新亚文化形态,如锐舞派对(Rave)、俱乐部文化(Club Culture)、哥特文化(Goth)等,并且使用如"生活方式""新部落""场景"等新词汇来理解和解释亚文化的形成、传播与认同构筑。②"后亚文化"概念旨在阐释亚文化群体在纷繁多元的文化符号消费时代和新媒体传播的介入下所产生的诸多身份困惑,比如全球化网络时代的虚拟社群身份、消费主义弥漫下抵抗意识的消解等。③

后亚文化学者认为,新时期的亚文化形态不再完全来自阶级、种族等社会关系间的矛盾与张力,而在更大程度上来自青少年通过文化符号消费而构筑的自

---

① 从这个场景中可见一斑:"2015年,时尚杂志VOGUE举办了一个以'朋克'为主题的聚会,华服满场,大家客气地举杯交谈。当时的创意总监Grace Coddington也在场,她环顾四周说:'看看我们周围,这里没人是朋克啊。'"引自杨京楷、张田小:《朋克到底是怎么来的,它为什么又渐渐不见了》,好奇心日报网(2016-02-20)[2019-04-01],http://www.qdaily.com/articles/22256.html
② 马中红、陈霖:《无法忽视的另一种力量:新媒介与青年亚文化研究》,北京:清华大学出版社2015年版,第22页。
③ 孟登迎:《"亚文化"概念形成史浅析》,《外国文学》2008年第6期。

身品位和身份认同。而青少年的消费模式、品位及集体意识的"觉醒"正是被商品经济、消费主义的发展所推波助澜的。亚文化成为个人选择式的狂欢,"不再与周围的阶层结构、性别或种族所链接……后现代亚文化的识别是多样的、流动的,是通过消费建构的"①。换言之,在全球化和消费主义的时代,人们可以通过消费来选择自己认可和想要呈现的"生活方式",通过对文化符号的购买和装束来加入可供选择的文化"部落"。继而,在这样的部落中通过进一步的消费、参与和互动来维系和巩固群体的身份认同,乃至最后形成一组组多元异质的、不断流动的亚文化"场景"。

从芝加哥学派强调与社会主体文化间的"差异"和"越轨",到伯明翰文化研究中心加以突出的"风格"和"抵抗",直到后亚文化理论中强调的"认同"和"创造",这条演变路径较为清晰地表明了亚文化内涵的流动和丰富的过程。如今,亚文化的概念已经被广泛地使用在社会学和文化研究范式中,这从侧面反映了亚文化在当今社会和文化中的特殊价值和意义。② 然而,亚文化作为一个相对的、浮动的概念,在当下日新月异的互联网时代又不断呈现出更为崭新而混杂的表征,这也使得对亚文化的理解和研究将是一项需要不断捕捉、更新和消化的,同时具备趣味性和挑战性的工作。

第三节 互联网时代的青年亚文化

互联网与亚文化有着天然的亲和力,互联网的发展史可以说是与青年亚文化密不可分的。互联网产生于20世纪60年代末的美国,冷战的阴影时时刻刻笼罩在人们头顶,而与此同时,民间的反战、民权运动风起云涌,宣扬"爱与和平"的嬉皮士文化也愈发蓬勃。美国传播学、文化史学者弗雷德·特纳(Fred Turner)在其所著的《数字乌托邦:从反主流文化到赛博文化》中讲述了以计算机和网络为代表的信息技术如何从官僚系统的象征变为"反主流文化群体"——新公社主义者、嬉皮士文化的追随者——的新图腾,并由最初的军事、科研用途扩散至日常的社会文化生活,承接全新的赛博文化(cyberculture)风潮。这些亚文化群体成员大多年轻气盛,受过高等教育,信奉协作性的社会准

---

① David Muggleton, *Inside Subculture: The Postmodern Meaning of Style*, New York: Berg Publishers, 2002.
② 马中红、陈霖:《无法忽视的另一种力量:新媒介与青年亚文化研究》,北京:清华大学出版社2015年版,第17页。

则,崇尚技术,采用控制论的话语风格。他们希望以某种方式建立一个平等的、和谐的、自由的社会空间,挑战冷战阴影下的社会秩序和官僚机器。这些基础条件和文化价值取向使他们成为赛博文化的先驱。《全球概览》(*The Whole Earth Catalog*)、"全球电子链接"(WELL)以及《连线》(*Wired*)杂志的创办与成功,见证了这些当初的"亚文化分子"通过乌托邦式虚拟社区的构筑和公社主义社会愿景的传播,使信息技术"成为反主流文化的一股力量。即使在20世纪60年代的社会运动销声匿迹多年后,这股力量仍在影响公众对计算机和其他机器的看法"[①]。

事实上,互联网技术的前期发展和其去中心化、个人化、开放互动的理念内核与美国20世纪60年代的青年亚文化精神一脉相承。互联网从最初服务于冷战的战略工具转变为鼓励自由、多元、创新的信息革命,本身就是在一代青年的反主流文化的背景下兴起的。如今,互联网已飞入寻常百姓家,尤其是"90后""00后"等青少年网民群体已成为"网络原住民"的一代,他们的成长历程离不开互联网产品和应用的伴随,他们现今的信息获取、社交互动、娱乐消费等活动几乎全部借助网络。在当下的网络传播环境下,年青一代的亚文化样态又将凸显怎样的变化?

互联网开放、多元、互动、超链接的内生属性与亚文化的创新、反叛精神相契合,网络空间更为各种亚文化形态的衍生、发展提供了包容的空间和充足的"氧气"。从文化符号生产与消费、身份建构与群体认同、风格、抵抗与收编等亚文化理论的视角来看,互联网对亚文化的影响突出显现在以下几个方面:(1)亚文化凸显全球化的特征,空间得以解放,不同群体间的边界变得模糊,文化符号得以跨地域、跨文化流动;(2)亚文化个体得以拥有多元身份,进行自我命名、自我界定和自我建构,并在网络化的参与中进行文化内容的再创造;(3)传统时代对于亚文化产生异化甚至毁灭作用的商业"收编",如今发生转变,反而可以成为又一个文化生产的重要环节,这一后亚文化时代所具有的现象在互联网时代表现得更为明显。

一、全球化、跨文化:空间的解放和边界的模糊

在互联网对亚文化的众多深刻影响中,最为明显的便是空间的解放。互联网技术本身就蕴含了亚文化的反主流的精神内核,互联网技术反过来也为亚

---

① 〔美〕弗雷德·特纳:《数字乌托邦:从反主流文化到赛博文化》,张行舟等译,北京:电子工业出版社2013年版,引言第6页。

化创造了栖居和滋长的空间,突破了空间的局限,让文化符号得以在更大范围里自由流通。

网络空间存在的意义非比寻常。例如在过去,朋克、摩登族、光头党作为亚文化群体必须要有自己的设备、装备和"大本营"形式的固定空间,用于集体活动、交流、表演或抗争。这个空间往往是城市中的真实场所,比如酒吧、排练室、音乐厅、废弃厂房、公园一角等。他们必须基于实实在在的物理空间来集合、生产和炫示自身的文化符号与价值。但今天的互联网等新媒介却提供了无处不在的网络虚拟空间。而所谓的虚拟空间也并非完全虚拟,因为人们在这个空间中所发布、生产的文化符号和建构的社会关系,都是实实在在基于真实社会,或是会对真实社会产生影响的。在这个意义上,网络空间和现实中的空间并无二致。所以,当网络空间为人们无差别地提供其无限的信息承载量、多媒体的符号展示方式,以及低门槛、几乎零成本的优势时,便成为亚文化又一个可供选择的绝妙的栖身之处。例如现在的独立摇滚乐迷(indie rock fans)已经习惯于通过各式各样的社交网站和在线流媒体音乐平台建立讨论、群组和小型站点,随时随地发布评论、上传作品、共享播放列表和交换音乐资源,在线上的沟通中不断结识和发展更多的同好。而在前互联网时代,乐迷们的交流只能是在唱片店、演出场所等少量的地点散点式地进行。如今,在网络空间信息功能、社交功能的助推之下,线下独立音乐场所的空间功能也得到了解放:通过线下周期性、仪式性地举办活动,乐迷群体得以巩固关系和身份,群体认同感也能得到进一步强化。

同时,互联网使得亚文化群体的组织和形成方式发生了根本性的变化。认同某亚文化的不同个体得以跨越地域、国家,乃至原生社会文化的边界而走到一起。后亚文化学者安迪·贝内特指出,在互联网空间里,青年人可以从"他们日常生活中的社会经济和文化束缚中解放出来,以跨地域的可交流的青年文化话语为基础,自由自在地结成新的联盟"[1]。在互联网时代的"新亚文化部落"里,成员之间的联系比较松散,往往是以共同兴趣为主。他们的交往更加注重个性发展,强调共享的交流体验,而不像朋克、光头党等传统亚文化群体那样强调对团体的效忠和认同意识[2],这也使得不同亚文化群体之间的边界变得模糊。

---

[1] 〔英〕安迪·班尼特、基思·哈恩—哈里斯:《亚文化之后:对于当代青年文化的批判研究》,中国青年政法学院青年文化译介小组译,北京:中国青年出版社 2012 年版,第 129 页。

[2] 曾一果:《新媒体与青年亚文化的转向》,《浙江传媒学院学报》2016 年第 4 期。

> **知识框 12　网络与青年亚文化**[①]
>
> 网络新媒体的无深度感、暂时性、分裂性和全球化特征促使在其基础上生成和传播的青年亚文化不再坚持抵抗任何单一的政治体系、主流阶级和成年文化，网络亚文化甚至不同程度地弱化了某些"抵抗"的特质，也不再囿于某种风格鲜明而固化的文化类型。相反，身体、性别、种族、民族、时尚、图像等不断进入当代中国青年亚文化的内核和意义场域，许多特征明显不同的青年亚文化类型共时性地陆续呈现，甚至此起彼伏。随着时间的流逝，它们不断出现、繁荣，直到消失，周而复始，生生不息。在新媒体建构的虚拟世界中，青年人也不再仅仅将自己执着地归属于某一种亚文化类型，他们经常从一种亚文化类型转向另一种亚文化类型，或者同时属于几种亚文化类型。这完全不同于此前伯明翰学派所关注的青年亚文化，也不同于国内前互联网时代的青年亚文化，那时候看起来似乎就只有两种文化类型——主流的和反叛的。事实上，不同阶层、不同教育背景、不同社会环境中的青年人总是分属于各种明显不同的群体，他们在观念、价值观和意识形态上都有着极强的差异性、多样性和异质性……

互联网所促进的文化空间的解放，使得青少年的"文化属性"不再受自己的种族阶级、社会经济背景乃至地理空间上的原生文化背景决定，而是遵循自身的认同、兴趣，有了更为开放性、多样性的选择。这使文化群体间的边界渐趋模糊，也使网络亚文化凸显出跨文化、全球化、部落化的特征。

二、参与式、个人化：多元身份和自我建构

如果说在伯明翰学派视野中的青年亚文化各自具有其独树一帜的风格，那么在鼓励个人化、鼓励社交和表达的互联网空间中的亚文化风格，则更大程度上成为一种个体的自我建构、展示和创造。前互联网时期的亚文化风格是内部一致的，是抵抗和区别于主导阶级文化的武器，而互联网时期的亚文化风格更强调一种个人化的认同，思想观念上也从"抵抗性"转向"独特性"。

举个例子，在当下各式各样的社交网络平台中，我们并不难发现一个既认同二次元文化，热爱追美剧、日剧，也喜欢以 Kendrick Lamar 为代表的新一代 Hip-

---

[①] 马中红：《国内网络青年亚文化研究现状及反思》，《青年探索》2011 年第 4 期。

hop音乐,同时又会在个人动态中发布支持某种亚文化群体平权观点的青年网民。在前互联网时期,难以想象会出现这样的个体,他(她)并不属于任何单一的亚文化群体,但在网络空间中,他(她)可以拥有多元的文化身份。他(她)通过自己对各类亚文化符号的输入输出,在多个亚文化群体中尝试扮演不同角色并进行互动,获得认同的兴奋和满足感,并且逐渐建构起自己的个人"风格"。如社会学家戈夫曼(Erving Goffman)所言:当一个人在扮演一种角色时,他必定期待着他的观众们认真对待自己在他们面前所建立起来的表演印象。① 网民们通过自我呈现、自我表达,以及与他人进行线上互动的过程,基于文化背景、兴趣爱好、价值观念等因素,逐渐形成内部拥有相似属性的圈子和社群。久而久之,隶属同一圈子的网民们便拥有了自己的米姆(文化的基本单位,通过非遗传的,特别是模仿的方式而得到传递)(meme)、交流习惯乃至文化意义上的各种属性,进一步形成一个个亚文化群体。但与此同时,每个个体也可以加入不止一个群体。成员在彼此的交流中加深了身份认同感,在群体壮大的同时完成了自身的社会化过程。

  后亚文化研究认为,亚文化"并非完全是青年群体团结一致的、成熟的草根表达方式,而是青年与媒体之间动态的、高度灵活的关系的产物。媒体为青年提供了多种视觉资源及意识形态资源,而青年则将这些资源融入了集体亚文化身份认同之中"②。如本书第四部分所述,网络时代的文化已经是一种"认同的文化",文化存在的样态已经不再是一个将人完全笼罩的、涵化的、灌输式的"鱼缸",而更像是一个大型集市,人们可以在集市的不同分区中自由来去,选择自己更为认同和中意的部分,作为自身身份和风格的标识。举一个典型的例子,豆瓣网的"小组"功能就是这样一个亚文化走向"个人化"的实际表现:豆瓣小组所代表的一类亚文化群体,大多是开放、自由组织、松散联结的,但又紧密围绕小组主题。一个对不同类型亚文化具有兴趣的用户,可以选择加入相应的主题小组,在其中阅读、发言讨论;同时,该用户加入和管理的小组以及推荐过的小组话题也会出现在他(她)的个人页面上,在社交互动的过程中被其他用户看到,成为他(她)的一项标识资料。

  安迪·贝内特考察了青少年如何利用新兴的互联网媒体,通过文化参与创造了带有"自我建构和自反性色彩的'亚文化'身份认同形式",而这种文化参与在他看来意义重大,因为这体现了一种民主参与性,意味着对"亚文化"命名和界

---

① 〔美〕欧文·戈夫曼:《日常生活中的自我呈现》,黄爱华、冯钢译,杭州:浙江人民出版社1989年版,第17页。
② 〔英〕安迪·班尼特:《流行音乐文化》,曲长亮译,北京:北京大学出版社2012年版,第27页。

定的权力由精英的社会理论家转到了年青的"亚文化主义者"本人手中。① 互联网影响下的亚文化群体惯常使用群体成员间共同的"偏好""品味"和"生活方式"作为自我定义标识,通过社交网络所构成的圈层化联系让自己的"圈子"同其他文化群体形成某种区分和差异,并形成一套自我构建的文化身份政治系统和自给自足的文化符号的生产模式。

这一点可以通过无偿进行海外文化节目翻译制作的"字幕组"群体得到典型反映。字幕组译介的内容囊括各类影视剧、纪录片、娱乐节目、教育类节目,不同的字幕组往往有不同领域的专长,但都极具组织性,从片源、翻译、时间轴调整,到校对、压制、发布等各个环节都有明晰的分工和成员们高效率的劳动。各类字幕组的共同点在于,字幕组成员的劳动皆出于兴趣和自愿,他们并不会得到实际的金钱报酬,因而也被广大网友称为"互联网时代的盗火者"。在字幕组中,成员获得的报酬更大程度上是一种象征意义的群体认同,以及译介作品的口碑、影响力所带来的荣誉感,这是这个亚文化共同体对成员的劳动过程和成果的肯定与承认。以无名联合、跨域流动、弹性自愿、免费劳动、协同共享为核心的字幕组文化与劳动体现的是一种基于共产主义工作伦理的自我实践和自我建构。②

在网络亚文化群体的实践中,个人化的兴趣得以同集体化、组织化的参与协作密切融合,这样的融合保证了亚文化群体的成员在保留自身多元文化身份的同时,也能与其他成员一同构建集体认同。这是在当下后现代主义和消费主义时代,亚文化群体得以维系自身生命力和创新力的关键,也是互联网赋予他们的一项文化"基因"。

三、消费与生产统一化:"收编"成为一种生产形式

在伯明翰学派的研究中,商业化和消费主义往往被看作是"收编"亚文化的手段,对亚文化的"风格"会产生异化作用,乃至削弱其抵抗的力量。然而在已是后现代主义、消费主义集中表征的网络传播环境当中,个体向社交转化、受众向主导转化、消费向生产转化,文化符号往往已与商业价值牢牢绑定。

在后亚文化时期,群体成员之间对于文化身份的相互确认与建构不再基于阶层、性别、宗教等传统的社会结构因素,而是基于对特定文化符号系统的认同。例如,朋克群体的构成基于战后英国工人阶级的社会政治经济背景;而当下"二次元"文化群体的构成与集聚则是基于个体对 ACG 文化及其符号的认同与喜

---

① 曾一果:《新媒体与青年亚文化的转向》,《浙江传媒学院学报》2016 年第 4 期。
② 张斌:《中国字幕组、数字知识劳(工)动与另类青年文化》,《中国青年研究》2017 年第 3 期。

好;粉丝文化则更为明显地基于成员们对于各自"爱豆"(idol)的支持和热爱。而当下的青年如何体现自身的符号认同?"消费"和"创造"自然而然成为最为显著的两种渠道,其中"消费"甚至成为"创造"的更为直观的一种表现形式。

有一句西方谚语说"You are what you eat",而在当下人们的网络化消费主义生活当中,更恰如其分的说法是"You are what you buy"。法国社会学家鲍德里亚在分析消费主义社会时曾尖锐地指出,消费绝不是宣传中所说的"自为的、自主的和终极性的"行为,"人们可以自娱自乐,但是一旦人们进行消费,那就绝不是孤立的行为了,人们就进入了一个全面的编码价值生产交换系统中,在那里,所有的消费者都不由自主地互相牵连"[①]。在这个意义上,消费成为一种语言,是一种符号秩序和社会关系的隐喻。如今人们可以轻易地付费订阅、收看和收听中意的文化内容,或是"一键下单",购买相应的活动票券或文化产品。这已经是互联网时代人们所习惯的一种生活方式,在潜移默化的影响中,亚文化符号的生产传播路径也势必与之融合。购买和付费成为亚文化族群为了表示认可和支持而势必选择的方式。在网络社会中,各种信息资源唾手可得、一切看似都能免费,但亚文化群体若要在现实社会中生存、保持其一贯的活力,也很难不依赖消费,即便这看似矛盾——在我国台湾地区一家经营独立音乐现场演出的俱乐部(Livehouse)里就写有这样的语句:"消费独立音乐,不然音乐怎么独立。"

在当下全球化、后现代主义的网络社会中,文化存在的形式已经彻底发生了变化。文化被潜移默化地改造,变得多元化、圈层化、个人化,并被分解成可供每个人选择的文化符号、文化风格和生活方式。"小众文化"和"大众文化"之间的边界已经趋于模糊,"亚文化"也不能再被轻蔑而武断地认定是偏安一隅、从属于"主流文化"的边缘文化了。恰恰相反,"主流文化"已经被细化、分众化,分隔为无数大大小小的、松散连接的"亚文化"。换言之,在这样一个"主流文化已经分解为多元化的生活方式的感性特征和偏好的世界里,曾经被人们所接受的'亚'文化与'主流'文化之间的区别,已经不能再说还适用了"[②],我们对于亚文化的认知需要更新。这正是当今时代,互联网对于亚文化,乃至整个文化生态的最为深刻的影响。

---

① 〔法〕让·鲍德里亚:《消费社会》,刘成富、全志钢译,南京:南京大学出版社2006年版,第60页。
② 〔英〕安迪·班尼特、基思·哈恩-哈里斯编:《亚文化之后:对于当代青年文化的批判研究》,中国青年政治学院青年文化译介小组译,北京:中国青年出版社2012年版,第57页。

第三章
女性网民与女性主义网络使用批判

随着互联网的普及率逐渐上升,网民性别比例趋于平衡,但是女性网民无论在网络使用习惯还是在受网络影响方面都表现出极大的特殊性。有关女性主义的研究日渐与网络研究相结合,促进了女性主义网络使用研究的深入。

第一节 女性网民群体特征

中国网民中的女性比例从1997年10月的12.3%上升到了2021年6月的48.8%。女性与男性网民的比例逐渐拉近,渐趋均衡,网民性别结构与人口性别比例逐步接近。男女两性有着不同的上网动机。[①] 在网络服务的使用上,女性注重实用服务,而男性更注重技术层面。女性与男性网民由于所关心的问题和爱好方面的差异,在网络中寻找的信息也有所不同。这几方面的差异导致男女网民在信息和媒介素养上的差距。所以,不仅应关心女性网民的数量增长,还应关注女性对网络信息资源整体利用的能力、动机与意识。

从上网需求层面看,有研究从六个方面的需求比较两性在上网动机方面的差异:一是实用需求,即通过网络获取信息、商品、服务等;二是情趣需求,即通过网络参与休闲娱乐;三是虚拟需求,即通过虚拟身份摆脱现实束缚;四是合群需求,即通过网络参与社会事务,融入并维护社会群体;五是展示需求,即通过网络进行自我展示和自我表达;六是代偿需求,即由网络来弥补现实生活中所受的压抑和排遣情绪。[②]研究表明,男性比女性更加看重在互联网上自我展示和自我表达。

在女性的上网行为方面,现有的数据和调查主要集中在对女性网络消费行

---

① 吴华:《女性网络用户信息活动调查》,《中华女子学院学报》2002年第2期。
② 佟新:《社会性别研究导论——两性不平等的社会机制分析》,北京:北京大学出版社2005年版,第4页。

为的研究上,对女性网民的定位普遍是"时尚消费者"和"家庭管理者"。这些特征有可能来自现实社会与网络空间对"社会性别"的共同建构,因此在互联网使用方面体现出社会对女性性别角色的期望。

从网络舆情与网络事件来看,涉及女性的网络舆情和网络事件存在以下特征:一是涉及女性的网络舆情和网络事件往往参与度较高,且以女性为受害者的网络舆情出现频次往往较高。对处于弱势地位的女性和女性受害者的关注在某种程度上有助于发现、引导、监督及解决问题,但如果舆情仅仅停滞在对女性受害者的围观和同情上,难以从根本上改变性别不平等的社会权力格局。二是涉及女性的网络舆情娱乐化问题突出。例如,女干部以美貌进行权色交易等问题在舆情中被放大,有些网民不仅热衷于借此消费女性,而且故意编造谣言进行调侃。网络舆情娱乐化,容易导致一种逃避式的导向,使得性别不平等的问题不被正视,并且在某种意义上,这种娱乐化正是性别不平等观念的一种强化。三是女性网民群体自身的异质性使得舆情诉求多元化。随着社会转型和阶层分化,职业、家庭、受教育程度、经济条件等因素的差异会使不同的女性具有不同的诉求。然而在目前的网络舆情场域中,大众的性别认知难以超越性别二元对立的观念,因此在面临女性群体多元化的诉求时会产生冲突。一方面,个别女性的问题容易被放大为整个女性群体的问题;另一方面,个别女性的诉求,如果得不到其他女性群体的共鸣,则会在网络上被视为异类,产生沉默的螺旋效应。[①]

总而言之,女性网民作为一个多元化、异质性、较为松散的群体,其最核心的统一性质便是女性的性别和身份特征。而这个特征在互联网环境下是否会被稀释、是否还会反映传统和现实社会中对于女性身份的认知与呈现,又是否会因此影响到女性网民群体具体的互联网使用,这是我们需要围绕社会性别这个概念,从女性主义的视角予以进一步解读的。有关社会性别及其建构,将在第二节中对其详加分析和批判。

第二节 女性主义理论与媒介研究

媒介一向是与话语相关的。话语是人们在社会互动中进行沟通的工具,用来呈现事实、表达意图,本质上是一种社会行动,能够体现出人群中特定的社会关系和权力关系。网民同样依靠媒介使用和话语表达来塑造社会关系,久而久

[①] 南储鑫:《2013~2014年女性网络舆情研究报告》,刘利群主编:《中国媒介与女性发展报告(2013~2014)》,北京:社会科学文献出版社2015年版,第32页。

之则形成一种群体性的集聚和集体身份与行为特征。然而,这样的群体性特征是怎样被建构的?互联网媒介在这个过程中起到了怎样的作用?本节将以女性网民群体作为范例,以女性主义的视角和主要概念对互联网在女性网民群体性特征建构中的作用做一个批判性的思考和解读。

一、性别与社会性别

如果从女性主义的视角来观察互联网时代的社会互动,那么"社会性别"这个中心概念将是最重要的切入点。人类的性别具有双重属性,既有生物属性也有社会属性,这就是性别(sex)和社会性别(gender)二者所分别代表的含义。"社会性别"一词来自英文词语"gender",和通常认为的生理上的"性别"(sex)是不同的概念。性别是由生物学所描述的东西,与人体、荷尔蒙和生理学等有关,社会性别是一种获得的地位,是通过心理、文化和社会手段构建的。[①] 例如,身份证、学生证上面显示的"性别"一栏的"男"或"女",就是我们的性别。而如果有一个身材高大、剃着板寸却身穿长裙的年轻人走在路上,其他人看到之后叨"这人怎么不男不女",这里的"男"和"女"指的就是社会性别。因为通常板寸是男性会剪的发型,而长裙则是女性的装束,这样的外形是在人类长期的社会互动中所形成的符号,用这样的符号来指涉一个人是男性或女性时,所指就是社会性别。

美国性别研究学者朱迪思·巴特勒(Judith Butler)将社会性别概念化,视其为一种"表演"。[②] 一个人在社会当中的性别是不同于这个人与生俱来的性别的,前者可以通过个体的自我表达来形成,自我表达是一种类似表演的方式。同样,社会也有一套关于性别的标准,比如一个人涂口红、穿高跟鞋,就是一种女性性别的表现,而无关这个人真实的性别如何。性别作为生物的构成,指的是与生俱来的男女生物属性,而社会性别是一种文化构成物,是通过社会实践的作用发展而成的女性与男性之间的角色、行为、思想和感情特征方面的差别。[③] 例如,人们把"男儿有泪不轻弹"视为一种男性美德,这并不是因为男性在生理上只会流血不会流泪,而是因为社会界定了男性的适当行为就是"泪往肚里流"。[④] 社会对男性"吃软饭"的嘲讽,同样是对男性将女性作为经济来源和生活依靠这种

---

① Candace West, Don H. Zinmmerman, "Doing Gender", *Gender and Society*, 1987, 1(2), pp. 125 – 151.
② Judith Butler, "Performative Acts and Gender Constitution: An Essay in Phenomenology and Feminist Theory," *Theatre Journal*, 1988, 40(4), pp. 519 – 531.
③ 刘霓:《社会性别——西方女性主义理论的中心概念》,《国外社会科学》2001年第6期。
④ 佟新:《社会性别研究导论——两性不平等的社会机制分析》,北京:北京大学出版社2005年版,第4页。

行为的贬低,因为这种行为背离了社会对于"男子汉"形象的一套既定标准。

社会性别的概念主要是强调人所具有的社会性,人在与他人交往时,人的社会性就会发挥作用。因此人类社会中的两性不仅是单纯解剖学意义上的男性和女性,而且是社会意义上的男性和女性,它包括由语言、交流、符号和教育等文化因素所构成的判断一个人的性别的社会标准。

二、社会性别与女性主义

20世纪60年代和70年代,第二次女性主义浪潮兴起,社会性别开始在西方女性主义理论中成为一个中心概念,它在探索妇女受压迫的原因、不平等性别关系的形成以及推动妇女的思想解放等方面发挥了重要作用。

西方女性主义者认为:男性与女性之间的差别并不完全是由生理上的不同决定的。这也是社会性别概念化的起源。法国著名哲学家、女性主义学者西蒙娜·德·波伏娃(Simone de Beauvoir)于《第二性》中对这个观点做了系统论述,并提出了女性主义者所熟知的观点:"与其说女人是生就的,不如说是逐渐形成的。"① 她的《第二性》作为西方女性主义的理论经典,全面和历史地分析了妇女的处境、权利与地位,指出了当时西方社会对妇女自由的种种限制,而"女性是被人为建构的"这一论点在此后的社会性别理论发展中始终处于中心地位。

波伏娃对女性主义思想的另外一个重要贡献,是通过社会性别的概念揭示了其中的等级和权力关系。也就是说,社会性别与生物学意义上的性别不同,并不涉及男女之间一种对称的差别,而是一种不对称的、不平等的关系。波伏娃指出,妇女是被社会建构为他者(the other)的人,妇女的劣势不是自然形成的,这个等级划分的二元体系是父权制(patriarchy)的产物,是用来为巩固男性权力服务的。因此,女人不仅是一种社会建构的产物,而且较之男人,她们的社会地位更低,受到尊重和重视的程度逊于男性。②

伴随着女权运动的发展,西方女性主义理论不断形成了各种分支派别,已经成为一个庞大多元的思想体系,包括如自由女性主义(liberal feminism)、激进女性主义(radical feminism)、文化女性主义、马克思主义的女性主义、生态女性主义、后现代女性主义、后殖民主义女性主义等派别。这些派别产生的历史背景、基本的理论假设和问题等都存在不同程度的差异,但这个思想体系的宗旨相当

---

① 〔法〕西蒙娜·德·波伏娃:《第二性》,陶铁柱译,北京:中国书籍出版社1998年版,第309页。
② 刘霓:《社会性别——西方女性主义理论的中心概念》,《国外社会科学》2001年第6期。

统一,即分析千百年来妇女受压迫的原因,以及探寻女性解放的途径,中心目标是争取两性的平等,要求实施社会变革以实现女性的平等权利。

社会性别概念的提出和普及,使女性主义学者有机会考察那些此前一直被视为是自然的和永恒不变的东西,并从新的和更多重的角度来考察妇女的地位和她们受压迫的根源。女性主义的这些理论派别和立场都需要将社会性别概念作为基础,不管是探讨这一理念的合理性还是分析其内在局限性。所以,要了解女性主义理论也就必然要了解社会性别概念。[①]

知识框 13　三次女性主义运动浪潮

以前人们习惯把女性主义运动分为三次浪潮。第一次女性主义浪潮开始于 19 世纪末,其争论的焦点是要求性别包括男女之间的生命全历程平等,也就是两性的平等,也要求公民权利、政治权利,反对贵族特权、一夫多妻制,强调男女在智力上和能力上是没有区别的。[②] 其最重要的目标是要争取家庭劳动与社会劳动等价、政治权利同值,改变公共领域中性别不平等的统治规则。

第二次女性主义浪潮从 20 世纪六七十年代开始,持续到 80 年代。这次运动主要是抵制不利于妇女的法律,如对妇女人工流产权的争论,并以群众游行、政治游说等行动为特征。经济上,强调两性间分工的自然性并消除男女同工不同酬的现象;反对把两性的差别看成是女性附属于男性的观点;[③]政治上,号召女性积极参与并影响政治;文化上,要求把女性从男性中心的传统社会和文化价值观中彻底解放出来,要求分领域对相应公众开放。[④] 第二次女性主义浪潮深入个人生活,也催生了对于女性主义的学术研究,以法国哲学家西蒙娜·德·波伏娃为代表的一批学者建立起更为成熟的女权主义理论。

第三次女性主义浪潮产生于 20 世纪末持续至今天,主要表现为有色人种、第三世界国家的妇女要求发出自己的声音,她们不仅要求摆脱性别压迫,还要求摆脱阶级和种族压迫。

[①] 刘霓:《社会性别——西方女性主义理论的中心概念》,《国外社会科学》2001 年第 6 期。
[②] 金莉:《美国女权运动·女性文学·女权批评》,《美国研究》2009 年第 1 期。
[③] 李小妮、李爱勇:《挣脱与羁绊:女权主义运动与启蒙理性》,《常州大学学报(社会科学版)》2021 年第 1 期。
[④] 田心:《国际妇运风云二百年》,《中国妇运》2010 年第 1 期。

三、女性主义媒介研究

媒介一直是当代女性主义反思和批判的一个核心。媒介如何呈现女性,如何编排、传播女性相关的议题,都是女性主义关于媒介符号的重要关注内容;女性主义者不仅致力于为女性的政治、法律、社会各方面的平等权利而抗争,而且向社会当下的支配性符号和话语体系发起挑战。自 20 世纪 60 年代起,美国的一些地方电视台就开始面临全国妇女组织的抗议,因为这些电视台的节目在呈现女性的时候表露出严重的社会性别歧视、性别刻板印象,甚至根本忽略妇女议题。① 妇女团体认为媒介应当呈现更为积极自由的女性形象。她们的诉求让社会开始注意到对于女性的媒介呈现,也引发了学术界通过研究论证和支持女性主义运动的诉求。② 女性主义媒介研究包括但不限于以下主题。

1. 媒介性别刻板印象

刻板印象是一种特定的社会认知图式,是对有关某一群体成员特征及其原因的比较固定的信念或想法。③ 刻板印象往往不以客观经验为依据,而是存在于人们头脑中的一些固定看法和观念,是与社会角色有关的刻板化认知。刻板印象可以分为性别刻板印象、种族刻板印象、职业刻板印象等多个子类型。性别刻板印象是社会生活中为人们广泛接受的对男性和女性的固定看法。这种固定看法会影响人们看待男性或女性的观点,并由此产生偏见。最为典型的,比如"男主外、女主内""郎才女貌"等俗语,都是在传统文化或世俗生活之中"约定俗成"的性别刻板印象的体现。提起女领导,人们往往把她们与"大龄剩女""强势冷酷,不负家庭责任"甚至"潜规则"等刻板印象挂钩,但大多数男性领导很少面临同样的指责,似乎强势、具备领导才能、追求个人价值的实现都是男性适合具有的品质,而女性则不被鼓励与这些特点扯上关系。

在媒介研究领域,性别刻板印象的媒介呈现以及对受众产生的认知上、行为上的影响是女性主义媒介学者带入传播学研究领域的研究焦点之一。塔奇曼(G. Tuchman)是这一领域代表性的学者,最先提出有关女性主义媒介研究的完整理论框架。她从功能主义的角度对于电视节目中女性角色的呈现进行研究,揭示电视通过将妇女塑造为劣于男性、对男性毕恭毕敬的弱者和无能者的角色来象征性地贬低妇女、强化性别刻板印象,对于女性产生了"象征性歼灭"(sym-

---

① 曹晋:《媒介与社会性别研究:理论与实例》,上海:上海三联书店 2008 年版,第 32 页。
② 〔荷〕祖伦:《女性主义媒介研究》,曹晋、曹茂译,桂林:广西师范大学出版社 2007 年版,第 15 页。
③ Susan T. Fiske, *Social Beings: A Core Motives Approach to Social Psychology*, New Jersey: Wiley, 2004.

bolically annihilate)的作用。①

年轻女孩们受"电视女人"的影响,就会期望自己成长为家庭主妇,而不是职业女性。的确,这些女孩除非迫于生计,否则会抵制就业。② 塔奇曼指出,媒介反映并强化了社会中的支配价值取向和观念,媒介通过象征性地贬低女性或是忽略女性,这些都是性别刻板印象的描绘、实践和再生产方式。这样的再生产通过涵化影响受众的认知和观念,进而形成限制性的模式,最终危及女性在人生价值、社会角色上的选择和发展。③

有关媒介性别刻板印象的研究至今已有大量文献,研究覆盖的范围也从发达国家扩展到发展中国家、有色人种以及男性群体。例如学界通过对媒介中男性气质呈现的研究,发现广告、杂志当中的男性呈现被年青、英俊、健美、整洁的标签化男性形象所占据。一部分学者认为,这样的男性气质呈现是在重新确立旧的男性气质价值观念,或者是对女性主义的反击④;无论男性气质的定义如何变化,它都会与女性气质形成鲜明对比,并凌驾于后者之上⑤。另一部分学者则认为,消费主义逻辑支配下的媒介刻板印象无论是对于女性还是男性都具有同样的物化和限制作用,媒介所塑造的权威的、健美的、强有力的男性形象对于大多数普通男性同样意味着压抑、限制和伤害。在这个意义上,男性和女性都是消费主义文化框架中媒介刻板印象的受害者。⑥

简言之,媒介刻板印象体现了一种文化观念上的权力与等级,在将不同群体刻板印象化的同时塑造并分化"他者"。由此塑造出来的不同性别的形象都是一种"被再创造的、重新社会化的,适应资本主义商品经济的、社会性别化的时代符号"⑦。

2. 媒介色情

女性主义对于媒介所展现的色情内容主要通过冲突与不平等的角度进行批判。媒介色情被揭示是一种性别不平等的极端表现形式,"女性仅仅作为挑逗与

---

① Gaye Tuchman, The Symbolic Annihilation of Women by the Mass Media, Culture and Politics. New York: Palgrave Macmillan US, 2000.
② Gaye Tuchman, Arlene Kaplan Daniels, James Benet, *Hearth and Home: Images of Women and the Media*, New York: Oxford University Press, 1978.
③ 〔荷〕祖伦:《女性主义媒介研究》,曹晋、曹茂译,桂林:广西师范大学出版社2007年版,第23页。
④ David Gauntlett, *Media, Gender and Identity: An Introduction*, London: Routledge, 2002.
⑤ Stephen M. Whitehead, Frank J. Barrett ed., *The Masculinities Readers*, Malden, MA: Blackwell Publishers, 2001.
⑥ Susan Faludi, *Stiffed: The Betrayal of Modern Man*, London: Vintage, 2000.
⑦ 曹晋:《媒介与社会性别研究:理论与实例》,上海:上海三联书店2008年版,第37页。

满足男人的性玩物,此外一无是处"①。媒介对色情的表现,甚至贩卖,在女性主义研究中,是对女性的物化、商品化,使暴力和权力通过性欲的形式变得"合理",因此建构了通过暴力和权力寻求愉悦的男权性欲形式。② 有学者认为,理解媒介色情时,并不能简简单单地将其认为是一种性、性幻想和裸体的自由表达形式。当色情与媒介、商品挂钩时,这实际上代表了对男性支配、压制女性的权力进行颂扬。③ 媒介色情中对于女性肢体而非人格的关注、对女性引诱顺从姿态的塑造共同形成了歧视与物化的视觉编码,继而再生产出父权制的意识形态。

需要注意的是,女性主义者并非对于所有媒介的性展示都加以批判,色情(pornography)与情色(erotica)具有本质上的不同。媒介对色情的展示具有"意淫"功能,其主要目的之一就是迅速有效地刺激人的性欲,所以此类作品常常"直奔主题",着力于渲染人类的动物性本能和女性对于男性的性满足。而情色作品对于性的再现则是基于两性地位平等的、两情相悦的情感认同,目的主要在于传播艺术美感。④

女性主义对于媒介色情的批判揭示出一些更深层次的问题:色情被界定为一种暴力,其媒介再现的本质是什么?与社会真实之间又具有何种关系?荷兰传播学学者祖伦(Liesbet van Zoonen)反对"色情仅仅是媒介再现,而非行动本身"的观点,强调媒介的再现就是一种社会实践,而这种实践潜移默化地建构了女性和性倾向的社会观念。对于这些再现行为的消费也不仅代表着个人的消费选择和偏好,而且是社会性别观念的嵌入和文化构成的表现。

当对于色情的争论从对媒介再现内容的讨论上升到其社会实践意义的层面时,这就再次触及了女性主义媒介研究的核心议题和出发点——毕竟,媒介文本从来不是简单地反映和"再现"现实,而是构造等级、秩序与霸权(hegemony)。

第三节 女性主义网络使用的批判性思考

互联网是新的社会生活场域,网民的上网行为也是社会空间的社会互动。网络空间内的社会互动对社会性别建构的影响深远。20世纪90年代中后期,互联网刚刚流行开来的时候,人们曾认为类似聊天室、BBS、通告板这样的网络空间具有一种"去性别化"的性质。因为在其中所有人都是匿名的,并且可以选

---

① 〔荷〕祖伦:《女性主义媒介研究》,曹晋、曹茂译,桂林:广西师范大学出版社2007年版,第25页。
② 同上书,第25页。
③ Andrea Dworkin, *Pornography, Men Possessing Women*, London: Women's Press, 1981.
④ 李宽:《略论"色情/情色文化"的传播与控取》,《现代传播(中国传媒大学学报)》2014年第12期。

择不透露自己的任何个人信息。网民在这样的空间中具有一种虚拟身份,在虚拟社区中通过文字进行交流,没有外表、声音、真实资料这样的实体线索加以限制,可以相对自由地扮演自己所想要扮演的人格、职业,乃至性别。真实社会中人们对性别的约定俗成的标准在网络空间中被遮盖、稀释了,性别由此成为可以被扮演的个人属性之一。

美国女性主义学者唐娜·哈拉维(Donna Haraway)在她著名的《赛博格的宣言》("*A Manifesto for Cyborgs*")一文中强调了赛博格作为"自然"与"技术"二者统一的概念,也成为赛博女权主义(Cyborg Feminism,或者 Cyberfeminism)的起源。哈拉维认为赛博格是一种拆分和重组,是后现代的集体自我和个人自我。这是女权主义者必须编码的自我。通信技术和生物技术是我们身体再造的决定性工具。这些工具体现并构建了世界范围内女性的新社会关系。[①]

赛博女权主义者认为,中性的"技术"能够帮助解放女性,它是符合女性的思维与生活方式的。这与更早期的计算机技术不同,后者内在具有一种家长式的、男性价值观式的特征,成为男性控制女性的工具。而目前的新技术,尤其以互联网为代表,能够为女性创造一个组织、思考、分享的空间,让她们充分了解自我,发现自己的潜力。这些设想基于这样一个传统本质主义(essentialism)观点,即在相对更加开放并且重视建设与培育的网络空间,女性在这些方面的能力要强过男性。

然而到了社交网络时代,早先理论者所预期的网络技术"去性别化"并没有发生。如今社交网站上充斥了与之前相比甚至更加固化的性别标准。互联网并没有模糊社会性别,反而帮助建构了社会性别。一方面,这是由于社交网站越来越鼓励用户在网络上使用真实身份;另一方面,随着网络空间和现实空间的渐趋结合和重叠,在现实社会中有关性别、职业、行为的各种既定标准大多被大众原封不动地移植到了网络空间。

例如,人们倾向于看到女性网民在网上晒自拍、晒宠物、晒购买的物品或是其他生活琐事,而如果一个男性网民热衷于此,可能不会被多数人接受。再如,目标用户是年轻女性的购物类社交网站 Pinterest,每个新注册用户的主页上会出现网站预设的方便用户收藏页面/商品的清单,这些默认的清单名都与时尚、购物、装饰、书籍等有关,而没有运动、科学、政治或者社会运动方面的选项。类似的,打开淘宝网首页,扑面而来的也十有八九是女装广告。可见,网站将用户

---

① 〔美〕唐娜·哈拉维:《类人猿、赛博格和女人——自然的重塑》,陈静、吴义诚译,郑州:河南大学出版社 2012 年版,第 228 页。

不仅明显地标注为"女性",而且视作"女性消费者"。互联网空间的逐渐资本化、商业化实际上越来越多地生产着性别指涉和性别模型,例如将女性网民视作消费者。[①]

一些关于不同性别网民互联网行为的实证调查显示,尽管男性和女性网民在数量上已经渐趋均衡,使用博客、社交媒体、购物网站的人数也没有明显的差距,然而男性和女性网民在使用不同网络工具的具体行为上存在着较大差异。例如,使用博客的男女网民数量差不多,但各自生产和接受的内容类别却大相径庭。例如,女性网民经常发表或者阅读美食、时尚、育儿方面的内容,而男性更倾向于科技、政治类的内容。

当特定的媒介工具被赋予既定的社会语境和社会意义时,社会性别生产便通往了一条可预见的老路,正如任何一个人都能猜到男女网民会喜爱不同的博客内容。写博客恰好类同于女性(或者小女孩)常常写的日记,因此女性写网络博客的行为,也往往会与琐碎的日记型内容挂钩。相反,男性的博客往往会被认为与政治、军事、新闻评论等"正事"有关。

一项针对大学生使用微信的实证研究发现,女生相对男生更喜欢潜水围观,在朋友圈中扮演相对低调的角色。并且,女生对于微信的"媒介焦虑感"强于男生,具体表现为大多数女生认为微信不知不觉中造成了时间的浪费,微信上信息的不真实和个人隐私泄露也给她们带来了困惑。再者,男、女生在微信对于新旧人际关系的影响上,持相反的态度:多数男生倾向于认为通过微信有利于认识更多新朋友,而多数女生认为使用微信更能与老朋友亲密联系。这说明男生更易于建立新的网络人际关系,而女生更倾向于利用网络工具维护已有的熟人关系。[②]

苏珊·赫林(Susan Herring)曾长时间从事网络传播中的话语研究。她在20世纪90年代的研究中发现,类似网络聊天室的异步交流方式实际上也倾向于遵循约定俗成的不同性别的交流规则。例如,女性通常比男性更有礼貌、采取更具支持性的态度;而男性的表达方式往往更加直接、更具有对抗性,并倾向于压制女性在话语中的参与行为。并且,在网络中如果女性对男性的观点表示质疑和反驳,常常会受到恐吓和骚扰。此外,网络也能促使女性群体内部之间增进感情。

---

① Jeremy Hunsinger, Theresa M. Senft, *The Social Media Handbook*, New York: Routledge, 2014, p.83.
② 刘利群:《中国媒介与女性发展报告(2013～2014)》,北京:社会科学文献出版社2015年版,第227页。

总体上说，社交网络通过性别生产塑造了一套关于不同性别的既定模型，在这些模型中，女性网民群体是不被鼓励去主动参与的。2009 年的一项调查发现，维基百科上 89％的条目都由男性贡献。男性用户相较女性用户，也更倾向于在 YouTube 和 Facebook 上上传、编辑原创视频。在社交网络上具有较大名气的女性往往通过发自己的照片来吸引更多粉丝，而这同时也会为自己招来大量非议和骚扰。

总之，互联网技术，尤其是社交网络与社会性别建构之间的关系可以从以下几个方面进行总结。

1. 国别、民族、社会、文化、种族、宗教、收入会对网络技术的社会性别生产造成实质性的影响。在每个由这些复杂多元的背景因素影响的语境之下，都会形成一套诸如"哪些行为在社交网络上是不能被接受的"的既定标准，即便是在同一个国家的网络之中，不同的文化群体、社群组织之间的细微差别也会形成对社会性别认知上的差别，从而导致行为上的差异。

2. 创造技术的背景环境，在一定程度上也能影响社会性别建构。技术往往是为发明者自身服务的，所以技术天生带有发明者的文化、价值乃至社会性别特质。例如脸书在正式推出之前，其雏形 Facemash 就是被创始人马克·扎克伯格用来让哈佛学生集体点评哈佛所有女生的长相。而当今互联网巨头聚集的硅谷地区，虽然看起来开放且充满机遇，但其内部是一个更接近封闭的、被男性技术工作者和投资者所主导的社会网络。同样，在国内的众多社交网站中，女性用户也更多被视为阅读者和消费者，而不是创造者。

在一项技术被人们主动地使用之前，其自身可能已经含有既定的性别标准和价值取向了，然而这也是用户无论在何种情况下都必须默认的。例如，目前许多社交网站都建议或要求用户使用真实资料注册和使用，其目的可能是希望整个社交网络机制更加真实、合法和民主，然而这一做法也暴露了泄露、售卖用户隐私方面的缺陷。又如，用户如果要使用搜索引擎，即不自觉地接受了搜索结果按相关性进行排序的机制所体现的标准和取向，同时也默认了某些搜索引擎的竞价排名商业模式。如果搜索"女性"一词，排在最前的搜索结果中既有关于"女性"的百科释义，也有针对女性消费者的商品广告以及具有性暗示意味的信息。

既有的性别规范就如同社会链条上的一环，当它与"无性"的网络技术相遇时，会与它勾连在一起。随着虚拟社会与现实社会逐步互通、接近乃至密切整合，成为彼此的延伸时，互联网技术就在社会空间的潜移默化之中成为社会性别建构的另一工具。尽管互联网被认为具有很强的参与性、民主性，但它并不会自动形成一个游离于社会性别的社会公共场域。互联网面对男性、女性网民时都提供了看似平等的机会,但它自身并不能够从根本上改变约定俗成的社会性别认知,也未能从基本的层面上重新分配性别权力。

无论如何,使用互联网的主动性掌握在网民手中。互联网作为一个高度开放的、动态的结构,为两性身份意义的拓展和社会性别的再建构提供了可能性。随着越来越多的女性成为网民,她们能否掌握话语权从而有望影响网络社会场域中的社会性别建构,需要女性群体中的每个人,以及社会、国家共同的努力。

第四章
老年群体与信息无障碍

缩小数字鸿沟、推进信息无障碍是数字时代促进社会公平发展的重要内容。老年群体在网络接入和使用上的困难成为政府和社会重点关注的对象。年龄数字鸿沟类型多、层次复杂,老年网民的诸多需求难以在当前的网络服务中得到满足。

第一节 老年网民群体特征

老龄化是当今全球许多国家所面临的社会人口结构性问题。根据联合国教科文组织的界定,一个国家或地区60岁以上的人口占其人口总数的10%或以上,或者65岁以上的人口占其人口总数的7%或以上,则表明该国家或者该地区已经进入了老龄化社会。中国在2000年就已经进入了人口老龄化社会,老龄化程度还在不断地加深。根据联合国预测,2050年中国老年人口数量将达到4.4亿,老龄化水平达到33.9%,届时平均每三个人当中就有一个是老年人。

截止到2021年6月,我国年龄在60岁以上的老年网民仅占全体网民的12.2%。[1]近年来推动互联网服务适老化升级已经被提上日程,老年人的互联网普及率和参与度在逐年提升。

老年网民上网的主要需求包括:一是娱乐需求。互联网丰富的娱乐内容可以成为老年人排遣时间、修身养性的重要方式。二是信息获取、交流需求。退休在家的老年人为了与在外的子女交流,利用互联网工具进行邮件收发、网络语音或视频等最方便。互联网还可以使父母与子女对社会信息的接收保持同步,相互之间可以找到更多的共同话题。三是社会化需求。老年网民社会化既是交友的需要,也是被社会认知的需要。[2]

---

[1] 中国互联网络信息中心:《第48次中国互联网络发展状况统计报告》,2021年7月。
[2] 陈锐、王天:《老年人网络使用行为探析》,《新闻世界》2010年第2期。

随着互联网技术逐渐渗透到生活的各个方面、全球老龄化进程的加剧、网络普及程度和用户分布的不平均,"数字鸿沟"的效应也会更加明显,成为目前建立信息社会的一大挑战。目前制约老年人上网的主要因素包括:一是缺乏互联网相关知识。二是网络信息对中老年人不友好。互联网上并没有足够多适合中老年人的信息来吸引其进入网络世界。甚至,网络中充斥着难辨真假的信息,有可能使中老年人上当受骗,造成了中老年网民对互联网的抵触情绪。三是身体健康水平。随着年龄的增长,老年人的生理机能和健康水平日益下降,眼睛和手的灵活度都下降了,看不清屏幕上的字和鼠标指示不准等问题也都显现出来了。面对电脑久坐会使人的颈椎、腰椎以及视力受到影响,对老年人影响尤甚。中老年人大多存在视力不佳、腰椎间盘突出、颈椎病等问题,不能长时间坐在电脑前或阅读电脑屏幕上的内容。四是兴趣缺失。由于对互联网知识的缺乏以及周围的人并不是互联网使用者,他们无法充分地了解互联网所带来的乐趣,因此选择远离互联网。五是家庭不支持。有的家庭不愿或是不鼓励、不帮助家中老人使用电脑和互联网,老人也存在着一定的保守心理,就放弃了对于网络的接受和学习。[1]

第二节　信息无障碍与年龄数字鸿沟

互联网技术和信息化社会的高速发展,将人类社会带入了数字化和网络化的全新时代,信息平等是信息社会中人人应当享有的基本权利之一,然而个体的差异却可能导致他们在信息传播、交流、获取、利用等方面面对各种各样的障碍,这些障碍又反过来加剧了人群之间的信息不平等,造就了各个层面上的数字鸿沟。[2] 因此,"信息无障碍"已成为全球范围内的普遍呼吁。

一、信息无障碍的内涵

信息无障碍最初是在 2000 年八国首脑会议通过的《东京宣言》中提出的,信息无障碍建设是一项保证困难群体平等获取信息的社会公益事业。根据联合国的定义,信息无障碍是"指信息的获取和使用对于不同的人群应有平等的机会和差异不大的成本"[3],重点在于信息的"普适性"。面对不同的人群,信息无障碍要实现信息的普适性,必须保障信息困难群体也能平等地获取信息。这里的信

---

[1] 郭晓芳:《网络媒体与积极老龄化——基于老年人网络使用情况的调查分析》,河北大学硕士学位论文,2012年。
[2] 吴玉韶、王莉莉:《人口老龄化与信息无障碍》,《兰州学刊》2013 年第 11 期。
[3] 张世颖:《信息无障碍:概念及其实现途径》,《山东图书馆学刊》2010 年第 5 期。

息困难群体主要包括:由于感官系统导致信息获取障碍的残疾人群;由于年龄增长伴随身体机能老化导致视听和操作障碍的老年人群;由于未接触或很少接触网络技术导致在获取信息过程中存在技术操作障碍的人群;等等。①

> **知识框14 信息无障碍内涵的四个层次**
>
> 浙江大学教授邵培仁将信息无障碍的内涵分为以下几个层次:技术接入无障碍、技术使用无障碍、内容接近无障碍和信息理解无障碍。
>
> 第一层是"技术接入无障碍",这是指用户在信息传播硬件接入以及硬件基础设施覆盖上的无障碍,这也与"第一道数字鸿沟"的内涵相似。造成硬件接入障碍的因素主要有:经济实力、电信设施和政府政策。若要实现信息技术接入方面的无障碍,改善经济状况(包括国家、地区和个人)、实现信息技术建设的全覆盖以及个人技术接入的无障碍是最为重要的。
>
> 第二层是"技术使用无障碍",指的是用户在使用各类信息传播技术和设备的过程中,能够无障碍地、直观顺利地进行。而这又包含两个方面:一是用户自身对于技术的接受与使用能力,也就是"技术素养",这可能由年龄、受教育水平、社会经济阶层、职业及至性格特征所共同决定。二是信息技术本身的包容性和易用性,例如信息设备上信息内容的显示方式,按钮、话筒、耳机、键盘等输入输出设备的操控方式,某些应用和产品的交互设计、窗口界面设置等。这些方面是否能满足用户的不同使用偏好和使用需求,是否能让包括残障人士在内的不同用户人群正常使用,都是技术使用无障碍所涉及的问题。
>
> 第三层是"内容接近无障碍",是指信息内容对于用户的可接近性。这同样包含从信息和用户角度出发的两个方面:一是信息内容是否有多种呈现形态和被获取的方式,二是用户是否具有接受某种特定形态和渠道的内容的能力和技能。当这两个方面出现不相吻合的情况时,用户便可能面临无法接近内容的障碍。例如听觉障碍者面对广播节目的障碍、不懂外语的人面对外语信息的障碍、视力不好的人面对小如蝇头的电脑字体时的阅读障碍等。

---

① 张家年:《信息无障碍十年:现状、问题和应对策略》,《大学图书情报学刊》2015年第3期。

> 第四层是"信息理解无障碍",这是指经由媒介传播的信息内容能够被不同用户所充分、准确地接收和理解。信息理解的无障碍是一个涉及信息编码、解码有效性的问题,是信息无障碍内涵的最高层次。在现实生活中,除了上述三个层次都存在大量的传播障碍情况外,每个人的媒介素养、心智状况、文化水平、性格心理等因素都可能影响信息接受者充分准确地理解信息。因此,信息理解的无障碍是一个很难实现的美好愿景,也是信息无障碍所倡导的终极目标。

二、信息无障碍应对年龄数字鸿沟

在年龄层面上,信息无障碍则表现为一种面对"年龄数字鸿沟"(也称为"银色数字鸿沟")的解决方式和关键需求。

随着互联网深入寻常百姓的生活,老年群体所面对的数字化不平等的问题也是显而易见的。这样的数字化不平等所带来的"年龄数字鸿沟"主要体现在以下两个方面:一方面是在信息化互联网基础设施服务方面的不平等,例如老年人口在拥有、使用电脑和智能手机等信息设备、接入网络、利用网络服务及应用上,和青年人口相比存在着较大不平等。农村的老龄人口比重更高,而农村地区的信息化服务水平更低,这进一步加剧了信息化基础设施的不平等。另一方面,是在信息素养、知识与技能上存在的"数字鸿沟"。一些老年群体即使有电脑也不会打字、不会使用电脑软件,有智能手机也只是使用基本的电话功能而不使用其他智能应用,因此他们不能获得基于互联网的各种服务,变得日益被信息化社会隔离。[①] 例如,随着网约车服务的流行,在路上可随手拦停的出租车变得更少,老年群体更加难以获得必要的交通服务;如果未来的医院都推行网络预约制,老年人甚至看病都排不上队。由于缺乏信息素养和技能,在互联网时代老年群体实际上处于进一步被边缘化和被排斥的尴尬位置,老年人和社会其他成员的福利不平等范围甚至更为扩大。这将造成在信息化社会中老年人口的新的社会排斥和新的不平等,因此"年龄数字鸿沟"越来越成为必须受到重视的社会问题,老年群体也成为信息无障碍所重点关注的群体。尤其是在人口老龄化、高龄化、空巢化和残疾、失能人口比例不断提高的背景下,老年人对信息无障碍的需求将会越来越大。

---

① 任远:《智慧老龄化时代,老年人面临的数字鸿沟如何打破》,腾讯网(2017-07-28)[2018-02-17],https://cul.qq.com/a/20170728/035771.htm

信息无障碍在应对年龄数字鸿沟方面的作用有如下几种体现：

1. 日常生活

在老年人的日常生活中，通信是信息无障碍技术应用最普遍的一个方面。随着智能手机逐渐成为互联网时代人们不可或缺的主要通信设备和信息获取设备，"老年机"等日常生活必备的设备将成为老年人"触网"和进入数字空间的第一级台阶。此外，在公共交通、电子商务、医疗保健等与日常生活息息相关的方面，信息无障碍技术也在很大程度上能够发挥作用。例如针对老年人手部和腕部发力特点的立体型鼠标、适合老年人驾车行驶的汽车导航软件、"一键呼叫"等帮助老人第一时间获得帮助和救助的技术等，都能在日常生活的种种细节处辅助老年人适应社会发展。

2. 为老服务

中国目前正在构建以"居家养老为基础，社区养老为依托，机构养老为支撑"的社会养老服务体系，居家养老是其中最基本和最重要的一项内容，因为对于80％以上的中国老年人来讲，居住在自己熟悉的家中安度晚年仍然是他们的养老首选。但与机构养老的集中养老模式不同的是，选择居家养老的老年人大都居住得相对松散，因此在了解需求和提供服务方面就需要创新性的思维和模式。其中，依靠信息平台来获取需求信息、提供上门服务是各地开展较多的一种模式。例如苏州沧浪区的"虚拟养老院"就是这种模式的一个代表。虚拟养老院并不是传统意义上的养老院，事实上它只是一个信息交流中心。系统通过对使用该系统的老年人的日常行为偏好、生活需求等数据信息进行分析，自动生成老人所需的服务项目，经老年人确认后，虚拟养老院将指派服务商为老人提供上门服务。

3. 文化娱乐

精神慰藉是老年人晚年生活中的重要需求，尤其是随着"空巢"老人的比例不断提高，老年人的精神慰藉问题也越来越突出。因此，"助老上网"成为许多城市老年人文化娱乐活动的一项主要内容，一些老年大学也把学习计算机、学习上网等作为老年人的主要培训课程。许多老年人开始在网上开博客，给子女发邮件，与朋友聊天。这不仅丰富了老年人的文化生活，增加了他们融入社会的途径，而且方便了老年人通过网络更好地与家人、朋友、社会接触，享受交流带来的乐趣，减少了他们脱离社会的心理，对老年人的身心都是有益的。

除了助老上网，在远程教育、图书馆的信息无障碍方面，信息无障碍技术所起到的作用也是不容忽视的，如针对老年人视力、听力下降所设计的阅读终端产品、屏幕设置与网页设计等技术，都会在老年人的文化娱乐生活中发挥越来越大的作用。

4. 社会参与

在老年人参与经济、政治、文化等社会公共生活的各个方面,信息无障碍技术的作用都非常重要。例如各个政府部门的信息公开网站、办事服务网站,如果没有信息无障碍技术的支持,那么老年人将会缺少一个非常重要的信息获取、意见反馈和行动参与的渠道。[①]

三、各国信息无障碍建设状况

信息无障碍的建设发展离不开相关制度的建立和完善。在美国及欧洲等发达国家和地区,由于"无障碍"理念自20世纪中期开始就已逐步成为社会共识,这些国家和地区在法律法规、政策制定方面已经形成了较为成熟的理念和做法,体现在建立贯彻信息无障碍理念的法律和制度环境的举措中。

知识框15 各国推进信息无障碍的措施

英国通信传播委员会(OFCOM)早就有对广电媒体关于视听障碍人群无障碍传播的规定,这些规定包括电视节目中的嵌入式字幕(或解说词)的规定,以及有关电视节目,尤其是新闻节目中配手语翻译的规定。英国也颁布有《特殊教育需要和残疾人法案》以保障残障人士的无障碍建设。

为了推进网络无障碍,英国政府还制定了"e政府互通性方案"和《英国政府网站指南》等关于无障碍政府网站建设的相关政策。《英国政府网站指南》引入部分还提出了在建设政府门户网站过程中需要坚持的10项原则。其首要原则就是"吸引人的、可接近的、可用的",方便视听障碍人群上网,获取公共信息。

在德国,2002年4月颁布实施《残疾人平等权利法案》,规定政府及各种公共服务部门要在2006年之前建成自己的无障碍网站。这部法案旨在促进残疾人通过对于各种互联网服务的无障碍浏览和使用,在最大程度上融入社会公共事务。随后又在7月颁布了根据该法案而制定的《无障碍信息技术条例》,规定所有国家机构都有义务在其网站、网页以及各种用户界面中采用无障碍设计。

[①] 吴玉韶、王莉莉:《人口老龄化与信息无障碍》,《兰州学刊》2013年第11期。

> 在美国、加拿大以及澳大利亚、日本等国家也有类似的规定,且在其管理机构的网站上都能找到相关的法规条例。美国的《508 法案》(1973)、《美国残疾人法案》(1990)、美国《电信法》(1996)的条款中都有涉及残障人士信息无障碍传播的条款,加拿大 2002 年发布《加拿大政府互联网指南》,要求政府网站必须满足通用性和无障碍的要求,日本的《老年人和残疾人指导原则——信息和通信设备、软件和服务》等也都是为了保障残疾人的信息接入权而设定的法律法规。
>
> 澳大利亚也以立法手段积极推进信息无障碍,这些法律包括 1992 年的《防止残疾人歧视法案》和 1997 年的《电信法》等。[1][2]

相对发达国家而言,我国的信息无障碍建设起步较晚。但如果把 2004 年的"第一届信息无障碍论坛"视作我国信息无障碍发展起步之年,我国在信息无障碍领域的努力已逾十余年,这期间也取得了较为明显的进步。

我国信息无障碍的法律和标准均已制定并实施,如在 2008 年《中华人民共和国残疾人保障法》便完成修订并发布实施,其中单辟一章规定无障碍环境的内容,包括信息无障碍环境。同年,工业和信息化部发布了两个标准《信息无障碍—身体机能差异人群—网站设计无障碍技术要求(YD/T 1761-2008)》和《信息无障碍—身体机能差异人群—网站设计无障碍评级测试方法(YD/T 1822-2008)》,规定了网络信息无障碍实施的技术标准。[3] 标准规定了无障碍上网的网页设计技术要求,包括网页内容的可感知要求、接口组件的可操作要求、内容和控制的可理解要求、内容对现在和未来可能出现的技术的支持能力要求等。2012 年 8 月 1 日开始实施的《无障碍环境建设条例》,将"无障碍信息交流"作为单独的一章分别针对政府信息公开、考试、电视媒体、图书馆、无障碍网站、公共服务机构、电信业务经营者等在提供无障碍信息交流方面作出了规定。

这些法律法规的出台,在很大程度上促进和规范了我国信息无障碍事业的发展及其理念的推广。总的来讲,我国信息无障碍方面的法律体系尚不健全,现有法律法规的内容操作性不强,虽然一些行业标准内容具体,但缺少强制性的约

---

[1] 潘祥辉、李东晓:《视听障碍人群信息汲取的传播环境:一个文献综述》,《重庆社会科学》2011 年第 9 期。
[2] 樊戈:《各国"网络无障碍"制度化建设之路》,《互联网天地》2005 年第 S1 期。
[3] 张家年:《信息无障碍十年:现状、问题和应对策略》,《大学图书情报学刊》2015 年第 3 期。

束。尤其是现有的关于信息无障碍的法律法规大都是基于残疾人的情况进行制定,几乎没有涉及老年人的信息无障碍权利表述。① 考虑到我国迅速加剧的老龄化趋势和年龄数字鸿沟的扩大化,这些都需要社会、政府进一步关注,并在法律法规层面加强和完善。

▶ 练习题

1. 名词解释

(1) 亚文化

(2) 数字鸿沟

(3) 社会互动

2. 简答题

(1) 简要分析影响网民规模扩张的因素包括哪些?

(2) 互联网对社会性别产生了怎样的影响?

3. 论述题

结合案例分析网络对青年亚文化的影响。

---

① 吴玉韶、王莉莉:《人口老龄化与信息无障碍》,《兰州学刊》2013年第11期。

第六部分
网民、行为与心理

互联网不仅外化于工具,而且"延展"了社会关系,构成了新的社会空间。网络空间内"距离""身体""内外"等概念被赋予新的含义,弱化了物理场所在社会行为中的重要性,物理场所不再是构成社会空间的前提。网络塑造了一个全新的行为场景,催生了一系列新的社会行为。本部分讨论的是网络行为的基本问题,并结合大量的实证研究重点介绍网络信息行为、网络社交行为和网络言论行为的特征与心理动机。

第一章
网络行为特征与类型

基于网络产生的行为大致可以分为两种：一种是从网络的"工具性"衍生出新行为，例如网络游戏、网络搜索等。这种行为是因为技术革新出现了新的工具而产生的，类似于先有了电话，才有打电话的行为，有了电视，才有看电视的行为。另一种是基于网络的"空间性"或者"场域性"产生的新行为，这类行为在传统社会中已经存在，随着社会空间的拓展，萌发出新的形态，例如网络社交、网络言论、网络交易等。这两类行为的区别在于如何看待人与网络的关系。前者把网络视为工具，体现了人与物的关系；后者把网络视为人与人、人与群体互动的空间和场域，网络行为事实上还是人与人的社会性互动。

心理学认为人类行为由人与环境之间的互动和相互关系决定，行为是在心理支配下的表现。网络行为是在互联网空间内，用户为满足某种需求，获得某种体验，以文本、图片、音视频等为媒介进行的交互式或非交互式的行动。当然，还有一些学者认为网络行为不只限于网络空间的那些虚拟形态的行为活动，还包括与网络密切相关，很大程度上借助和依赖网络才能顺利开展的行为活动。[①]

第一节 网络行为的特征

有学者认为，网络行为具有个性化、自由性、虚拟性、快速性、匿名性、技术依赖性等特征；有学者把网络行为的特征归结为虚拟性、角色交互性、超时空性和符号互动性；还有学者通过与现实行为的比较，将网络行为的特征概括为生成的技术性、形态的隐匿性、方式的间接性、场域的流变性、内容的多样性和本质的社会性六个方面。基于对网络空间全球与地方、虚拟与真实、私人空间与公共空

---

① 李一：《网络行为：一个网络社会学概念的简要分析》，《兰州大学学报（社会科学版）》2006年第5期。

间、前台与后台二元交织的场域特征，以及对网民在这二元交织的网络空间的生存状态的分析，有学者提出网络行为呈现出身体不在场、戏剧化、审美化、去中心化、拟像化、狂欢化、平面化、碎片化等后现代特征。[①] 兼具媒介、平台、工具等多重属性的互联网与客观存在的社会文化的深刻结合，构建了以虚拟性、数字化、全球化、个人化等为特征的网络空间，网民在网络空间中的行为又同时受到现实世界和网络社会的双重影响，进而呈现出以下四个特征。

一是个性化。个性化的特征源于网络空间中行为约束机制的减弱、行为选择的多样性以及价值观和评价体系的多元化等。网络空间缺乏现实社会的规则和规范性约束，个体更容易表现出张扬个性的行为。以"网名"为例，现实社会中的取名受到法律、习俗以及文化传统的影响，具有一定的规范性和约束性，例如中国人的姓名多为两个或三个汉字，且姓氏放在前面，这样的规则对网名没有约束力，因此各种各样"奇奇怪怪"的网名"跃然网上"。网络提供了丰富的信息和服务，催生了形形色色的网络社群，个体选择信息、使用服务、加入社群的门槛大大降低，因而网民的选择更容易遵从个体意志和喜好。大数据和商业化进一步加剧了产品的个性化，仅以新闻推送为例，即使网民使用同样的产品和服务，也会收到不同的信息。此外，网络空间内价值观的多元化和社会评价体系的缺失推动了个性的释放。"父子骑骡"的故事在网络中表现得更加淋漓尽致，正是因为缺乏共同的价值观基础，网民更倾向于基于已有的认识来判断和从事网络行为。

二是虚拟性。网络行为不依托客观实在的身体在场，现实中的身份、地位、收入等特征被隐藏，主体以符号化和多样性的虚拟角色呈现。除了主体虚拟性，一些网络行为本身也是通过模拟或虚拟现实情景来实现的。例如早期的"泥巴游戏"以及现在流行的"角色扮演"类游戏。

知识框16　泥巴游戏 MUD（Multiple User Domain，多用户虚拟空间游戏）

狭义的 MUD 指的是直接使用终端机模拟程序（如 telnet）即可进行的联机游戏，主要以文字叙述的方式呈现。玩家扮演虚拟世界中的角色，系统会输出一段简短的文字描述玩家所处位置的场景，而玩家也借由输入英文单词（或缩写）组成的命令与之互动。以中文 MUD 中常见的 LPMud 系统为例，系统显示：

---

① 黄少华、武玉鹏：《网络行为研究现状：一个文献综述》，《兰州大学学报（社会科学版）》2007年第2期。

> 你来到一处森林的空地,东边有一株大树,树上垂下一条粗绳
> 你的北边远处有一道炊烟升起
> 这里出口是 south 和 north。
>
> 玩家可以在提示符号">"之后输入各式命令,例如 go north（往北移动）。系统处理后会再次输出该角色新的位置场景,以及接受下一个命令的提示符号……如此循环进行游戏。玩家的角色在虚拟世界中进入同一场景,也可能会遇到其他玩家所扮演的角色,并可借由各式命令与之互动或交谈。以战斗为导向的 MUD 甚至允许玩家之间的战斗行为。
>
> MUD 系统主要由一个服务器负责处理所有虚拟世界的相关运算,使用者在客户端执行的终端机模拟程序仅负责显示服务器传回的消息,以及将玩家输入的命令传送至服务器端。
>
> 这种允许多位使用者各自操纵虚拟角色,并且在相同的虚拟世界中进行互动（战斗）的概念,直接促成了 20 世纪 90 年代末期以图形显示界面为诉求的网络游戏商业运营模式,因此网络游戏可被视为广义的 MUD 的一种,而 MUD 则为现代网络游戏的始祖与雏形。

三是社会性。社会性是集体或社会中的个体表现出的特征,例如利他性、协作性、依赖性,以及更加高级的自觉性等。网络行为表面上是人与物的互动,本质上是人与人的互动,体现着人与人、人与群体的关系。为了维护网络空间的秩序,网络行为也受到社会性的约束。

四是痕迹性与记录性。传播行为在现实空间内未必都会留下痕迹,所谓"空口无凭"正是此意。即使进入书面传播时代,留下的也仅仅是内容痕迹,对内容产生的过程无从考证。例如在合同、遗嘱等书面证据产生法律效力前都有关于证据产生的行为合法性的要求,这正是因为书证本身只能提供内容,而无法还原行为。进入电子媒体时代,传播行为可以被有效记录,但是通常是片面的、片断式的,是镜头视角下的"真实"而不是现实的真实,事实上很多时候是以偏概全或断章取义,甚至是张冠李戴。进入网络时代,网民的浏览、检索、言论、社交等一切行为都会在网络中留下痕迹并被系统记录。

第二节 网络行为的类型

网络行为复杂多样,根据不同的需要,网络行为的划分方式也不尽相同,常

用的分类依据包括行为目的、行为动机、行为方式、行为主体(身份或角色)以及行为的规范性和影响力等。

按照行为目的,网络行为可分为娱乐导向、信息导向、服务导向、社交导向与言论导向。娱乐导向行为,如使用网络游戏、网络音乐应用等;信息导向行为,如浏览网络新闻、进行信息搜索等;服务导向行为,如进行网络购物、使用网络教育服务等;社交导向行为,如使用社交网站、即时通信工具等;言论导向行为,如在社会化媒体上表达态度、发表言论等。

按照行为动机,网络行为可分为理性工具取向行为和情感取向行为。前者的目的是以网络为工具满足理性需要,后者的目的是满足情感上的某种需要或获取愉悦,如情感补偿、情感发泄、情感表达等。

按照行为方式,网络行为可分为交互式行为与非交互式行为。交互式行为是指网络使用者为增加或促进社会交往而使用网络功能,如社交网站、即时通信工具、网络游戏等,非交互式行为是指网络使用者将网络作为完成某种任务或搜集信息的工具,如信息搜索、信息查询、浏览网页等。①

按照行为主体的身份特征和角色定位,网络行为可分为机构导向行为和个人导向行为。机构导向行为的目的在于完成组织机构交代的工作任务,责任对象是组织机构;个人导向行为则遵照行为主体个人的意愿和兴趣,相对自由地展开,责任对象是个人。②

按照行为是否合乎既有社会规范的要求,网络行为可分为规范行为和失范行为。规范性网络行为要求符合网络空间中法律、道德、制度、规章等社会规范的要求。反之,网络中不符合这些要求的行为为失范行为。③

本章旨在探索网络行为及其心理因素,因此按照行为的目的与动机,重点研究网络信息行为、网络社交行为、网络言论行为等。网络信息行为是网民的基本网络行为,目的是满足网民的信息需求,涵盖信息的搜索、查询、获取、传播等环节;网络社交行为满足网民的社交需求,指的是网民运用社交网站、即时通信软件等平台或工具与其他用户进行信息交流、情感沟通以及建立和维系社会关系的行为;网络言论行为指的是网民在社会化媒体等平台上表明态度、抒发感受、表达观点等行为。

---

① 黄少华、武玉鹏:《网络行为研究现状:一个文献综述》,《兰州大学学报(社会科学版)》2007年第2期。
② 李一:《网络行为:一个网络社会学概念的简要分析》,《兰州大学学报(社会科学版)》2006年第5期。
③ 同上。

第三节 网络行为研究

从20世纪90年代开始,网络行为逐渐兴起。1994年美国开始有专门的机构对互联网用户的网络使用行为进行初步的统计和分析。网络行为研究可以分为两类:一类是研究网民的"上网行为",例如上网的时间、地点、工具、方式等;另一类是研究网民的"网上行为",即网民网络行为的使用动机、行为效果、行为模式等。

网民的"上网行为",国内外均已进行了大量的实证研究。国外代表性的研究有:蒂洛森(Tillotson)等对多伦多大学在校师生的互联网使用情况进行的调查分析,内容包括网络使用者的性别、学历、上网地点、具体行为以及对使用结果的满意程度、对多伦多大学目前提供的上网硬件设备是否满意、对系统改进等方面的建议等。[①] 从1998年起,美国在线(American Online)与罗珀·斯塔奇(Roper Starch)调查公司合作就通过电话对美国网络用户进行追踪调查,重点了解人们的网络使用行为以及网络使用对日常生活的影响。1999年,它们还专门进行了青少年的网络使用行为调查。2000年,由美国加州大学洛杉矶分校发起的世界互联网项目(World Internet Project)尝试通过对不同国家和地区网民的网络使用状况进行问卷调查,对互联网的社会影响进行评估。同年,加州大学洛杉矶分校开始发布美国互联网调查报告,并从2004年起开始发布各国比较研究的数据。[②]

国内,受国家行政主管部门委托,中国互联网络信息中心(CNNIC)于1997年开始对我国网络发展状况和网络用户进行调查并发布《中国互联网络发展状况统计报告》。报告从不同角度统计分析了我国互联网使用者的群体特征和网络行为,具体包括网民的性别、年龄、职业身份、受教育水平等人口统计特征,网民的上网工具、上网方式、上网地点、上网时间等基本网络使用行为,使用即时通信、网络购物、网络游戏等各类网络应用的状况等。根据我国互联网发展的客观情况,报告中的用户行为也从单一的信息行为逐渐发展到社交、言论等多种行为,此后该报告形成了每半年发布一次的惯例。中国社会科学院社会发展研究中心参与"世界互联网项目"并承担"中国互联网项目",对中国城市网民的互联

---

① 葛苗苗:《基于校园网的网络用户行为分析研究》,南京财经大学硕士学位论文,2010年。
② 黄少华、武玉鹏:《网络行为研究现状:一个文献综述》,《兰州大学学报(社会科学版)》2007年第2期。

网使用状况及影响进行了连续多年的调查,并通过与国际调查数据的比较,了解中国网民的人口分布和使用状况,该项目同时还对青少年网民的网络使用行为做了专门调查。①

关于网民的"网上行为",学者们对其实质、特征、类型、影响因素等进行了广泛的研究。对于网络社会行为实质与特征的分析,学界主要侧重于理论上的梳理与分析,强调网络行为与现实行为的区别。基于帕森斯的行为理论,网络行为与一般社会行为之间在"规范取向""条件""手段"三要素上存在着明显的差别,具体表现为网络行为的"非功能的制度化和强制性""超越地域性和不可通约性"以及"在表现形式上具有可塑性"。② 魏晨通过对网络角色的分析,认为网络空间中社会规则和社会结构的隐匿,使得社会结构对于个人行为的制约在网络空间中被彻底消解,网络行为因此成为一种不受现实社会规则和结构制约的虚拟行为。③ 关于网络行为的特征与类型研究前文已有详述。

另一类研究重点是网络行为的影响因素。性别、年龄、受教育程度、收入、职业等个人和社会资源因素,以及社会规则和制度等社会结构因素是研究中主要考察的变量。在网络行为的影响因素研究中存在一种理论视角,强调社会结构因素对网络行为的影响和制约作用。如有人认为个人在现实生活中形成的道德观、同侪的评价及对规则的尊重,是制约人们的虚拟社区行为的主要因素④;有人认为虚拟社区中的私人交往行为虽然具有相当的选择性,但选择性本身构成了对选择自由的制约⑤;有人认为人们在虚拟社会中的行为受到文化因素的影响和限制⑥;等等。另一种理论视角强调网络空间的结构性特征消解了现实社会分层和社会制度等社会结构因素对网络行为的制约作用。例如尼葛洛庞帝强调,传统社会分析中的性别、年龄、收入等人口统计学单位,对分析和把握网络时代的个人已经失去了作用。此外,也有学者强调分析和梳理网络认知和网络价值观念与网络行为之间的关联的重要性。例如黄少华等人认为网络互动和网络游戏之所以能为青少年提供一个新的自我认同重塑空间,是因为在网络互动和

---

① 郭良、卜卫:《中国七城市青少年互联网使用状况及其影响的调查报告》,北京:中国社会科学院社会发展研究中心,2003年9月。
② 引自冯鹏志:《网络行动的规定与特征——网络社会学的分析起点》,《学术界》2001年第2期。
③ 黄少华、武玉鹏:《网络行为研究现状:一个文献综述》,《兰州大学学报(社会科学版)》2007年第2期。
④ 郭茂灿:《国内互联网研究述评》,《中国社会学年鉴》,北京:社会科学文献出版社2004年版。
⑤ 崔鬼:《在虚拟与现实之间——一塌糊涂BBS虚拟社区研究》,北京大学硕士学位论文,2001年。
⑥ 易徽:《网络虚拟社区的文化特色及其影响》,《西安政治学院学报》2002年第1期,第23—25、64页。

网络游戏空间中,现实生活中的价值观在相当程度上被搁置一旁,青少年关心的只是一种"悬搁了价值判断"的叙事技巧。①

除以上研究以外,学者们对各类具体网络行为,如网络交往行为、网络游戏行为、网络浏览行为、虚拟社区行为、网络集体行动、网络沉溺行为等,以及网络行为动机、网络行为的社会差异等问题也进行了一定的实证分析与研究。②

---

① 黄少华、陈文江主编:《重塑自我的游戏——网络空间的人际交往》,兰州:兰州大学出版社 2002 年版。

② 黄少华、武玉鹏:《网络行为研究现状:一个文献综述》,《兰州大学学报(社会科学版)》2007 年第 2 期。

第二章
网络信息行为与心理

信息行为,是指人类以信息为劳动对象而展开的各种信息活动,以及利用信息来满足信息需求的行为,包括信息查询、采集、处理、生产、使用、传播等一系列过程。[①] 信息行为是有目的、有意识的活动。个体需求和知识差异是信息行为产生的根本原因,威尔逊(T. D. wilson)认为信息行为源于用户意识到的某种需求。信息行为研究旨在探索人们在不同情境中如何实现自己的信息需求、搜寻、给予和使用。1916 年,艾尔斯(Ayres)和麦金尼(McKinnie)对克利夫兰(Cleveland)公立图书馆用户阅读习惯的研究被认为是信息获取行为研究的开始。[②] 1948 年,英国举行的皇家协会科学情报会议(Royal Society Scientific Information Conference),发表了关于科学家文献利用行为研究的相关论文,标志着现代人类信息搜寻行为研究的开端。早期的信息行为研究侧重于对文献利用情况的调研。进入互联网时代以后,信息环境发生了颠覆性的变化:一方面信息用户不再单纯的是信息的接受者、获取者,转变为信息环境的参与者和使用者;另一方面网络信息量激增,且信息在社会生产生活中的重要性越来越突出。互联网在提供信息便利的同时,也对用户的信息需求认知和信息能力提出了更高的要求,网络信息行为的研究日渐兴起。

第一节 网络信息行为的类型与特征

探求新知识和文化是所有人都渴望的,互联网以其资料的全面性和便利的可得性,成为网民寻求新知识的主要场所,在寻求新知识的过程中,网民的求知心理得到了满足,这使网民乐此不疲沉迷其中。[③] 网络信息行为,是网络用户在

[①] 岳剑波编著:《信息管理基础》,北京:清华大学出版社 1999 年版。
[②] Thomas D. Wilson, Information Needs and Uses: Fifty Years of Progress, *A Journal of Documentation Review*, London: Asl. b, 1994.
[③] 毕宏音:《网民心理特征分析》,《社科纵横》2006 年第 9 期。

信息需求和思想动机的支配下,利用网络工具,进行网络信息检索、选择、交流、发布的活动。① 广义的网络信息行为包括用户在接触和使用网络信息时所有的活动,包括信息需求行为、信息浏览行为、信息检索行为、信息选择行为、信息利用行为、信息交互行为、信息发布行为以及信息创造行为;狭义的网络信息行为继承了文献情报学对信息行为的定义,重点是从使用者的角度理解网络信息行为,因此主要包括信息需求、信息浏览、信息检索、信息选择和信息利用,而不涉及作为发布者、传播者的信息活动。信息创造、发布和交互的活动,伴随着社交和言论行为,将在随后的章节中讨论,因此本章选择狭义的网络信息行为加以定义。

信息需求行为,是用户信息需求发现和表达的过程。用户的信息需求是信息行为的动力,但是用户能否清晰地发现信息需求、准确地表达信息需求受到既往经验和知识的影响。信息浏览行为,是指缺乏明确信息需求的用户,利用网络超文本链接的方式,获取信息的活动。信息检索行为是指网民通过网络进行查询、采集、搜索所需要的信息的活动。与信息浏览不同,信息检索的用户具有明确的信息需求和目的,而且通常需要借助专门的检索工具来进行。信息检索不仅受到个人检索目的、检索能力、新媒体使用素养和心理特征等因素的影响,而且受到用户所处的社会环境和信息环境的制约。信息选择行为是对信息检索过程和检索结果的优化。根据检索主体的需求,按照信息的有效性、相关性和适用性标准,对信息检索得到的信息进行评价与选择,力求所得信息的全面、完整、准确。信息利用行为是指利用信息从事信息生产或满足信息需求的过程。信息检索是信息行为的核心环节,信息的选择和利用都建立在信息检索的基础之上。

网络信息行为具有明确的目的性,网络用户的信息行为源于一定的需求,或查询信息,或娱乐休闲,或交往交流;网络信息行为具有知识性与技能性,它不是人天生的能力,需要后天习得与积累,掌握的信息知识越丰富,技能越熟练,网络信息行为就会越顺利;网络信息行为具有惰性和惯性,网络用户总是倾向于使用那些简单易得、方便经济的信息获取方式和信息本身。

定式心理和惰性思维在网络信息行为中起着重要作用。定式心理,指"用户习惯选择和使用自己肯定了的,已经习惯的,非常熟悉的某种有形或无形服务的心理"②。网民受到定式心理的影响,通常只接触一两个检索工具。关于惰性思维,情报学研究发现了穆斯(Mooers)定律,该定律认为"一个情报检索系统,如果对于顾客来说,他取得情报要比他不取得情报更伤脑筋和麻烦的话,这个系统

---

① 李书宁:《网络用户信息行为研究》,《图书馆学研究》2004年第7期。
② 张俊娜、贺娜:《用户信息需求的网络激发与检索行为引导》,《情报杂志》2008年第10期。

就不会得到利用"[1]。也就是说,用户在使用检索系统时,遇到的困难越多,使用该系统检索的次数越少。网民总是倾向于使用最容易的检索工具和检索策略,采用最易获得的检索结果。以信息选择为例,施拉姆用一个公式描述了其与报偿的可能性与费力程度的关系,即选择的或然率=报偿的保证/费力的程度。[2] 这说明,满足需求的可能性越大,费力程度越低,信息被选择的概率就会越高。反之,费力的程度越高,信息被选择的概率就越低。这里的费力程度反映到网络信息行为中,即易用心理。

第二节 网络信息行为模型

模式(模型)在社会科学中的意义和作用在本书第三部分已经做了充分的阐释。在某种程度上说,从现象和过程中抽象出模型,才能建立理论。网络信息行为研究亦是如此。信息行为领域的建模被普遍认为始于1973年多诺霍(Donohew)和蒂普顿(Tipton)提出的"信息搜寻、规避和处理过程模型"。信息行为研究涉及不同的学科,信息行为模型的建构得到了不同理论视角的观照。克里克勒斯(Krikelas)的模型立足于需求认识视角,强调需求驱动,从以主观记忆、个人观察和资料为代表的内部信息源和以文献资料提供为主渠道的外部信息源两方面探讨如何满足用户信息需求;以贝特斯(Betes)草莓模型和威尔逊(Wilson)模式为代表的模型立足于信息检索和信息搜寻,抽象信息检索过程和推进形式并解释相关行为;以库尔梭(Kuhlthau)的六阶段信息检索模型[3]为代表的模型致力于意义建构;以威廉森(Williamson)的日常信息搜寻和获取模型为代表的通信理论视角通常强调有意识的信息交互,没有或很少考虑到无意或偶发的信息发现。[4] 随着信息环境的改变,信息行为模型越来越无法脱离网络环境,因此信息行为模型在某种程度上已经近似于网络信息行为模型。

李小青等人对19个国外典型的信息行为模型进行了总结并梳理了其继承关系,得到图6-2-1。其中,威尔逊模型是信息行为模型中最具典型意义的代表,它于1981年被提出,然后经过了20余年的发展。早期描述信息搜寻的过程,后来逐步增加了影响信息行为因素的分析。早期模型中包括如下几个部分:信息

---

[1] 邹永利、王春强:《影响网络信息检索效率的用户因素》,《情报理论与实践》2008年第3期。
[2] 邵培仁:《传播学》,北京:高等教育出版社2007年版。
[3] Carol Collier Kuhlthau, "A Principle of Uncertainty for Information Seeking," *Journal of Documentation*, No.3, 1993.
[4] 李小青等:《国外典型用户信息行为模型发展综述及启示》,《情报杂志》2018年第2期。

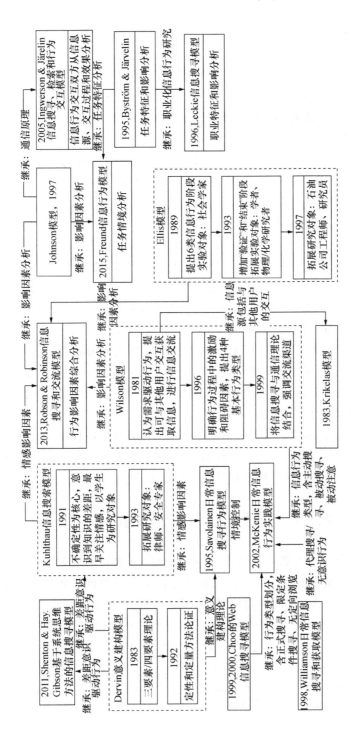

图 6-2-1　信息行为模型发展及研究继承关系①

① 李小青等：《国外典型用户信息行为模型发展综述及启示》，载《情报杂志》2018 年第 2 期。

文本的需求、压力机制(压力与应对理论)、中介变量(心理要素、人口学要素、人际关系要素、环境要素等)、激励机制(风险与回报理论)、信息寻求行为(被动注意、被动寻求、主动寻求、持续寻求)、信息处理过程与使用。1999年修正后的模型结合通信理论,把信息行为看成由信息源主体参与的、由信息交互渠道建立的通信过程,强调交流渠道对促进行为过程的重要性。[①]

信息检索是信息行为的核心内容。库尔梭通过对图书馆用户和律师、证券分析师等专业人员的分析,总结了人们信息检索过程中的六个阶段:一是初始阶段,用户意识到某个领域中知识的缺乏,进而产生对信息的需求,这一阶段伴随着对信息不确定性的忧虑。二是选择阶段,主要任务是判断和选择主题和领域,作出判断和选择后,态度就会转为乐观,也会根据兴趣、任务要求、可获得的信息以及时间标准等对主题进行评估和衡量。如果选择活动不顺利,那么此前的不确定性就会继续增加,直到再次做出选择。三是探索阶段,通过查找与一定主题相关的信息,进行阅读,并将新的信息与已知信息建立联系,逐渐加深对主题的了解和熟悉,形成认识焦点和个人看法,但是由于不能准确地表达所需信息,用户和系统之间的沟通会有一定的困难。四是系统化阶段,主要任务是根据探索阶段搜集到的信息形成认知焦点。随着对相关主题形成更为清晰的认识,用户的思想变得清晰,不确定性感知减弱,信心增强。五是搜集阶段,主要任务是搜集与特定主题相关的信息。用户的方向感更为明确,用户与系统的互动更为有效,能够清楚地表达信息需求,信心继续增强。六是表述阶段,任务是结束检索过程,思想集中在对检索结果进行归纳并形成个人化的认识,用户会产生成就感和放松感。库尔梭在总结信息检索过程时,不仅描述了上述六个阶段的划分,还对各个阶段的行为、情感、思想以及相互作用进行了总结。[②]

第三节　网络信息行为影响因素

网络信息行为受到宏观环境和个人特征的影响,主要的宏观因素包括硬件设施、信息环境和网络工具等。信息资源的日渐丰富对网络传输能力和传输手段提出了更高的要求,网速的快慢、费用的高低、安全有无保障等,都会影响网络信息行为的积极性。网络中海量的信息有可能增加用户甄别、选择和利用的难度,造成厌倦和疲惫心理,从而限制和影响网络信息行为。以搜索引

---

① 李小青等:《国外典型用户信息行为模型发展综述及启示》,《情报杂志》2018年第2期。
② 肖永英:《库尔梭的信息搜索过程模型及其影响》,《情报理论与实践》2006年第4期。

擎为代表的网络工具的可获取性和便利性也是影响网络信息行为的重要因素。

人口统计特征、用户需求和认识水平的差异构成了网络信息行为差异的重要个体因素。人口统计特征通常包括年龄、性别、受教育程度、职业身份、收入等。先前诸多实证研究发现,在网络发展初期男性和以大学生为主的年轻人是网络信息行为的主体。随后网络信息行为的用户在性别、年龄和职业方面分布更广泛,保持了与网民扩散基本一致的路径。此外,需求动机和认知水平也是影响网络信息行为的重要因素。需求产生动机,动机触发行为。网络信息需求的行为动机包括工具性使用、消遣娱乐、匿名角色扮演、社会性使用、自我肯定和环境监督[1]等。认知水平包括用户的专业知识和网络使用知识,即网络的使用经验和信息获取经验等。

知识框 17　网络信息行为的性别差异

男女在行为速度、智力活动、情绪活动和思维方式等方面存在显著差异,在网络信息行为方面自然各不相同。有研究对小学阶段男女生的网络信息使用行为进行了对比分析,发现男生偏好使用数量更少的检索词,并且喜欢使用一个关键词,而女生倾向于使用自然语言。[2] 这一结论在另一个研究中得到了印证——男生在网络上搜寻学术信息时比女生更倾向于使用简单的检索策略。[3] 男生的单击频率、页面跳转速度、刷新按钮的使用频率都比女生高。[4] 男生对公共信息的关注度高于女生,女生对生活信息的关注度高于男生。[5] 男生更擅长水平检索,女生更擅长垂直检索。[6]

---

[1]　萧铭钧:《台湾大学生网络使用行为、使用动机、满足程度与网络成瘾现象之初探》,台湾交通大学传播研究所硕士学位论文,1998年。

[2]　Andrew Large, et al, "Gender Differences in Collaborative Web Searching Behavior: An Elementary School Study," *Information Processing and Management*, 2002(38), pp. 427 – 443.

[3]　吴敏琦:《大学生网络学术信息搜寻行为研究——基于大学本科生的调查分析》,《情报科学》2013年第2期。

[4]　Andrew Large, et al, "Gender Differences in Collaborative Web Searching Behavior: An Elementary School Study," *Information Processing and Management*, 2002(38), pp. 427 – 443.

[5]　蒋美华、李翌萱:《网络信息关注行为的性别差异分析》,《山西师大学报(社会科学版)》2013年第5期。

[6]　王会景:《研究生网络信息获取行为的差异研究》,河北大学硕士学位论文,2016年。

信息素养是影响信息行为的重要因素。随着信息时代的到来,信息素养也成为影响和制约个人发展的重要因素。2016 年,世界教育创新峰会(WISE)发布了名为《面向未来:21 世纪核心素养教育的全球经验》的报告,认为信息素养成为最受重视的公民七大素养之一。信息素养的提出与信息社会的发展密切相关。20 世纪 70 年代,信息社会的呼声在美国得到前所未有的重视,有关信息素养的讨论也逐步兴起。早期对信息素养的定义主要围绕"解决问题的能力"。1974 年,美国信息产业协会(Information Industry Association,IIA)主席保罗·泽考斯基(Paul Zurkowski)首次将"信息素养"定义为"有意识地使用信息工具和手段解决问题的能力";[1]1989 年,美国图书馆协会(American Library Association,ALA)认为"信息素养是能够认识到需要信息,并具有信息检索、评价和有效使用必要信息的能力"[2]。20 世纪 90 年代之后,随着信息技术对社会各领域的不断渗透,社会对人们在信息社会所应具备的素养和技能的要求不断扩充,信息素养被不断地赋予新的内涵。"信息素养"被置于更广泛的社会情境中,表现为一种更加综合的能力,例如增加了对信息的批判性思考,[3]以及通过信息创造新的知识和参与社会群体学习等[4]。

在我国,20 世纪 70 年代,马海群把"信息素养"解读为"信息智慧、信息道德、信息意识、信息觉悟、信息观念、信息潜能和信息心理等等。"[5]1999 年,王吉庆在《信息素养论》中将"信息素养"定义为"信息意识和情感、信息伦理道德、信息常识以及信息能力"四个方面;[6]2002 年,陈维维等将其概括为"对信息活动的态度以及获取、分析、处理、评估、创造、传播信息等方面的能力";[7]2016 年,符邵宏等补充了"信息生产与共享的能力"。[8]

---

[1] Eugene Garfield, "2001:An Information Society?", *Journal of Information Science*,1979,1(4),pp. 609 – 615.

[2] American Library Association,"Presidential Committee on Information Literacy:Final Report," ACRL,(1989-01-10)[2022-02-10],https://www.ala.org/acrl/publications/whitepapers/presidential

[3] Christina S. Doyle, *Outcome Measures for Information Literacy within the National Education Goals of 1990. Final Report to National Forum on Information Literacy. Summary of Findings.*,Washington DC:US Department of Education,Office of Education Research and Improvement,1992.

[4] American Library Association,"Framework for Information Literacy for Higher Education," ACRL,(2015-02-02)[2022-02-10],https://www.ala.org/acrl/standards/ilframework

[5] 马海群:《论信息素质教育》,《中国图书馆学报》1997 年第 2 期。

[6] 王吉庆:《信息素养论》,上海:上海教育出版社 1999 年版。

[7] 陈维维、李艺:《信息素养的内涵、层次及培养》,《电化教育研究》2002 年第 11 期。

[8] 符邵宏、高冉:《〈高等教育信息素养框架〉指导下的信息素养教育改革》,《图书情报知识》2016 年第 3 期。

表 6-2-1 信息素养的典型定义

年份	学者/机构	定义
1974	保罗·泽考斯基	信息素养就是掌握各种信息工具的技能和技术,从而为解决问题提供信息方案①
1979	美国信息产业协会（IIA）	有意识地使用信息工具和手段解决问题的能力②
1989	美国图书馆协会（ALA）	要成为一个有信息素养的人,他必须能认识到何时需要信息,并具有检索、评价和有效使用必要信息的能力③
1992	多伊尔（Doyle）	具有信息素养的人能够认识到精确和完整的信息,将新信息和原有的知识体系进行融合,并在批判性思考和解决问题的过程中使用信息④
2003	联合国教科文组织（UNESCO）	信息素养是指能够确定、搜索、评价、组织和有效地创造、使用和交流信息,并解决面临的问题。
2015	美国大学研究图书馆协会（ACRL）	信息素养是指发现信息、理解信息及其价值、通过信息创造新的知识和参与社会群体学习的综合能力。
1977	马海群	包括信息智慧、信息道德、信息意识、信息觉悟、信息观念、信息潜能、信息心理等⑤
1999	王吉庆	包括信息意识和情感、信息伦理道德、信息常识以及信息能力
2002	陈维维、李艺	对信息活动的态度以及获取、分析、处理、评估、创造、传播信息等方面的能力
2013	钟志贤	合理合法地利用各种信息工具来确定、获取、评估、应用、整合和创造信息,以实现某种特定目的的能力
2016	符绍宏	对信息的查找、评估、理解和获取能力以及对信息的使用、整合、生产与共享的能力

随着互联网功能的丰富,尤其是互联网媒介化的发展,信息素养日渐与媒介素养融合,联合国教科文组织于 2013 年发布了《全球媒体与信息素养评估框架》(Global Media and Information Literacy Assessment Framework)。对媒介素

---

① Paul G. Zurkowski, *The Information Service Environment Relationships and Priorities*, Washington DC: National Commission on Libraries and Information Science, 1974.
② Eugene Garfield, "2001: An Information Society?", *Journal of Information Science*, 1979, 1(4), pp. 609–615.
③ American Library Association, "Presidential Committee on Information Literacy: Final Report," ACRL (1989-01-10)[2022-02-10], https://www.ala.org/acrl/publications/whitepapers/presidential
④ Christina S. Doyle, *Outcome Measures for Information Literacy within the National Education Goals of 1990. Final Report to National Forum on Information Literacy. Summary of Findings*, Washington DC: US Department of Education, Office of Education Research and Improvement, 1992.
⑤ 马海群:《论信息素质教育》,《中国图书馆学报》1997 年第 2 期。

养的认识经过了四代范式:第一代范式将大众媒介视为传播有害信息的渠道,媒介素养强调的是给公众打预防针,防止媒介对公众造成不良侵害,尤其是对心智尚未成熟的青少年群体;第二代范式则着重于提升受众的批判、辨别能力,认为并非所有信息都是有害的,公众需要提升的不是免疫力,而是分辨力;第三代范式的重点在于对媒介文本的批判性解读能力,认为媒介素养的首要任务是培养受众的批判性解读能力,以区分"媒介真实"和客观真实;第四代范式的内涵则是参与式的社区行动,从对媒介的批判性思考转为"赋权",促成健康的媒介社区。从这四代范式的更迭可以看出,公众的身份已经从单纯的使用者转化为参与者和建设者,媒介素养的发展可以概括为从免疫力到分辨力,到批判力,再到参与力。这与互联网的发展密切相关。互联网把知识信息和媒介信息融合在一起,媒介素养和信息素养也越来越紧密地结合在一起。

近年来,数字化浪潮向生产生活全方位推进,信息素养被纳入网络素养和数字素养的讨论范畴。2011年欧盟实施"数字素养项目",提出信息域、内容创新域、安全意识域、问题解决域等框架。2015年,美国图书馆协会将数字素养定义为使用信息和通信技术(ICT)来发现、评估、创造和交流信息的能力。2018年,联合国教科文组织发布了包括7个素养领域和26个具体指标的《数字素养全球框架》(The Digital Literacy Global Framework,DLGF)。

知识框18　数字素养全球框架

领域	素养
CA0. 设备与软件操作	0.1　数字设备的物理操作 0.2　数字设备的软件操作
CA1. 信息和数据素养	1.1　浏览、搜索和过滤数据、信息和数字内容 1.2　评价数据、信息和数字内容 1.3　管理数据、信息和数字内容
CA2. 沟通与协作	2.1　通过数据技术互动 2.2　通过数据技术分享 2.3　通过数据技术以公民身份参与 2.4　通过数据合作 2.5　网络礼仪 2.6　管理数字身份

(续表)

领域	素养
CA3. 创造数字内容	3.1 开发数字内容 3.2 整合并重新阐述数字内容 3.3 版权和许可证 3.4 编程
CA4. 安全	4.1 设备保护 4.2 个人数据和隐私保护 4.3 保护健康和福利 4.4 环境保护
CA5. 问题解决	5.1 解决技术问题 5.2 发现需求和技术响应 5.3 创造性使用数字技术 5.4 发现数字素养鸿沟 5.5 计算思维
CA6. 职业相关素养	6.1 操作某一特定的专业化的数字技术 6.2 解释和利用某一特定领域的数据、信息和数字内容

第三章
网络社交行为与心理

社会互动是"人们以相互的或交换的方式对别人采取行动,或者对别人的行动做出回应"[①]的过程。社会交往是社会互动的重要形式之一,它是人与人在社会空间内进行的沟通与互动的过程。人类传播史上每一次重要的媒介形态革命,都伴随着社会交往方式的相应变化。互联网作为一种新兴的媒介形式,其兴起与发展,深刻地改变了人类的社会交往方式。网络打破了现实社会交往所受到的时间、空间以及社会地位等因素的影响,创造出一个不同于以往任何社交环境的虚拟化交往空间,进而催生出一种全新的社会交往形式,即"网络社交"。

网络社交借由各种网络工具实现,交往双方不再需要面对面地交流,而是以一种"身体缺席"的方式进行互动;网络社交中人们可以选择隐藏自己在现实世界中的真实身份,重新构建新的自我身份认同以及个人社交网络;网络社交改变了人们传统的交往习惯,原本在地理距离和社会距离上非常遥远的陌生人之间的互动变得简单而频繁;网络社交不仅在虚拟世界中重构了人类的社会交往机制,而且反过来影响到人们在现实生活中的交往状况。[②]

第一节 网络社交行为的类型与特征

网络社交作为一种社会交往形式,具有明显的工具性特征,即交往双方并非直接面对面进行交流,而是借助特定的信息工具实现沟通。[③] 对于人们展开虚拟现实互动的网络场域,华莱士(P. Wallace)曾经将其概括为万维网、电子邮件、电子公告牌、新闻组、聊天室、多用户虚拟空间游戏(MUD)等,并且强调在不

[①] 〔美〕戴维·波普诺:《社会学(第十版)》,李强等译,北京:中国人民大学出版社1999年版。
[②] 谢新洲、徐金灿、王洪波、张炀:《"身体缺席"催生人际交往新变革》,《光明日报》2010年7月8日第11版。
[③] 谢新洲、张炀:《我国网民网络社交行为调查》,《图书情报工作》2011年第6期。

同的网络场域进行的社会互动有不同的行为特点,例如在匿名程度不同的网络场域,人们的交往行为就会呈现出相应的差异。① 斯密斯(A. Smith)等人在《网络空间中的社群》一书中,将网络交往场域区分为电子邮件和讨论组、USENET和 BBS、文本聊天、MUD 和万维网等几种形式。② 随着网络应用的发展,网络社交工具越来越丰富。根据社交工具的类型和网络社交的目的,网络社交行为大体可以分为三类:一是基于 QQ、微信等即时通信工具的社交行为;二是基于 QQ 空间、新浪微博等综合类社交应用的行为;三是基于垂直类社交应用,为满足信息、娱乐、工作、生活等需求而进行的网络社交行为。

根据中国互联网络信息中心发布的《2015 年中国社交应用用户行为研究报告》,即时通信工具的使用率达到 90.7%,综合类社交应用的使用率达到 69.7%。可见,基于即时通信工具的社交行为最为普遍,其次是综合类社交应用的使用。而随着网络基础设施和手机软硬件技术的不断升级,新的网络社交行为不断涌现,垂直类社交应用越来越丰富。首先是图片社交扎堆出现,图片传播的便利性导致市场火爆,图片社交类应用使用率高达 45.45%。其次是社区社交类应用,使用率达到 32.2%。社区类社交应用是围绕内容拓展的社区工具,通常是公开的、不定向且具有高质量的内容和细分领域。其中,百度贴吧主要基于关键词来进行主题交流,通过搜索、发帖、关注来进行互动,使用率高达 45.7%,创办于 1999 年的天涯社区使用率次之,作为知识、经验分享平台的知乎社区使用率也超过了 10%。婚恋社交和职场社交也是重要的垂直社交领域,它们的典型特征是"陌生人社交",即通过标签、地理位置或者其他线索建立陌生人之间的连接。但婚恋社交和职场社交相关应用的使用率在我国均未超过 10%。③ 以上网络社交应用的使用情况与北京大学谢新洲教授分别于 2009 年和 2011 年组织的全国范围内的大规模的"互联网影响力"调查结果基本一致。④

尽管网络拓展了社交的范围,但现实生活中的朋友、同学、同事依旧是网络社交的主要对象。《2015 年中国社交应用用户行为研究报告》显示这三类分别

---

① 〔美〕Patricia Wallace:《互联网心理学》,谢影、苟建新译,北京:中国轻工业出版社 2001 年版。
② Marc A. Smith, Peter Kollock, *Communities in Cyberspace*, London: Routledge, 1999.
③ 《2015 年中国社交应用用户行为研究报告》,中国互联网络信息中心,2016 年 4 月。
④ 为配合教育部哲学社会科学研究重大课题攻关项目"互联网等新媒体对社会舆论影响与利用研究",北京大学谢新洲教授分别于 2009 年和 2011 年在全国范围内针对"互联网影响"进行了问卷调查。调查委托益普索市场调查公司进行,第一次共发出 20000 份网络问卷,回收有效问卷 3058 份,调查涉及网民基本信息、网民的媒介接触和使用情况、网络社交与网络舆论、网络对网民个体的影响、网民价值观与生活方式等;第二次共回收有效问卷 3000 份,调查内容在第一次的基础上更加突出网络对个人特征、个人政治参与以及网络文化的影响。

占网络社交对象的87.3%、85.3%和81.2%,陌生人的比例只有24.6%。两次"互联网影响力"调查得出了类似的结论,同事、同学和朋友的比例也都在85%以上,亲戚和家人的比例为70%。

虽然网络拓展了交往范围,但是交往的深度较为有限。有调查显示,63.5%的人表示能够保持经常联系的网友数量不超过5个,经常保持联系的网友数量在20个以上的不超过一成,线下见过5个以上网友的不超过两成,与网友真正转化为现实好友的更少。

美国社会学家马克·格拉诺维特(Mark Granovetter)于1974年提出的"弱关系"(Weak Ties)理论认为,在传统社会,每个人接触最频繁的是自己的亲人、同学、朋友、同事,这是一种十分稳定而传播范围有限的社会认知,即一种"强关系"(Strong Ties)现象;同时,还存在另外一类相对于前一种社会关系更为广泛的,然而却是肤浅的社会认知,即"弱关系"[1]。在强关系中,由于互动双方互动频繁容易自成一个封闭的系统,而弱关系交往双方更加可能掌握很多对方并不了解的信息,因此反而成为信息在不同社交圈之间流动的主要渠道。有学者认为,"网络由于其匿名性以及时空压缩与时空伸延并存的特点,非常适合弱关系的建立与滋长"[2],"网络交往是一场陌生人之间的互动游戏,凸显了公领域、弱关系、陌生人互动的特点"[3]。调查结果所显示的虚拟社交网络与现实社交网络高度重合的情形说明,虽然网络提供了让原本素不相识、地理距离和社会距离都很远的陌生人互相结识和交谈的条件,但仅就当前来看,实际建立的此类弱关系仍非常有限,网民与来自自己现实社交圈之外的陌生人之间的网络交往相对较少,这可能在一定程度上降低了其通过网络社交所获得的信息的价值。

第二节 网络社交行为的人群特征

受到性别、年龄、婚姻、职业、居住地、受教育程度等人口特征,以及个性和网络使用程度等因素的影响,网络社交行为在不同人群中表现出较大的差异。有研究表明,周围人群中网络社交的普及程度和网络社交涉入深度对网络社交行为产生正向影响,而面对面交流的擅长程度和线下社交的满意度对网络社交行

---

[1] Mark Granovetter,"The Strength of Weak Ties," *American Journal of Sociology*,1973,78 (May).
[2] 黄少华:《青少年网民的网络交往结构》,《兰州大学学报(社会科学版)》2009年第1期。
[3] Barry Wellman, "An Electronic Group is Virtually a Social Network," Sara Kiesler, ed. *Culture of the Internet*, New Jersey: Lawrence Erlbaum Associates, 1997.

为产生负面影响。①

男性的网络社交行为涉入程度和深度都高于女性。男性与陌生人联系的频率高于女性,而女性与熟人联系的频率高于男性。在综合类社交应用中,20—29岁的人群使用频率明显高于其他年龄段。从网络交友来看,交友数量多、范围广的人群呈现出以下特征:男性、年轻、未婚、文化程度偏低、月收入偏低、无固定编制。以外出务工人员为例,在该群体中,通过网络认识的朋友数量在 21 人及以上的比例高达 42.3%,他们更加热衷于进行网络社交,可能是由于相对艰难的生存条件使其产生了更加强烈的孤独感和交流需求,而这些需求在陌生的都市环境中无法通过传统的社交方式得以满足,因此他们更可能转而求助于门槛相对较低的网络社交。此外,网络交友还呈现出典型的年轻化趋势,网友数量呈现出显著的随年龄递减趋势,即年龄越小,网络社交的程度越深。

第三节 网络社交行为的动机与心理

网络社交受到人们的青睐有着深刻的社会原因和心理原因。马宁认为,寻求注重内涵的交往是网络人际交往的原动力,确立网络空间地位是网络人际交往蓬勃发展的重要原因,参与社群是诱发网络人际交往的最终目标。②这是对网络社交动机的理性分析,事实上网络社交除了受到理性因素影响外,还受到情感或其他非理性因素的影响。《网络交往动机研究初探》一文对已有的关于网络交往动机的定量研究进行了梳理总结(见表 6-3-1)。

表 6-3-1 现有关于网络交往动机的定量研究基本情况③

作者	问卷或量表名称	年份	维度结构
Weiser	互联网态度调查表	2001	社会—情感调节动机和物质—信息获得动机
Caplan	"一般问题性互联网使用量表"(GPIUS)	2002	情绪改变、社会利益、消极后果、强迫使用、过度在线时间、戒断症状、社会控制
谭文芳	网络使用动机问卷	2003	社会交往、自我肯定交往、匿名交往、虚拟社群和社会性学习动机

---

① 宋姜、甘利人、吴鹏:《网络社交偏好影响因素研究》,《情报杂志》2014 年第 1 期。
② 马宁:《析赛博空间的人际交往》,《改革与战略》2003 年第 8 期。
③ 迟新丽、张大均、吴明霞:《网络交往动机研究初探》,《黑龙江教育学院学报》2009 年第 2 期。

(续表)

作者	问卷或量表名称	年份	维度结构
李秀敏	"互联网行为量表"	2004	信息类、技术类、休闲娱乐性和刺激性内容
雷雳、柳铭心	青少年互联网服务使用偏好问卷	2005	信息、交易、短信服务娱乐及社交
韩红艳	大学生网络交往类型问卷	2006	社会型、情绪型和工具型交往
陈秋珠	大学生网络交往动机问卷	2006	情感满足、获取社会利益、信息沟通及休闲娱乐
魏岚、梁晓燕等	网络交往动机问卷	2006	信息获取和情感调节

2009年"互联网影响力"调查对网民的网络社交动机进行了测量,结果显示,"网络社交能让我更快捷地与他人联系"的认同度最高,其次是"网络社交能够扩大我的交际圈",其后依次是"我在网络社交中表现得更加自信""通过网络更能表达我的真情实感",网民认可度略低的参与网络社交动机是"帮助打发时间""省钱"和"通过网络与他人交流比面对面的交流更安全"。

由此可见,网络社交的动机可以概括为获得认同和情感归属。个体只有在社会群体中才能生存,现实社会中的认同受到年龄、性别、身份、地位等因素的影响,而在网络中,网民在虚拟身份的掩饰之下,可以超越现实而以理想化的自我存在,突出优势特长来获取社会和群体的积极评价,从而增进认同。心理学家阿特金森(Atkinson)、麦克亚当斯(McAdams)等人认为,有两种动机会对人们的社会交往行为产生影响:一是亲和性需求(the need for affiliation),即一个人追求和保持许多积极的人际关系的欲望;二是亲密性需求(the need for intimacy),即个体追求温暖、亲密关系的欲望。大量实证研究发现,排解孤独寂寞、进行消遣是网络交往的主要动机之一。寂寞是指当人们缺乏某些社会关系成分时产生的主观上的不愉悦感。寂寞分为情绪性寂寞(emotional loneliness)和社会性寂寞(social loneliness)。情绪性寂寞是指没有任何亲密关系可以依附的状态所引发的寂寞;社会性寂寞是指个体缺乏社会归属感,或者缺乏由周边朋友、同事等人所提供的团体整合感所引发的寂寞。[①] 研究显示,获取情感满足是网络社交的重要心理动机,现实中越是经常采用回避态度对待负面情绪的群体,越倾向于

---

① David O. Sears, Jonathan L. Freedman, Letitia Anne Peplau,《社会心理学(第五版)》,黄安邦译,陈皎眉校,台北:五南图书出版公司1986年版,第360页。

通过网络社交来获得补偿性满足。由此可见,"网络空间的人际交往对现实交往具有一定程度上的补充意义"①。

第四节 网络社交行为的影响

网络社交的蓬勃发展同样引起了人们对其后果和影响的担心。很多学者认为,网络社交会导致社会疏离,即网络社交会增加人们与陌生人之间的交往,而相应地减少与朋友或家人面对面接触的时间,因而导致现实社交的弱化和人们整体社交状况的浅层化。例如,克劳特(R. Kraut)等人通过对美国匹兹堡地区家庭网络使用者的研究,发现使用网络越多的人,通常其社会网络规模越小,与家人和朋友的沟通也较少,而且容易感受孤独、压力等消极情绪。② 然而,也有很多学者在其研究中肯定了社会交往对现实社交的积极作用。例如,基斯勒(S. Kiesler)等人的研究显示,大部分人在使用网络后,与家人和朋友的联系不仅没有减少反而增加了,而且网络交往扩展了远距离的社会交往圈子,以及与亲戚朋友的面对面互动。③ 卡茨(J. E. Katz)等人的研究,同样证明互联网扩展了人们的社群、信息和友谊网络,增加了在线甚至离线的互动,是一种增加社会资本的重要资源。④

2009年"互联网影响力"调查探究了我国网民的网络社交行为对其现实社交行为的影响。调查问卷中设计了一个五级量表,用以衡量上网后人们与以前认识的人的日常交往时间(包括面对面交往、电话和写信等)的变化。结果显示,与"爱好相同的人""同事或同学""相同专业的人""爱人或恋人"以及"朋友(不含网上认识的)"的交往时间并没有受到网络交往的影响,而与"亲戚或邻居""父母"以及"兄弟姐妹"等的现实交往时间则受到了影响。总体上看,一方面,网络社交加强了现实社交中以共同兴趣、专业或工作学习关系为基础的部分。网络

---

① 郑丽丹、张锋、马定松、周艳艳:《情感性动机网络使用者对负性情绪线索的前注意偏向》,《应用心理学》2007年第3期。
② Robert Kraut, et al, "Internet Paradox: A Social Technology that Reduces Social Involvement and Psychological Well-being?" *American Psychologist*, 1998(9).
③ Barry Wellman, "An Electronic Group is Virtually a Social Network," Sara Kiesler, ed. *Culture of the Internet*, Lawrence Erlbaum Associates, 1997.
④ James E. Katz and Ronald E. Rice, "Syntopia: Access, Civic Involvement, and Social Interaction on the Net."in B. Wellman & C. Haythornthwaite(Eds), *The Internet in Everyday Life*, Oxford: Blackwell Publishers Ltd, 2002.

打破了地理阻隔,将各种以"趣缘"为基础的人群在虚拟世界中联系在一起的能力变得空前强大,垂直类设计应用加剧了互联网上网民社交结构的"碎片化"。另一方面,网络明显减少了网民以"地缘"为基础的社会交往时间,包括与父母、兄弟姐妹、亲戚或邻居的交往。例如,网络普及前,大部分人下班后的时间可能用于与家人相处,如一起看电视;而在网络普及后,即使身处家中,人们也可以选择通过网络与同事、朋友或素不相识却有共同兴趣的网友进行交流,这在客观上导致人们与家人或邻居的交往时间减少。①

网络社交对人们现实社交的影响毋庸置疑,而这种影响存在积极与消极两方面的作用。其积极作用在于,网络超越了时间与空间对人际交往的限制,拓展了人们的社交网络,尤其是其中基于共同兴趣的部分;同时,网络社交也对人们现有社交网络的某些部分具有强化作用,作为一种工具,网络社交使得人们与同事、同学、爱人和恋人的日常交往变得更加方便,并因此增加了这些交往发生的时长。消极作用方面,无论是"互联网影响力调查",还是克劳特等人在美国的调查均得出了某些相似的结论,即网络社交的确减少了人们与亲戚、家人接触交往的时间,对既有的现实社交结构,特别是其中以亲缘、地缘为基础的部分构成了一定程度的冲击。

知识框19 网络社交与孤独感

社交的重要目的之一是摆脱孤独感,但是网络社交究竟有没有减少网民的孤独感呢?关于网络社交对孤独感的影响可以追溯到1998年,美国 *American Psychologist* 杂志上发表了克劳特等人的第一次调研成果 Internet Paradox: A Social Technology that Reduces Social Involvement and Psychological Well-being?② 克劳特等人认为网络社交减弱了网民与现实社会关系的联系,缩小了社交圈,因此抑郁和孤独感会随之增加。该文一出,引起广泛关注,也遭到了学术界对变量、测量工具和抽样等问题的不少质疑。西尔弗曼(Silverman)从弗洛伊德的发展心理学和米勒的关系理论出发,并结合米勒训练中心组织的网络社区在改善人们心理状态方面取得的良好效果,

---

① 简奥:《网络社交对现实人际交往的影响》,《湘潮(下半月)》2013年第1期,第154—155页。
② Robert Kraut, et. "Internet Paradox: A Social Technology that Reduces Social Involvement and Psychological Well-being?" *AmericanYcholgoist*, 1998(53), pp. 1017-1031.

反驳了克劳特的观点，提出研究设计中应该加入"动机"(intention)变量；[1]吉尔·里尔丹(Jill Rierdan)指出克劳特的研究对 CESD 量表进行了截取，如果使用完整的量表，结论会发生变化；[2]朱迪思(Judith)认为该研究在样本选择和抽样方面存在问题[3]。1998 年，克劳特等人接受上述批评，完善了样本，增加了控制组，丰富了变量，并提出了更加复杂和多元的分析模型。他们的研究和主要成果奠定了此类研究的方法和理论基础。他们的后期研究发现，网络社交的消极影响会在不同的人群中存在差异，而且会随着时间维度的变化而发生变化，可能的解释是个体与家人、朋友的交往逐步向网络空间延伸。

目前来看，支持网络社交增加孤独感的研究对原因的解释可以归结为两点：一是网络社交影响了现实社交，二是网络上建立和维系的人际关系比较肤浅，不能为个体带来实质性的帮助。[4]还有一些试验研究得出了相反的结论，尤其在特殊的人群中，结果显示网络社交显著地减轻了孤独感，并提出了"社交补充模型"(Social Compensate Model)，即为现实生活中不善于社交的个体提供了一个可以胜任的社交环境。还有一些研究发现，网络社交与孤独感之间存在"剪刀差"，马钱-马丁(Marchan-Martin)和舒马赫(Schumacher)提出孤独感与网络使用之间存在恶性循环的可能，即孤独的人更愿意在网络中社交，而网络社交进一步加剧了孤独感。[5]

---

[1] Toby Silverman, "The Internet and Relational Theory," *American Psychology*, 1999(9), p. 780.

[2] Jill Rierdan, "Internet-depression Link?" *American Psychology*, 1999(9), p. 781.

[3] Judith S. Shapiro, "Loneliness: Paradox or Artifact?" *American Psychology*, 1999(9), p. 782.

[4] Patti M. Valkenburg, Jochen Peter, "Online Communication and Adolescent Well-being: Testing the Stimulation Versus the Displacement Hypothesis," *Journal of Computer-Mediated Communication*, 2007, 12(4), pp. 1169 – 1182.

[5] Janet Marahan-Martin, Phyllis Schumacher, "Loneliness and Social Uses of the Internet," *Computer in Human Behaviar*, 2003(19).

第四章
网络言论行为与心理

网络言论行为特指在网上对政治或一般公共事务的议论。言论行为目的在于表达看法、态度和主张。

网络言论行为,是指人们通过网络针对社会中的各类事物表达见解、态度、观点、想法的行为。网民言论行为由网络言论内容、网络言论形式、网络言论发布和网络言论传播等要素组成。网络言论内容是指网络言论涉及的事件以及其中体现的言论主体的价值观、情感倾向等隐含要素;网络言论形式可以是文字、音频、视频、图片或符号等。网络言论发布是指由网民依照自身意愿主动进行的言论公开发布;网络言论的传播是指发布的网络言论通过互联网进行扩散的过程。

第一节 网络言论行为的类型与特征

网络言论行为包括发布话题、回复话题、"灌水"和"潜水"等类型。话题发布指的是网络用户对某一话题或事件发表言论。话题发布者通常是对相关内容或议题感兴趣的人,通过发帖表达自己的观点,引起他人关注,引发共同讨论。发帖者可能是事件的当事人、见证人、围观者或者仅仅是感兴趣者或好奇者。话题发布后,参与讨论、表达态度和观点的行为称为回复话题,回复话题的人被称为回帖人,他们或有感而发,或表达不同意见,或对原有意见表示支持等。其中,抢到第一个回帖位置的人俗称"沙发",第二个称作"椅子",第三个称作"板凳",接下来按照发帖顺序依次称为"第……楼"。这些网络语言表达了回帖人的身份和对同一话题关注时间的先后顺序。灌水指在讨论时发布一些没有实际意义、不切主题或者毫无阅读价值的言论,这些言论有时甚至是废话,或者不知所云。灌水者是为了拿回帖分数或者积累经验值。与灌水相对应的行为称作"潜水"。潜水指在网络讨论中长期隐身登录,不发言、不参与讨论,只浏览从不回复帖子的行为。事实上,网络中大部分用户都属于"潜水者"。有研究者称"这个群体是最为庞大的,是他们构成了网络社会的底层文化,属于网民'金字塔'的基座"[①]。

网络言论行为是一种自下而上产生网络信息的过程,具有时效快、观点多元、互动性强、语言丰富等特征。网络言论涉及的题材广泛且具有极强的时效性。政治、经济、社会、文化领域的热点都可以引发网络言论。网络言论通常紧跟热点,并借助网民的自传播力形成舆论。

网络言论观点多元。由于网络言论的参与者社会背景、价值观、受教育程度等各不相同,对事件的看法也呈现出纷繁复杂的状态。例如,"范跑跑"事件发生后,大部分网友对作为教师的范美忠进行了道德批判,认为他不应该不顾上课的学生自己先逃跑。网络中题为《范跑跑是豆腐渣教师》《范跑跑挑战国民容忍度,引发道德大批判》等帖子在网上传播范围极广,引发了大多数网民的讨伐;然而讨伐之中不乏相异的观点,如张若渔在新华网发表题为《一个普通老师眼里的范美忠》的评论,以一个忏悔者的身份进行自白与剖析。人民网论坛也发表了题为《范美忠给国人出了个难题:我可以不做英雄吗?》的评论。与多数网民的观点不同,该评论赞许了范美忠诚实的可贵性,同时批评了他的行为对我国传统美德中"舍己为人,争当英雄"的冲击。

网络交互性使在线对话成为可能,网民可以自己创造内容,也可以评价别人的内容,还可以跟不同的人点对点对话,它既允许平民之间水平对话,也允许平民与精英之间进行垂直对话。

网络言论行为一直存在争议。一是关于自由发言。自由发言是网络言论被推崇的重要原因,同时也是它遭受攻击的关键所在。网络言论行为在提供自由言论的同时,也打开了一扇恶意攻击、网络暴力和不负责任的大门。二是关于增进交流还是增加了隔离的探讨,缘于人们究竟是喜欢与具有相同观点的人讨论,还是倾向于与观点不同的人交锋,目前的实证研究结论存在争议,但是支持前者的研究更多。三是关于网络言论行为能否推动民主。有观点认为网络言论行为推动了民主的发展,但是也有很多人并不认为这是一种好的民主方式。美国发动伊拉克战争的时候,尼古拉斯·汤普索(Nicholas Thompso)写给《波士顿环球报》(*Boston Globe*)的评论中有一篇文章的题目是《自由导致爆发——在线政治论坛是对民主的侮辱》("Freedom to Flame. Online Political Chat is an Insult to Democracy")。他认为"在线政治讨论往往是肤浅的、一知半解的,充满着咆哮、

---

① 彭兰:《网络传播概论》,北京:中国人民大学出版社2001年版,第309页。

辱骂,这是对民主的侮辱"。在美国和欧洲一样,很多人认为在线论坛与理想中的政治讨论相差甚远。网络言论不是仔细的思考和有理有据的辩论,而是不假思索地表达非理性和极端化的观点;不是仔细聆听对方的观点,而是热衷于攻击他们。

哈贝马斯提出民主讨论有序进行需要四个核心条件:一是人人有能力表达自己的观点并批评他人的观点;二是与社会地位相关的权力应该受到限制;三是以传统或教条为依据的争论需要被扩展;四是追求真理。互联网兴起后,很多学者开始使用哈贝马斯的理论解释互联网对政治民主的作用。林肯·达尔伯格(Lincoln Dahlberg)用哈贝马斯的理论来评价互联网的作用,提出如果网络真的成为哈贝马斯意义上的公共领域,必须满足六个条件:一是讨论必须建立在公民意识上,而不是被媒介公司和政治精英所驱使;二是讨论要提供充分的依据,而不是简单的论断,这样的议题才具有可批评性;三是参与者必须反思其自身的文化价值、假设和利益,以及由他们的观点所产生的更加广泛的社会影响;四是参与者必须力图从他们的视角理解观点,做个好的倾听者;五是每个参与者都必须为获取更全面的信息作出真诚的努力,包括动机、利益、需求和欲望,以及可能存在的特殊问题;六是话语的包容性和平等性,尽可能保证每一个人的观点都能得以表达和被接受。[1]

事实上,哈格曼(Hagemann)分析了荷兰两个政党的在线讨论的邮件列表,发现参与者之间存在相当高程度的互动,但是讨论内容的理性有限,不是哈贝马斯的理想模式。[2] 扬科夫斯基(Jankowski)等分析了建立在荷兰霍赫芬旨在促进公民与精英对话的在线论坛,结果展示了一幅"忧郁的图景",他们发现网络在线讨论互惠水平较低,并且人们普遍难以理解别人的观点。[3] 在美国也有类似的研究,得出的结论相似。以威廉(Wilhelm)的研究为例,他随机抽取了一个政治讨论的网站进行内容分析,结果显示大部分人只关注与他们具有类似想法的观点,并且只有五分之一的人会回复信息。对于理性的问题,他发现四分之三的人提供的理由是重复表述过的,且对话非常不稳定,难以深入,容易被

---

[1] Lincoln Dahlberg, "The Internet and Democratic Discourse: Exploring the Prospects of Online Deliberative Forums Extending the Public Sphere," *Information Communication & Society*, 2001, 4(4), pp. 615 – 633.

[2] Carlo Hagemann, "Participation in and Contents of Two Dutch Political Party Discussion Lists on the Internet," *Javnost/The Public*, 2002, 9, pp. 61 – 76.

[3] Nicholas W. Jankowski, Rence van Os, "Internet-based Political Discourse: A Case Study of Electronic Democracy in Hoogeveen," in P. M. Shane (ed.), *Democracy Online: The Prospects for Political Renewal through the Internet*, New York: Routledge, 2004, pp. 181 – 193.

打断。①

第二节　网络言论行为的人群特征

关于什么样的人更倾向于在网络中发表言论,中西方学者、政府以及商业企业都做过很多调研。综合多项实证研究的结论来看,中西方参与网络言论行为的网民存在一定的差异,尤其在涉及政治类的言论方面。

西方国家参与网络言论的依旧是传统社会的"上层"或"精英"。戴维斯(Davis)的调查研究显示,20世纪90年代后期的美国网民中,在网络上参与社会和政治问题的讨论的往往是那些受过良好教育、富裕、年轻且并不倾向于结婚的群体;②约翰逊(Johnson)等人的研究发现,博客的使用者往往是白种人、富人、受过良好教育的人、男性居多,并且对政治有较多的兴趣和知识。③斯特默-加利(Stromer-Galley)通过实证研究把女性网络言论参与较少的原因归结为三个方面:一是女性不希望得到不想要的性别关注,因此她们在使用网络参与政治讨论时要么通过不填写性别资料来隐瞒性别,要么通过男性化"马甲"发帖,或者干脆不参与讨论;二是女性往往会感觉自己在以一抵十或者更多,存在被孤立的感觉;三是女性太在意不同观点,容易被一些攻击弄哭,因此很难坚持。④哈普(Harp)和特里梅因(Tremayne)的研究还发现,在美国,女性不太可能成为点击率较高的政治博主,部分原因是男性网民不愿意链接或者关注女性网民的政治博客,除非伴随着性话题的讨论。⑤

与西方社会不同,我国网民中言论行为呈现"精英"与"草根"并存的两极化特征。"互联网影响力"调查的实证研究结果显示,经常参与网络言论行为的人在学历、收入、职业和居住地等方面存在两极化趋势,例如高学历和低学历的网民参与网络言论的比例高于中等学历,高收入和低收入的网民参与网络言论的

---

① Anthony G. Wilhelm, "Virtual Sounding Boards: How Deliberative is On-line Political Discussion?" *Information, Communication & Society*, 1998, 1, pp. 313-338.

② Richard Davis, *Politics Online: Blogs, Chatrooms, and Discussion Groups in American Democracy*, New York: Routledge, 2005.

③ Thomas J. Johnson, Barbara K. Kaye, Shannon L. Bichard, W. Joann Wong, "Every Blog Has Its Day: Politically-interested Internet Users' Perceptions of Blog Credibility," *Journal of Computer-Mediated Communication*, 2007, 13.

④ Jennifer Stromer-Galley, "On-line Interaction and Why Candidates Avoid It," *Journal of Communication*, 2000, 50, pp. 111-132.

⑤ Dustin Harp, Mark Tremayne, "The Gendered Blogosphere: Examining Inequality Using Network and Feminist Theory," *Journalism & Mass Communication Quarterly*, 2006, 83, pp. 247-264.

比例均高于中等收入。

第三节 网络言论行为的心理

网络开辟了言论行为的新空间,一些在现实空间内得不到满足的心理需求有了实现的可能。图 6-4-1 是第二次"互联网影响力"调查对网民言论行为动机的研究结果。结果显示网民参与网络言论行为既有理性工具性的动机,也有诸如发泄、凑热闹、表达不满等情绪动机。

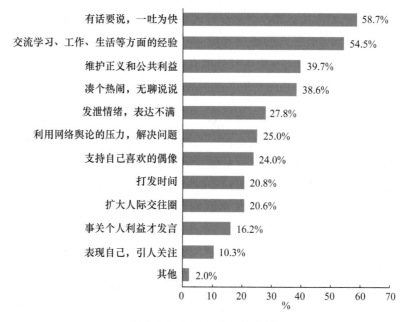

图 6-4-1 网络言论行为动机

一、宣泄心理

在现实世界中,环境因素、社会因素和个人心理因素会引发人们的情绪波动,人们会有不高兴、不满、愤怒等情绪,形成各种心理反应。面对这种心理情绪,有人会沉默不语,有人会向他人倾诉,而网络则提供了一个可供倾诉和宣泄的平台。

二、从众心理

从众心理,是指个人行为受到周围人的影响,从而在自己的认知、判断、感觉等方面表现出符合他人、公众舆论或者多数人行为方式的现象。社会心理学认为,从众心理是由于"真实或想象的群体压力而导致的行为或者态度的变化"①,当个体没有形成成熟的价值观,或缺乏独立冷静的判断时,往往会产生从众心理,认为"追随大多数人不会有错",并从观念上说服自己信服别人,改变自己原有的观点,最终产生从众行为。

面对海量信息,应如何分析、如何评价、如何选择、如何利用……这些问题都考验着网民的信息素养。普通网民通常缺乏足够的分辨信息和独立判断的能力,从而会出现从众现象。一般情况下,从众心理往往伴随着"沉默的螺旋"和"群体极化"现象。"沉默的螺旋"理论产生于传统媒体时代,在大众传播领域内提出。互联网出现后,有学者对该理论在网络环境中的效力进行了分析验证。研究发现,在一些专门的议题之中,"沉默的螺旋"理论效果得到强化。在一些敏感、尖锐的话题上,人们容易被非此即彼的态度所裹胁,中立或者理性的观点往往没有生存空间,因此会出现"群体极化"的现象。

社会心理学家认为从众行为有三种基本动机:一是渴望获得正确的信息;二是渴望被他人接受和喜欢;三是缓解群体压力。②即使在网络中,网民也会认为多数人的意见往往是对的,即使有错,也会因为法不责众而免于受到指责。

三、权威心理

权威心理,又称权威效应或者权威暗示效应,指如果一个人拥有较高的社会地位,较高的威信,受到他人尊重,那么他说的话和做的事情就会引起他人重视,并且人们会自发、自愿、自觉地相信其正确性。

权威心理之所以存在,首先是因为人们有寻求自身安全的心理。人们总认为权威的人是榜样,他们的思想、行为和语言都是正确的,是一般人为人处世的生活指南。服从他们会使自己拥有安全感,增加所谓的"保险系数"。其次,人们会认为权威人物的要求和行事作风符合一般的社会规范,按照他们的要求去做,会得到更多人的认同和赞赏。再次,还有一部分人抱有期待心理。基于对信息

---

① David G. Myers, *Social Psychology*, Palatino: York Graphics Services, 1996, p. 233.
② 崔丽娟、才源源:《社会心理学——解读生活,诠释社会》,上海:华东师范大学出版社2008年版,第251页。

和知识获取的要求,人们会将某些消息灵通的人看作"意见领袖",通过追随他们使自己掌握更多的信息,减少不确定性。人们在工作和生活中遇到困扰或缺乏知识,会偏好寻求相关方面专业人士的指导,认为专业的指导会让自己"少走弯路"。而获得某方面的专业知识,可以提升自我认识,实现更大的社会目标,获得更多的社会认同。参与网络言论活动的人基于不同目的聚集在一起,有的成为意见领袖,有的则成为这些意见领袖的重要簇拥者,即粉丝群体。粉丝支持这些意见领袖,这样就容易形成权威心理。

四、偏执心理

网络的匿名性使得网络中的个体摆脱了现实的束缚,道德责任的压力较现实生活中更小,自我约束减弱,对消极言论的反应更强烈,容易产生网络群体性事件。这样的偏执心理使得网络言论突出地表现为议题的快速转换,偏执而狂热的群体的注意力不断被新的议题所吸引。

▶ 练习题

1. 名词解释
(1) 定式心理
(2) 哈贝马斯
(3) 社会互动

2. 简答题
(1) 网络行为有哪些特征?
(2) 网络社交行为受到哪些因素的影响?
(3) 试比较信息素养、媒介素养与数字素养的异同。

3. 论述题
请阐释网络言论行为与网络民主之间的关系。

第七部分
自我、互动与身份认同

越来越多的人用镜头随时随地记录生活，按照自拍、修图、分享的节奏在网络中呈现自我。网络使"自我"被扩张，被赋予新的权力，也引发了自我认同的危机。本部分从自我理论出发，探讨了自我在网络中呈现的特征，以及网络对自我以及自我认同的影响。

第一章
自我与网络

"自我"是一个不断发展的理论体系,社会学和心理学等都对"自我"研究保持着较强的兴趣,社会学立足关系和互动定义"自我",而心理学对"自我"的观照着力于内省。传播学的研究吸收了两者的成果,从"呈现"与"互动"的视角理解"自我"。在社会学理论中,"自我"被理解为个人与他人、个人与社会的关系,网络对"自我"的影响体现在对"关系"的创造、维系与改变方面。马克思、韦伯、齐美尔从不同侧面研究了"自我"的社会学意义,马克思将"自我"理解为个体在满足需要的物质生产性活动中所建立的人与人、人与物的关系,资本主义社会中"自我"在商品拜物教的掩盖之下异化为物与物的关系。韦伯也认同"自我"中蕴含着个体间关系,关系存在于个体的行动取向中,理性行动是"自我"的载体。齐美尔认为"自我"首先表现为个体在不同规模群体中的差异性互动。[①]社会学研究"自我"服务于理解"社会",自我理论构成了理解社会结构、社会秩序和社会问题的基础。

心理学向度的"自我"理论旨在回答人类如何思考和感受自己,以及这些思考和感受将产生怎样的影响。美国心理学家威廉·詹姆斯(William James)认为"自我"包括作为认知主体的"主我"(I)和作为认知客体的"宾我"(ME)。"主我"是指自我中积极地感知、思考的部分,"宾我"是指自我中注意、思考或感知的客体部分。

自20世纪初期以来,"互动"成为形成"自我"的普遍性认知,"互动"既体现了关系和结构,也是心理的过程。互动论的发展推动了"自我"走进传播学的研究视野。传播学视域下的"自我"研究旨在探索呈现、互动与交流如何影响"自我"的形成与发展。互联网改变了互动的方式,影响着自我认识,而且作为新的空间和情境,塑造了新的自我——虚拟自我。虚拟自我是自我意识在网络空间

[①] 李洪君、李娜:《"自我"的理论发展综述——以马克思、韦伯、齐美尔、涂尔干的社会思想为例》,《沈阳师范大学学报(社会科学版)》2016年第4期。

的重构,它与现实自我息息相关,却不是简单的对应。

知识框 20　"自我"概念的理论发展

　　社会学家查尔斯·霍顿·库利沿袭了詹姆斯对"自我"概念的分析,从自我和社会之间关系的切入角度深入理解"自我"概念。库利在《社会过程》一书中专门用一章来阐述"社会过程的个人化方面",并在《人性和社会秩序》一书中,着重解读了"自我"与他人、"自我"与社会的关联,首次提出了"镜中我"理论。

　　库利的"自我"理论有两大重要突破:一是对詹姆斯提出的"自我"概念进行了完善,指出自我是一个过程;二是将"自我"放到了社会过程中去理解,提出了"镜中我"的概念。"镜中我"认为,人和人的交往过程中,人们往往会根据相互沟通的姿态和状态去了解自我,即人们往往是通过他者的"镜子"来了解自我。和传统"自我"重视个体(客体)不同,"镜中我"重视环境和社会过程。库利认为:"社会是各个精神自我的交织物。我想象你的思想,特别是你对我的思想的想象,和你所想象的我对你的思想的想象。我在你的思想面前表现我的想法,期望你会在我的思想面前表现你的想法,谁若不能或不愿做到这一点,那他就不懂得如何交往"[①]。

　　正是基于对"镜中我"的认识,库利提出了"初级群体"(primary group)的概念,认为初级群体对于个体形成"自我"概念非常重要,个人是在群体当中和他人进行符号的沟通从而产生了"自我"。

　　在库利符号交往产生自我的理论基础上,20世纪最重要的社会理论之一——符号互动理论由此找寻到了社会中人类交往的实质。符号互动论的代表人物米德在构建理论基础时,就把自我和符号、互动、社会列为四个重要基础。米德的"自我"概念不再强调生物学或心理学上的自我,而是从社会学角度出发,认为自我是社会的自我,主要原因有两点:一是从互动论维度来看,自我来自人类社会的互动;二是从工具角度来看,自我依赖他人共享符号,尤其是语言。一个人类社会中最为完整意义上的自我,"只有当他采取了他所从属的这个有组织的社会群体针对这个群体本身所参与的、有组织的合

---

① 〔美〕查尔斯·霍顿·库利:《生活和学者》,纽约 1927 年英文版,第 201 页。转引自刘易斯·A. 科塞:《社会学思想名家》,中国社会科学出版社 1990 年版,第 338 页。

作性社会活动或者一系列这样的活动的态度时,他才能确实发展一个完整的自我"①,一个完整的自我必须在一个群体的社会活动中才能产生。

而米德的弟子、正式提出"符号互动理论"的布鲁默在米德的"自我"概念基础上指出,人的"自我互动"②的能力实际上进一步拉伸了互动的维度。自我是人们在情境定义中的一个重要客体,而互动是持续变动及行为和交往模式的不断改变。

"自我"概念的产生和发展伴随着美国20世纪社会学发展的主要脉络,随着心理学、社会学、社会心理学等学科领域的学者加入对这一概念的探讨,一条和芝加哥学派发展息息相关的线索逐渐形成。具体可见图7-1-1。

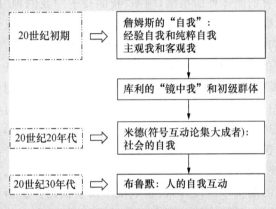

图7-1-1 "自我"概念的理论发展脉络图

在美国这一主流理论脉络之外,其他国家的诸多学者也对"自我"概念有过深入的分析和阐述:如苏联哲学家科恩曾指出,自我问题实际上包含了许多具体问题,包括人的类特性(人与动物的区别)、个体的本体论同一性(人在不断变化的条件下和他一生的时间内是否始终是他自己)、自我意识现象及其同意识和活动的关系、个人积极性的界限(人实际可能实现什么),以及人的选择的合理性受什么制约、推动和验证等③。

---

① 〔美〕乔治·赫伯特·米德:《心灵、自我与社会》,霍桂桓译,北京:华夏出版社1999年版,第168—169页。
② Herbert Blumer, *Symbolic Interactionism: Perspective and Method*, New York: Prentice Hall, 1969, pp. 62-64.
③ 〔苏联〕伊·谢·科恩:《自我论:个人与个人自我意识》,佟景韩、范国恩、许宏治译,北京:生活·读书·新知三联书店1986年版。

第一节　网络重塑自我

自我是什么？我的鼻子，我的房子，我的孩子，我的想法……哪些属于自我？那些属于自我的部分又是如何形成整体的、连续的、统一的、稳定的自我？威廉·詹姆斯（William James）在1890年出版的《心理学原理》（*The Principles of Psychology*）中提出了自我的"宾我"与"主我"的二分法，用"经验自我"指代"宾我"，"纯粹的自我"指代"主我"。"经验自我"由三部分组成：物质的自我、社群的自我和精神的自我。物质的自我是承载"我的"有形客体，不仅包括躯体的自我，还包括心理上占有的躯体外的物质，例如"我的孩子""我的狗"以及"我的房子"等。詹姆斯认为财产是自我的延伸，有时候财物受到重视不仅仅是因为它们的功能，还因为它们已经成为自我的一部分。例如，人们在描述自己时，往往自然而然地提及拥有的财物，财物本身具有象征功能，吃穿用戴，甚至房间的装饰都在提示着"我是谁"。有时候，人们会通过财物来延伸自我。例如，通过赠送、遗留信件、照片或纪念品等带有个人特征的财物来表达或延伸自我。财物对自我的重要性可以通过人们对财物的情绪来看。例如，钱包丢失后，人们对失去钱包里自己照片的痛苦要远远超过失去一些钱财。社群的自我，指他人如何认识和看待自我，即自我社会认同。自我在社会中扮演着不同的角色，社会对不同的身份和角色有不同的期待，对自己的认识取决于所扮演的社会角色。在不同的社会情境中，自我并不相同，当涉及两个以上的情境时，就有可能产生矛盾。精神的自我是除去真实物体、人、地方和社会角色之外，我的一切构成，比如感知到的能力、态度、情绪、兴趣、观点、特质以及愿望等。纯粹的自我，是个人的身份或同一性。

表 7-1-1　自我构成的示意表

自我的构成		案例
经验自我（宾我）	物质的自我	我的胳膊、我的信、我的房子
	社群的自我	我的国家、我的家庭、我
	精神的自我	我的心情、我的爱好、我的愿望
纯粹自我（主我）		身份、同一性

那么，自我的这些内涵是如何被认知的呢？乔纳森·布朗（Jonathan Brown）认为自我认识的来源包括物理世界、社会世界和内部世界。物理世界为

了解自我提供了多种手段,例如通过尺子测量身高、利用体温计测量体温,甚至可以借助镜子看清容貌。社会世界构成了自我认知的第二个来源,其中包括两个重要的过程:一是社会比较,即通过把自己的特征与他人的特征加以比较来获得认识自己的线索,社会比较既包括跟比自己稍微强些的人比较(向上比较),也包括跟比自己稍微弱些的人比较(向下比较);二是反射性评价,即通过观察其他人的反应来认识自己,例如,库利的"镜中我"理论以及米德和布鲁默的符号互动论等都是反射性评价的理论支撑。内部世界是一个更为个人化的影响自我认识的途径,又可以分为内省(考虑自己内部的问题)、自我知觉等。

社会比较的概念和理论由费斯廷格(Festinger)在1954年提出,又被称为"经典的社会比较理论"。该理论认为人们有动机对自己的能力水平和观点的正确性做出准确评估,这种评估通常会通过将自己在某方面的能力与观点和相似的人进行比较来实现。这个理论可以总结为三条陈述:

一是人们有准确评估自己观点和能力的驱动力;

二是当缺乏直接客观的标准时,人们通过与他人进行比较来评估自己;

三是一般而言,人们倾向于和与自己类似的人进行比较。

后继学者从不同方面拓展了该理论:社会比较的内容不只是能力和观点,人类生活方方面面的内容,诸如外貌、健康程度、情感状况也都是其中的部分;人们不仅将"我"与"他人"进行比较,还将"我们"与"他们"进行比较;[1]即使在具备客观的评估标准时,人们也会选择将自己和他人进行比较;[2]人们不仅和与自己类似的人进行比较,还会与其他人比较;[3]人们不仅会有意识地将自己和他人进行比较,还会在无意识的情况下接受由情境强加于人的比较。

研究发现,社会比较对自我评价的影响存在前置变量和中介变量——前置变量是进行社会比较的动机,包括自我评价、自我增强、自我改善、沟通意识(sense of communication)等,中介变量包括人格、比较目标、与比较对象的关系等。[4]

自我认知在互联网时代面临新的挑战,网络拓展了自我的范畴,影响着个体

---

[1] Jerry M. Suls, Richard L. Miller, *Social Comparison Process: Theoretical and Empirical Perspectives*, Washington, DC: Hemisphere Publication Services, 1977, pp. 1 – 19.

[2] Arie W. Kruglanski, Ofra Mayseless, "Classic and Current Social Comparison Research: Expanding the Perspective," *Psychological Bulletin*, 1990, 108, pp. 195 – 208.

[3] William M. Klein, "Objective Standards Are Not Enough: Affective, Self-Evaluative, and Behavioral Responses to Social Comparison Information," *Journal of Personality & Social Psychology*, 1997, 72(4), pp. 763 – 774.

[4] 胡璇:《社会化媒体中"晒"对观看者的影响研究》,北京大学硕士学位论文,2014年。

对自我的认识。

一、网络丰富自我构成

网络活动延伸了"躯体外的物质自我"。我的网络形象、网络资产、网络活动都成为物质的我的重要组成部分。人们精心地经营社交媒体中的网络形象,甚至不惜花真金白银去装点头像。QQ 提供了商品化的虚拟服饰,新浪微博把允许更换头像作为开放给付费会员的福利。社会化媒体兴起后,网络社群成为新的个体社会化存在方式,来自网络社群中的角色期待也越来越影响着自我认知。大 V、群主、版主成为新的身份标签。有趣的是,随着个人社会关系向网络空间内转移,人们在不同群体中扮演的角色开始向同一空间集中,角色冲突的现象日渐突出,这种矛盾和冲突影响着纯粹的我——个体同一性和统一性。在网络的世界里,前一秒钟还是游戏世界里的英雄,后一秒钟就可以对着即时聊天工具的弹窗哭得梨花带雨,甚至两种行为可以并行不悖。此外,在精神层面上,网络中的悲欢离合尽管未必真实,却实实在在地作用于个体的喜怒哀乐与爱恨情仇,成为精神自我的一部分。

二、网络拓展了自我认知的来源

互联网对自我认知来源的影响是一个错综复杂的体系,一是它作为客观存在的媒介和工具是认知自我的物理世界的一部分,二是它本身的社会性以及对于精神世界的外化作用对认知自我有重要的意义。人们通过社会比较获得有关自己特点的线索。研究表明,人们在很多方面都愿意和与自己相似的人做比较,但是有时候也会通过向上比较或向下比较来满足某种心理诉求。网络对空间的拓展,增加了个人通过社会比较认识自我的路径和方式。正是基于这种改变,自我在传统社会中不易被察觉的个性或者不被传统道德接纳的特征在自我意识中大大增强。符号化传播、符号互动成为网络传播的典型特征,这种传播方式使自我认知更加透明。符号化的传播方式、传播主体的属性、参与传播的行为和内容都被记录或外显出来,给自我认知带来非常深刻的影响。进入社会化媒体时代,分享和"晒"(分享在英文中叫作 share,发音与汉语"晒"相近)成为一种重要的网络文化。"晒"的内容不一而足,既有晒物,也有晒人、晒事。虽然一些用户愿意晒出自己的失败、负面情绪,但更多的人为了维护积极的自我形象、寻求他人的认可或羡慕,更愿意晒出自己好的一面。因此,社会化媒体中很大一部分内容是晒富、晒幸福、晒成功。

有人通过对社交媒体中的"晒美""晒富""晒幸福""晒成功"的现象进行研

究,发现社会比较倾向随年龄上升而降低,而收入处在两端的群体(高收入组和低收入组)都具有较高的社会比较倾向,学生、外企和私营企业负责人、中小学教师具有较高的社会比较倾向,高校教师和农林牧渔劳动者的社会比较倾向较低。用户在社会化媒体中与朋友进行向上比较更容易改变对自身的评价。朋友的"晒幸福"能提升用户对自身境遇的评价。朋友或公众人物的"晒富"会降低用户对自身财富的评价。30—40岁、本科学历、个人月收入5000—8000元的男性在进行向上比较时更容易改变对自身的评价。这些结果证实了竞争环境、与比较对象的同质性、比较目标的可达性等因素与社会比较倾向的关系,显示出当下人们幸福感的普遍缺失和对财富、消费的执着。[1]

三、网络有助于提升积极自我观念

自我认知中普遍存在着"优于平均效应"(better than average,BTA),即认为自己的能力和水平高于平均水平。造成这种偏差的原因是多方面的,其中对有利反馈的选择性接触、策略性信息搜寻、选择性交互作用、有偏见的社会比较都是强化积极自我观念的重要手段。也就是说,人们总是通过寻找对自己有利的信息、有益的反馈以及选择性地展示或掩饰自己的特长或短板来提升积极自我效能。网络传播的圈层和"茧房",为人们的社会比较提供了更充分的同类、同趣、同好等环境,进一步提升了社会比较的可能性和优越感。

知识框 21　新媒体改变个性

简·梵·迪克在《网络社会——新媒体的社会层面》一书中分析了技术导致人格改变的问题。他认为人类直接与计算机相连,可以改变人类的语言以及社会关系,进而影响人们的世界观乃至个性。他认为技术对人类语言的冲击导致人类个性改变,好的效果是信息和交流机会增加,会给广泛发展的个性做贡献,但糟糕的是会产生四种相关人格:刚硬个性或形式主义人格,即将与计算机交流的语言和礼仪习惯植入与自然人的交流;计算机化人格,即对个性和人格的定义来自与计算机程序的比较;非社会化人格,表现为既害怕孤独又害怕亲密;多元人格,即同时扮演多种角色带来的身份混乱。

---

[1] 胡璐:《社会化媒体中"晒"对观看者的影响研究》,北京大学硕士学位论文,2014年。

第二节 虚 拟 自 我

互联网不仅改变了自我认识,还通过技术手段在虚拟空间内塑造了一个虚拟的自我,虚拟自我不是另一个自我,而是自我的一部分。虚拟自我的产生伴随着计算机和互联网技术的发展,虚拟文化是虚拟自我建构的重要因素,符号结构是虚拟自我的典型特征,符号化的虚拟身份是自我向虚拟空间拓展的主要形式。

一、虚拟自我的内涵

虚拟自我的建构是对"自我实现"的满足与超越。马斯洛(Abraham H. Maslow)提出了自我实现的三个层次,即需求层次论、自我实现论以及高峰体验论。高峰体验强烈、美好、令人心荡神摇、出神入化,是人类最美好的终极体验。在现实社会中,自我实现和高峰体验都需要个体具有较高的天赋、才能、潜力等,因此它虽然美好却令人望洋兴叹。虚拟自我的建构动机某种程度上来自对现实的超越,通过对潜能和创造力的自由发挥,获得自我实现的高峰体验。这一经验在不断指引网络文化产品的时间,从游戏场景中引入虚拟现实技术到元宇宙的提出,都在试图通过虚拟自我满足更高层次的自我实现。

虚拟自我更加注重"本我"的人格特征。弗洛伊德认为,人格结构包括本我、自我和超我——本我是满足一切本能的驱动力,遵循快乐原则行事;超我是在外界约束下的理想自我,依据至善原则行事;自我处在本我与超我之间,按照现实原则行事。现实和虚拟人格都包含着"自我"的成分,但是现实人格突出"超我",而虚拟自我不受约束,更容易体现"本我"特征——自由地追求欲望和本能。

二、虚拟自我与现实自我

虚拟自我是自我的一部分,与现实自我共同构成了自我的不同方面。虚拟自我与现实自我之间形成一种相互建构的关系。虚拟自我源于现实自我,在现实自我的基础上经过数字化、符号化,在虚拟空间内模拟社会交往形成自我。虚拟自我体现为现实自我的某种理想或寄托,是对现实自我的超越。与此同时,虚拟自我也在潜移默化地影响并重塑着现实自我。特克尔(Turkle)认为在网络中长期使用同一个代号以后,环绕着这个代号会凝聚起一个人际关系网络,慢慢地这个代号就像在现实世界里的外貌长相一样,成为自我的一部分。美国《连线》杂志曾经报道过一个故事,关于一名女性上网后发生的一系列变化。原本,她在现实生活中是一个典型的淑女,喜欢穿灰色调的衣服,留着非常保守的发型。但是在网络上,她给自己取了一个昵称叫作"裸体女人"(the naked lady),并且在网上号称自己是一个性感、下流、放荡、能吃定男人的女人。她以这种形象和行为在网络上与男人保持了数个月的联系之后,现实中的她也发生了变化。她剪了一个非常"潮"的发型,开始尝试穿紧身、性感的短裙,在与别人聊天时讲荤段子,越来越像那个"数字自我"。[1]

三、虚拟自我的特征

网络中的虚拟自我以现实自我为基础,以符号化的表达为基本形态,但是它的作用与意义并非都在虚拟世界。虚拟自我体现出以下特征:一是理想化人格,即人们总是按照理想化的状态塑造网络形象和从事网络行为,甚至在网络中表现得比现实中更善良、更慷慨、更无私;二是同一性危机,即多种身份以及身份之间的冲突导致虚拟自我的自我同一性受到挑战,表现为价值观的不稳定、性格和行为的多变等;三是客观存在的心理感受,即网络行为的主体尽管可能是虚拟的,但是网络行为催生的心理感受却是真实的,人们可以通过虚拟社交获得实在的情感满足或者通过虚拟角色扮演体验感情变化;四是难以约束的实践活动,即传统的社会约束力量难以在网络中发挥作用,导致虚拟自我的行为较少受到约束。[2]

---

[1] Gerard Van Der Leun,"*This is a Naked Lady*",Wired(1993-01-01)[2018-02-17],https://www.wired.com/1993/01/cybersex/.

[2] 徐琳琳:《虚实之间——网络中的虚拟自我研究》,北京:人民出版社2017年版,第31—36页。

第二章
网络自我呈现

"整个世界就是一个舞台",莎士比亚告诉我们,"所有的男人、女人都只是演员。他们有自己的出场和入场方式。一个人在他的一生中扮演了很多角色"。欧文·戈夫曼正是根据戏剧现象提出了自我呈现(self-presentation 或 presentation of self)的理论。他在《日常生活中的自我呈现》一书中通过将人们在日常生活中的自我呈现和戏剧做类比,探讨了人们在互动过程中通过哪些技巧或者哪些行为来让别人产生如己所愿的印象。对于这一问题,戈夫曼给出了他的回答:"人们进行自我呈现有两种方式:一种是主动、故意表达并期待别人理解的信息,包括语言、动作等;另一种是个体无法控制或者无意流露出的信息,包括细微的表情、动作等。这些信息影响到别人对自己的'身份'认识,以及自己对自己的期待。"①

琼斯(Jones)和皮特曼(Pittman)把"自我呈现"定义为"调整自我的行为以给他人创造某个特殊的印象"的过程;鲍迈斯特(Baumeister)认为自我呈现是"传递自己特殊的形象给别人"的过程;施伦克尔(Schlenker)和魏戈尔德(Weigold)把"自我呈现"看成是"把自己作为一个特殊类别的人呈现给观众"。戴维·迈尔斯的《社会心理学》一书认为"自我呈现是指我们要向外在的观众(别人)和内在的观众(自己)展现一种受赞许的形象"。乔纳森·布朗认为"任何旨在创造、修改和保持别人对自己的印象的行为都是自我呈现行为"②。综上所述,狭义的"自我呈现"是指个人面对在场的或即将要碰到的真实观众而做出的伪装和欺骗的行为。广义的"自我呈现"是普遍的社会行为。研究表明,人们如果进行自我呈现,尤其是积极的自我呈现,与情境和观众有关。例如,人们在可

---

① Erving Goffman, *The Presentation of Self in Everyday Life*, New York: Random House, 1959.
② 转引自马忠君:《网络环境中虚拟自我的呈现与建构》,北京:中国电影出版社 2013 年版。

能被验证的情境下会更倾向于保守的自我呈现。例如,如果没有人挑战,人们可以吹自己是下棋高手,但是如果身边刚好有个棋盘,情况就不一样了。同样,能力较弱的人一般不愿意在同行或者同领域者面前进行自我呈现,而能力较强的人更希望获得自我呈现的机会。

知识框 22　自我呈现与印象管理

很多学者会经常把自我呈现与"印象管理"(impression management)一词等同使用。但事实上,两个概念略有不同。

在社会学或社会心理学意义上,"印象管理"意指一个目标导向的有意识或无意识过程,人们在该过程中通过规范、控制社会互动中的信息,试图影响他人对人、事、物的感知;而自我呈现,则偏重指个体为使他人按其愿望看待自己而展示自我、影响他人的努力。[1]

具体来看,印象管理是指个体企图控制他人形成的印象的过程。[2] 阿金(Arkin)认为,印象管理是指"个体在与他人互动的情景中,计划、采纳和执行一种传达自我形象的过程和方式"。施伦克尔认为,印象管理是"有意或无意试图控制在真实或想象的社会互动中所反映的印象";鲍迈斯特认为,印象管理是"利用行为去沟通关于自己和他人之间的一些信息,旨在建立、维持或精练个体在他人心目中的形象"。人们留给他人的印象表明了他人对自己的感知、认识和评价,甚至会使他人形成对自己的特定的应对方式。所以,为了给别人留下好的印象,得到别人好的评价与对待,人们会用一种给他人造成特定印象的方式产生行为。[3] 自我呈现,则指投射的与自我相关的印象。印象管理的对象不一定都是自我,例如城市印象、商业印象等;同样,印象也可以通过非自我呈现的方式来控制,如个体印象可以由第三人来操纵。所以应该说,印象管理比自我呈现的范围宽泛,包含的内容更多。但因为在很多情况下,我们的研究和讨论仅仅针对人们如何控制他人对其形成的印象,所以这两个概念常常互通使用。[4]

---

[1]　陈浩、赖凯声、董颖红、付萌、乐国安:《社交网络(SNS)中的自我呈现及其影响因素》,《心理学探新》2013 年第 6 期。
[2]　徐瑞青:《论自我呈现》,《求是学刊》1994 年第 4 期。
[3]　刘娟娟:《印象管理及其相关研究评述》,《心理科学进展》2006 年第 2 期。
[4]　徐瑞青:《论自我呈现》,《求是学刊》1994 年第 4 期。

动机是推动人们某种行为的内在驱动力,是个体的内在化过程,由动机出发的行为则是这种内在过程的外在表现形式。引起动机的内在因素是需求,引起动机的外在条件是诱因。戈夫曼认为,"当个体出现在他人面前时,他总有许多试图控制后者所接受的情景印象的动机"①,印象管理最主要的动机是对社会赞许的期望和对互动结果的控制。泰德斯基和施伦克尔(Tedeschi & Schlenker)等人认为,自我呈现有两个动机:一个是是否符合社会或互动情境的期望,或者发展新的情境规则,使人际互动得以顺利进行;另一个是为获取有利于自己的评价和酬赏。阿金认为个体进行自我呈现的主要价值和他人一样,即把自我呈现作为一种有效和可靠的个人品质的指标。泰特洛克(Tetlock)认为印象管理的动机有:寻求赞许和尊重,避免不受赞许和不受尊重;使自我形象具有公共效力,有权力在人际关系中讨价还价,获得金钱和物质等。②

这些经验性的研究为理解网络空间内的自我呈现奠定了基础。网络自我呈现是身份表达和角色扮演的重要方式,它和现实中的自我呈现一样,动机都来自社会交往的需要、获得物质和社会奖励的需求或者重新建构身份的需要。但是,随着各种网络应用带来的身份和角色的模糊,网络自我呈现出现新的特征和意义。

第一节 网络自我呈现的特征

戈夫曼的自我呈现理论采用戏剧隐喻,将处于不同情境中的个体称为"表演者",认为这些表演者通过强调和隐藏某些与自身有关的事物而有策略地给"观众"呈现某一特定印象。在戏剧隐喻中,表演者利用各种工具和技术来呈现某种特定印象,比如戏剧表演中用幕布、服装和舞台道具等创造戏剧布景。表演者在不同情境中或面对不同观众时会扮演不同的角色。戈夫曼把这称为区域行为和观众隔离。区域是指任何受到可感知边界某种程度限定的地方,就好比是剧院的前台和后台。大多数人都有工作和家庭区域,而这些区域决定了他们每天生活中的行为,即"角色"。戈夫曼还指出,每个区域都有不同的行为标准,它们规定了表演者呈现的各个方面。观众隔离是指允许表演者选择观众观看他的特定

---

① 〔美〕欧文·戈夫曼:《日常生活中的自我呈现》,黄爱华、冯钢译,杭州:浙江人民出版社1989年版,第14页。
② 江爱栋:《社交网络中的自我呈现及其策略的影响因素》,南京大学硕士学位论文,2013年。

表演。只有当表演者小心翼翼地使观众保持在被隔离状态时,表演者才会确保自己可以在不同的、没有重叠的环境下,从不同的表演中解脱出来。[①] 戈夫曼拟剧理论的实质是"印象管理",即通过理想化表演塑造所希望的形象。网络空间继承并延伸了社会舞台,但是由于网络的开放性、虚拟性等特征,网络自我呈现也表现出新的特征。

一、前台与后台界限的模糊

在技术与应用的共同推动下,社会生活越来越全面地向网络空间延伸,而网络空间内的主流应用越来越集中,尤其在大数据驱动之下,个人在不同"区域"内的行为越来越向有限空间聚集,从而使不同的"舞台"交叠出现,前台与后台的界限模糊。例如,为了迎合职业期待,人们在职场舞台中通常会呈现出专业、严谨乃至敬业的形象,这种形象会随着离开办公室而弱化,尤其是回到家庭或者朋友聚会的舞台上会表现出轻松、活泼、亲切等不同形象。但是随着社交媒体的风靡,一个账号中汇聚了来自职业、家庭、兴趣乃至其他所有情境的社会关系,这就导致了社交媒体前台与后台的界限模糊,有时会引发角色冲突。

二、理想化表演机遇与风险双双增加

理想化表演是印象管理的重要手段,即通过掩饰那些与社会公认的价值、规范、标准不一致的行动,而表现出与社会公认的价值、规范、标准相一致的行动来影响别人对自我的印象。理想化的表演,首先意味着一定程度的掩饰。网络空间的虚拟性提供了掩饰的可能,在脱离现实情景的场域,通过虚构、夸大或者选择性呈现某种形象或行为变得非常容易,因此理想化表演变得易如反掌。然而,在开放的网络空间内,不仅人员众多,而且关系复杂,表演者对"行为区域"和"观众隔离"的控制力下降,不经意的行为或角色冲突、情境冲突给理想化表演带来极大的风险。2019年春节假期期间,一场关于学术不端的大讨论起源于某演员在网络直播中回答网友提问时,不知道"什么是知网"。这与之前他通过朋友圈等展示学位证书、晒毕业照片等积极、主动地塑造"高学历演员"的形象产生很大的冲突,进而引发了网友的好奇,乃至通过各种线索发现了其诸多学术不端行为,导致其最终被撤销博士学位。

[①] 陈浩、赖凯声、董颖红、付萌、乐国安:《社交网络(SNS)中的自我呈现及其影响因素》,《心理学探新》2013 年第 6 期。

三、从自我呈现到自我重塑

自我呈现是将自我满意或经过选择的部分呈现出来,虽然不是全部,但至少是一个侧面或一个向度,对于外人来说,如同"管中窥豹",虽只"可见一斑",但是这一斑终归属于豹。网络中的自我呈现更类似于自我重塑,网络中呈现的自我有时并不是自我的一部分,甚至与现实的自我毫不相干。

很多研究者认为,人们在网络空间的角色扮演第一次摆脱了现实利益和社会规则的约束,网民可以在网络虚拟世界中扮演现实生活中无法扮演的角色,并且通过这种角色扮演重建自我认同,以实现重塑"另一个自我"的愿望。① "你可以成为你想成为的任何人。只要你愿意,你可以全然重新定义你自己。你无须如此担心其他人为你安排的位置。他们不会看见你的肉体并且做出假设。他们听不到你的口音也不做任何预设。他们眼中所见的只有你的文字。"②

第二节 网络自我呈现的策略

为了通过理想化的表演,达到印象管理的目标,人们在自我呈现时会选择一些策略。琼斯和皮特曼把它们归结为五种类型:讨好(ingratiation)、胜任或自我提升(competence or self-promotion)、恫吓(intimidation)、恳求(supplication)和榜样(exemplification)。讨好——运用此策略的目的是希望被他人喜欢;这种策略的普遍特点是谈论他人积极的事物,或讨论关于自身的稍微消极的事物,并且话语谦虚、亲切、幽默。胜任或自我提升——运用此策略的目的是想让自己被他人认为是有能力、有资格的;这种策略的普遍特点是话语通常与能力、成就、表现和合格资质等主题有关。恫吓——运用该策略的人把拥有权力作为他们的目标,典型的特点是威胁他人,话语中伴有愤怒和潜藏的不愉快。恳求——运用该策略是希望得到他人呵护,或表现出无助,因而别人就会来帮助他;该策略的特点是为获得帮助,自嘲而向他人请求。榜样——运用此策略的人希望自己被他人视为具有较高道德水平的人,甚至是道德典范。其中,讨好和胜任策略常常在面对面交流中被用到。

---

① 邱德均、黄少华:《论作为社会行为的网络角色扮演》,《宁夏党校学报》2004年第6期。
② 〔美〕雪莉·特克:《虚拟化身:网路时代的身份认同》,台北:远流出版事业股份有限公司1998年版。

多米尼克(Dominick)对琼斯和皮特曼的自我呈现策略做了进一步归纳和界定,将其运用于互联网早期的个人主页网站(personal home pages)研究中,结果发现人们最常用的自我呈现策略是"讨好",然后是"胜任"。这一结果与面对面互动时自我呈现策略的研究结果相一致。这个结果在随后的相关研究中得到了印证。但是,进入社交媒体时代,实证研究得出了不同的结论。荣格等人(Jung, Youn, and McClung)的研究发现,社交网络中最常用的自我呈现策略是"胜任",其次是"恳求","榜样"和"讨好"跟随其后。凯恩(Kane)运用更加细致的方法,考察了社交网络中的自我呈现策略。他发现"讨好"和"胜任"的确是个体在社交网络中使用最多的两种自我呈现策略,而且"胜任"比"讨好"使用得更加频繁。尽管"恫吓"是运用较少的自我呈现策略,但是在个人描述性信息中却较频繁地出现。此外,之前琼斯认为很少被用到的恳求策略,在凯恩的研究中却显示与恫吓策略使用得一样频繁。

第三节　网络自我呈现的方式

网络提供了一系列不同于现实社会的自我呈现的方式,通过这些方式个体在虚拟空间内完成了自我角色扮演。

一、网名、昵称或代号（Screen Names, Nicknames and Pesudonyms）

昵称是自我的延伸,同时反映了个体心理的某种诉求。实证研究发现昵称和网名体现的心理包括崇拜名人、热爱自然、抒发情感、热爱古典文化。苏珊·B.巴尼斯(Susan B. Barnes)总结发现美国人的网名通常来自神话、戏剧、影视、文学、科幻小说、电影或者其他流行文化元素。表7-2-1是1995年美国一项相关研究的调查结果。

表 7-2-1　国外流行的网名[①]

种类	百分比(%)	举例
真名	6.9	鲍比,苏
与自我或缺乏自我相关的名字	6.24	老熊,我,只有我
面向技术的名字	8.9	奔腾
物体、动植物的名字	13.9	奶酪,宝马,泡沫

---

① Haya Bechar-Israeli, "From ⟨Bonehead⟩ To ⟨cLoNehEAd⟩: Nicknames, Play and Identity on Internet Relay Chat," *Jouranal of Computer-Mediated Communication*, 1995, 1(2).

(续表)

种类	百分比(%)	举例
无意义文字与拟声词	10	什么,呃,不能
名人与媒介人物	5.4	猫王,疯子,雨人
性取向与挑逗性名字	3.4	性感女郎,大玩具,哈玛斯
其他	11.2	

二、个人资料(Personal Profiles)

个人资料包括年龄、性别、职业等,在西方国家通常还包括种族。通常人们在网络中填写的个人资料要比现实中好,即使不虚构材料,也会从自己的现实情况当中有意识地选择几项相关内容填写在网络的个人资料页上,从而展示更好的自己。

三、签名档(Signature Files)

签名档包括联系方式,比如邮件地址、电话等。现在很多人准备了个性化的签名档,包括运用图片、图像、个人照片等。有些人会设计一个严肃的签名档用于公务活动,而设计一个幽默的签名档用于私人事务。

四、头像(Avatars)

头像包括系统提供的头像、动植物照片、卡通图像、个人照片等。头像在网络自我呈现中扮演着非常重要的角色,因此许多网民愿意为了获得一个QQ头像或游戏中的人物形象进行消费。有学者对韩国的网民花钱购买头像的行为进行了调查研究,发现现实中对自我不满意的人,以及对个性化追求强烈的人更愿意花钱买头像。[1]

五、个人主页(Personal Homepage)和社交网站(Social Networking Site)

个人主页上往往放着个人、家庭或者朋友的照片,喜欢的宠物的图片,以及个人感兴趣的链接、朋友的社交网站链接等。个人主页主要用于个人表达或者处理人际关系,主要的类型包括职业动机、创作途径、个人兴趣、信息港、博客。

---

[1] Ook Lee, Ming Cheol Shin, "Addictive Consumption of Avatars in Cyberspace," *CyberPsychology & Behavior*, 2004, 7(4), pp. 417-420.

1995年,米勒(Miller)在美国的一个调查显示,男性比女性更乐于在网络上贴照片或者填写个人信息,而女人可能是担心被骚扰,表现偏于保守。① 卡伦·麦卡拉(Karen McCullagh)的一项调查显示,博客虽然给隐私保护带来了很多麻烦,但在自我表达和社会互动等方面却有积极贡献。②

第四节 网络自我呈现的批判

自我呈现的实质是呈现出个体希望别人看到的自我。因此,这一概念产生之初就伴随着研究者对于真实自我的反思。在互联网时代,各种终端屏幕成为人们的表演剧场,表演者所呈现出来的自我和现实自我之间的差距越来越大,由此,种种负面影响也相继出现。

一、社交网络自恋症

西伊利诺伊大学一项研究结果发现,脸书用户在该网站拥有的好友越多,他们就越自恋,这种症状被称为"社交网络自恋症"。该研究衡量了自恋的两种表现——超强表现欲(GE)和自命不凡(EE)。超强表现欲包括"自我欣赏、虚荣、傲慢和表现自我的倾向"。在此自恋调查中得分较高的人,需要不断地引起别人的关注。他们通常会说出一些惊世骇俗的话,或不恰当地自揭隐私,只是因为他们不想被人忽略,或者错过表现自己的机会;自命不凡的表现包括"认为自己值得别人尊敬,愿意操控和利用别人"。这项研究发现,在超强表现欲方面得分越高的人,在脸书上的好友数量就越多,更新他们的动态信息就越勤。③

此前,已经有一些研究结果将自恋与使用脸书联系起来。但是,此次西伊利诺伊大学的研究结果首次证明脸书用户的好友数量与其自恋程度有直接关系。在心理分析的传统里,自恋并不是一个人多么爱恋自己,而是他/她如此脆弱,必须不断地得到别人的支持与赞许,才能肯定自我的存在。④ 技术也许没有导致,但必然在一定程度上鼓励了这种心智习惯——一种感觉必须经过别人的印证才

---

① Hugh Miller, "The Presentation of Self in Electronic Life: Goffman on the Internet," *Psychology*, 1995.

② Karen McCullagh, "Blogging: Self-presentation and Privacy," *Information & Communication Technology Law*, 2008, 17(1), pp. 3–23.

③ Christopher J. Carpenter, "Narcissism on Fackbook: Self-Promotional and Anti-Social Behavior," *Personality & Individual Differences*, 2012(52), pp. 482–486.

④ 王婷婷:《社交网络中的自我呈现》,《学理论》2011年第17期。

能成立,甚至成为感觉本身的一部分。① 回归现实,不难发现越来越多的年轻人沉迷修图、晒图,时刻关注朋友圈的点赞和评论。他们在越来越自恋、越来越肤浅的友谊中,变得更加脆弱和敏感。

二、社交网络孤独

早在 1952 年,就有人提出"现代人最恐惧的,是被切断与社会群体的联系,哪怕只是一小会儿"。② 移动互联网把人们与网络更加紧密地捆绑在一起,时刻在线成为一种生活方式。人们能始终与世界保持联系,但对孤独的恐惧并没有减少,反而更强烈了。脸书这样的社交网站看似加深了人和人之间的了解,但也削弱了一些人性中最温情的部分:那些分了手的情侣,只需在主页轻轻点一下"删除",就可以让对方在自己的世界中消失得无影无踪;要好的朋友不会在那些特别的日子互相挂念,邮寄一张贺卡或手写一条短信,而是会选一个虚拟蛋糕或者玫瑰,点击"发送"即可。社交网站把人际关系变得简单、快捷,也让关系变得更脆弱,更难与真实共处。人们沉迷于此,享受网络上的欢愉,最后却发现,越热闹越孤独。人们在社交网络上的种种行为,无非是为了让自己"被看到",在别人的目光中,确认自我的存在,得到理解、关注。为了得到肯定和印证,人们处处展示最好的自我。存在变成了表演——晒幸福的、晒恩爱的、晒豪车豪宅的……种种表演,一旦没有得到回应,就陷入巨大的失落或者焦虑。人们虽然通过键盘和小小的触摸屏连接在一起,但始终停留在自己的泡泡里。人们并不想要真正靠近一个人,他人的目光只是支撑脆弱的自我感觉的工具。一直致力于研究技术与人际沟通的关系的美国学者谢里·特克勒(Sherry Turkle)在《一起孤独》(*Alone Together*)中指出,"技术最吸引我们的地方其实正是我们最脆弱的地方,我们都很孤独,但是又害怕亲密关系,所以我们开发社交网站和社会性机器人这样的技术使我们可以在不需要真正友情的情况下,体验被关心和陪伴的感觉,我们借助技术找到和别人保持联系的感觉,并且可以舒服地控制这种联系"③。实际上,"我们在为自己挖一个陷阱,这个陷阱无疑会影响人与人之间的联系,同时也会影响我们和自己的联系,降低我们认知和反省自己的能力"④。

---

① 张雯:《真实的我? 实际的我?——网民交友的自我暴露和自我呈现研究的回顾》,邓正兵主编:《人文论谭》第 5 辑,武汉:武汉出版社 2013 年版。
② 林征:《大学生与社交媒体:一场孤独的狂欢》,《河南教育(高教)》2015 年第 3 期。
③ Sherry Turkle, *Alone Together*: *Why We Expect More from Technology and Less from Each Other*, New York: Basic Books, 2011.
④ 张雯:《真实的我? 实际的我?——网民交友的自我暴露和自我呈现研究的回顾》,邓正兵主编:《人文论谭》第 5 期,武汉:武汉出版社 2013 年版。

三、对现实亲密关系的破坏

亲密关系是人生活的本质,有亲密关系的个体"比其他人更容易共享彼此的经历、爱好、感情以及欲望的信息"①。现实生活中的亲密关系通常来说是情感亲密关系和身体亲密关系,时间和空间是决定这两种亲密关系的根本因素。

在网络虚拟空间中,时间和空间的束缚被打破。"情感与身体的亲密关系以多种形态存在和呈现着,虚拟自我的呈现贯穿于虚拟亲密关系构建的整个过程。"②网络中虚拟的亲密关系常常伴随网络性爱(Cybersex)这一特殊的表演和剧场而出现。迈克尔·海姆(Michael Heim)的"赛博空间性爱本体论"认为"性爱是扩展我们优先存在的一种本能冲动"③。事实上,美国的一项调查显示,在曾经尝试过网上性爱的网民中,有将近2/3的人是已婚者或有同居伴侣的人,而在剩下的1/3网民中,又有一多半人已经拥有男/女朋友。④ 这些网民抛弃了现实生活中的亲密关系而去寻求网络环境中的亲密关系,这是网络自我呈现带来的新现象。

网络性爱也许是网络亲密关系表现的一种极端,但是它反映了人类亲密关系的一种潜在危机。当人们越来越多地把现实生活中关于亲密关系的构建和呈现挪到网络空间当中,就会产生一个问题——现实亲密关系被破坏。人们失去了在现实生活中的情感亲密和身体亲密的关系,转而成为网络亲密关系依赖者。回忆一下,生活场景中是否出现过这种画面:熟悉的好友共坐一桌,但大家都低头玩手机,用微信或者朋友圈进行互动。当人们越来越习惯于在网络空间维系亲密关系和自我呈现,也许正在失去现实生活中的亲密关系。

---

① 〔美〕莎伦·布雷姆、丹尼尔·珀尔曼、罗兰·米勒、苏珊·坎贝尔:《亲密关系》,郭晖、肖斌译,北京:人民邮电出版社2005年版,序。
② 马忠君:《网络环境中虚拟自我的呈现与建构》,北京:中国电影出版社2013年版,第70—71页。
③ 转引自翟振明:《有无之间——虚拟实在的哲学探险》,孔红艳译,北京:北京大学出版社2007年版,第45页。
④ 马忠君:《网络环境中虚拟自我的呈现与建构》,北京:中国电影出版社2013年版,第81页。

第三章
网络身份认同

网络传播对自我和自我呈现的影响也冲击着个体的身份认同。一方面,虚拟和现实的交错、多元角色的演绎导致自我统一性的错乱,对"我是谁"的认知越来越模糊;另一反面,通过网络活动中的"确认眼神"形成了对"我属于哪个群体"的新判断,也成为网络文化的重要特征。然而,网络内容的碎片化和网络组织的流动性,加剧了自我对身份的怀疑。

第一节 认同理论

1897年2月8日,精神分析学派代表人物弗洛伊德给弗里斯写信讨论歇斯底里症,首次提到"认同"的概念。此后经过14年的思考,他对"认同"作出了解释——个人与他人、群体或被模仿人物在感情上、心理上趋同的过程,是一种个体与他人有情感联系的最早的表现形式。中文词汇"认同"对应着两个英文单词 Identity 和 Identification。前者被翻译为"身份""属性""本身"等,描述一种状况;后者意指"视为同一""认为同一""身份认同"等,描述一个过程。

美国新精神分析学派代表人物埃里克森(Erik H. Erikson)提出"自我认同"概念,认为它是自我在过去、现在和未来的时空中,对自己内在的一致性和连续性的感觉,以及被人认识到其具有这种一致性和连续性的感觉。埃里克森认为自我认同是在社会互动过程中形成的,是自我与他人持续进行社会互动的结果,认同的主体既有自我也有他人。随后,认同概念进入社会学领域。帕森斯认为,在人的社会化过程中,连续稳定的认同逐渐使人脱离生物本性,从而具有社会和文化属性;在社会结构和社会行动方面,认同发挥着基础性作用。20世纪60年代末,欧洲社会运动风起云涌,群体骚乱此起彼伏,社会学家对认同的思考从个体认同转向社会群体认同。泰斐尔(Henri Tajfel)创立了社会认同理论,将社会认同界定为:个体认识到自己属于特定的社会群体,同时认识到作为群体成员带给他的情感和价值意义。文化研究学者斯图亚特·霍尔提出,认同是对某种共同本源的认识,或与他人共享的特征,或与一种理想的和建立在此基础上的自然封装的团结和忠诚的共享特征。① 政治哲学家查尔斯·泰勒(Charles Taylor)认为,认同的形成涉及自我的根源、人性的善恶、社会与日常生活的影响等。随着认同理论的发展,不同领域的学者对认同的理解逐渐泛化、多样化和复杂化,但共同之处是把认同看作主体性行为,强调其归属感、一致性或同一性,以及由此产生的信任、赞同、支持等行动意义。②

第二节　网络自我认同:我是谁

自我认同首先回答我是谁的问题。然而,"自我在各个方向上分裂开来"③。一个人可以具有无数个自我,他根据特定的场合和环境决定自我的身份并构建自我认同。网络对回答"我是谁"产生了重要影响。

一、网络自我认同的特征

1. 自我认同的模糊化

查尔斯·泰勒认为:"一个人不能基于他自身而是自我,只有在与某些对话者的关系中,我才是自我。"④正如前文所说,社会比较是产生自我认同的重要来源,但是不同于现实生活中的自我和他者的明显界限,网络中自我和他者并非泾渭分明。皮海兵认为,"主体不仅可以随心所欲地设定自我的身份,而且可以达到忘我的境地,进入人的想象力先前从未达到的自我的境地。自我成了非稳定的、破碎的东西,而不是像以前人们所理解的那样一种稳定的和整体性的东西"⑤。谢里·特克勒早在1995年就提出了这一点,认为网络中的自我本质不是统一的,它的部分也可能不是稳定的实体。⑥ 这种不稳定的自我,使得人们在网络环境中容易产生对自我认识的模糊化,出现多样的自我认同。"我分裂了我的心灵……我可以看见自己被分为若干个自我。当我从一个视窗跳到另外一个视窗的时候,我就启动了我的心灵的一个部分。"⑦网络视窗的断裂性,使得人们

---

① 李爱晖:《媒介认同概念的界定、来源与辨析》,《当代传播》2015年第1期。
② 同上。
③ Sherry Turkle, *Life on the Screen*, London: Weidenfeld & Nicolson, 1995, p.258.
④ 〔加拿大〕查尔斯·泰勒:《自我的根源:现代认同的形成》,韩震等译,南京:译林出版社2012年版,第52页。
⑤ 皮海兵:《内爆与重塑——网络文化主体性研究》,桂林:广西师范大学出版社2012年版,第193页。
⑥ Sherry Turkle, *Life on the Screen*, London: Weidenfeld & Nicolson, 1995, p.261.
⑦ Ibid., p.13.

对自我的了解也是分裂和矛盾的,网民在网络中无法形成统一的自我认同。模糊化、碎片化、分裂化、流动化的自我认同主导了网络环境中的个体意识。

2. 自我认同形成的难和易

自我认同形成的难和易更多的是和现实生活中个体的自我认同相比较。一种看法是,网络信息的扑面而来和爆炸式增长,使得人们容易在错综复杂的信息世界中迷失自我,更难形成自我认同。如格根(K. J. Gergen)认为,网络扩大了人们的认知范围,使人们可以了解到多元的、不同的文化群体,但是不同的文化和文明之间存在冲突,冲突破坏了网民的价值观,使他们难以建立起稳定的价值体系和对自我的认知。然而,不同的看法则是相比传统社会,网络给人们提供了更多接触信息的机会,获得的信息越多,人们越容易找寻到真正的自我。如温(Wynn)和卡茨(Katz)就认为,互联网并没有改变社会认同的基础,只是提供了认知不同社会的机会。他们认为格根所担心的那种"社会分化"其实早就存在,互联网只是让这些不同群体之间的人们相互了解,实质上是有助于消除这些"分化"的,从而能帮助人们更好地形成对自我的认识。

3. 虚拟自我和现实自我的分裂和交互

通常认为,由于虚拟世界和现实世界相互脱离,虚拟自我和现实自我也会相互分裂。网络提供给个体多种多样且允许脱离现实的展示方式,使他们可以根据不同的互动需要表现不同的身份特征,最终,如波斯特(Poster)所描述的那样,"自我被片面化,分散化,并且同时存在多元性和不稳定性"。同一时间下的不同空间,导致个体在虚拟社会和现实社会中的自我变得分裂。

但随着虚拟世界的构建程度逐渐完善,虚拟世界和现实世界不再是两个彼此割裂的空间,它们在某些层面交互并且互相补充,构成个体的最终世界,就像"磁铁",二者平行但互相吸引和影响。虚拟自我和现实自我因此也是交互的,二者结合才能拼凑出个体的完整自我。如谢里·特克勒的总结:网上的自我意识是平行、多元(扮演不同角色)、去中心化(不再受单一的权力中心统合,权力分布呈多面向,不受限制)、片断化的(表现出的是部分人格)。一方面,人们似乎在利用网络的匿名性弥补现实生活中的一些缺憾;另一方面,人们会慢慢将日常生活中的世界视为网络世界,即另外一个计算机中的窗口。不同窗口前的个体,重叠过后的背影也许就是最终的自我。

4. 人类自我和机器自我的对立和一体

计算机技术的进步在带给人们便利的同时,也潜藏着技术的危机。机器越来越多地参与到人类的自我意识当中,而人工智能的出现更是带来了一个巨大的难题:人与机器之间的界限究竟在哪里?虚拟世界中的屏幕成为人类构建自我的重要一部分,"人与机器如同一体,脱离机器的人仿佛不再是一个完整的人"①。由此带来的危机就是,人类自我无法摆脱机器而形成。人类必须要结合自己在机器面前呈现出来的心态、情绪、性格等因素来考虑自我因素。"不对我们在虚拟空间中表现出的众多的自我进行更深刻的理解,我们就不可能使用我们那里的经验去丰富真实的自我。"②

知识框 23　脑机接口

《未来简史》一书把半机械人、非有机生物与生物路径一并视作人类通向未来的三种路径,其中半机械人路径指的便是人体与电子机械设备的融合,而非有机生物路径便是直接通过人工智能技术帮助人类脱离肉体的束缚,把人类塑造成数据中的硅基生命。这两种方式都揭示了人机融合的未来趋势。人机融合承载了人类全面拓展自身感知能力、行为能力以及思维能力的美好愿望,脑机接口技术(brain-computer interface,BCI)成为当下实现这一愿望的可能性途径。③

脑机接口,是指在人或动物大脑与外部设备之间创建的直接连接,实现脑与设备的信息交换。脑机接口的研究从20世纪90年代以来,不断涌现出阶段性的成果,此前研究的主线围绕生物学和医学需求展开,例如在人体中植入设备用于恢复损伤的听觉、视觉和肢体运动能力,人工耳蜗是迄今为止最成功、临床应用最普及的脑机接口。2006年,埃隆·马斯克声称要开发一种微芯片,这种芯片可植入人类大脑记录并刺激脑活动,以治疗脊髓损伤、帕金森氏综合征等脑部或神经系统疾病;2020年8月29日,马斯克在活猪身上演示了"脑机接口"技术,实现了对猪行为轨迹的精准预测;2021年4月9日,他又展示了猴子用意念玩模拟乒乓球游戏;2021年12月6日,他在华盛顿日报 CEO 理事会峰会上表示,2022年会在人类身上使用脑机接口技术产品。

---

① 皮海兵:《内爆与重塑——网络文化主体性研究》,桂林:广西师范大学出版社 2012 年版,第 192 页。
② Sherry Turkle, *Life on the Screen*, London:Weidenfeld & Nicolson,1995, p.269.
③ 赵豆:《从人类增强到机器向人化——对脑机接口技术两种进路的哲学审思》,《安徽大学学报(哲学社会科学版)》2021 年第 6 期。

> 尽管当前脑机接口技术主要用于医学方面,但是随着"元宇宙"被热议,脑机接口技术的应用场景也开始拓展。在商业领域,2019年脸书斥资10亿美元收购脑机接口公司CTRL-labs;在2019年亚洲消费电子展上,日产汽车展示了解读大脑信号的脑控车(brain-to-vehicle)技术。2020年5月,华米科技和中国科学技术大学先进技术研究院共同组建了"脑机智能联合实验室",展示了国内企业对这一技术的关注。科研方面,2019年到2020年间,脑机技术在沟通交流、触觉和运动恢复、运动控制等应用系统实现方面都取得了显著成果,并发明了一批新硬件、新算法、新范式和新应用,未来高性能脑机接口和双向脑机接口成为发展趋势。[①]

二、网络自我认同危机波及现实自我

尽管网络空间中的自我是任意驰骋、不受约束的,但这不意味着网络中的自我认同不会存在危机。事实上,更快速的通信方式、更隐蔽的表达场所、更模糊的认同依据等因素,使得人们容易陷入一种虚拟环境中的自我认同危机,即不知道自己是谁或者对自己是谁这一问题产生错误认识。

网络中的自我常常是多重性的,大多数人在社交媒体或者游戏平台上都扮演过其他的自我形象。如果他们在网络空间中迷失了自我,沉浸在所扮演的角色当中,就将会对现实自我产生极大的危害。"你扮演的角色的荣辱、兴衰就是你自己的荣辱、兴衰,你已经沉浸其中,因为你就是你所扮演的角色。这时候,虚拟自我认同了所扮演的角色而迷失了真正的自我,自我认同危机因而出现。"[②]

这种虚拟自我认同的危机将直接反映给现实生活中的自我,对现实自我造成危害。有学者曾经对这一危害进行过分析:"其一,削弱了人的责任感,自主性丧失使得人们一方面在网络中毫无规则地任意作为,另一方面又没有能力为自己的行为负责……其二,摧毁自我的多角色转换机制……其三,满足于虚假的创造性活动……从而使行为者丧失了参与更有利于自我发展的活动的机会。"[③]混乱、挫败、无序的网络自我认同将会对行为人在现实生活中的行为和自我认同产

[①] 陈小刚、杨晨、陈菁菁、高小榕:《脑机接口技术发展新趋势——基于2019—2020年研究进展》,《科技导报》2021年第19期。
[②] 谢俊:《虚拟自我论》,华中科技大学博士学位论文,2008年。
[③] 曾国屏、李正风、段伟文、黄铬坚、孙喜杰:《赛博空间的哲学探索》,北京:清华大学出版社2002年版,第192页。

生极大的破坏,这种破坏对个人的发展无疑是摧毁式的。

第三节 网络群体认同:我属于哪个群体

"我属于哪个群体"是身份认同要回答的第二个问题。人的社会性要求对人身份的认知离不开群体视角。群体是人类社会最基本的形态。进入互联网时代,不仅传统群体开始向网络空间延伸,还产生了许多基于网络的群体(这部分内容将在第九部分详细展开)。但是网络群体与现实群体存在异同,相同之处在于保持了一定数量的互动、角色分工、规范、关系,甚至是意识和归属感,不同之处在于场域、界限以及群体意识和归属感的程度。群体形态的改变对网民的群体认同产生了影响。

一方面,网络空间通过仪式感,"相互确认眼神",维系群体认同。詹姆斯·凯瑞(James Carey)用仪式感来描述一种共同的文化被创造、改造以及传承的过程,这种仪式感是群体认同建立的基础。这种仪式感在网络中也随处可见,例如明星粉丝团会不断制造只有成员才能看懂的"暗语"或"标识"。近年来,高校校庆的时候也会定制社交网站的头像模板供校友使用。"虚拟社群的自我呈现的内容和形式与虚拟社群特有的意见表达与沟通形式紧密相关,这些表达与沟通的形式成为'社群'共识的一部分,完成社群中特殊的情绪表达,进而成为社群文化的象征。"[①]群体内部互动和交流产生了群体共识,增进了群体认同。

另一方面,网络中存在碎片化、流动性的群体身份认同。网络群体边缘迷糊,出入自由度较高,群体成员具有较强的流动性,成员之间随意性、碎片化的沟通与互动方式,也增强了网络群体的认同危机。正因为如此,人们常常会在一定时间内感到自己属于某个网络群体,却很难长时间和深度维系这种认同。

▶ 练习题

1. 名词解释

(1) 社会比较

(2) 虚拟自我

---

① 马忠君:《网络环境中虚拟自我的呈现与建构》,北京:中国电影出版社2013年版,第96页。

(3) 自我呈现

(4) 戈夫曼

2. 简答题

(1) 互联网对自我的影响有哪些?

(2) 网络自我呈现有哪些特征?

(3) "美颜相机"会带来哪些影响?

3. 论述题

(1) 请结合案例分析网络自我呈现的潜在风险。

(2) 请谈谈对下文的理解:"互联网对自我认识的来源的影响是一个错综复杂的系统,一方面它作为客观存在的媒介和工具是认识自我的物质世界的一部分,另一方面更重要的意义在于它对社会世界和内容世界的外化作用。"

第八部分
互动、关系与共同体

社会互动是个人之间或群体之间相互的社会行为,是对他人发出动作或作出反应的过程。社会互动和社会交往是建立社会关系的前提,也是推动个人和社会变迁的核心要素,[①]是形成和维系社会群体的重要方式。随着互联网的发展,社会互动和社会交往逐步向网络迁徙,不仅对现实的人际传播和社会关系产生影响,而且孕育了新的社会关系和社会群体。本部分探讨了网络人际传播、网络人际交往以及网络社群与网络社区的相关问题。

---

① 闵学勤:《城市人的理性化与现代化——一项关于城市人行为与观念变迁的实证比较研究》,南京:南京大学出版社 2004 年版。

第一章
网络人际传播

人际传播(interpersonal communication)是"人与人之间的传播",社会学将人际传播理解为社会互动,"在这种互动过程中,人们以相互的或交换的方式对别人采取行动,或者对别人的行动作出回应。社会互动以这样或那样的形式,构成了人类存在的主要部分"①。所有的互动都必须通过个人体现出来,个人仍然是社会行动的发出者和承受者。换言之,社会单位间的互动也总是以人际互动的形式出现。② 从一定程度上来说,人际传播是人际交往的主要方式和途径。③ 人际关系是人际交往、人际传播和社会互动的前提和条件;人际交往、社会互动、人际传播都试图说明人际关系的存在。

传播学研究试图从个体相遇和交流的角度,界定人际关系的发生发展。从关系的本性来看,个体的相遇更贴近人对关系的深层需求。关系里必有不同属性的个体传播者的存在,并有各种传播事件在此孕育发生。在关系可能存在的场景里,人一遍遍地进行翻捡筛选,留下关系的种子,使之发育成"我—你"的胚芽,将其置于人际关系的土壤中令其生长,有所作为。人渴求一种卓然独立的"我—你"关系。这一要求必然使人际关系带有不同属性的人相互联结的性质。④

斯图尔特(Stewart)认为,人际传播关怀的不全是传播行为本身,还包括传播对人的意义,所以他一再强调人际传播必须是人与人之间的"交往"(contact),并通过突出交往的性质和揭示人性特征等思考传播的真正含义。他认为传播不仅是工具,还是思想与情感的表达或表现,将传播仅仅作为工具容易忽视人与人之间的接触、联系和互动。互动(interaction)是一种行为与其对应行为的组合,存在一个相互影响的问题。传播不能没有对象,有对象就会产生回应,沉默

---

① 文军主编:《西方社会学理论:经典传统与当代转向》,上海:上海人民出版社2006年版。
② 胡荣:《社会互动的类型与方式》,《探索》1993年第6期。
③ 刘晓新、毕爱萍主编:《人际交往心理学》,北京:首都师范大学出版社2003年版,第36页。
④ 王怡红:《人与人的相遇——人际传播论》,北京:人民出版社2003年版,第35页。

和不予理睬也是回应。当然,在斯图尔特看来,虽然"互动"论会改变人们对传播行为的简单认识,但仍然不是对传播活动最完美的理解。他提出一个新的词语——"共动"(transaction),以此来揭示人际传播的性质。人际传播中的交往是以"共动"为基础的交往。"'共动'强调交往者之间发生的事情,表明他们如何合作,共同建构和感知意义。"[①]

伴随着计算机和互联网的兴起,人际关系的工具性和情感性价值都受到潜移默化的影响,网络人际传播(Computer-Mediated Interpersonal Communication,CMIC)的概念逐渐形成。网络人际传播,是指人与人之间借助计算机和互联网进行的传递信息、交流情感的传播活动,它以文字和网络符号为主要表达方式,包括所有以计算机为媒介的具有社会功能的公共传播和人际传播。[②]

第一节　网络人际传播的特征

以传播工具的发展为标志,人际传播可以分为四个阶段:面对面传播阶段(Face-to-Face Era)、媒介化传播阶段(Mediated Communication Era)、网络传播阶段(CMC Era)和社会化媒体传播阶段(Social Media Era)。为了充分揭示网络人际传播的特征,表 8-1-1 对不同阶段的人际传播活动进行了对比分析。人际传播进入网络传播尤其是社会媒介传播阶段之后,传播的形式和效果发生了较大变化,传播可利用的工具与媒介越来越丰富,能够传递信息的线索(cue)经历了从简单到丰富的过程,以媒介为中介的人际传播在建构关系和交往范围方面也发生了改变。

表 8-1-1　不同传播阶段人际传播的特征

	面对面传播阶段	媒介化传播阶段	网络传播阶段	社会化媒体传播阶段
媒介	无	信件 电报 电话	即时通信 电子邮件 聊天室	微信 微博 各类社交网络
信息线索	丰富	有限	有限	丰富
关系	强	强	弱	强、弱并存
交往范围	有限	有限	无限	无限

[①] John Stewart, *Bridges Not Walls: A Book about Interpersonal Communication*, New York: McGraw-HillInc. 1995, p.24.
[②] 〔美〕莱斯莉·A.巴克斯特、唐·O.布雷思维特:《人际传播:多元视角之下》,殷晓蓉、赵高辉、刘蒙之译,上海:上海译文出版社 2010 年版。

媒介是传播的工具,信息线索可以理解为能够帮助传授双方沟通的信号和符号,关系和范围分别指的是交流双方的关系强度和交往的范围。面对面的人际交流不需要媒介,不仅能够提供语言信息,还能够提供语音、语调、表情等非语言信息,缺点是交流的范围有限且多拘于强关系;随着通信技术的发展,邮件、电报和电话等媒介工具被广泛用于人际传播,极大地拓展了传播的时空界限,但是人际传播还是被限制在有限范围的强关系中,且邮件和电报仅能提供书面线索,电话只能提供声音线索。

互联网兴起后,人际传播的媒介工具变得越来越丰富,即时通信工具、电子邮件、聊天室相继出现,这些媒介主要的信息线索依旧是文本。由于网络传播具有匿名性和虚拟性,网络人际传播超越了现实社会的人际关系,因此利用网络进行的人际传播,交往范围变得十分广泛,但是人际关系的强度大为减弱,例如网友、网恋等。

社会化媒体传播时代,人际传播的工具、信息线索极大丰富,交往的壁垒大大降低,人际传播越来越趋于"现实"化和"实境"化。社会化媒体借助现实社交关系传播,推动建立在传统网络传播基础上的虚拟人际关系向现实关系过渡——网络人际关系和现实人际关系交互融合的程度越来越高,因此呈现出强弱并存的状态。

一、匿名性与符号化

身份符号化带来交往的匿名性。在网络人际交往中,人们很容易隐藏自己的信息,建立一个符号化身份,如 ID。匿名性打破了现实身份的禁锢,也打破了传统规则的约束,从而使得很多人在网络人际交往中表现出很多异于现实的行为。当然,这种匿名性也引起了很多方面的质疑。一种观点认为网络匿名只能是"有限匿名",即认为网络人际传播中匿名虽然不完全等同于现实身份,但却是以现实身份为基础存在的;另一种观点认为"难以匿名",即认为要想完全隐去个人身份基本是不可能的,在交流或互动的过程中,会隐含地带出个人身份,从而被他人察觉。社交媒体兴起后,现实的人际关系向网络中转移,网络互动中的匿名性受到影响。但是近年来,随着人们对社交媒体使用的倦怠感增强,匿名社交再次受到一些用户的青睐。

二、想象空间

基于文本的网络传播,给信息的接收者留下了巨大的想象空间。在现实生活中,特别是面对面的直接交流,留给信息接收者的想象余地是十分有限的。传播者的身份、地位、知识、修养、气质、外形乃至穿着打扮都会影响信息接收者的理解。而网络给互动的双方留下了可"作弊"的想象空间,正如"超人际模型"理论(前文第三部分第三章第三节)所主张的观点,网络人际传播会产生优于现实的印象。虽然通过网络传情,找到自己的意中人,最后喜结良缘的网民确有人在,但是更多的只是在虚拟环境中发挥想象力获得心理满足。

三、网络语言与非语言符号

在面对面的人际传播中,除了语言表达外,还有一些帮助传递信息的非语言符号,包括表情、眼神、姿势、肢体动作、语音语调等。网络人际传播主要借助屏幕的网络语言和网络符号来实现,而网络语言和网络符号的抽象性、易变性和高情境需求都可能在某种程度上增加互动的难度。

第二节 网络人际传播的功能

人际传播是"自我认识"的重要方式,也是建构和维持社会关系的重要手段。人际传播在"自我意识"的形成中也扮演着重要角色,个人通过与他人的互动和沟通,不断认知和调节"自我"。个人与他人的关系也要通过互动和沟通来维系,在这个过程中网络人际传播发挥着传递信息、协调关系、调节心情的功能。

一、传递信息

信息是人际传播的重要内容,社会成员利用网络交流信息,共享知识,有利于打破个人知识的局限性。由于社会成员在知识结构、兴趣爱好和交往范围等方面存在较大差异,社会成员之间通过人际互动传递信息,可以用较低的成本获得较多的高质量信息。同时,网络中的人际关系的异质性增加,通过与网络中有着不同知识背景和社会经验的人交流互动,社会成员可以开阔眼界,增进相互了解,知晓以前从未涉及过的信息,或者更深入地了解相关知识。

二、协调关系

网络人际传播中既可以传递重大的信息,展开关于严肃话题的讨论,也可以传递幽默笑话,或者发送一张贺卡、一句问候等,这些都能够起到交流感情、协调人际关系的作用。网络人际传播集合了同步与异步、正式与非正式、书面与非书面等传播特征,便于根据关系类型和交往诉求选择合理的方式协调关系。

三、调节心情

网络人际交往越来越成为人们寻求心情放松和释放压力的重要方式。通过在网络中寻求与自己情趣相投者获得归属感和认同感,或者通过在聊天室、BBS中诉说、"吐槽"获得同情或关心,再或者通过与他人辩论、讨论获得解决问题的思路或经验,都会改善个人的心情或心绪。

第三节 网络人际关系

在汤姆·汉克斯主演的好莱坞电影《电子情缘》(*You've Got Mail*)中,书商乔·福克斯(汤姆·汉克斯饰)和旧书店老板凯瑟琳·凯莉(梅格·瑞安饰)都生活和工作在纽约的西北区,同在一家商店购物,同在一家小吃摊买咖啡,还沿着同一条街道散步……但是他们互不相识。乔和他做编辑的女友共同生活,而凯瑟琳则与她的报纸专栏作家男友在一起。二人都对这样的日复一日的生活及爱情提不出什么异议,直到他们在网络聊天室相识并且开始电子邮件往来。计算机两端的二人分别用 NY152 和 Shopgirl 的笔名通过一封封电子邮件相互倾诉、交流着除了真实身份以外的生活中的一切。渐渐地,互联网上的友情升华成现实生活中的相互爱慕之情。

电影中这种由虚拟空间中的网友交往延伸至现实生活中的恋人关系的情况其实并非空穴来风。互联网让人际传播在时间和空间上拓展,在虚拟空间中构建了与现实人际关系相通相融又有所不同的新型关系。

一、网络亲密关系

在互联网发展早期,在线约会常常作为新闻见诸报端,而时至今日,网络征友、网络征婚,甚至是各种约会软件层出不穷。利用网络建立亲密关系已经见怪不怪。网络征友一直是一个具有争议性的话题。支持者认为它可以让双方在见面前就了解对方的一些基本信息,而且可以通过"在线约会"深入了解对方的思想和兴趣、爱好等;反对者认为,这种行为存在非常大的风险,比如网络欺骗现象的大量存在。

事实上,从线上相识到线下约会并不是一件容易的事情。一方面,双方需要在网络上相互吸引;另一方面,也需要时间的积累来增加对对方的信任。对此,有些学者研究了网络上人际关系吸引力的影响因素。美国马里兰大学商学院知识和信息管理中心执行主任帕特·华莱士(Pat Wallace)把影响网络中人际关系吸引力的因素归结为七个方面①：

1. 接近性：双方在网上认识的概率。

2. 吸引法则：对事物抱有相同看法、态度的比例。

3. 互补关系：支配与顺从的互补关系，例如乐于帮助人、炫耀技术的人倾向于喜欢那些来求助和感激他帮忙的人。

4. "正面对待与正面响应"螺旋：人们更倾向于喜欢那些对自己表达喜爱之情的，即如果有人喜欢你，你就更倾向于喜欢那个人。在网络上表达喜欢的途径是有限的，这些途径包括回复、同意或者支持对方的言论，或者提到对方的名字。

5. 下行螺旋：在现实生活中，当我们不被注意的时候，我们会想办法赢得他人的赞许，但是在网络中如果我们得不到关注，会退出并转到受关注的地方。

6. 幽默：网络提供的信息线索有限，交流过程中的特征会被放大，幽默成为影响网络人际吸引的要素之一。

7. 自我表露：网络交往中，表露的自我信息越多，越容易得到对方的信任，进而建立亲密关系。

根据社会心理学的人际吸引理论，网络交往中的人际吸引要素包括以下八项内容：

1. 外貌吸引：外貌在网络人际吸引中仍旧发挥着很大的作用。比如，在征友网站中，那些提供照片的成员会更受关注。心理学上关于外貌有一个晕轮效应，即人们对美貌的人在其他方面的能力也倾向于做出更积极的评价。还有一个 7/38/55 定律：人与人之间的沟通取决于视觉、声音和语言三个要素——人们对于一个人的看法有高达 55％的比重取决于视觉的成分，也就是外貌；有 38％取决于声音以及辅助表达方式，包括口气、手势；只有 7％取决于语言，也就是谈话的内容。②

2. 成功和能力吸引：在网络上有独特见解、出众的才华或能力，能用自己的能力帮助或者影响他人的人，更具吸引力。

3. 报酬性吸引：当有人表示喜欢自己时，自己也容易喜欢对方。

4. 邻近性吸引：在一定空间或环境处于相邻位置的人更加相互吸引。比如同乡、同学等。

5. 相似性吸引：在身份、态度和情感方面具有相似性的人更具吸引力。比

---

① 〔美〕帕特·华莱士：《互联网心理学》，谢影、苟建新译，北京：中国轻工业出版社 2001 年版。
② 欧贞延：《网络上的人际吸引》，《网络社会学通信期刊》2003 年总第 31 期。

如年龄、经历、爱好、教育背景、职业、对事物的态度、人生观等是网络人际吸引的重要因素。

6. 互补性吸引：在生理或性格心理方面具有互补性的人更容易相互吸引。比如异性，支配与顺从，爱倾诉与愿倾听。

7. 熟悉性吸引：随着交往次数的增加，吸引力会随之增强。在交往中，多给对方发邮件、多在 QQ 上主动呼叫对方等，都能增加交往的次数，增加彼此的吸引力。

8. 个性吸引：良好的个性品质仍然是促进网络人际吸引的重要条件，例如真诚、热情、可靠、幽默等。

二、网络色情

在所有亲密关系中最极端的就是网络色情。网络色情是指通过网络传递生动的色情描述。有时候这种天真的幻想有可能发展成为严肃的关系。"结了婚的人参与在线色情虽然没有现实的出轨，但沉浸于网络色情将被视为不合理，而且在他们的无意识中，已经给他们的婚姻带来严重的伤害。"[1]例如，美国新泽西州有个男士发现他的妻子和一个名叫"黄鼠狼"的男士在网上交流色情信息，然后他起诉了妻子，提出离婚。这是美国第一件"网络通奸"案。这位男士声称"黄鼠狼"从他身边偷走了他老婆的注意力。[2]

三、面向任务的关系——工作关系网络化

从 20 世纪 70 年代开始，网络传播就被用作人与人之间和组织内部面向任务的沟通工具。早期的网络只能提供较窄的信息通道（Narrow Bandwidth），用户传播的信息交流限制在文本形式，缺乏社交现场感，网络传播被认为是冷漠的，因此较少用于沟通感情或建立关系，而主要用于传递信息或处理与任务有关的工作。时至今日，网络工具越来越丰富，面向工作和任务的关系也得以建立并进一步发展。

四、网络社交关系

网络提供了许多以社交为目的的应用工具或者服务。网络已经成为人们结

---

[1] Crispin Thurlow, AliceTomic, *Computer Mediated Communication: Social Interaction and the Internet*, London: Sage Publications, 2004, p.258.
[2] 阿人、王猛：《记者行动：前所未有的"网络爱情"调查》，《中国民族博览》1999 年第 2 期。

识新人、交朋友和与他们进行社交互动的重要空间。网络社交具有开放性、广泛性、自主性、平等性、间接性等基本特征,深深吸引了具有不同交往动机的网民。调查发现,有46.8%的网民认为与面对面交流相比,他们更喜欢通过网络与他人沟通。在网络社交的范围方面,网民还是倾向于与现实生活中自己熟悉的人交往。从这个意义上讲,网络社会交往在很大程度上还是现实世界中社交网络的移植。在相关研究中,被访者与同事或同学、朋友进行网络社交的比例较高,分别达到86.1%和80%。[1][2]

---

[1] 阿人、王猛:《记者行动:前所未有的"网络爱情"调查》,载《中国民族博览》1999年第2期。
[2] 田丽、安静:《网络社交现状及对现实人际交往的影响研究》,《图书情报工作》2013年第15期。

第二章
网络共同体

技术的发展和社会互动的需求共同推动了网络共同体的形成与发展。共同体是人类社会发展历程中一种重要的文明形态，与互联网的技术基因有着天然的契合之处。随着网络应用的发展，共同体的文明形态日渐复苏，并形成了网络社群和网络社区两种不同模式。

第一节 互联网与共同体

"传播"在英文中是 communication，它可以溯源至拉丁文中的 communicare，表示"使之共有"；而 communicare 又与 communis 紧密相关，后者表示"共有的、公共的"等意思。从 communis 生发出的另外一个重要的拉丁文词语是 communitas，后来成为今天英语中的 community 一词。Community 在学术语境中的一般译法是"共同体""共通体"，在特定的语境下也可以翻译成"社群""社区"。共同体是人类社会发展过程中出现的一种群体生活的形态，基于血缘、地缘等自然关系产生，依赖有机关系维系。互联网创造了新的社会空间，随着网络空间的逐步社会化，群体在网络中重新聚集，并依靠自然关系维系社群或社区的秩序，于是形成了网络共同体。

一、共同体与社会

共同体与社会在前现代社会里并没有形成对立关系，将两者对立起来的是工业化时期的事情。工业革命是人类自驯化了野生动物和栽培植物以来最重要的生产力革命，传统社会开始向工业化、城市化转变。工业革命之前，大部分法国人的预期寿命只有 35 岁，英国人的预期寿命为 40 岁，工业革命改变了这一局面，人口出生率保持较高水平，死亡率快速下降，整个欧洲的人口从 1700 年的 1 亿左右增长到 1900 年的 4 亿左右。人口的分布也发生了剧变，大量劳动力从农村涌向城市。由于人口涌入的速度太快、城市人口密度极高、卫生条件不佳，不可避免的结果是传染病横行,霍乱、伤寒等疾病夺走了很多人的生命。面对时代、社会的剧变,不少思想家忧心忡忡:一些人开始怀念传统社会温情脉脉的田园牧歌图景,痛斥现代社会的各种病态;另一些人则比较乐观,积极拥抱社会迅猛而无情的演进。社会发展的前景是什么?人们的生活会发生怎样的变化?社会科学家们努力回答这些问题,其中较早、影响较大的一位是德国社会学家费迪南德·滕尼斯。

滕尼斯于 1887 年出版了《共同体与社会》一书,借助罗马法中 communio 和 societas 这对概念构建了"共同体(Gemeinschaft)"和"社会(Gesellschaft)"的对立。前者具有真实有机的生活,包括家族、邻里和友谊这些血缘共同体、地缘共同体和精神共同体,建立在自然生活中共同生活、共同居住和共同劳作的基础上;而后者纯属机械关系,代表的是现代大都市中的商业交往。涂尔干对滕尼斯的理论很感兴趣,同意滕尼斯对"共同体"的认识,但在"社会"的概念上有不同的见解。

涂尔干在《社会分工论》中指出,现代社会中存在着高度的社会分工,每一个人都必须依赖社会才能生存,也在社会中从事自己独特的工作。人与人之间建立起了能把人持久联系在一起的权利与义务的关系,在尊重个体人格差异的前提下建立起了社会道德。在涂尔干的理论中,社会被看作一个完整的有机体,在其中发挥着不同功能的个体是这一巨大有机体的器官。每个人都会认识到自己是社会有机体的一个部分,彼此相互补充、相互依存,因此现代社会形成的其实是有机团结。反之,在传统社会,人跟人的才能和功能差不多,可替代性比较强,没有那么高度复杂的彼此依赖的关系,形成的反而是一种同质性的、机械的团结。

滕尼斯认为涂尔干的批评并不充分。滕尼斯关心的不是现代社会本身究竟是有机的还是机械的,而是现代"社会"作为社会表象是如何被社会成员所理解的。即便赞同现代社会是有机团结的,还是能看到社会的"总体思想方式"仍然发生了从"有机"向"机械"方式的转变。"共同体"在成员的思想和感情中都是自然整体,而"社会"在成员心目中,不过是"个体实现自己目的的手段,因此是一种被制作出来的工具"①。表 8-2-1 总结了滕尼斯和涂尔干各自的观点。

表 8-2-1　滕尼斯与涂尔干关于"共同体"与"社会"观点的比较

	共同体	社会
滕尼斯	传统 有机关系	现代 机械关系
涂尔干	传统 机械团结	现代 有机团结

① 李猛:《"社会"的构成:自然法与现代社会理论的基础》,载《中国社会科学》2012 年第 10 期。

二、想象的共同体

口头传播的范围限制了共同体的规模。在现代社会,随着通信技术的发展,出现了印刷书籍、报纸、广播、电视等大众媒体,传播的范围大大扩张,共同体的边界也相应地发生了改变。政治学家本尼迪克特·安德森(Benedict Richard O'Gorman Anderson)在他的代表作《想象的共同体》中提出,民族共同体就是想象而来的,而印刷术这一传播科技的发展对民族共同体的形成有非常关键的作用。安德森指出,即使是最小民族的成员也不可能认识、见到甚至听说过民族的大多数成员,所有比原始村庄更大的共同体成员之间不可能都见过彼此,而让大规模的共同体得以成立的因素之一正是信息的传播。通过媒介和信息传播,共同体成员才能形成对其他成员的认识,认知是认同的基础,有共同的认知才可能形成一致的认同,传播正是通过影响一定范围内群体的认知来影响着共同体的边界。

安德森将民族共同体想象成一种社会建构并进行了深刻的分析,道出了信息传播和媒介在共同体建构中发挥的作用。在互联网时代,信息传播的广度、深度、频率得到极大的提升,网络共同体的范围和形态也因此表现出新特征。

知识框 24 印刷术与民族共同体

民族共同体在欧美得以拓展,很大程度上得益于印刷术的出现。印刷术使得书籍成为可以大规模机械复制的平价商品。在印刷术出现之前,欧洲的书籍往往使用昂贵的羊皮等材料制作,由僧侣等在修道院认真誊写,因而书籍制作周期长、成本高、数量少、价格昂贵,只有贵族和教会才消费得起。书籍的内容往往跟宗教和贵族生活有关,使用的语言是拉丁文这样的经院文字,未受过正统教育的大众无法阅读、理解。古腾堡改进了印刷术使之能够量产书籍,书籍的价格变得很低,普通人也消费得起。16 世纪正逢欧洲大繁荣,出版业在资本主义的推动下成为蓬勃发展、有利可图的事业。为了追求利润,出版业力求把读者从少数精英扩张到不能阅读拉丁文的普罗大众,所以他们整合了千差万别的口语方言形成了若干书面语言,为民族意识的形成奠定了基础。

首先,整合过的书面语言给文字以下、口语以上的交流和沟通提供了统一的场域。拉丁文曾是欧洲受过正统教育者的统一语言,但这是一门死去的语言,与人们的日常生活有着很大的距离。在日常生活中,英语、法语或西班牙语等语言里都有大量不同的方言。原本即使同讲英语的人也可能在对话时无法理解彼此。当出版业塑造了书面语之后,这些人就可以通过书面语顺利交流,这让成千上万能使用同种书面语言而彼此相连的人,感受到了联结,成为想象的民族共同体的萌芽。

其次,印刷书籍给了语言某种恒定性,因而让人产生一种"民族自古有之"的主观印象。由于书本可以大量复制、可以长久保存,而且书面语言的变化比起僧侣抄写的时代要缓慢了许多,今人容易读懂几个世纪前的作品,感受到时间上民族共同体的延续性。

最后,印刷书籍创造了富有权力的语言。有些语言成为正式用语,而它的方言变种因为在书籍印刷中不太成功,就成了下里巴人的口语。最初这种改变是无意识的,但是随着历史的发展,政权有意识地对语言的区隔进行操纵。此前官方的行政语言与其臣民的日常用语判然两隔,官方也不指望自己的臣民使用行政语言。例如,欧洲宫廷曾经把法语作为行政语言,甚至俄国的宫廷也讲法语;但他们从来没想把法语教给自己的国民。印刷术产生后官方要让本国的官方语言成为臣民的语言,形成贯彻上下的语言共同体,通过教育系统形成一种国民皆用的标准语言。

三、社区、社群与共同体

古斯费尔德(Gusfield)认为,"community"这个术语包含两层意思:一层强调区域和地理要素,另一层强调关系。[①] 这也映射了"社区"和"社群"两个概念的差异:"社群"更强调组成共同体的人员,强调其共享的某种认同感;而"社区"更强调共同体所在的地理空间,或者物理空间。社群是指在某些边界线、地区或领域内发生作用的一切社会关系,可以是实际的地理区域或某区域内的社会关系,也可以是较抽象的、思想上的关系。[②] 社群可以简单地理解为是一个群,但它不只是基于一个地点、需求、爱好或者某种原因的聚合,还有较为稳定的群体

---

① Joseph R. Gusfield, *The Community: A Critical Response*, New York: Harper Colophon, 1975.
② 周涛:《Wiki 社群的社会网络分析》,华东师范大学硕士学位论文,2005 年。

结构和较为一致的群体意识,社群成员有一致的行为规范、持续的互动关系以及成员之间的分工协作,具有一致行动的能力。社区以一定的地理区域或空间为前提,是一个"聚居在一定地域范围内的人们所组成的社会生活共同体"——有一定的地理区域;有一定数量的人口;居民之间有共同的意识和利益;有较密切的社会交往。由此看来,共同体可以被看作是社群和社区的统称,社群强调人群,社区强调区域。

四、网络共同体

网络共同体的形成是互联网技术发展与网络空间社会化共同作用的结果。《荀子·王制篇第九》中记载,"力不若牛,走不若马,而牛马为用,何也?曰:人能群,彼不能群也"。最初因为生存需要,人们群居而生,在漫长的社会演变中,群体规则和形式也在不断地发展。随着网络空间对人的生存和发展影响力的提升,人类的群体关系和群体活动也逐步向网络空间拓展,形成了网络社区与网络社群的雏形。网络社群通常基于自然关系发展而来,没有预设的结构与分工,没有高度制度化的约束机制,因此具备滕尼斯所阐释的"共同体"属性,且由于互联网给信息传播带来的便利性与全球性,网络共同体逐步呈现出全球化发展的趋势。

在互联网发展早期,虚拟社群(the Virtual Community)成为一个与网络社群、网络共同体并行的概念。1993 年,霍华德·莱茵戈德(Howard Rheingold)出版了《虚拟社群》(*The Virtual Community*)一书,指出虚拟社群是以电脑为中介的传播所建构的虚拟空间(Cyberspace),是一种社会集合体(social aggregation),它能够产生得力于虚拟空间中有足够的人、足够的情感以及在网络上发展的人际关系。[1] 由此可见,虚拟社群与网络空间紧密联系在一起,以"虚拟社群"的视角看待网络的社会性,事实上是在虚拟世界中想象实体世界的特征。随着网络工具和网络服务的丰富,互联网与现实世界已经密不可分,互联网深入社会生活的方方面面,网络的社会性不再只是网络上的互动意涵。"虚拟社群"的概念逐步发展为"网络社群"。从这个意义上说,虚拟社群是网络社群初期的形态,网络社群不再仅限于虚拟的网络空间,很多现实中的社群也在寻求网络空间中的存在。网络共同体尽管种类多样、功能不一,但总体上呈现出以下特征:

1. 基于网络

网络共同体是基于网络交往而建立的群体,有些群体可能完全基于网络,有

---

[1] Howard Rheingold. The Electronic Version of The Virtual Community,Howard Rheingold (2020-03-25)[2020-6-24], https://www.rheingold.com/vc/book/intro.html

些群体则结合了线上与线下的交往。随着科技的进步,在互联网上进行人际交往越来越便捷与普遍,绝大多数群体的交往都有互联网的辅助。因此,网络共同体与普通共同体之间不是一个截然二分的关系,而是连续体的关系。

例如,聊天室是早期互联网最重要的应用之一。1998年4月,"湛江在线"推出的碧海银沙曾是早期著名的聊天室,在鼎盛时期的2000年3月,聊天室首页的日访问量突破10万;2003年2月14日,碧海银沙有156个聊天室举办晚会,同时在线人数超过5万。在当时,这些数字都令人惊叹。但是随着互联网的发展,聊天室这种纯粹依赖网络建立起来的社群不再是互联网上唯一的选择。QQ、微信等即时通信软件兴起,微博、博客等社交媒体开始流行,生活中的许多现实关系开始依赖网络维系,虚拟与现实之间的关系愈发密切,对网络共同体的研究也就不再局限在完全基于网络建立的群体。

2. 共同兴趣

在传统社会,共同体的形成基于共同的生活、劳动空间,面对面的人际交往不可避免地产生了亲密的情感联结与对共同体的认同。网络时代,互联网提供了人际交往的替代形式,地理空间与人际交往的社会网络彼此分离。网络共同体中的交往更加自由、自主,因此关系和情感的建立更倾向于交往双方的共同兴趣,以及基于交往中产生的乐趣。德国社会学家马克斯·韦伯(Max Weber)在《社会学的基本概念》中提出了"共同体关系"(vergemeinschaftung)和"结合体关系"(vergesellschaftung)两个概念。"共同体关系",是指社会行动的指向建立在参与者主观感受到的互相隶属性基础之上,不论这一互相隶属性是情感性的还是传统性的。[①]"结合体关系",是指社会行动的指向基于理性利益的动机而寻求利益平衡或利益结合,不论这一理性是目的理性还是价值理性。结合体关系以利益为导向,社会交往只是达到其目的的工具。而共同体关系则不然,它本身就是交往的目的,网络共同体也是如此。共同从事一项工作或有明确的任务目标,不是成员形成网络社群的目的,而是他们共享的兴趣。

例如,网络游戏当中形成的公会组织就是一个典型的以兴趣为主要交往动机的群体。以世界上最著名的大型多人在线角色扮演游戏(Massively Multiplayer Online Role Playing Game,MMORPG)之一《魔兽世界》(World of Warcraft)为例,其公会功能为玩家提供了交流与合作的平台,大多数成员在现实生活中可能并不认识自己的队友,但因在网络游戏的平台中朝夕相处而结成朋友。

---

① 〔德〕马克斯·韦伯:《社会学的基本概念》,顾忠华译,桂林:广西师范大学出版社2005年版,第54页。

网络游戏玩家在加入公会之后可以利用公会专属的频道进行聊天,聊天的内容可能与游戏内容相关,也可能完全无关。此外,公会内部一般还会形成组建团队的机制,通过搭建结构合理、人员稳定的团队来完成游戏提供的团体挑战,获取游戏奖励。可以说,游戏的很大一部分乐趣只有通过参加公会才能享受,而与队友同心协力进行游戏的体验也让原本可能互不相识的人结下深厚的友情,并将这种友情延伸到现实生活当中。

从某种意义上说,网络共同体就是因人们在互联网世界中不断地寻找同类而形成的。这种同类可能是基于某一个产品,例如小米手机、苹果电脑;可能是基于同一个人,例如某个明星、公众人物;可能是基于同一个爱好,例如摄影、文学、游戏;可能是基于同一个话题,例如情感、星座、养生;可能是基于同一个空间,例如业主、同乡;也可能是基于同一种身份,例如校友、新手妈妈等。

3. 群体认同

并不是任何有共同特点或者面对相同处境的人都属于同一个共同体。共同体的重要成分是成员的认同感。网络社群的成员形成行为规范,这些规范本身也标志着一定的社群边界。例如,使用一些只有群体内部成员才能明白的缩略语或者语言习惯,可以很快地区别群体成员"圈内人"和尚未融入群体的"圈外人"。群体的资深成员可能会现身说法,告知新成员在社群内有什么不成文的行为规范。网络社区往往是网络社群的主要活动场所,网络社区也可以通过制定社区规则帮助建构社群边界和社群认同感,例如网络论坛通过注册、积分、等级等机制来标识初入论坛的新手和用户历史长、发帖活跃的老用户。尽管二者在理论上都属于这一论坛的成员,但显然后者才是共同体的成员,前者还游离在共同体的外围。

网络传播改变了人际交往的时空关系,营造了网络社群和社区的独特共同体。滕尼斯认为,随着现代化的推进,人们的生活失去了共同体的情感而变得功利与冷漠;而涂尔干认为现代化让人之间结成更加复杂的彼此依赖关系,反而促成了社会有机体的团结。那么,互联网的介入会给这一问题带来什么新的局面呢?当关系转移到了网络空间,人际关系会进一步变得符号化、抽象化而失去共同体的情感吗?还是由于互联网带来了便捷的沟通渠道,网络共同体反而会促进人们之间情感的维系与发展呢?

有些学者认为,人的生活还是有很大部分发生在线下,把网络社群或者社区当成真正的共同体进行研究是夸大其词了。他们指出,网络空间的共同体成员并不能形成滕尼斯心目中共同体成员应有的亲密关系和情感联结,相反网络共同体的成员关系往往是临时性的、感情投入不深的,因此不符合滕尼斯对共同体的界定,也就不能被视为真正的共同体。但是,另一些学者认为网络社群和网络社区正在发挥越来越重要的功能。霍华德·莱茵戈德指出,网络社区正在替代很多传统的公共社交空间,例如酒吧、咖啡馆等。人们的社交行为很大程度上发生在互联网上,甚至随着技术的进步,互联网似乎越来越有可能实现身处异地的人"面对面"交往的愿望,超越以往对"面对面"直接交往和通过媒介交往的二分法。

此外,还有研究表明网络共同体对现实生活产生了重要影响。研究发现,多伦多附近郊区的一个社区,因为有了全面覆盖的高速网络,居民之间的关系变得更加紧密。他们还建立了社区的在线讨论群组,商议与自己的生活切身相关的当地事务,甚至进行群体动员。[1]

知识框 25　案例:黑客社群研究

1605 年 11 月 5 日,盖伊·福克斯(Guy Fawkes)及其同伴计划炸毁英国议会大楼,刺杀英国国王詹姆士一世。福克斯的计划没有成功,他被国王逮捕、刑讯、处死。他的经历被写成小说,他也成为英国人心目中的传奇人物,进而在 20 世纪成为后无政府主义的符号。1990 年,著名漫画家艾伦·穆尔(Alan Moore)与戴维·劳埃德(David Lloyd)合作创作了漫画《V 字仇杀队》(*V for Vendetta*),其中的主角头戴盖伊·福克斯的面具,与奥威尔《1984》式的英国极权政府进行对抗。2006 年,好莱坞将漫画改编成电影,戴着福克斯面具的 V 的形象深入人心。

现在,福克斯的面具有了新一重含义。2008 年,一群黑客走上街头抗议山达基教会(the Church of Scientology)强迫 YouTube 撤回汤姆·克鲁斯讨论教义的视频。山达基教势力强大,为防止被其教徒报复,抗议者头戴福克斯的面具。随着越来越多的人采用这样的方式掩饰身份,福克斯面具成了这个无政府主义的黑客群体——Anonymous 的符号。

1. 共同兴趣——Lulz

尽管 Anonymous 有时会参与一些政治或严肃的活动,主宰 Anonymous 的却是幸灾乐祸的趣味,这种快感被称作 Lulz。Lulz 是英语网络用语 lol(大笑出声,laugh out loud)的变体,表示因他人的不幸遭遇而发笑。

---

[1] 王萍、王斌:《媒介形态演化与社区生活的复兴》,《国际新闻界》2009 年第 3 期。

2. 基于网络——4chan

Anonymous 缘起于一个美国的网络论坛 4chan，尤其是其"随机内容"版块/b/。在这个论坛上，默认状态下用户是匿名的，也就是 Anonymous。这个黑客社群也正是因此而得名。但是这并不意味着他们的交流和活动仅局限在 4chan 上。事实上，Anonymous 广泛采用 YouTube、Twitter、Reddit 等平台和自己搭建的网站进行对外宣传与沟通，而内部成员也可能会自己搭建服务器进行联系，因为他们从事的一些活动是非法的，不能使用公开平台。

这体现了"网络社群"和"网络社区"的区分。对于 Anonymous 来说，地理空间的意义可以化约为沟通时差和所在国家对黑客行为的打击力度，而不是限制或建立他们共同体的条件。即便是在互联网的物理空间，统一平台虽然在起步阶段是共同体形成的条件之一，但并不成为共同体延续的必要条件，人们可以在共同体形成之后不断找到新的技术手段和媒介平台来维持共同体的发展。

3. 群体认同——边界何在？

在 Anonymous 的世界里，存在着一个一个的小组，越居于核心地位就越私密。他们主要通过 IRC(internet relay chat)进行沟通，因此不同的 IRC 频道也就形成了一个个子群体(例如#reporter)。这些小组的边界非常明晰，而且对于比较核心的小组来说，小组成员必须有人介绍、验明身份，以免被不可靠的人闯入。于是，在 Anonymous 的核心，通过控制人员和信息的流动形成了明确的群体结构。把人从频道踢出去就成了重要的惩罚，也成了建构群体认同的手段之一。

第二节 网络社群

网络社群是通过各类网络应用连结在一起，有相同而明确的目标和期望的群体。网络社群具有自由性、隐蔽性、公开性和流动性的特点。自由性是指成员依据共同的兴趣而聚集，可以自主选择是否加入群体、以什么形式加入群体、如何参与群体活动等。隐蔽性与公开性看似矛盾，但实际上体现的是网络社群的不同层面的特征。它的隐蔽性是指人们在网络空间内用于结社和互动的线索与符号是有限的，个体的真实身份不必完全暴露。公开性是指网络社群把成员的活动置于网络社群的公共关注中，"社群成员可以轻而易举地把自己呈现在公众面前……站在'舞台'上,表演者扮演众人期待的角色"①。流动性是指网民在网络中很难长时间地保持对某一事物的热情,导致网络社群的不稳定性和短暂性。这也是亨利·詹金斯(Henry Jenkins)在研究网络文化时提出的"网络游牧民族"的概念。

网络社群联结的是互联网中具有相同或相似目的或行为的网络个体,但是这并不意味着网络中任何具有相同或相似行为的个体在一起都能形成网络社群。例如,有接近7亿的用户使用百度搜索,每天有超过1.5亿的用户使用微博,但是这些用户并不能成为网络社群,因为用户与用户之间缺乏交流与互动。那么,形成网络社群需要哪些条件呢?

一、同好与同趣

共同的爱好和兴趣是网络社群形成的前提。同好与同趣表达了网络成员对某种事物的共同认识和共同态度。互联网为具有相同爱好或兴趣的个体提供了聚集在一起的便利。而根据网络演化的同嗜性原则,具有相同或相似属性的节点更容易建立连接。同好和同趣的范围十分广泛,可以基于某些自身的共同特征,或者对其他人或事物的共同认知、态度、情感等。

二、结构与规则

结构与规则影响着网络社群的生命力。结构混乱、缺乏秩序的网络社群难以维系长期稳定的互动关系。网络社群的结构和规则包括社群成员的组成、分工、加入与退出机制、交流平台、管理规范等。

三、社群意识

麦克米伦和查维斯(McMillan & Chavis)在1986年发表的《社区意识:定义与理论》一文中阐释了构成社群意识的四大要素:会员关系(membership)、影响力(influence)、整合与满足需求(integration and fulfillment of needs)、分享情感(shared emotional connections)。② 会员关系表达了个人的归属感和关联性。它由边界(boundaries)、情感安全(emotional safety)、个人投入(personal investment)、归属感与认同感(sense of belonging and identification)以及共有的

---

① 马忠君:《虚拟社群中虚拟自我的建构与呈现》,《现代传播(中国传媒大学学报)》2011年第6期。
② Dowid W. McMillan & Dowid M. Chavis, "Sense of Community: A Definition and Theory," *Journal of Community Psychology*, 1986, 14(1), pp. 6-23.

象征体系(a common symbol system)等五个维度组成。

网络社群的维系与发展同样离不开社群意识。首先是会员意识,即成为某个网络社群成员从而获得情感上的支持、身份上的认同以及归属感等,为了维系这个意识需要一些区分群体成员与非群体成员的标志。麦克米伦和查维斯认为社群边界越清晰,成员越容易获得尊重,归属感和认同感也随之增强,成员互动性和参与性也较强,成员之间更加团结,此外成员对社群的投入越多,社群意识越强烈。其次是价值意识,即社群对成员的影响力以及社群成员之间的社会交换过程。社群影响成员的方式分为两种:一种是成员为了获得某种力量而主动加入社群;另一种是社群对个体造成某种压力,个体被迫加入社群。再次是分享感情,通过分享自己的故事和情感来促进互动,增强彼此的了解,从而有助于社群的发展。基于上述原因,网络社群运营对仪式感、参与感、组织感和归属感要特别重视。

知识框26 提升网络社群归属感的七大原则

一是界线原则:界线是内部人员和外部人员之间的公认分界。有了界线,内部人员会更坚信和认同他们拥有共同的价值观,并比外人更了解彼此,同时也能够将外人隔离在外,更好地维护成员的体验和权益。

二是入会原则:许多社群成员缺乏归属感,即便是在所有成员都同意才能加入的私密社群,这种现象同样存在。不同类别的入会仪式或形式会让成员消除归属感危机,帮助他们清楚地知道,自己已真正地为所加入的社群接纳。

三是仪式原则:无论是在工作中还是在生活中,一定的仪式感非常重要。它是一种将意义带入我们生命的工具,让我们得以界定或明确某个关键性的时段或事件。有的人甚至将某种仪式与一个人的实际成长或成就画等号。

四是"神殿"原则:"神殿"是拥有共同价值观的人举行社群活动或仪式的地方,社群成员能够在这里找到"大本营"。在某种程度上,"神殿"代表着社群的力量和正统性。它是一个神圣的场所,一个专为特殊用途留出的场所。

五是故事原则:故事是人类进行学习的最有效方式。在传达社群价值观及打造社群上,故事的传播速度及效果是使命宣传或价值观宣言所不及的。不仅如此,故事对于社群定位的介绍要比其他所有传播加起来的效果还要好。

六是符号原则:使用符号是一种让社群变得更强大的方式,它代表了一系列的理念和价值观。符号最好不要浅显易懂,从而留出诠释空间,使其内涵能够涵盖不断演进和发展的新的社群理论。

七是内圈原则:几乎每个社群都有层层递进的内圈,代表不同的层级。人们都想跻身某个负有盛名的内圈,或许并不只是为了显示权力、身份或被尊重,也是为了找到新的方式参与集体并做出贡献。

——《社群运营的艺术:如何让你的社群更有归属感》①

知识框 27 网络社群运营策略

随着网络社群的兴起,网络社群产生的经济价值和社会影响力也越来越受到关注,如何运营网络社群成为实务领域非常关心的问题。通常来说,运营一个良好的网络社群需要做好以下几方面的工作。

1. 合理定位

合理清晰的定位是网络社群营销的首要工作,包括对社群使命和社群功能等方面的策划与安排。社群使命是社群运营的目的。有的社群是为了建构和维系人脉,有的社群是为了聚集共同兴趣或完成共同任务,有的社群是为了扩大影响力,达到传播或者宣传的目的,还有的社群是要开展带有商业目的的销售或者营销活动。社群功能是指社群能够满足成员的什么需求,或者能够为成员带来怎样的价值。

2. 结构规则

运营网络社群需要定义社群结构以及规则。社群结构是指社群由哪些成员构成,除了普通参与者外,还需要有一些维系社群的特殊成员,包括创建者、管理者、开拓者、分化者、合作者以及付费者。创建者需要有一定的号召力,能够在某一领域让人服气;管理者要有良好的自我管理能力,以身作则、恪守群规,有责任心和耐心,能够果断决策,顾全大局,遇事从容,赏罚分明;开拓者要能谈判、善交流并懂得联结;分化者要有强的学习能力,能够深刻理解社群文化,参与过社群的建构,熟悉所有细节;合作者要认同社群,有匹配

---

① 〔美〕查尔斯·沃格:《社群运营的艺术:如何让你的社群更有归属感》,靳婷婷译,北京:华夏出版社 2017 年版。

的资源;付费者是指能够为社群运营提供经费支持的成员。[①] 运营网络社群要像经营现实社群或者社团一样,通常需要设计网络社群的名称、口号以及标识系统;要设计群规则,包括成员的引入规则、行为规则、交流规则以及淘汰规则等。

3. 凝聚人气

运营网络社群的重要一步是聚集人气,尤其是第一批用户,通常第一批用户主要靠创建人的影响力主动邀请,或者通过线上或线下活动吸引有相关需求的人主动加入。

4. 保持活跃

有人把导致社群短命的原因归结为五个方面:一是失焦,即社群失去明确的定位;二是无首,即缺乏意见领袖和管理者导致社群缺乏规范;三是暴政,即一个或几个暴力成员对其他成员进行攻击;四是无聊,即缺乏有新鲜感和价值感的信息内容,社群陷入灌水和骚扰状态;五是蒸发,即由于社群规模扩大,同质性会随之削弱,有价值的成员的活跃度逐渐下降。为了避免这些问题,要不断优化成员结构,主动"洗粉",并根据规模的扩大来制定和完善群规则。此外,还要通过强化社交网络和社交关系来提升社群的黏合度,提升成员逃离社群的成本。适时开展线下活动也是完善和提升社群活跃度的有效办法。

5. 社群经济

网络社群具有潜在的商业价值,目前网络社群可以被用于营销,形成了独具特色的网络社群营销。网络社群实现变现的方式有:对内模式,即从社群内部获得经济回报,常见的形式有产品式、会员制、电商制、服务式以及众筹式等;对外模式,即通过成员的共同努力创造出对外的价值,例如智库式、抱团式等。

第三节 网络社区

在探讨网络群体的时候,常常会涉及网络群体所在的"地域"或平台——网络社区。网络社区是网络社群建立和活动的重要空间。约翰·曼纽尔(John Manu-el)认为网络社区是"跨越时间、空间、组织结构等限制而亲密协作的社会群体。而

---

① 秋叶、秦阳、陈慧敏:《社群营销:方法、技巧与实践(第2版)》,北京:机械工业出版社2016年版。

信息科技是这些社会群体达成共同目标的主要手段"①。它是人、人的情感和人际关系网络在虚拟空间中积累到一定程度的产物。马忠君则认为网络社区是一种基于社会网络的信息系统,在社区中"成员分享共同的兴趣、观点、思想,拥有共同的目标或者任务,在一个超越时间、空间以及其他限定的虚拟空间中互动"②。

对网络社区的类型研究有助于更好地理解不同网络社区的特点。按照用户的使用动机,可以将网络社区划分为交易导向社区、兴趣导向社区、幻想导向社区和关系导向社区四个类型。③

一、交易导向社区

与纯粹的市场交易平台相比,交易导向社区并不只是以达成交易、赚取利润为目的,同时还是一个以分享购物经历、品评购买商品等为主题进行交往的社区。国内的一个典型案例是创建于 2010 年的"什么值得买"网站。网站既有编辑撰写的资讯信息,例如打折优惠、购物指南等文章,也有网站的用户生产的原创内容,对千奇百怪的商品进行品鉴。部分用户还被冠以"生活家"的称号,成为社区的"意见领袖"。借此平台,广大用户可以在消费之前先了解一下别的用户的使用经验,在更多的信息基础之上做出决定。随着移动互联网的发展,交易导向型社区与分享类社会化媒体相融合,产生了交易导向社区性质的网络应用,例如"小红书"。

二、兴趣导向社区

兴趣导向社区是有共同兴趣的人进行交流的空间,例如在一起讨论体育运动、国家大事、兴趣爱好等。这类社区往往有更强的共同体属性,成员的互动更密切,对共同体的认同感较强。以豆瓣为例,豆瓣初期的功能比较简单,主要是对书籍、电影和音乐等文化产品进行点评与分享。用户们除了标记自己看过、想看的文化产品之外,还可以给予 1 星到 5 星的评价,写或长或短的评论,还可以将文化产品加入名为"豆列"的清单,分享给别人或者留着自己使用。豆瓣用户可以与其他用户进行社交,既可以直接加为好友邮件联系,也可以加入千奇百怪的主题小组寻找同好。可以说,豆瓣上的社交行为主要是围绕着用户的兴趣进行的,因此用户产生了比较强烈的认同感。

---

① J. Galvin, Manju U. Ahuja, "*Am I Doing What's Expected？New Member Socialization in Virtual Groups.*" *Our Virtual World*, Idea Group Publishing, 2001, p.41.
② 马忠君:《网络环境中虚拟自我的呈现与建构》,北京:中国电影出版社 2013 年版,第 95 页。
③ Porter Constance Elise, "A Typology of Virtual Communities：A Multi-disciplinary Foundation for Future Research," *Journal of Computer Mediated Communication*, 2014, 10(1).

三、幻想导向社区

这类社区是给想重塑身份、进行角色扮演的人进行社交的空间,例如《魔兽世界》这样的网络游戏,或者"龙骑士城堡"这样的奇幻文学主题论坛。这些社区给成员提供一个符合某一幻想世界设定的环境和人格,帮助他们进行角色扮演。比较有代表性的是《魔兽世界》这一网络游戏。它提供了一种独特的游戏方式——角色扮演(Roleplaying)。进入这一服务器的玩家,必须给自己的人物设计好符合游戏世界观的人物背景、性格特长、说话方式等,并且在游戏过程中扮演自己设计的人物,谈吐、举止都要符合这个人的世界观和人物设定。例如,某玩家扮演一位出身贵族世家的圣骑士,言谈不离信仰;而另一位玩家扮演德鲁伊,喜爱动物、说话好用成语等。在游戏中不符合角色扮演要求的行为,例如谈论现实生活中的事件,或者采用不合适的语言风格,都会招致其他人的反感。

四、关系导向社区

这类社区是进行一般性社会交往的空间。通过这类社区,人们既可以保持或加强与现实好友的联系,也可以借此平台认识陌生人,拓展自己的社交网络。脸书、领英等社交平台都是这样的例子。曾经颇受学生欢迎的校内网(后更名为人人网)是一个典型的例子,中学生、大学生一入校就加入这一社交平台,与自己的同学保持联系,关注他人的生活中每天发生什么事情。有时通过这一网络还可以结交新的朋友,拓展自己的社交生活。

▶ 练习题

1. 名词解释

(1) 网络人际传播

(2) 网络共同体

2. 简答

(1) 网络新型人际关系有哪些?

(2) 辨析虚拟社群与网络社群。

(3) 简述网络社区的类型。

3. 论述

(1) 网络对人际关系产生了怎样的影响?

(2) 结合案例谈谈你对"认知是认同的基础,有共同的认知才能形成一致的认同"的理解。

第九部分
媒体、新闻与大众传播

互联网的媒介化改变了媒介生态，以致媒介产业格局发生了重要变化。传统媒体的数字化、网络化，以及互联网的媒体化、媒介化成为新媒体的两大起源。新媒体的兴起让新闻业与大众传播遭遇挑战，舆论场向网络空间转移，网络舆论的影响力越来越大。本部分从新媒体兴起与发展入手，探讨媒介产业的变革、新闻业的创新与演变，以及网络舆论的特征。

第一章
新媒体的兴起与发展

从长远的观点来看问题,媒介即讯息。所以社会靠集体行动开发出一种新媒介(比如印刷术、电报、照片和广播)时,它就赢得了表达新讯息的权利。今天,印刷术的君王统治结束了,新媒介的寡头政治篡夺了印刷术长达500年的君王统治。寡头政治中,每一种新媒介具有印刷术一样的实力,传递着一样的讯息。①

——麦克卢汉,1959年3月

第一节 新媒体概述

显然,在麦克卢汉的时代互联网等还没有登上媒体的舞台,他讲的新媒体也并非今天所指的新媒体。新媒体是一个发展的概念,任何对现有媒介形态的超越都可以被称为新媒体。试图对新媒体的内涵与外延进行一劳永逸的定义几乎不可能。当前语境下的新媒体,通常是指建立在数字化、网络化基础上的媒介形态。具备该特征的新媒体概念在西方国家出现于20世纪60年代。有一种说法认为,1967年,美国哥伦比亚广播电视网技术研究所所长戈德马克(Peter Carl Goldmark)在一份商品计划书中第一次使用了"新媒体"(new media)这个词②,主要用于区分网络媒体与报纸、广播、电视等"传统媒体"。20世纪80年代后期,我国学者对新媒体概念和属性的研究相继展开,数字化、网络化、互动性和融合性成为新媒体公认的特征。彭兰把新媒体定义为"基于数字技术、网络技术及

---

① Marshall McLuhan, *Understanding Me Lectures and Interviews*, Cambridge, MA: MIT Press, 2003, pp. 3 - 4.
② 杨继红:《谁是新媒体》,北京:清华大学出版社2008年版,第9页。

其他现代信息技术或通信技术的,具有互动性、融合性的媒介形态和平台"[①];黄升民等将数字电视(IPTV)、地面移动电视、手机电视视为新媒体的三大部分[②];宫承波认为门户网站、搜索引擎、虚拟社会、电子邮件、网络文学、网络游戏等都是新媒体[③];匡文波和彭兰认为互联网和手机才是新媒体[④]。

这些概念涉及技术、平台、终端等。"新媒体"概念的复杂源于"媒体"概念的复杂性:一指介质,例如空气、电波等;二指载体或终端,例如报纸、期刊、电视等;三指信息的表达方式,例如文字、符号、图片、声音、影像等;四指信息内容,例如"媒体的社会影响"中的"媒体"侧重指媒介产品或内容,例如新闻、电视剧、综艺节目等;五指组织结构,例如"欢迎媒体的朋友"中的"媒体"指的是从事新闻生产或信息服务工作的机构。由此推论,"新媒体"至少包括五层含义:一是数字化、网络化的传播渠道;二是能够对数字信号进行编码解码、具有联网功能、能够呈现信息并实现有效互动的终端工具,例如电脑、手机以及其他智能终端;三是多媒体和虚实结合的信息表达方式;四是具有交互性、开放性并鼓励网民参与的媒介内容和产品;五是围绕新技术、新应用或新的商业模式形成的媒介组织方式。

表 9-1-1 新媒体的概念结构

维度	特征	示例
介质渠道	数字化、网络化	
终端工具	对数字信息编码解码、多媒体呈现	电脑、手机、智能终端
表达方式	多媒体、虚实结合	H5、短视频、网络直播、虚拟现实(VR)
媒介产品	互动、参与、开放	门户网站、社会化媒体、客户端
组织机构	技术主导、平台模式、自组织	聚合平台、自媒体、MCN

新媒体的起源有两条路径:一是传统媒体的数字化、网络化转型,二是互联网的媒介化、媒体化演变。两条路径在网站处交汇,又共同走向社会化、智能化,如图 9-1-1 所示。技术是推动变革的根本力量,应用产品和商业模式的创新是发展繁荣的直接因素。

第一阶段:双流交汇,网站兴起。在这一阶段,互联网的主要功能是传播信息。新闻信息是一种最重要、最关键的信息,传统媒体和提供互联网服务的科技

---

① 彭兰:《"新媒体"概念界定的三条线索》,《新闻与传播研究》2016 年第 3 期。
② 骆亚冰、黄升民、王兰柱等:《中国数字新媒体发展报告》,北京:中国传媒大学出版社 2006 年版,第 1 页。
③ 宫承波主编:《新媒体概论》,北京:中国广播电视出版社 2007 年版,第 2 页。
④ 匡文波:《到底什么是新媒体》,《新闻与写作》2012 年第 7 期。

公司都高度重视互联网在传播新闻方面的优势,因此共同推动媒体网络化和互联网媒介化,最终形成了以门户网站为代表、以个人电脑为终端的新媒体。在此过程中,传统媒体还在经历数字化转型,形成了数字广播、数字电视等数字媒体。

第二阶段:手机媒介化,客户端兴起,社会化媒体势头高涨,平台模式成形。移动互联网的发展,推动了手机的媒介化转型,与之相适应的产品形态——客户端迅速兴起;而 Web 2.0 技术的开放性和互动性,使社会化媒体迅速崛起,推动了平台经济的发展,并滋养了自媒体和 MCN 机构;4G 通信网络的发展,也为音视频等多媒体产品的移动传播提供了技术保障,推动了短视频和网络直播行业的发展,视频化成为这个阶段重要的媒介产品特征;大数据和云计算技术推动了个性化传播的发展,典型的服务模式是聚合新闻平台和基于推送的信息服务平台。

第三阶段:万物互联,智能传播。5G 和人工智能开启了新媒体发展的第三阶段。万物互联,各种智能设备和可穿戴终端与生产生活相融合,大大拓展了媒介终端的形态;虚拟现实从技术畅想发展为可实现的产品和服务;媒体人工智能涵盖媒体生产、传播、经营、管理等各个环节。当前,正值新媒体发展的第三阶段,随着技术的成熟,新的产品和模式也正在形成与发展过程中。

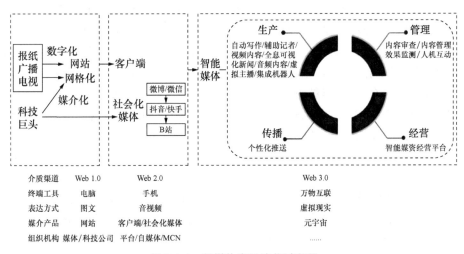

图 9-1-1 新媒体发展演化过程图

通信技术的发展推动着载体的变革,载体的发展需要匹配与之相应的服务和产品,这些发展需求进一步推动应用和产业的创新,产业组织和商业模式也因此变革,形成了新的组织和管理方式。

虽然新媒体改变了新闻及其生产方式,但是新闻在社会生活中的作用和功能没有变。新闻业不仅要呈现新闻,而且要向世界呈现有意义的新闻,因此新闻业依旧要坚守新闻思想和新闻价值观。马克思主义新闻观具有强大的生命力,只有坚持马克思主义新闻观才能拨云见日,在纷繁复杂的环境中把握党性原则,坚持党管媒体,坚持党性与人民性的统一。

第二节 数字媒体

早期的数字媒体主要是以数字方式记录信息的载体或介质,此后广播、电视相继进行数字化转型,形成了数字广播、数字电视等。数字媒体是建立在数字技术基础上的媒介形态。数字技术有两层含义——在硬件层次上是指所有微电子都是用0/1来记录、计算;在软件层次上是指数据和指令都是以二进制为基础的8或16进制来计算,包括运算、压缩、传输、加密、解密等。因此,整个微电子、计算机软件都属于数字技术。从这个意义上说,网络技术建立在数字技术的基础上。

一、数字光盘

20世纪90年代初期,数字媒体的代表是CD-ROM和DVD光盘。CD-ROM是光盘只读存储器,一种能够存储大量数据的外部存储媒体,一张压缩光盘的直径大约是4.5英寸(11.43厘米),厚1/8英寸(0.3175厘米),能容纳约660兆字节的数据。DVD是数字视盘(Digital Video Disc)的缩写,每张光盘可储存容量达到4.7GB,容量约是CD-ROM的7倍左右。21世纪初,个人电脑在我国开始普及,很多电视剧或电影被制作成DVD光盘,受到当时年轻人的喜爱,大学周边涌现出很多以租售光盘为生的小店。

二、电子阅读器

光盘只是用于记录媒介产品的一种介质。作为终端的数字媒体,始于电子阅读器。电子阅读器是专门用于显示书籍、杂志、报纸和其他印刷品的数字版内容的便捷式、低能耗、高分辨率的电子终端设备,采用LCD、电子纸为显示屏幕。除了个人使用的电子阅读器,还有一些具有媒体呈现功能的电子屏幕在公共场所取代了传统的"宣传栏"和"读报栏",例如电子阅报栏。尽管从形态上看,个人使用的电子阅读器和公共场所的电子阅报栏有较大的区别,但是作为数字化的媒介终端,其基本原理和核心优势是相似的——数字化存储和多媒体表达。目前,越来越多的电子阅读器或电子读报栏增加了芯片和操作系统,通过移动互联网接入互联网,并通过与市政、文化等部门的合作,发展成为综合性的媒体门户。

三、数字广播与数字电视

媒体数字化的典型代表是数字广播和数字电视。数字广播将音频信号数字化,在数字化形态下实现编程、传递。数字广播不仅传递了音频,还实现了图形、数据、文字等形式的多媒体信号传播。[①] 数字广播相较于传统广播,具备不易受干扰、音质好、可管理性强等特点。[②] 数字电视指的是将电视信号从发射、传输到接收都运用数字技术实现的电视制式方式。数字电视具备高精度的图像、高品质的音质,并可同步传输多媒体节目和信息。[③]

IPTV 是数字电视发展过程中的重要创新。IPTV 以电视机为主要显示终端,以机顶盒或者其他具有视频编解码能力的数字化设备作为主要介入及转换终端,利用遥控器等设备进行操作,可提供安全、可靠和可管理的互动多媒体服务。IPTV 能够提供接近 DVD 水平的高质量画面,能够实现直播、点播、回放以及可视 IP 电话等多种在线服务。IPTV 依赖专有网络传输,因此运营商扮演着重要角色。2005 年,中国电信与上海文广传媒集团合作在上海推出 IPTV 业务,以百视通(BesTV)为品牌,获得中国第一张 IPTV 牌照。IPTV 业务的发展迫切需要广播电视网、电信网、互联网相互融合。2010 年,国家开始启动"三网融合"试点工作。随着 OTT TV 的兴起,IPTV 业务受到较大的冲击。IPTV 在运营商专有网络下,通过实时流式传输技术,可以实现实时送达,实况传播,支持随机访问,支持用户实现快进或倒退功能。OTT TV 采用顺序流式传输技术,在下载文件的同时用户可以观看在线媒体。[④] 正如前文所述,IPTV 和 OTT TV 来自两种不同的发展路径:前者由传统电视转型而来,节目来源于广电系统,质量较高且稳定,采用固定编码,通过运营商网络传播;后者源自互联网,节目来源多、不稳定,主要是各类视频网站,且采用动态编码,借助公共互联网传播。从终端方面看,IPTV 普遍采用电视机加机顶盒的模式,而 OTT TV 的终端主要是基于 Android 或 iOS 等操作系统的智能终端。OTT TV 带动了互联网电视终端的发展。

[①] 蔺晓姗:《数字音频技术在广播电视中的应用》,《中国有线电视》2016 年第 1 期。
[②] 党明群:《数字广播中的音频技术》,《电子世界》2016 年第 10 期。
[③] 吴小坤、吴信训:《美国新媒体产业(修订版)》,北京:中国国际广播出版社 2012 年版,第 112—113 页。
[④] 施唯佳、蒋力、贾立鼎:《OTT TV 和 IPTV 的技术比较分析》,《电信科学》2014 年第 5 期。

> **知识框 28　三网融合**
>
> 　　三网融合是指电信网、广播电视网、互联网向宽带通信网、数字电视网、下一代互联网演进的过程。在此过程中通过技术改造,三网技术功能趋于一致,业务范围趋于相同,网络互联互通、资源共享,能为用户提供语音、数据和广播电视等多种服务。三网融合是世界各国面临的普遍性问题,越早解决融合问题越有利于产业的发展、完善。美国 1996 年的《电信法案》是一份解决三网融合问题的基础性文件,在该法案中,美国政府一改禁止电信业和广电业混合经营的态度,转为支持,并且明确联邦通信委员会(FCC)是美国对广播电视、电信业进行管理的独立监管机构。
>
> 　　1999 年 9 月 17 日,我国国务院办公厅出台文件规定"电信部门不得从事广电业务,广电部门不得从事通信业务,双方必须坚决贯彻执行",还指出"广播电视及其传输网络,已成为国家信息化的重要组成部分"。2001 年,主管部门的态度发生转变,《中华人民共和国国民经济和社会发展第十个五年计划纲要》提出"促进电信、电视、互联网三网融合"。2010 年,国务院总理温家宝主持召开国务院常务会议,决定加快推进电信网、广播电视网和互联网三网融合,同年国务院办公厅公布了第一批试点地区。然而,三网融合的过程并不顺利,部门利益、商业模式等都在不同程度上制约着其发展。

　　OTT TV 在我国的发展始于 2009 年,电视终端生产商、视频网站、牌照方等联合开始 OTT TV 的尝试。为了规范管理,国家广电总局于 2010 年下发了《互联网电视内容服务管理规范》和《互联网电视集成业务管理规范》,明确了互联网电视管理将采取"集成业务+内容服务"的管理模式。2011 年广电总局继续发文,加强了对互联网电视业务的政策监管力度。随着监管措施的逐渐清晰,OTT TV 的业务定义也日渐明确,是指"以公共互联网为传输介质,通过经批准的集成播控平台向绑定特定编号的电视一体机或机顶盒提供内容及其他相关增值业务的可控可管的服务",同时也形成了以牌照方为主导的业务发展模式。[1]

---

[1] 蒋力、邓竹祥:《IPTV 与 OTT TV 业务的发展现状及趋势》,《电信科学》2013 年第 4 期。

表 9-1-2　IPTV 与 OTT TV 的比较

	IPTV	OTT TV
节目来源	电视台	视频网站等
业务类型	单播为主,快进与后退较复杂	直播、单播,快进与后退简便
承载网络	运营商网络(营业厅开通)	互联网(自由接入)
编码方式	恒定	动态
传输形式	终端面向视频流(实时流媒体)	终端面向视频文件(渐进式下载)
播放时延	较小缓存立即启动播放	较大缓存后启动播放
终端设备	电视机+机顶盒	带有操作系统的智能终端

第三节　网 络 媒 体

媒体深谙技术对传播的影响,总是试图以新技术扩大媒体的影响力。无线电技术兴起时,《芝加哥论坛报》《纽约时报》《迈阿密先驱报》等美国报纸曾以无线电广播的方式向数以万计的家庭传真机发送报纸;[1]20 世纪 70 年代,英国广播公司(British Broadcasting Corporation,BBC)开始尝试将报纸内容呈现在改装后的电视机屏幕上;20 世纪 80 年代以后,随着电信业的发展,媒体开始利用电话线或电缆传递新闻报道以及在线出版物的内容;等等。

20 世纪 70 年代后期至 80 年代中期,个人计算机陆续上市,到 1982 年美国办公室和家庭使用的计算机超过 550 万台,以个人计算机用户为主要读者对象的自办交互式电子报纸开始出现。[2] 1980 年 7 月,《哥伦布电讯报》与美国最大的在线信息服务机构之一——电脑服务(CompuServe)合作推出电子版。此后,CompuServe 与美联社旗下的 11 家报纸合作进行每天传送电子版的试验。1987 年,硅谷的《圣何塞信使报》(*San Jose Mercury News*)开始利用网络传输报纸内容,只可惜那时还没有万维网,网络只能传播文字。20 世纪 90 年代中期,大型传媒公司的"互联网战略"开始实施。1994 年,美国著名的传媒巨头时代华纳投资创建了 Pathfinder.com 网站,这是一个旨在链接进入时代华纳大量网上站点的门户网站,遗憾的是,该网站并没有获得成功。1995 年,包括奈特—里德报业(Knight-Ridder)、《论 坛 报》(*Tribune*)、《时 报—镜 报》公 司(*Times-Mirror Corp.*)、先进出版公司(Advance Publications)、考克斯企业集团(Cox)、甘内特

---

[1]　林穗芳:《电子编辑和电子出版物:概念、起源和早期发展(下)》,《出版科学》2005 年第 5 期。
[2]　同上。

报业（Gannett）、赫斯特集团（Hearst）、《华盛顿邮报》（Washington Post）和《纽约时报》（New York Times）在内的美国多家赫赫有名的公司出资成立了一家名叫新世纪网络的公司，目的是联合各大报纸同微软及其他对手竞争，但不幸的是1998年3月新世纪网络公司宣告破产。① 从20世纪90年代后期起，传统媒体的"互联网战略"聚焦于网站建设，美国广播公司（ABC）、哥伦比亚广播公司（CBS）、福克斯广播公司（FOX）、美国全国广播公司（NBC）、美国有线电视新闻网（CNN）等，均早已建立网站。其他发达国家的著名广播电视公司，如澳大利亚广播公司（Australian Broadcasting Corporation，ABC）、日本广播协会（NHK）、英国广播公司（BBC）等也纷纷建成网站。

中国传统媒体的网络化同样发轫于网络发行，兴盛于建立网站。1995年1月12日，一份旨在服务于海外华人留学生的杂志《神州学人》正式在网上发行，成为中国第一家走上互联网的媒体；同年4月，中国新闻社走上互联网，10月，《人民日报》全部信息不加任何编辑用域名"CNWEB"放到了新加坡的一个互联网网站上，这意味着互联网媒体化得到"国家队"的认可。② 1996年，央视网创办；1997年国务院新闻办公室建立了中国互联网络新闻中心。截止到1997年5月，根据国务院新闻办的统计，以各种形式上网的新闻传播媒体约为36家。③

与此同时，科技公司和商业网站对传媒业丰厚的利润和影响力垂涎已久。1997年网易网创办，1998年搜狐网和新浪网创办。这些公司成立以后，网络功能日渐丰富，网络迅速普及。这三大门户网站日渐影响人们获取新闻和信息的方式。

20世纪90年代末，源于传统媒体或科技公司和商业网站的新媒体汇合在"网站"这一交汇点，新闻网站成为传统媒体的"标配"，而门户网站也通过转载或聚合新闻成为人们获取信息的重要途径。CNNIC发布的《第四次中国互联网络发展状况统计报告》显示，截止到1999年7月，通过网络获取各类新闻的网民人数占到84%。至此，网络媒体的概念深入人心，但是对于"网络媒体"的定义学界基本存在两种不同的理解。匡文波和雷跃捷认为网络媒体泛指新媒体。匡文波认为："网络媒体是通过计算机网络传播信息（包括新闻、知识等信息）的文化载体，目前主要是指互联网，也称因特网"；④雷跃捷等将网络媒体定义为"借助国际互联网这个信息传播大平台，以计算机、电视机以及移动电话等为终端，以

---

① 李青：《论主流新闻媒体的网络化生存》，暨南大学硕士学位论文，2001年。
② 彭兰：《中国网络媒体的第一个十年》，北京：清华大学出版社2005年版，第42页。
③ 李青：《论主流新闻媒体的网络化生存》，暨南大学硕士学位论文，2001年。
④ 匡文波：《网络媒体概论》，北京：清华大学出版社2001年版，第1页。

文字、声音、图像等形式来传播新闻信息的一种数字化、多媒体的传播媒介"[1]。闵大洪强调网络媒体的新闻性，认为网络新闻媒体是按照新闻媒体传播流程（由专业人员对新闻和信息进行采集、整理、加工、发布），具有公信力的、能够产生巨大社会影响力和迅速形成社会舆论的网络传播平台。[2]

知识框 29　重点新闻网站

　　重点新闻网站是网络媒体的重要组成部分。2000 年 3 月，中共中央宣传部和中共中央对外宣传办公室下发了《国际互联网新闻宣传事业发展纲要（2000—2002）》，提出了首批重点发展的媒体单位名单，为日后网络媒体的发展建设树立了标杆；2000 年 1 月 7 日，国务院新闻办公室和信息产业部联合下发《互联网站从事登载新闻业务管理暂行规定》，其中第五条指出，"中央新闻单位、中央国家机关各部门新闻单位以及省、自治区、直辖市和省、自治区人民政府所在地的市直属新闻单位依法建立的互联网站（以下简称新闻网站），经批准可以从事登载新闻业务。其他新闻单位不单独建立新闻网站，经批准可以在中央新闻单位或者省、自治区、直辖市直属新闻单位建立的新闻网站建立新闻网页从事登载新闻业务。"同年 12 月，国务院新闻办公室正式批准了人民网、新华网、中青网等七家网络媒体成为我国首批重点新闻网站，随后又先后批准了 24 家地方重点新闻网站。

第四节　手机媒介化

　　移动互联网开启了手机媒介化的进程，在手机从通信工具演化为媒介终端的过程中，移动客户端和社会化媒体兴起，建构起以平台为中心的媒介生态。

一、手机媒体

　　早在 2000 年 12 月，中国移动就正式推出了移动互联网业务——"移动梦网"，但受制于移动 2G 的网速和手机智能化水平，手机上网只能支持访问特定

---

[1] 雷跃捷、金梦玉、吴风：《互联网媒体的概念、传播特性、现状及其发展前景》，《现代传播（北京广播学院学报）》2001 年第 1 期。
[2] 闵大洪：《中国网络媒体的生态环境》，《新闻实践》2001 年第 4 期。

的 WAP 门户网站。2009 年,国家开始大规模部署 3G 移动通信网络,2014 年开始大规模部署 4G 移动通信网络,我国移动网络通信基础设施快速发展,移动互联网的用户数迅速扩展。移动互联网的发展,使人们的上网行为日渐摆脱时空限制,上网终端从电脑过渡到智能手机等移动装备。智能手机带有独立的操作系统,可以由用户安装各类应用程序,完成部分电脑的工作,并通过无线网络接入互联网。

  1996 年,最早的商业移动互联网连接服务由芬兰的 Sonera 和 Radiolinja 公司提供,接入设备为诺基亚 9000 Communicator 手机。当时这款手机上网需要电脑进行配合,且不支持无线上网。而第一次基于浏览器的移动互联网服务,1999 年由日本 NTT DoCoMo 公司的 i-Mode 服务提供,这种技术可以让用户通过手机使用互联网服务的无线通信技术,成功地将移动电话从"通话手机"发展为全方位的"信息手机"。移动操作系统的出现是推动手机等智能终端发展的重要因素。移动操作系统出现于 1996 年,Palm 及微软先后推出 Palm OS 及 Windows CE 操作系统。2007 年,苹果公司推出 iOS 操作系统,大幅改进用户界面与用户体验。同年 9 月,谷歌公司推出 Android 操作系统。这两款操作系统的出现,改善了手机上网的体验感,促进了智能手机的普及。

  智能手机作为新媒体,在传播方面有三个显著特征:一是改变了媒介消费的时空观,"机不离手"成为常态,人们无时无刻不在使用手机或者保持在线状态,场景和情境成为影响媒介消费的重要因素。二是手机是个体化、个性化的终端,不同于以家庭或同伴为消费单位的媒体,从而增加了对私密性、个性化信息的需求,同时也把传统媒体时代的"大众"分化为独立的"个体",再通过算法推荐和社交传播形成了不同的圈层。三是受制于手机的小屏幕和触屏输入,媒介信息越来越碎片化、直观化,视频化成为趋势。

  智能手机带动了移动服务的激增,人们对手机的依赖程度越来越深,"手机成为人的延伸"。人们对待手机的态度也发生了变化,越来越多的人不再只把手机视为工具,而演化为情感依赖的朋友或伴侣。

  二、新闻客户端

  为了适应手机传播,移动客户端逐渐兴起。移动客户端是在移动设备上运行的各种应用程序,具有便携性、及时性的特点。移动客户端与基于位置的服务、基于大数据的服务相结合产生了许多新的商业模式。新闻客户端是一类重要的移动客户端。新闻客户端的发展延续着此前两种来源(原创新闻客户端和门户新闻客户端),并随着技术的进步发展出新的形态——聚合新闻客户端。原创新闻客户端,是指具有互联网新闻信息采编资质和互联网视听许可证的新闻机构、以发布原创新闻内容为主的新闻客户端。例如,2014年6月12日上线的人民日报客户端,2015年6月8日正式上线的新华社客户端。门户新闻客户端通常由门户网站发展而来,这类新闻客户端继承了门户网站在桌面互联网时代积累的品牌和资源优势,为用户提供类型广泛的新闻信息。2010年10月,腾讯新闻客户端正式上线。聚合新闻客户端是移动互联网时代的产物,它适应了碎片化阅读和小屏浏览的需求,通过算法为用户精准推送用户感兴趣的新闻。它是基于用户主动搜索、订阅、浏览的历史数据,通过机器算法与编辑互动,评测用户的新闻信息偏好,从而有针对性地聚合传统媒体和自媒体平台上的各种新闻信息,进行个性化精准推送的产品形式。① "今日头条"和"一点资讯"是这类新闻客户端的典型代表。

三、社会化媒体

移动互联网同时推动了社会化媒体(social media)的兴起。社会化媒体建立在Web 2.0的思想和技术基础上,允许并鼓励用户创造内容(UGC),并借助社交网络进行传播。安东尼·梅菲尔德(Antony Mayfield)认为,社会化具有参与、公开、交流、对话、社区化、连通性的特点,而最显著的特点是赋予用户创造并传播的能力。他根据当时的社会化媒体的基本形态将其分为七大类——社交网站、博客、维基、播客、论坛、内容社区和微博。② 安德里亚斯·卡普兰(Andreas Kaplan)和迈克尔·海恩莱因(Michael Haenlein)运用社会临场感理论、媒介丰富度理论和自我呈现的相关理论,构建了一个二维表,根据这个表格来分析社会化媒体的不同类型,如表9-1-3所示。③ 在该分类方式下,就社会临场感和媒介丰富度来说,协作项目(如维基百科)和博客的程度是最低的,因为它们主要基于文本,并且不要求实时在线;高一个层次的是内容社区以及社交网站,它们既可以处理文本信息,又可以分享图片、视频以及其他形式的内容;最高层次的是虚拟游戏世界和虚拟社交世界,它们试图在虚拟世界中复制现实世界和面对面交往所有线索。就自我展示和自我揭示程度来说,博客比协作项目高,同理,社交网站比内容社区的自我揭示程度更高,虚拟社交世界比虚拟游戏世界的自我揭示程度更高。

---

① 程栋:《智能时代新媒体概论》,北京:清华大学出版社2019年版,第221页。
② 田丽、胡璇:《社会化媒体概念的起源与发展》,《新闻与写作》2013年第9期。
③ Andreas M. Kaplan, Michael Haenlein, "Users of the World, Unite! The Challenges and Opportunities of Social Media", *Business Horizons*, 2010, 53(1), pp. 59–68.

表 9-1-3　社会化媒体的分类方式

		社交临场感/媒体丰富度		
		低	中	高
自我展示	高	博客	社交网站（例：脸书）	虚拟社交世界（例：第二人生）
自我揭示	低	协作项目（例：维基百科）	内容社区（例：优兔）	虚拟游戏世界（例：魔兽世界）

纪特兹曼(Jan H. Kietzmann)和赫姆肯斯(Kristopher Hermkens)等人建构了一个基于七个基础功能模块(Functional Building Blocks)的分析模型，这些模块包括身份(identity)、对话(coversations)、分享(sharing)、在线(presence)、关系(relationships)、声誉(reputation)以及群组(groups)：

身份——用户在多大程度上透露自己的身份信息；

对话——用户在多大程度上能够交流；

分享——用户在多大程度上能够交换、发布、获取信息；

在线——用户在多大程度上能够判断可否与其他用户取得联系；

关系——用户与其他用户之间的联系，具体是指两个或两个以上的用户通过某种方式来交谈、分享社会事务、面晤或者仅仅将对方加入好友列表；

声誉——用户如何识别他人及自己在社会化媒体中的地位；

群组——用户在多大程度上可以组建社区和子社区的功能，一个网络越是社会化，其朋友、粉丝、联系人的群组就越大。

大多数社会化媒体的七个功能之间力求保持平衡，没有一个社交媒体只聚焦于其中一个功能，通常是各有侧重。[①]

鼓励用户参与是社会化媒体的重要特征。用户数量的增加促成了平台经济的发展。在这个过程中，平台凭借算法、数据和用户方面的优势影响力越来越大，媒介生态演化为以平台为中心的模式。根据皮尤研究中心发布的报告，早在2015年美国人将推特和脸书作为新闻获取来源的比例已经超过了60%。[②] 越来越多的传统媒体为了更好地传播信息，在社会化媒体平台上建立账号，媒体账号是社会化媒体上最活跃、影响力最大的信息来源。从2015年起，平台开始推

[①] Jan H. Kietzmann, Kristopher Hermkens, Ian P. McCarthy, Bruno S. Silvestre, "Social Media? Get Serious! Understanding the Functional Building Blocks of Social Media," *Business Horizons*, 2011 (54), pp. 241-251.

[②] 腾讯传媒研究院：《众媒时代：文字、图像与声音的新世界秩序》，北京：中信出版社2016年版，第37页。

出聚合或继承的新闻产品,对这些媒体账号产生了一定的冲击。例如,2015年6月8日,苹果全球开发者大会(WWDC)宣布推出聚合类新闻应用(News);2015年5月13日,脸书正式上线Instant Articles;2015年6月23日,谷歌的"新闻实验室"(News Lab)上线。这些新应用有个共同的特点,就是凭借渠道优势和用户价值实现了对媒体内容的"剥削"。传统媒体越来越倚重平台资源优势来传播内容。

从国内的发展来看,社会化媒体平台也经历了几个发展阶段,早期是以微博、微信为主导的文字平台,后来抖音、快手迅速崛起形成了短视频平台,此后哔哩哔哩(又称B站)在青年群体中影响力提升。当前,社会化媒体平台的类型越来越多,向着垂直化、小众化发展,音频平台、中视频平台等也相继发展起来。

四、新媒体产品

社会化媒体时代的新媒体产品呈现出以下特征:一是媒介产品的生产机构不再只有专业结构,因此媒介产品的个性化或者媒介产品的个性特征体现程度(自我揭示度)成为新媒体产品的一种重要特征;二是能够使用的信息类型越来越丰富,包含文字、音频、视频等多媒介形态,且信息的及时性大大增强(媒介丰富度);三是移动化消费特征增强了对媒介产品的情境性需求,沉浸式和伴随式成为新媒体产品消费的典型情境;四是交互性、社交性和参与性成为新媒体产品的重要特征,从这个意义上说,传统媒体是产品完成之后由媒体播出,而新媒体产品提供的是半成品或者"游戏规则",需要用户参与或与用户合作来完成。

自我揭示度在一定程度上反映了受众在与产品互动过程中自我表露的程度,它关系到用户对信息的信任和情感。媒介丰富度综合评价了沟通者在沟通过程中的情绪沉浸程度和单位时间内所能获得的关于沟通其本身的信息量大小,不同类型的信息在说理和言情方面具有不同的优势。情境是社会化媒体时代媒介产品一个非常重要的分析要素,主要包括公或私、固定或移动、专注或伴随三项指标:有的媒介产品适合多人使用,而有的产品更倾向于个人或个性化使用;有的产品适合在稳定或固定的情境中消费,而有些产品适用于移动或行进间消费;有的产品消费需要全身心的投入,而有的产品可以与其他行为一起发生。这些都会影响产品的内容、形态、时长或信息形式。交互性和社交性反映了受众在产品内容生产和传播中的参与程度。受众在产品内容生产中的参与程度越高,在与产品互动的过程中沉浸感越强,越容易与产品取得情感上的共鸣。结合对产品所承载的内容或意义的分析,我们绘制了新媒体产品的分析框架,如图9-1-2所示。

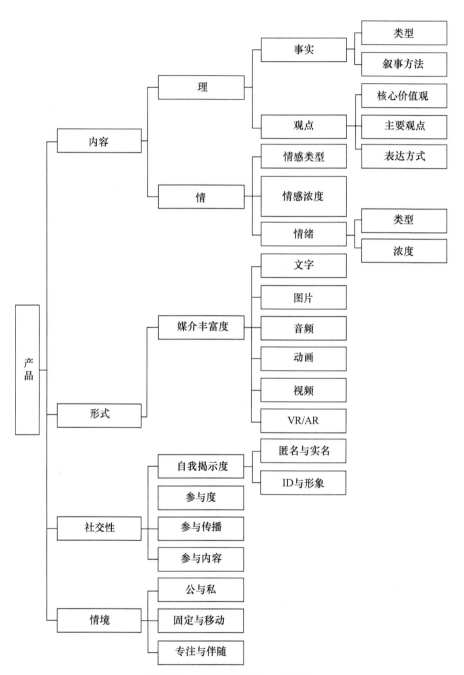

图 9-1-2 新媒体产品的分析框架

在社会化媒体应用变迁的过程中,出现了微博、长微博、长图、H5 动画、视频、直播等形态。早期,微博的字数被严格限制在 140 字以内,用户为了突破此限制不得不把文字转化为点阵图像发布,形成长微博,后来长微博通过附带相应文字版本的链接演变为博客和长文章的入口。

H5 是指 HTML5,即"HTML"的第 5 个版本。"HTML"是指描述网页的标准语言,因此 H5 的本意是第 5 个版本的"描述网页的标准语言",也就是网页文件的格式。这种网页语言不仅能够供人浏览,而且支持各种交互操作,用户可以通过点击、滑动等操作控制文字、图片、音频和视频等媒介形态。

短视频是指时间长度在 15 秒到 3 分钟左右的视频形式,它顺应了新媒体时代"短、平、快"的传播方式,充分利用网络用户的碎片化时间,成为移动互联网时代重要的媒介产品形态。中视频的时长通常在 3 分钟至 30 分钟,完整讲述一件事,表达更加连贯、从容,用户可以获得更大的信息量,加深记忆。长视频通常指的是时间在 30 分钟以上、具有较为完整的叙事结构的视频产品,长视频通常采用横屏模式,画幅更宽广。

网络直播是在现场架设音视频采集设备、通过网络传输信号供人观看的方式。网络直播的速度快、表现形式好、内容丰富、交互性强,直播完成后,还可以提供重播、点播服务。根据直播的内容和形式,网络直播可以分为表演直播、游戏直播、专业直播和电商直播。移动直播是一种借助手机等移动设备,利用移动互联网同步直播事件的方式,它能增强现场感和参与性。慢直播,是一类特别的网络直播,没有主持人的引导,仅仅依靠一个摄像头,记录并同时传播正在发生的事件。慢直播是一种长时段、低剪辑、全记录和久陪伴类型的直播。镜头不被快剪、编辑,也没有音乐渲染和制作痕迹,突出原生态的内容,强调事件"自我"诉说,鼓励用户发挥主动性去理解、解读、感悟、思考。

近年来,随着全息技术逐步成熟,互联网的全息媒体在内容种类上融合了文字、图片、音频和视频等多种信息格式,并能够借助数据可视化、虚拟现实等技术,进行多形态、立体化的呈现,为用户提供了多维度、全息化的感官体验。

第五节 智 能 媒 体

每一次移动通信技术的发展都为传媒业带来了颠覆性的变化,而移动通信技术大体上每十年就会面临一次代际变革。没有移动 4G 带来的提速降费,就不会有短视频等一系列网络应用的繁荣。随着移动业务的爆炸式增长,5G 网络不仅解决了信息的联通和人与人的连接问题,还把物与物的连接纳入进来,形成了更大范围的泛在网络。

移动通信5G带来的万物互联,不仅丰富了网络的应用场景,还推动了虚拟现实、超高清、人工智能等依赖高速通信传输技术的应用迅速普及。智能终端和媒体人工智能得到极大发展。

一、智能终端

正如英特尔创始人之一戈登·摩尔(Gordon Moore)所言,集成电路上可以容纳的晶体管数目大约每经过18—24个月便会增加一倍,处理器的性能每隔两年会翻一倍(摩尔定律)。芯片体积的缩小和性能的提升,使越来越多的终端设备可以被植入"芯片",从而具有了处理信息的能力。芯片技术和5G网络的发展,使越来越多的终端演化为智能设备,成为新的媒介载体,例如智能电视、智能音箱等。与此同时,汽车、家电、家具、健身器材等生活、工作场所的终端设备以及手表、手环等可穿戴设备越来越智能,成为信息和服务的载体。

智能电视,是一种基于互联网应用技术,具备开放式操作系统与芯片,拥有开放式应用平台,可实现双向人机交互功能,集影音、娱乐、数据等多种功能于一体,以满足用户多样化和个性化需求的电视产品。智能电视搭载智能操作系统,可以连接公共互联网,具备较完善的硬件设备和多种方式的交互式应用。[1]

智能音箱,是将传统音箱与人工智能技术、网络技术相结合而产生的一种升级产品。[2] 智能音箱依托语音识别技术和语义分析技术,具备许多传统音箱所不具备的功能,能为用户提供多样化的智能服务,如在线音乐播放、语音对话、个人管家、智能家居控制以及基于手机应用的语音购物、话费充值、叫外卖、网约车等在线服务功能。[3]

智能家具,是一种将人工智能技术融入传统家具而产生的新产品。从广义上讲,凡是将高新技术通过系统集成融汇到家具设计的开发过程中,实现对家具类型、材料、结构、工艺或功能的优化重构,使其代替由"人"操作的家具均可称为智能家具。[4] 从狭义上讲,将机械传动、传感器、单片机及嵌入式系统等技术原理运用到家具实体中,使之融入智能家居系统,变身智能单品,形成"人—家具—环境"多重交互关系的家具属于智能家具。[5]

---

[1] 崔斌、罗松、魏凯、栗蔚:《智能电视关键技术分析》,《电信网技术》2013年第1期。
[2] 孙永杰:《智能音箱大战背后:语音识别技术应用仍存挑战》,《通信世界》2017年第14期。
[3] 王颢毅:《基于人工智能技术的智能音箱发展现状与趋势探究》,《通讯世界》2018年第12期。
[4] 颜羽鹏:《智能化办公家具设计》,北京理工大学硕士学位论文,2015年。
[5] 吴智慧、张雪颖、徐伟、詹先旭、方露、杨勇:《智能家具的研究现状与发展趋势》,《林产工业》2017年第5期。

智能手表，是一种可穿戴于人体上的智能设备。它通过在手表中内置智能化系统，而实现同步手机中的电话、短信、邮件、照片、音乐等功能。随着5G网络的发展，智能设备成为包括媒介内容在内的很多信息的来源和传输、展示装备，也就最终演化为一种新的媒介形态。

二、媒体人工智能

人工智能在媒介产业的应用，开启了"智能媒体"的时代。人工智能深刻嵌入媒体生产、传播以及经营管理的各个环节。

1. 智能生产与智能传播

新媒体时代，新闻生产可谓分秒必争，自动写作和辅助记者发挥了重要作用。写稿机器人通过数据挖掘、机器学习、搜索技术、知识图谱等技术可以在极短的时间内就写出一篇符合媒体写作要求的作品。目前机器人写作主要有三种生成方式：一是模板式的机器人写稿，通过优化算法，智能选择不同的模板组合进行新闻生成；二是抽取式的机器人写稿，从海量的已有文本素材中抽取重要信息，进行二次创作；三是生成式的机器人写稿，通过一系列深度学习和增强学习技术，根据现有文本生成模型，基于数据库里某些更新的信息用自然语言的形式写成报道。前两种技术已经非常普遍，第三种尚无典型的产品。2015年，新华社推出了可以批量编写新闻的写作机器人"快笔小新"，其写稿流程由数据采集、数据分析、生成稿件、编发四个环节组成，适用于体育赛事、经济行情、证券信息等快讯、简讯类稿件的写作。

辅助记者是智能生产的另一种方式。人工智能与大数据的结合极大程度地释放了数据的潜力，可以帮助记者进行深度分析并形成更高级的媒介产品。人民日报的机器人"小融"，可以对大量文本、音视频数据进行处理，形成报道提纲和数据图表，省去了记者查阅资料、整理汇总的时间，帮助其快速找到报道重心，还可以协助编辑校对文稿，并将其快速发布到各媒体终端；新华社的机器人记者"佳佳"能作为特约记者与访谈对象进行交互对话，帮助采集第一手的新闻资料。此外，智能翻译和多媒体转化设备也大大提高了记者的工作效率。

5G时代对视频内容自动生产技术的需求变得迫切。新华社的"媒体大脑"MAGIC平台通过深度学习，可以对长视频片段中的突发画面进行定位、标注高亮，智能识别火灾、爆炸、交通事故等特定场景和突发事件，自动分析判断新闻是否为正能量新闻、暖新闻，对媒体资源进行分类并添加标签。2017年"媒体大脑"制作了时长2分08秒的视频新闻《新华社发布国内首条MGC视频新闻，媒体大脑来了！》，仅耗时10.3秒。2018年3月，"媒体大脑"从5亿个网页中梳理出两会舆情热词,发布了首条关于两会的机器生产视频新闻《2018 两会 MGC 舆情热点》,该视频生产用时仅 15 秒,包括两会舆情分析、可视化图表生成、配音、配图和视频剪辑,在全球媒体中尚属首次。依托"媒体大脑",新华社还推出了短视频产品"熊猫社区 Pandaful",实现了机器在海量熊猫视频素材中,自动识别熊猫的各种行为姿态,秒级生成妙趣横生的各类熊猫短视频内容。

此外,人工智能技术推动了新闻全息化的发展,催生了虚拟主播和虚拟演播室。虚拟现实让新闻更具真实体验感,用户不再是"局外人",而是"目击者"。虚拟主播和虚拟演播室越来越多。2001 年,英国 PA New Media 公司推出了世界上第一位虚拟主播阿娜诺娃,2004 年央视也推出了国内首位虚拟电视节目主持人——小龙,但其制作成本高昂,远超聘请一位专业真人主播。人工智能的兴起使虚拟主播的制作成本降低,播报效率提升。2019 年央视网络春晚中,虚拟主持人"小小撒""朱小迅""高小博""龙小洋"纷纷亮相。这些虚拟主持人是以央视主持人为原型制作的,只需他们的面部扫描图像和 2 小时的录音数据,即可生成形象和声音模型。

面对爆炸性的信息增长,基于人工智能的个性化推送越来越受到关注。个性化推送新闻主要基于三种人工智能技术:一是利用云计算技术描绘用户画像,二是通过自然语言理解技术,找到和用户画像相匹配的标签化内容,三是利用协同过滤技术将内容和用户需求进行智能匹配。通过收集用户信息和使用习惯,描绘用户画像,提取用户兴趣点,利用用户信息匹配、信息匹配和用户匹配三种方式对信息进行过滤、排名和整理,最终筛选出系统认为用户最感兴趣的内容推荐给用户,实现人与内容、人与人的精准连接。

2. 智能管理与智能经营

人工智能不仅在媒体的生产传播中发挥了重要作用,还在内容审查、效果监测以及媒体资源运营方面大有作为。内容审查技术集合了智能鉴黄技术、暴恐图片识别技术、OCR 技术和人脸识别技术等,可以精准识别出图片中的色情内容、暴力恐怖内容、恶意文本以及政治敏感人物,目前已经广泛应用于文字、图片以及视频和直播领域。在效果监测方面,人工智能技术使效果监测和反馈更加准确、及时。在媒体资源运营方面,人工智能技术为版权保护和版权运用提供了保障,"媒体大脑 MAGIC"平台搭载了版权检测功能,使用该功能后,媒体的各类原创内容都将被纳入保护范围。各类媒体的原创文章汇总到云上后,对这些文章的转载、引用、盗用、洗稿会形成一个清晰的网络,媒体因此能够掌握信息的传递和演变流程。人工智能和图像技术能够动态实时识别优质广告资源,提高媒体的资源利用率。

第二章
媒介产业变革

曾几何时,一部电视连续剧《渴望》让万人空巷、世人争说;《新闻联播》之后的黄金时段拍出天价广告费;春节联欢晚会改变了中国人过年的传统习俗……时过境迁,如今电视媒体收视率不断下滑,以电视为代表的传统媒体日渐式微。相比之下,网络剧、网络综艺、网络游戏的热潮一浪高过一浪,平台经济兴起并日渐成为媒介生态的中心,网络效应在媒介产业运营中发挥了重要作用。

第一节 媒介生态与竞争格局

互联网、手机等新媒体兴起,受众的注意力不断转移,传统媒体市场不断萎缩,媒介市场的竞争格局发生了颠覆性的变化。

一、传统媒体式微

卢文浩引用生态学的观点,把不同形态的媒体比作生态系统内的不同种群,因此不同类型媒体之间的竞争,表现为种间竞争。他利用收入资源和时间资源两个维度上的数据,通过计算生态位宽度、生态位重叠度和生态位竞争优势,分析媒介生态系统中电视、广播和报纸三类媒体种间竞争的现状和趋势。他的研究发现:目前电台的竞争力最弱,报纸次之,电视最强;而从发展趋势来看,电台最强,电视次之,报纸最弱。[1]

近年来,我国传媒业发展的实践印证了这一结论。相关数据显示,我国报业自2013年以来收入持续下降,2020年受疫情影响,报刊行业收入呈负增长,同

---

[1] 卢文浩:《中国传媒业的系统竞争研究——一个媒介生态学的视角》,北京:中国经济出版社2009年版,第109—113页。

比下降 18％；①2016—2020 年间，传统广播电视广告连年同比负增长，相比之下，网络媒体的广告收入大幅增加，②网络广告收入同比增长分别为 21％、28.8％、25.7％、16.8％、14.4％③。因受 2020 年新冠肺炎疫情影响，"宅经济"发展迅猛：网络短视频及电商收入同比增长 87.2％，网络游戏收入同比增长 20.7％，网络视听服务收入同比增长 9％，移动数据及互联网业务同比增长 2％。④

媒介竞争格局还在不断地变革与调整中。Web 1.0 时代，门户网站、新闻组等应用迅速发展，报纸首当其冲，市场迅速萎靡，发行量和收入都出现断崖式下降，有些媒体甚至沦为"僵尸媒体"——自身没有生命力，又受制于体制机制不能关闭。随着 4G 网络和移动互联网的出现，直播、视频形态的媒介产品大受欢迎，分化了受众对电视的关注。2017 年，仅在微博平台上的媒体视频播放量就增长了 9 倍⑤，同期电视广告市场明显萎缩。2017 年，电视剧的收视率和网络播放量冰火两重天，电视收视率整体大幅下降，网播量却迅猛上升。与此同时，网剧发展势头强劲，先网后台已是大势所趋。有趣的是，广播媒体在电视作为新媒体崛起的时候已经受到挤压退避到较小的空间内，反而因为汽车社会的到来，凭借音频节目的伴随性优势表现出顽强的生命力。然而，音频并不只属于广播，一些音频客户端和服务软件开始兴起，对广播形成挑战。展望未来，纸质媒体和广播媒体受到的冲击基本已经结束，随着视频网站的发展，以及包括版权在内的产业市场环境的改善，互联网对电视行业的冲击将进一步加大，电视行业的冬天已经来临。

二、科技公司强势介入

媒体行业的市场活力和发展前景让资本市场垂涎三尺。科技公司通过资本运作、资源互换或者直接参与的方式强势进入媒体行业并分得巨大的利润。放眼国际，自 2015 年开始，科技行业的巨头们掀起了向新媒体业务领域拓展的浪

---

① 《传媒蓝皮书：中国传媒产业发展报告（2021）〉成果发布》，搜狐网（2021-08-14）[2022-02-10]，https://www.sohu.com/a/485383683_121124379

② 国家广电总局：《全国广播电视行业统计公报》，2018 年 6 月、2019 年 4 月、2020 年 7 月、2021 年 4 月。

③ 中国互联网络信息中心：《第 47 次互联网络发展状况统计报告》，2021 年 2 月。

④ 《传媒蓝皮书：中国传媒产业发展报告（2021）〉成果发布》，搜狐网（2021-08-14）[2022-02-10]，https://www.sohu.com/a/485383683_121124379

⑤ 《2017 年媒体微博阅读量过万亿 踩稳社交＋内容风口》，每日经济新闻百家号（2017-01-15）[2021-03-05]，https://baijiahao.baidu.com/s?id=1589637499462032854&wfr=spider&for=pc

潮,脸书、谷歌等均开始向新媒体的核心领域——新闻业进军。脸书推出"即时新闻",苹果推出"苹果新闻",推特推出以事件为中心的"时刻"(Moments),三星与阿克塞尔·施普林格(Axel Springer)推出新闻应用 Upday,色布拉(Snapchat)上线 Discover 功能。2016 年 IBM 收购视频直播服务 Ustream,并成立新部门专门处理媒体技术,亚马逊投资超过 30 亿美元用于视频内容生产,微软在积极推广全球媒体云战略。在国内,科技巨头通过各种方式深度参与传媒产业,除了核心的新闻业务之外,网络游戏、网络综艺、网络剧、网络直播等分别为少数科技巨头所控制。

三、创造性破坏与传媒业改革

科技进步对产业发展的作用在传媒产业尤为突出。熊彼特(Joseph A. Schumpeter)提出"创造性破坏"这个概念,用来描述在科技进步和创新发展的压力下,现存的竞争者要么适应变化,要么灭亡的过程。创新导致现有的产品和服务失去了生存空间,而那些未能实现创新转变的企业,即使是目前的市场主导者,其市场份额也会被逐步侵蚀。当前,传统媒体的日渐式微正是媒介技术日新月异,科技公司推动新产品、新服务层出不穷带来的"创造性破坏"的结果。科技创新打破了媒介生态,媒介之间的种间竞争压力被弱化,新媒体对其造成的"降维打击"成为竞争的重要来源。因此,传统媒体要谋得生存与发展就必须改革创新。媒体融合发展成为传统媒体改革的方向。

在熊彼特看来,"创造性破坏"对产业发展和社会进步大有裨益,可以促进资源再分配,使生产资料从效率较低的经济活动流向效率更高的经济活动。因此,从产业层面推动传媒业的发展,就必须着力主结构调整,进行供给侧改革,淘汰一批"创新无望"的媒体。

第二节 媒介市场结构与边界

市场结构是一个反映市场竞争和垄断关系的概念。产业经济学为分析市场结构提供了理论框架。依据买卖双方数量以及产品差异程度,市场被分为完全竞争、垄断竞争、寡头垄断和完全垄断四种结构。在实践中,传媒业的市场结构受到技术治理(例如频率或波段的分配)和国家规制的影响较大,自由竞争被抑制。传统媒体的市场活动通常被限定在一定的区域或产品类型上。例如,报纸和期刊的发行有一定的范围,广播和电视也不容易转换产品形态。

通常,技术和制度是构成媒介市场壁垒的两大要素,而技术和制度对新媒体的约束较少,新媒体进入媒介市场的成本也较低,因此新媒体大举进入媒介市场,带动了媒介产业竞争的自由化。不过,互联网等新媒体的发展逐渐侵蚀了媒介产业的边界。由于新媒体较少受时空限制,因此打破了传统媒介产品的地域市场边界。例如,在传统媒体时代,国家在广电系统中布局四级媒体来实现信息有效传播,而随着新媒体的兴起,媒介的层次边界被打破了,受众可以直接获取各级各类信息,这就压缩了地方媒体的发展空间。近年来,社会化媒体平台纷纷开发"本地流"的推送算法,通过地方内容的聚合和精准推送,进一步对传统媒体基于地域边界形成的竞争优势进行打击。

新媒体的数字化、网络化特征也为不同媒介形态之间的产品转化和共享提供了机遇。产品和服务的转化、共享推动了 IP 运营的发展。IP 是英文 Intellectual Property 的缩写,意思是知识产权,最早起源于网络文学领域。随着新媒体产业的发展,IP 产业链越来越丰富,延伸到影视、周边、游戏、动漫等领域。IP 运作是对知识产权的多元开发。

互联网平台提供的多种信息和服务的交易与交互机制,进一步延展了媒介产业的价值链。媒介产业与其他产业的边界日渐模糊。"自媒体内容生产+社群电商消费"造就的"网红经济"成为 2016 年中国互联网产业典型的商业模式,也是传媒业与其他业态混合发展的重要代表。

然而,随着传播方式和媒介内容的丰富,收获受众注意力变得尤为重要,控制关键节点意味着控制了媒介内容与受众联系的纽带,也意味着控制了新的媒介产业生态。因此,这个连接内容与受众的关键节点成为新的垄断来源。在互联网发展早期,搜索引擎和门户网站通常扮演着这样的角色,被称为"门户垄断者"。社会化媒体兴起之后,那些经常被人们打开的客户端成为新的"门户垄断者"。以微信为例,它起初只是方便人际沟通的社交软件,随着功能和应用的日渐复杂,日渐成为移动互联网时代的"门户垄断者"。

第三节　平台经济与网络效应

互联网不仅是媒体,还是一个集信息发布、信息交互、信息利用和信息交易于一体的平台。网民在平台中交流信息,并利用网络进行服务或商品交换,平台经济和网络效应(网络外部性)成为新媒体运营的典型特征。

正如本书第一部分中对互联网平台属性的分析,平台是达成交易的场所,平台中的用户和服务都会影响平台价值,这就构成了网络效应。如果网络中只有少数用户,他们不仅要承担网络运营的高昂费用,而且只能与有限的人相互联系并分享信息。随着用户的增加,每名用户所要承担的成本持续下降,而能够分享和交流信息的范围扩大,所有用户都能从网络规模扩大中获得更大的价值。梅特卡尔夫定律描述了这一情形,即网络价值与用户数量的平方成正比。① 互联网平台就是利用这种外部性,利用免费、补贴和有价值的信息来吸引用户,进而提升平台价值。

网络效应可以分为"直接网络效应"和"间接网络效应"两种,上述由互联需求带来的网络属于直接网络效应,间接网络效应与互补产品有关。例如,移动互联网刚刚兴起时,人们对智能终端的选择受到移动应用服务的影响,移动应用服务越丰富,人们选择智能终端的欲望越强烈。互联网兴起后,一个与媒介产业紧密相关的概念"双边网络效应"日益显著,即一部分用户的增加可以为不同的用户群体带来裨益。以外卖平台为例,它们既需要吸收用户也需要吸引商家,用户增加可以诱导更多的商家加入,商家增加可以为用户提供更多的选择。短视频网站在发展早期也往往通过同时补贴创作者和用户的方式来增加网络价值。例如,为了推动"中视频"的发展,2020 年 10 月 20 日,西瓜视频总裁宣布"未来一年将至少拿出 20 亿元补贴创作者,上不封顶"②,2021 年 6 月 7 日,又联合抖音、今日头条共同发起"中视频伙伴计划",共享跨平台流量分成,还通过推出和更新创作工具降低创作门槛。

媒介产业中网络效应的存在改变了竞争的性质,为少数企业主导市场提供了机会。平台经济中,先发优势(first-mover advantages)尤为重要,即通过领先产品迅速吸引早期用户,并通过兼容性的科技产品提升用户对未来网络价值的预期,迅速建立优势。在平台经济时代,对企业来说最关键的不是单一产品的质量和价格优势,而是用户的预期和信心,因为用户往往不愿意付出一些短期成本,即中断对熟悉的网络的使用或者转移到陌生的网络中,这被称为转移成本(switching costs)和供应商锁定(vendor lock-in)。③ 微信发展早期鼓励用户在微信平台建立社交关系,用社交关系提升用户的转移成本,然后通过小程序绑定各种各样的服务,让用户进一步锁定供应商。供应商锁定给予了一些企业过多的市场权力,存在平台垄断的风险。

媒介产业中不仅存在规模经济,还存在范围经济。范围经济认为可以通过生成多元产品来分担成本。媒介产品具有一种天然的属性——为一个市场生成

---

① 徐晋:《平台经济学——平台竞争的理论与实践》,上海:上海交通大学出版社 2007 年版,第 276 页。
② 白金蕾:《西瓜视频:20 亿元补贴中视频创作者,上不封顶》,新京报百家号(2020-10-20)[2022-02-10],https://baijiahao.baidu.com/s?id=1681036734192321327&wfr=spider&for=pc
③ 〔英〕吉莉安·道尔:《理解传媒经济学》,李颖译,北京:清华大学出版社 2004 年版,第 44、45 页。

的产品被重塑后可以服务于另一个市场,例如网络剧、网络综艺可以被分解为短视频继续传播。新媒体平台热衷于开发和打造 IP 也是对范围经济的开发和利用。

供应商锁定和范围经济的共同作用进一步强化了平台垄断,形成了以平台为中心的媒介产业格局。平台占有用户、内容、数据和传播等核心资源,成为媒介产业的中枢,头部平台通过资本、版权或流量不断向产业链的上下游整合,进一步巩固了垄断地位。新冠肺炎疫情暴发之后,出于社会治理的需要,头部平台掌握了更多用户信息,并直接服务于人们的衣食住用行。在这样的背景下平台垄断的风险进一步加大,这一方面会对产业创新能力、国际竞争力和消费者权益造成负面影响,另一方面会造成社会治理和意识形态安全方面的隐患。基于上述原因,在全球范围内"平台反垄断"被提上日程。

第四节 媒介融合的发展

媒介融合是传统媒体为应对媒介生态和媒介产业变化而提出的一种应对策略。无论是在国内还是在国外,传统媒体面临的互联网挑战大同小异,多年来这一问题也备受学术界和实业界关注,为此本节将专门对此进行讨论。

一、媒介融合的概念与争议

学术界围绕"媒介融合"展开了热烈而深入的讨论。一般认为,"媒介融合"的概念最早是由美国马萨诸塞州理工学院的伊锡尔·索拉·普尔(Ithiel De Sola Pool)于 1983 年提出的,含义是"各种媒介呈现出多功能一体化的趋势"[1]。美国新闻学会媒介研究中心主任安德鲁·纳齐森(Andrew Nachison)将媒介融合定义为"印刷的、音频的、视频的、互动性数字媒体组织之间的战略的、操作的、文化的联盟"[2]。蔡雯等认为媒介融合是指"在以数字技术、网络技术和电子通信技术为核心的科学技术的推动下,组成大媒体业的各产业组织在经济利益和社会需求的驱动下通过合作、并购和整合等手段,实现不同媒介形态的内容融合、传播渠道融合和媒介终端融合的过程"[3]。陈浩东提出对媒介融合狭义和广义的理解:狭义的媒介融合是指将不同的媒介形态融合在一起,形成一种新的媒介

---

[1] 孟建、赵元珂:《媒介融合:作为一种媒介社会发展理论的阐释》,《新闻传播》2007 年第 2 期。
[2] 蔡雯:《新闻传播的变化融合了什么? ——从美国新闻传播的变化谈起》,《中国记者》2005 年第 9 期。
[3] 蔡雯、王学文:《角度·视野·轨迹——试析有关"媒介融合"的研究》,《国际新闻界》2009 年第 11 期。

形态;广义的媒介融合是一个从低级到高级逐渐发展的过程。①丁柏铨指出媒介融合可理解为三个层面上的融合,即物质层面的融合、操作层面的融合和理念层面的融合。物质层面的融合指的是媒介功能的交融、打通,操作层面的融合指的是传播业务和经营业务的融合,理念层面的融合指的是人们意识上的融合。②里奇·戈登(Rich Gordon)则将媒介融合的类型进行了划分,他提出了"五种融合"说,即所有权融合、策略性融合、结构性融合、信息采集融合和新闻表达融合。③

这些概念观照了媒介融合的本质、路径、方式、方法和目标。综上所述,"媒介融合"包含四层意思:一是从传播渠道的角度看,意味着不同媒介形态之间的互为补充;二是从媒介生产的角度看,意味着流程再造和组织重构;三是从媒介产品的角度看,意味着信息呈现和表达方式的多元;四是从文化意义的角度看,意味着权力的冲突与对话。

二、媒介融合的实践与探索

媒介融合,在我国是一个产业话语,更是一个社会治理和政治话语。从发展实践来看,我国媒体比较关注技术进步,在数字化、网络化发展初期,央媒和部分省级媒体开始向新媒体领域拓展。但是,早期的尝试可以被视为"媒体+"的拓展,对依靠新媒体提升传播力或者改变生产环境的期望并不高。党的十八大之后,中央对新闻宣传和意识形态工作作出了准确的形势判断,把推动媒介融合发展提到关乎国家安全与社会发展的高度,提出了新的目标和要求,自此媒介融合发展加快了进程。近年来,传媒产业生态发生巨变,传统媒体的生存状况和经营环境日渐窘迫,媒介融合发展的自驱力显著增强。我国的媒介融合发展实践可以从以下三个方面窥见一斑。

1. 传播渠道:从相加到相融

这个过程又分为三个阶段:第一个阶段是"抢滩登陆",传统媒体不断拓展媒介形态,从"报网互动""台网互动",到"两微一端",再到"两微一端一抖"……直至形成了杂乱无序的新媒体"星云"。媒体内部管理混乱。一方面媒体层面缺乏统一协调,在不同平台或渠道上的内容和质量参差不齐,账号(栏目、人物、机构等)、平台(客户端等)也管理混乱。虽然传统媒体增加了内容传播的渠道,但并不能形成影响力。第二个阶段,传统媒体基于内部治理,出台了相应的管理办法

---

① 陈浩东:《再论"媒介融合"》,《紫金学术》2007年第4期。
② 丁柏铨:《媒介融合:概念、动因及利弊》,《南京社会科学》2011年第11期。
③ 张谦、梅雨婷:《传播业将迎来新的重组历程——对美国媒介融合观察所作的预判》,上海报纸行业协会网(2011-03-08)[2012-04-05],http://www.shsby.com/baohai/201103/t20110308_759178.htm

和考核机制,新媒体资源得以整合,形成了"新旧融合、一次采集、多种生产、多元分发"的模式。第三个阶段,在大数据和人工智能的助力之下,传统媒体通过算法和智能助手初步实现智能生产和管理,进而是内容与形式、平台、情境能够更好地相融。

2. 媒介改革:从业务到组织

制度和体制是改革顺利进行的保障。在媒介融合发展的探索中,媒介改革经历了从业务流程再造,到组织机构重组,再到软制度积极配套的过程。这个过程以"中央厨房"为重要标志,实现了媒体业务的重新整合,同时重新定义了从事新闻采编的工作人员的业务标准,"全媒体记者"随之出现。传统媒体组建的新媒体部门在媒体组织中的地位也从边缘走向核心,从"服务"和"服从"走向"引导"和"协调",全媒体策划、全员生产、全平台播出成为常态,"四全媒体"的概念随即被提出。

知识框30 四全媒体

2019年,习近平总书记在主持中共中央政治局第十二次集体学习时指出,"全媒体不断发展,出现了全程媒体、全息媒体、全员媒体、全效媒体,信息无处不在、无所不及、无人不用,导致舆论生态、媒体格局、传播方式发生深刻变化,新闻舆论工作面临新的挑战。我们要因势而谋、应势而动、顺势而为,加快推动媒体融合发展,使主流媒体具有强大传播力、引导力、影响力、公信力,形成网上网下同心圆,使全体人民在理想信念、价值理念、道德观念上紧紧团结在一起,让正能量更强劲、主旋律更高昂"①。

---

3. 政策推动:从中央到地县

自2014年以来,中央先后发出多个文件并部署了推动媒介融合发展的工作。中央推动传统媒体在内容、渠道、经营、管理等方面与新兴媒体深度融合,提出了建立立体多样、融合发展的现代传播体系的目标,要求媒体机构紧跟技术发展、改善生产流程,满足用户信息服务需求,建设具有传播力、引导力、影响力与公信力的内容载体,增强话语权和社会影响力。

2014年8月,中央全面深化改革领导小组第四次会议审议通过了《关于推

---

① 《习近平主持中共中央政治局第十二次集体学习并发表重要讲话》,中华人民共和国中央人民政府网(2019-01-25)[2021-01-30],http://www.gov.cn/xinwen/2019-01/25/content_5361197.htm

动传统媒体和新兴媒体融合发展的指导意见》,标志着传统媒体和新兴媒体融合发展成为国家战略。此后,中央媒体机构和地方传媒集团在业务流程、组织形态以及经营管理方面开始了大胆的探索,《人民日报》的"中央厨房",《浙江日报》的资本运作,北京电视台与360公司合作的"北京时刻"等都成为这个过程中备受关注的探索。2018年11月14日,中央全面深化改革委员会第五次会议审议通过了《关于加强县级融媒体中心建设的意见》,此后又相继出台了一系列规范文件和配套方案,县级融媒体中心建设被提上日程。县级融媒体中心建设的初衷是打通中央和地方信息传递的"最后一公里",巩固基层思想政策基础,同时服务于县乡的信息化建设和社会治理。县级融媒体在发展过程中,积极探索"1+N"的模式,即"媒体+政务""媒体+服务""媒体+商务"等。2018年之后,随着县级融媒体中心建设的发展,以及媒介环境变革带来的压力,媒体融合发展呈现出"空心化"的趋势,即地级市媒体发展举步维艰。

三、媒介融合的关键环节

近十年来,我国媒介融合在各领域、各层面全面推开,并取得了重要成果,未来媒介融合发展要抓住以下关键环节。

一是坚持用主流价值观驾驭新兴技术。当前是媒介技术代际变革的关键时期,新技术、新应用令人眼花缭乱,一方面主流媒体要研究突破关键核心技术、摆脱受制于人的局面,另一方面也要高度关注技术的负面性,坚持用主流价值引导技术的发展方向和规范运用。

二是坚持一体化发展方向。当前媒介生态竞争激烈,用户注意力有限,要整合资源,聚合应用,聚焦影响力,强化内部整合,提升用户友好度和黏性,形成资源集约、结构合理、差异发展、协同高效的全媒体传播体系。

三是坚持内容生产供给侧结构性改革。准确、权威的信息得不到及时传播,虚假、歪曲的信息就会扰乱人心;积极、正确的思想舆论不发展、不壮大,消极、错误的言论和观点就会肆虐泛滥。主流媒体既要通过理念、内容、形式、方法、手段等创新,及时提供更多真实客观、观点鲜明的信息内容,又要开放媒体平台,构建内容生产、分发与收益机制,给各种内容生产者提供创作与展示空间,让用户、专业机构、社群等主体生产的内容进场,让内容生产变得更加多元、专业和智能,从而为主流媒体带来更加丰富、多样、生动、感性的网络信息,不断增强对用户的吸引力、感染力。[1]

---

[1] 谢新洲:《推动媒体融合向纵深发展》,《人民日报》2019年3月26日第10版。

第三章
新闻业的挑战

在人人都有麦克风的时代,什么是新闻?谁来生产新闻?新闻业面临怎样的机会与挑战?新媒体时代,一方面,新兴技术作用于新闻生产与传播的各个环节,新闻生产的效率提高,新闻的及时性、丰富性和用户体验感更强;另一方面,新闻的专业性遭遇挑战,虚假新闻防不胜防,新闻的公信力和影响力有所下降。

第一节　新闻业的变革

新媒体改变了媒体与公众的关系,新闻和新闻业需要被重新定义。陆定一在1943年《我们对于新闻学的基本观点》中把"新闻"定义为"新近发生的事实的报道"[①]。这个定义揭示了新闻的四个基本要素:一是时效性,即新闻是新近发生的,这样就把新闻和历史做了区别;二是真实性,即新闻是真实发生的,这就把新闻和文学的虚构做了区分;三是客观性,即新闻是发生的事实,这就把新闻与评论做了区分;四是公开性和大众性,即新闻是报道,这就把新闻与内参、文件、报告做了区分。新闻的主要功能是告知受众,消除受众的不确定性,反映和引导舆论。传统媒体时代,新闻占据着媒体的重要位置或时段,是媒体最关键的媒介产品,也是受众最重要的媒介消费品。传统的新闻由专业机构生产和传播,具备完整的新闻要素,以及高水平、规范化的文字或图像表达方式。新媒体既改变了新闻的表现形式,也在逐渐颠覆新闻的内涵。

一、数据新闻颠覆新闻时效性

传统新闻理论认为时效性是新闻的生命力,罕见性可以大大提升"新闻价

[①] 尹连根:《现实权力关系的建构性呈现——新闻定义的再辨析》,《国际新闻界》2011年第4期。

值",也就是说,"新近发生的小概率事件"具有较高的新闻价值。然而,数据新闻是从海量数据中发现新闻线索,这些数据并非新近产生的,更不是小概率事件,相反事件发生的频率越高,数据积累越丰富,新闻的说服力越强,新闻价值越大。数据新闻大大拓展了新闻来源,使小人物、非典型行为也有可能受到关注,新闻不再只关注"新、奇、特"。

二、虚拟现实冲击新闻真实性

新闻真实性指的是新闻报道中的每一个具体事实必须符合客观实际。事实上,任何新闻都是经过选择的,这种选择既有主观上的原因,也受到客观条件的影响,"媒介世界"与"现实世界"之间总是存在距离。无论是文字、图片还是视频,在新闻报道中都存在失真的可能性。虚拟现实作为一种再现新闻的方式,也存在失真的可能,但是虚拟现实技术给予用户的极强真实感,有可能使用户在"第一视角"中将新闻报道等同于事实真相。虚拟现实使新闻编辑的手法更加隐蔽,用户对真假新闻的甄别难度进一步增大。

三、社会生产挑战新闻客观性

新闻客观性是指在新闻报道中保持对事实的客观性描述,而不加入过多的主观性描述和观点性评论。客观性需要专业性作为保障。经受过专业化的训练,新闻工作者才能克服普通人在自然表达中面临的情感和价值干扰。新媒体把专业化的新闻生产活动变为人人都可参与的活动。"新闻生产的数字化转型导致了用户的崛起,培育出更具介入性和更加情感化的新闻文本,同时带来了新闻业发展的非公共性趋势。"[1]迈克尔·舒德森(Michael Schudson)提出了新闻的两种模式——"故事"模式和"信息"模式[2],前者追求欣赏性和消费价值,后者强调信息价值。在新媒体创造的信息过载的环境中,"吸引眼球"成为新闻生产中不得不考虑的因素,"故事"模式主导了新媒体中的新闻,客观性被大大削弱。社会化的生产方式也大大降低了新闻机构和新闻从业者的门槛,商业化对新闻的干扰相应增强,新闻与软文、新闻与公关文之间的界限越来越模糊。

---

[1] 常江、何仁亿:《数字新闻生产简史:媒介逻辑与生态变革》,《新闻大学》2021年第11期。
[2] 〔美〕迈克尔·舒德森:《发掘新闻:美国报业的社会史》,陈昌凤、常江译,北京:北京大学出版社2009年版,第79页。

四、算法推送窄化新闻大众性

新闻需要扩散和传播从而实现其价值和功能,尤其是公共新闻,它对凝聚社会共识具有重大的影响。新媒体虽然丰富了新闻传播的渠道和路径,但也分化了受众的注意力。大数据和算法推送看似使新闻触达更加"精准",但在某种程度上加剧了"歧视"和"分化"。算法的叠加效应,加剧了新闻同质化,基于社交关系的分享使同质化信息在群体中弥漫。受众长期处在同质化且无竞争性观点的环境中,会加剧"信息茧房"和群体极化效应。

五、去中心化与把关人角色淡化

传统的新闻生产是新闻机构以及新闻工作者对新闻进行的选择、加工与传播活动,是一条单向的链条,由生产主体、生产客体以及所形成的生产关系构成。[①] 传统媒体通过垄断或控制新闻资源以及在传播中的"把关人"角色奠定了"无冕之王"的社会地位。新媒体时代,一方面"人人都有麦克风",人人都有可能参与亲历的或感兴趣的事情的传播,新闻资源不再为少数人独有;另一方面,用户也很少只从一家或少数几家新闻渠道获取新闻,而是"游走"在不同的平台、账号或终端之间,成了"新闻游牧者"。媒体为受众"设置议程"的难度越来越大。

媒体人工智能的发展,尤其是算法进一步削弱了媒体的新闻把关能力。一是信息通过平台扩散,新闻绕过把关人自由流向目标受众,二是算法从海量数据中识别用户兴趣和爱好,以"投其所好"的方式生产内容。算法所描绘的用户特征和用户兴趣成为新闻选择和生产的"第一要务"。过去判断新闻价值的标准是"有多重要",而算法时代的依据是"有多少人感兴趣"。[②]

正是因为对技术和算法的"崇拜",全球新闻业的主导权正在发生"位移",科技巨头和大型商业平台通过流量垄断着新闻分发命脉,专业媒体不得不依附它们。例如,谷歌、微软、脸书、亚马逊等互联网技术巨头主导了人工智能的核心研发过程,大型主流媒体积极尝试人工智能技术的新闻应用,小型专业技术公司致力于提供专业化的人工智能产品。[③]

---

① 刘义昆、赵振宇:《新媒体时代的新闻生产:理念变革、产品创新与流程再造》,《南京社会科学》2015年第2期。
② 陆新蕾:《算法新闻:技术变革下的问题与挑战》,《当代传播》2018年第6期。
③ 〔美〕凯斯·桑斯坦:《网络共和国:网络社会中的民主问题》,黄维明译,上海:上海人民出版社2003年版,第47—53页。

除此之外,新媒体时代,为适应新媒体移动化、伴随性和场景化消费的特点,新闻呈现出碎片化、可视化和数据化的趋势。新闻的篇幅越来越短,遣词造句愈发讲究"经济性",图片、视频、直播等视觉元素在新闻报道中更受欢迎。

第二节 社会化生产

新闻生产原本是专业机构的专门性、职业性活动,而新媒体把这种专业性的活动转变为全面参与的社会化生产。专业媒体、科技公司、自媒体和网民构成了社会化生产的主要力量。专业媒体是新闻生产的主力军,凭借专业性、高质量的新闻作品赢得用户的信赖,尤其是在重大公共事件中,专业媒体的影响力依旧不容小觑。门户网站以及各类新闻聚合平台虽然并不都具有新闻生产的资质,但是凭借对新闻聚合和推送的二次加工形成了一定的影响力。在严格意义上,自媒体和普通网民不具备新闻生产资格,但是在实践中通过贡献素材、参与传播等方式参与新闻生产。新闻的社会化生产也带来了新闻生产加工方式的改变,一次生产变成了反复生产和连续报道,新闻报道发布后大众的态度、反应推动着新闻或者事件本身的发展。当然,社会化的生产也面临很多问题,例如虚假新闻、标题党、歧视性推送,等等。

社会化生产的方式很多,可以概括为五种类型:一是原创型生产,即根据占有的新闻素材进行加工,形成具备新闻要素的产品;二是资源型生产,即通过提供数据、信息或线索的方式贡献新闻资源或提供新闻素材,在此基础上形成了"用户贡献内容+专业化生产"(UGC+PGC)的模式;三是增值型生产,即公众通过对媒体已经公布的新闻素材进行再加工形成新的新闻产品;四是互动型生产,即根据新闻事件的走向,公众参与新闻互动,表达情感或者观点,积极贡献新闻素材;五是整合型生产,即公众把不同来源和类型的新闻资源进行整合加工,力图呈现新闻的全貌。

一、众筹新闻

众筹是指依靠人群来筹资办事。2008年,众筹新闻开始起步,目前已形成三类不同的众筹新闻模式。第一类是支持独立新闻众筹平台,代表性平台如英国的 Contributoria、Beacon 以及荷兰的 De Correspondent 等。这类新闻众筹平台的运作模式包括积分制度、收取订阅费、"打赏"等。第二类是自建区域性众筹新闻网站,这类网站为个人记者打破众筹平台的限制提供了可能。随着众筹模式的不断成熟,一批个人记者开始打造属于自己的众筹新闻品牌。第三类是借力成熟的众筹平台开辟新闻项目专栏。众筹新闻的发展为新闻带来了诸多好处,包括让有质量的新闻更多地被生产与呈现,让新闻摆脱权力和经济的束缚,但同样面临新闻质量、独立性以及集资方式的合法性等法律和伦理困境。

二、众包新闻

众包指的是将问题以公开招标的方式传播给未知的参与者,以从中获得解决问题的方案的生产模式。众包新闻领域的先驱是英国的《卫报》。2009年,英国国会传出国会议员利用公款报销私人账单的丑闻,《卫报》让读者选择自己想要查看的议员记录,然后汇报自己的发现。在这一众包新闻的里程碑事件中,网站访问者的参与率高达56%。80小时内有17万份文件被检查。[1] 随着众包新闻模式的不断发展,众包贯穿了新闻选题、生产、核查等各个环节,甚至可完成大型报道。众包新闻模式为新闻业注入了巨大的活力。选题层面,公众可为新闻选题提供灵感与素材;接收层面,新闻的可信度提升,媒体与受众的联系加深。当然,众包新闻同样面临着参与者提供内容的质量与管理的问题。

第三节 流程再造与全媒体记者

新媒体重新定义了新闻,而为了生产出新媒体时代的新闻,新闻业的生产加工模式也随之改变。新闻业不只是新闻机构内部的事情,新闻生产也不再一劳永逸,新媒体时代的记者从单一工种向"全能型"转变。

一、生产环境:从封闭走向开放

传统的新闻生产从发现线索、现场采访、编辑成稿到刊发播出都在媒体内部完成。公众接触到的是已经完成的新闻作品。然而,新媒体时代的新闻生产几乎是在公众的共同参与和见证下完成的。新闻事件发生时,当事人有可能与新闻媒体一起获得信息,甚至有的新闻线索来自公众在新媒体上发布的信息。"趴在网上找线索"成为一些媒体的常态。在新闻生产过程中,不仅素材和资源有可能来自外部,报道新闻的态度和方式也很可能成为别的媒体讨

---

[1] 高秀东:《媒体融合的关键在内容创新》,新华网(2017-08-02)[2020-12-15],http://www.xinhuanet.com/zgjx/2017-08/02/c_136493042.htm

论的议题。受众的反馈和公众的意见在开放的新闻生产体系中不得不被考量和尊重。

二、生产过程:从单次走向多次

传统媒体时代,新闻是谨慎、严肃、完整的作品。无论时间多么急迫,都要完成对新闻全要素的调查核实,并按照媒体管理部门的要求,逐级审核之后才能对外发布。新媒体打造了随时随地传播的情境,新闻生产也不得不适应这种改变。因此,新闻变成了"多次报道,不断精进"的过程。当新闻事件发生时,媒体通过新媒体端或社会化媒体平台先快速发布消息,占领"流量"入口,然后随着事件的发展和调查的深入,逐步补充和丰富内容。为了增强新闻的可读性,对于热门或者重大的新闻事件,媒体会布置多名记者协同工作,由他们基于各自的视角报道新闻,通过设置专题、专栏等方式聚合信息。对于读者来说,对新闻事件的了解也变成了一个抽丝剥茧的过程。首先根据自己的兴趣决定对首发消息的态度,如果认为不感兴趣就不再关注后续报道,如果是自己感兴趣的内容就会持续关注。鉴于这一现象,美国学者保罗·布拉德肖(Paul Bradshaw)提出了"迭代新闻"(iterative journalism)的概念,并通过"钻石模型"把迭代的过程分为七个阶段:快讯(alert)、初稿(draft)、报道(article/package)、分析(analysis)、背景(context)、互动(interactivity)和订制(customization)。[①]

快讯——可以理解为信息的警报,即新闻工作者意识到事件正在发生,且有一定的新闻价值,便通过正式或非正式的方式对外释放消息。

初稿——可以理解为草稿,即新闻工作者完成了初步的调查采访,补充了必要的细节和新闻要素,但是还没有形成新闻定稿。这一阶段的新闻可以在网站或者社交媒体上发布,并进行随时补充和更新。

报道——可以理解为正式的文章,即通过不断修正和补充信息,形成一个相对完整的有新闻价值的作品,在报纸上刊出或者在广播电视上正式播出。

分析——邀请知情人或评论家对新闻事件进行分析或辩论。

背景——通过资料聚合的方式,聚集网络中的相关资料,提供一个即时的"门户",从而为新闻事件提供更多的背景信息,满足感兴趣的用户深度了解的需要。

互动——提供与受众互动的机会,鼓励受众分享意见或者提出深度需求。

[①] Paul Bradshaw,"A Model for the 21st Century News," Online Journalism Blog (2007-09)[2022-02-07], https://onlinejournalismblog.files.wordpress.com/2007/09/newsdiamond.gif

订制——为"标签用户"提供持续性的新闻推送或订制报道。

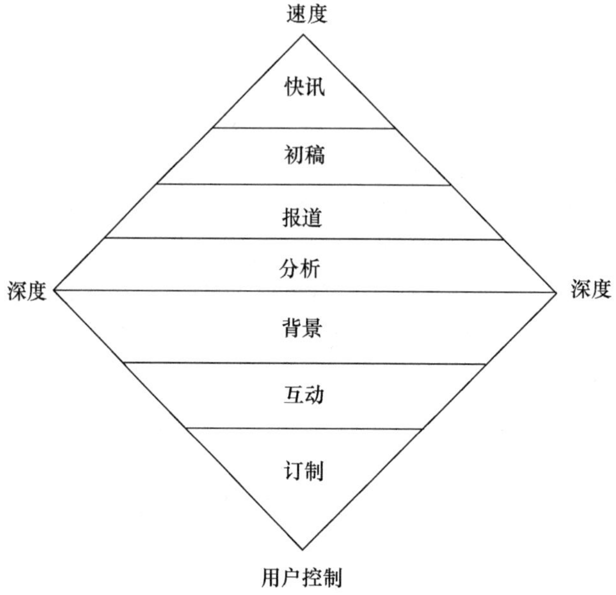

```
                    速度
                   ╱快讯╲
                  ╱ 初稿 ╲
                 ╱  报道   ╲
        深度   ╱   分析     ╲   深度
                 ╲   背景    ╱
                  ╲  互动  ╱
                   ╲ 订制 ╱
                    用户控制
```

图 9-3-1　新闻钻石模型图

三、新闻工作者:从"专"走向"全"

新闻生产环境和过程的改变,对新闻工作者提出了更高的要求。新闻工作者从过去的单一工种走向全媒体记者,记者在新闻现场既要对新闻事件和新闻价值进行判断,又要进行图片、视频等不同类型的新闻素材的采集,还要进行现场采访或者直播。事实上,不断改变的媒介环境,对新闻工作者的要求已经不仅存在于新闻的业务层面,而且向知识和信息技术方面延伸。2013 年,美国波因特(Poynter)研究院在一项名为"未来新闻业竞争能力"的研究中,提出了新闻记者应该掌握的四大类 37 项关键技能,如表 9-3-1 所示。

表 9-3-1　新闻记者应该掌握的 37 项关键技能

知识、态度、特性及价值观	好奇;准确;很好地应对压力与截稿期限;很好地处理批评意见;拥有宽广的知识视野;拥有良好的社交技能;成为一个好的团队成员;熟悉新闻伦理;了解其他文化;了解政府知识;了解媒介环境;熟悉版权法;熟悉新闻法;了解媒体运营知识;拥有好的新闻判断力;熟悉当下事件;选择可信的信息;成为一个团队领导;拥有进行变革和创新的能力

（续表）

新闻采集	分析与整合规模庞大的数据;利用网络联系和发展信源;在一个高水平的基础上搜索网络信息;精通采访技术;在不依赖互联网的情况下,能够搜索新闻和查证信源;以一种历史的视角来看待新闻,能够解释统计数据和图表
新闻生产	具有新闻叙事能力;能够以流利的风格来写作;能够使用正确的语法来写作;掌握各种类型的新闻写作技能;了解受众的期望与需求;能够用语言表达技能
技术或多媒体生产	具有使用超文本标记语言或其他计算机语言工作的能力;能够拍摄或编辑视频;能够拍摄或编辑图片;能够记录与编辑音频;具有使用视觉与图形技术讲故事的能力

除了上述职业技能,新媒体时代的工作者面对日渐复杂的媒介环境,还要更加坚守职业道德,保持对新闻伦理的敬畏心。我国的新闻事业是中国共产党领导下的社会主义事业的组成部分,新闻工作者要坚守马克思主义新闻观,要坚持用习近平新时代中国特色社会主义思想武装头脑,"增强'四个意识',坚定'四个自信',做到'两个维护',牢记党的新闻舆论工作职责使命,继承和发扬党的新闻舆论工作优良传统,坚持正确政治方向、舆论导向、新闻志向、工作取向,不断增强脚力、眼力、脑力、笔力,积极传播社会主义核心价值观,自觉遵守国家法律法规,恪守新闻职业道德,自觉承担社会责任,做政治坚定、引领时代、业务精湛、作风优良、党和人民信赖的新闻工作者"。这既是《中国新闻工作者职业道德准则》的要求,也理应内化为我国新闻工作者的自我约束与自我管理的标准。2019年11月7日,中华全国新闻工作者协会第九届全国理事会第五次常务理事会对《中国新闻工作者职业道德准则》进行修订,修订后的准则共7条31款,强调坚持以人民为中心的工作导向,坚持新闻真实性原则,坚持改进创新,尤其强调强化对新兴媒体发展规律的认识,增强法治观念,遵守宪法和法律法规,切实维护国家政治安全、文化安全和社会稳定,对外讲好中国故事。

第四节 数据新闻

将数据运用于新闻写作、采用统计或量化的方法分析数据的方式始于20世纪60年代出现的"精确新闻"(precision journalism),即运用社会学、统计学的调查分析方法来报道新闻,遵循定量研究的规范,以达到新闻报道的客观、公正和中立性。可以说,精确新闻推动了记者由观察、采访走向更深入的调查和专业研究。借用计算机技术来完成新闻写作,亦源自20世纪50年代的计算机辅助报道(用计算机来辅助收集和处理信息的新闻报道方式,Computer-Assisted Report,CAR)。

数据新闻被认为是大数据背景下精确新闻和计算机辅助报道的新发展和新应用。但是,数据新闻又不同于这两种新闻报道方式。精确新闻主张将社会调查研究方法应用到新闻实践中,科学地收集资料、查证事实,用数据来说话,从而提高新闻报道的准确性和客观性。虽然精确新闻和数据新闻都强调数据的重要性,但数据新闻所需要分析和处理的数据量远不是精确新闻所能比拟的,且数据在数据新闻中居于主要地位,而精确新闻是以文字为主、数据为辅。相比于作为一种报道形式且独立存在的数据新闻,计算机辅助报道并不是一种独立的新闻报道方式,而是一种辅助工具,强调的是计算机的使用。

数据新闻以数据为中心,密切围绕数据来组织报道,同时与数据相关的各种技术在新闻生产中都被赋予了重要地位。数据新闻在形式上以图表、数据为主,辅之以必要的少量文字;在实际操作中,记者主要通过数据统计、数据分析、数据挖掘等技术手段或是从海量数据中发现新闻线索,或是抓取大量数据拓展既有新闻主题的广度与深度,最后依靠可视化技术将过滤后的数据进行融合,以形象化、艺术化的方式加以呈现,致力于为读者提供客观、系统的报道以及良好的阅读体验。① 数据可以是数据新闻的来源,也可以是讲述新闻故事的工具,还可以两者兼具。② 简而言之,数据新闻就是通过对大量繁杂数据的分析、挖掘,从而发现新闻点,并采用多样的可视化工具将其呈现出来的一种新型的新闻报道方式,它具有以下特点:一是数据新闻可以由机器来撰写;二是数据新闻的生产流程特别——记者无须去现场进行采访,而是通过收集并筛选、分析数据发现新闻点;三是数据新闻多采用可视化的方式呈现。

可视化(visualization)指的是利用计算机图形学和图像处理技术,将数据转换成图形或图像在屏幕上显示出来。随着数据新闻的发展,数据可视化成为数据新闻重要的组成部分,用以展现新闻事件背后多个维度的数据信息。③ 英国《卫报》数据博客的编辑西蒙·罗杰斯(Simon Rogers)认为:"数据新闻不是图形或可视化效果,而是用最好的方式去讲述故事,只是有时故事是用可视化效果或地图来讲述。"④西蒙·罗杰斯还表示"数据也并不拘泥于可视化,它也可以以一

---

① 文卫华、李冰:《大数据时代的数据新闻报道——以英国〈卫报〉为例》,《现代传播(中国传媒大学学报)》2013年第5期。
② 丁迈、金梅珍:《数据新闻:基于创新思维的新样态》,《青年记者》2014年第21期。
③ 焦阳、张欣:《数据可视化:数据新闻的呈现之道——以财新网"数字说"为例》,《视听》2015年第11期。
④ 章戈浩:《作为开放新闻的数据新闻——英国〈卫报〉的数据新闻实践》,《新闻记者》2013年第6期,第8页。

个新闻故事的形式呈现,甚至仅仅展示数据"①。早在2009年,西方主流媒体和一些独立新闻机构(如ProPublica)就设立了专门的数据新闻团队。2012年美国总统大选期间,英美各大主流媒体通过对海量数据(主要是社交网站上网民生成的数据)的挖掘处理,对总统大选的相关信息进行了多角度解读,并以简洁美观的可视化方式呈现。

保罗·布拉德肖提出了数据新闻生产的"双金字塔"模型,如图9.4。其中,倒金字塔表示数据处理的过程,包括数据汇集(compile)、数据清洗(clean)、数据分析(context)和数据整合(combine)几个部分。倒金字塔是手段,最终服务于正金字塔,即可视化和有效传播。正金字塔分为六个部分,即可视化(visualise)、叙事化(narrate)、社会化(socialise)、人性化(humanise)、个人订制化(personalise)和使用(utilise)。②

大数据时代,数据的爆炸性增长为数据新闻提供了丰富的来源。当获取和占有数据的过程变得更加便捷的时候,信息处理能力成为新闻从业者所需具备的核心能力。能从数据中找到新闻点,总结出新闻主题和内容,才是对从业者的考验。数据采集完成之后,接下来的工作是数据的整理和筛选。对所获取的数据质量进行评价,需要评估数据来源是否可靠、数据收集方法是否科学、数据是否具有时效性。要对数据进行校核,去除冗杂的、干扰性的数据,清理数据中的误差,并将数据转换为统一可处理的格式。之后是分析数据,从业者不仅要具有数据敏感性,而且要具有过硬的技术知识,比如数据库设计和管理能力、统计分析与建模能力、网络工程与分析能力。此外,记者还需要具备对数据的解读能力。这种解读是对数据之间的相关关系进行分析,以帮助受众理解。虽然数据新闻记者应该把对数据的解读放在首要位置,但是也不能抛开传统的经验和技术。尽管维克托·迈尔·舍恩伯格在《大数据时代》一书中认为大数据时代对数据的解读,应该寻找变量之间的相关关系而不是因果关系,但是在数据基础上,根据既有经验和知识,探索事物之间的因果关系对数据新闻来说同样重要。数据为主,文字为辅,多样化的可视化图表是主要的呈现方式。数据新闻的发展改变了传统的以文字报道为主的新闻表达方式。传统意义上的报刊以文字报道见长,即使是主要诉诸视频、音频传播的传统媒体——电视和广播,也需借助文字稿件配合。在数据新闻中,报道多以图表形式呈现,数据图表占据主体地位,文

---

① 方浩、颜冬:《全球视野下的"数据新闻":理论与实践》,《国际新闻界》2013年第6期。
② Paul Bradshaw, "The Inverted Pyramid of Data Journalism," Online Journalism Blog (2011-07-07) [2021-03-10], https://onlinejournalismblog.com/2011/07/07/the-inverted-pyramid-of-data-journalism/.

字只起到必要的提示作用。

随着数据新闻的发展和更多可视化软件应用于新闻生产,"动态""互动"等元素被加入信息图表,数据新闻可视化图表便可以分为静态信息图表和动态交互式信息图表。在实际操作中,不同的数据新闻的可视化具有适合自身的呈现形态,主要包括数据地图、时间轴、词频图、坐标系图、泡泡图、社会关系网络图等方式。

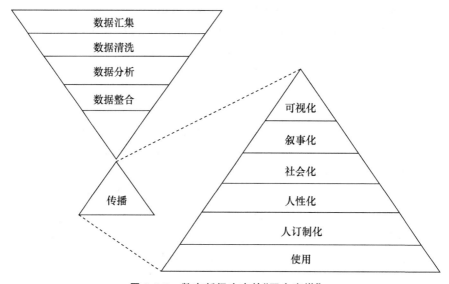

图 9-3-2 数字新闻生产的"双金字塔"

第四章
网络舆论与舆情管理

舆论,是公众对现实社会的问题和现象表现出的态度、情绪、意见、要求等,经传播、扩散、讨论、整合后形成的整体性认知,具有四个基本要素——舆论主体、舆论客体、传播扩散、整体认知。舆论主体指的是公众,舆论客体指的是现实社会、社会事件或公共事务,传播扩散指的是传播者借助一定的传播媒介使舆论影响逐步扩大的过程,整体认知则是指公众获得对于具体的社会现象或公共事务的看法的过程。由此可见,舆论不是个体意见,而是公众意见;舆论不是针对个人事务,而是针对社会问题和公共议题;舆论不是一蹴而就,而是要经过一系列传播、争辩与扩散的过程。

舆论形成与发展的过程可归纳为四个步骤:第一步是现象出现。舆论产生的直接来源是外界的信息刺激,即社会问题或现象等舆论客体的出现。第二步是传播扩散。在个人的信念、态度、意见或情绪表达和分享的过程中,越来越多的个人被卷入舆论漩涡。在这一过程中,个人之间的意见趋同同时发生,这为舆论的持续和扩散创造了重要的条件。第三步是争论规制。舆论开始扩散之后,对立的声音往往会出现,信念、态度、意见或情绪的碰撞难以避免,争论随之出现,舆论的声量也因此提升。在争论的过程中,各类权力组织和传播媒介通常会介入,不仅将舆论扩散到更大的范围内,而且会引导舆论朝着特定的方向发展。在传播扩散阶段和争论规制阶段,按照表现方式,舆论可分为潜舆论、显舆论和行为舆论三种。潜舆论,顾名思义就是潜在的没有公开的舆论,有两种表现形式:一是没有公开的信念;二是能知觉到而又不易确切捕捉到的公众情绪。显舆论,是指在一定范围内相当数量的公众,以各种公开的形式表达的对舆论客体的态度,它或是由外界刺激直接引起,或是由情绪型潜舆论经过一段时间的酝酿转化而来。行为舆论,是指主要以行为方式表达的舆论,这种情形通常还会夹杂着语言和文字的意见表达,以及情绪的发泄。第四步是影响后果。舆论形成之后,有时会直接推动较大范围的社会改造,但具体影响难以一概而论。有些舆论会对现实社会造成实际影响,如孙志刚事件推动了收容遣送制度的改革,魏则西事件推动了平台履行社会责任,罗一笑事件推动了网络公益的规范化进程。

互联网通过影响社会政治经济环境影响着舆论生态。互联网加快了信息的自由流动,推动了权力机构的信息公开,降低了人们社会参与的门槛,舆论的主体和客体的范畴大大拓展了。

第一节 网络舆论

一、网络舆论的特征

相对于现实舆论,网络舆论呈现出新的特征:一是网络舆论的社会环境更加复杂。网络舆论受到现实社会环境和网络信息生态的双重影响。我国正处在社会转型期,民生、发展、安全等话题极易形成舆论,网络生态日渐圈层化为意见聚合提供了便利,有利于舆情的形成。二是网络舆论的主体更接近于"舆人",2021年我国网民数量已经超过10亿[①],网民参与网络讨论的热情较高,网络交流活跃成为我国互联网的一大特点。但是网民平均年龄偏低[②],且"草根群体"参与讨论的热情较高,导致舆论容易脱离理性。三是网络舆论客体多元,表9-4-1总结了近年来我国网络舆论中最常出现的客体。四是网络舆论的表现形式丰富,早期表现为论坛、贴吧、博客上的书面信息,随着社会化媒体的发展,网络应用的社会动员能力增强,网民参与网络舆论的行为从内容走向行动,从简单行为走向日渐组织化的行动。五是网络舆论快速多变且易被操控。六是网络舆论的社会影响力大。

表9-4-1 网络舆论常见的客体

类型	代表性案例
强弱对抗	政府官员的违法乱纪行为
	涉及代表特权的部门和垄断部门的行为
	涉及社会资源分配不合理、贫富分化的现象
	涉及国家强制以及强制部门的行为

[①] 中国互联网络信息中心:《第49次中国互联网络发展状况统计报告》,2021年12月。
[②] 同上。

(续表)

类型	代表性案例
民族主义	涉及国际局势或国家利益的事件
	涉及民族自豪感的事件或言行
民生问题	涉及医、食、住、行的政策或事件
	涉及经济社会改革的政策或事件
突发事件	安全事故
	自然灾害
形象对比	明星与公众人物的负面新闻
	明星与公众人物的私人事务
	普通人物的"壮举"

二、网络舆情的发展

网络舆情的发展包括四个阶段：中心事件的产生、信息扩散、优势意见的形成以及舆论效果的产生。

1. 中心事件的产生

网络舆论中心事件的产生始于舆论中心事件"浮出水面"。互联网建构了多种舆论主体通力合作的信息场，参与者既有专门从事新闻和信息生产的专业媒体机构，也有自媒体和普通网民。网络信息纷繁复杂、高速流动，要发展成为网络中心事件，需要借助议程设置来"浮出水面"。这种议程设置既包括类似传统媒体的主动设置，也包括自下而上的自发设置。在自下而上的议程设置中，网民通过推荐帖、置顶帖、热搜、话题等方式来表态和扩散议题，形成广泛关注。

2. 信息扩散

中心事件产生之后，必须经过扩散阶段才能使社会舆情客体更为清晰和突出，加深公众对舆情事件的印象与理解。扩散阶段需要公众与互联网平台的支持与配合，专题、搜索引擎、社交网络以及网络水军在网络舆情扩散中发挥着重要作用。

转帖是网络舆情扩散的主要路径，即网络中心事件被抛出后，涉及事件主要内容的信息在各大网络应用中被转载、分享。转帖有助于加快信息传播，让信息快速到达网民，引发网民的关注，也便于引起门户网站、新闻网站或客户端等平台的重视，成为网络中的重要议题。搜索引擎在舆论扩散中具有凹面镜和放大镜的作用。搜索引擎把网络舆情相关的信息进行聚合,形成信息池,成为人们认识网络舆情相关信息的重要集散地。社交媒体在网络舆情信息扩散中发挥着"佐证者"和"黏合剂"的作用。强关系之间的信息扩散,极大提升了信息的可信度和号召力,也促进了具有相同观点或立场的人迅速聚集,扩大了舆论的影响力。网络推手和网络水军也是促进舆情扩散的重要力量。他们通过"病毒式"发帖、回帖、转帖行为,占领网络言论的各种空间,从而形成强大的舆情攻势。[1]

3. 优势意见的形成

意见聚合是舆论形成中最重要的一环。意见聚合的过程伴随着意见交互和情绪控制,其中关键意见发挥着重要作用。在观点的碰撞中形成的优势意见对舆论的形成有重要的聚合作用。网络时代的优势意见有一定的特殊性:一是通常简单而强烈的价值判断更易形成优势意见,例如民族主义的抗议、道德绑架等;二是网络优势意见的形成不依靠被迫服从,而是靠公众通过自身判断,自觉、自愿地表达或选择加入优势意见阵营;三是网络优势意见往往从局部到整体,先在一定的网络空间中产生鲜明的意见和态度,形成"局部优势意见",再通过各种传播工具或应用平台向外扩张,形成社会舆论的优势意见。

网络意见传播的过程中存在着"前 10 效应"和"前 200 效应"。"前 10 效应",是指前 10 条评论与后续的评论具有议题上的相关性,前者在一定程度上影响后者的走向。前 10 条评论与后续的评论存在态度上的相关性——前 10 条评论呈正面或负面的一致意见,则后续评论亦然;前 10 条评论存在争议,后续亦然。"前 200 效应",是指不管后续评论有多少,前 200 条评论基本上展示了网友言论和态度的全貌。[2]

舆论中并不都是理性的成分,舆论的形成伴随着情绪的传播与扩散。通常悲情、恐慌和戏谑的情绪容易引起共鸣,情绪的感染与传播也有其自身的特征。一项对中文微博情感分析的研究发现,愤怒的情绪传播更快,带有愤怒情绪的微博被转发的可能性远大于带有厌恶、高兴和低落三种情绪的微博。意见和情绪的扩散受到关键意见的影响。通常舆论事件的当事人或者政府相关部门、媒体等提供的意见容易形成关键意见。

4. 舆论效果的产生

社会舆论有其持续性,即舆论的韧性。网络舆论持续的时间也受到多方面

---

[1] 杨薪潼:《互联网时代下主导价值观念与非主流社会舆论冲突的思考》,河北省廊坊市应用经济学会:《对接京津体——京津冀协同发展(对接京津与环首都沿渤海区域经济创新发展论坛)论文集》,河北省廊坊市应用经济学会、廊坊市应用经济学会,2016 年 6 月。

[2] 中璋:《效应》,北京:中信出版社 2020 年版。

因素的影响,其中舆论事件本身是最重要的影响因素。如果舆论事件本身包含的矛盾深刻、诉求较多或者涉及的领域较广,能够引发人们长期的关注和深入的思考,网络舆情的持续时间就会较长;另外,对网络事件的阐释程度也影响着舆论的持续时间,如果不断地有新的"爆料"或者新的阐释视角加入网络信息场,也会引发人们的持续关注。网络舆论事件的结束通常有两种形式:一种是网络舆论反映的诉求得到解决或者网络舆论事件得到充分的证实,另一种是旧的网络舆论事件被新的网络热点事件或者其他网络信息冲淡。

知识框31　网络推手

网络推手是指那些专门在网络中推动舆论事件扩散的网民。他们利用网络传播的特征,有目的、有策划、有针对性地推动互联网上生成舆论议题,并通过庞大的网络水军以及"病毒式"发帖、回帖、转帖的行动,占领网络言论的各种空间,从而形成强大的舆论攻势,实现特殊的舆论目的。网络推手扩散舆论的基本路径是:首先,利用网络传播的匿名性与开放性,注册、购买多个ID,以便能够利用不同的身份发帖且不易被察觉;其次,基于"客户需求"或其他商业利益,由网络公关公司出面雇用大量的网络推手专门从事舆论扩散活动,确定"舆论中心事件",制定扩散舆论的"路线方案";再次,舆论议题在网络中出现后,在各大知名网络论坛、社区、门户网站、社交网站、微博拥有数个ID的网络推手便开始疯狂回帖、转帖、顶帖,使得主帖通过看似"自然"的方式成为当时社会化媒体中最有人气、最受关注的帖子,并不断加强舆论的"扩散攻势"。网络推手多数情况下与商业利益相关联,但一般网络事件中也会有他们的身影。

网络舆论的生产与传播机制可以概括为:网民和大众媒体通过信息生产推动舆论中心事件的产生,中心事件在网络信息场中扩散、传播和渗透。网络信息场不仅包括专业媒体,而且包括自媒体和普通网民,他们通过各种应用工具表达观点、发表言论、相互讨论,并通过与社会公众的人际互动进行扩散,其中转帖、搜索引擎扩散、社会网络扩散是最为常见的三种扩散途径。网络推手是重要的扩散力量。网络舆论扩散后,网络中形成意见、态度、观点、情绪交织的舆论潮,其中关键意见影响着意见的发展方向。专业媒体会主动关注网络舆论的进展并对网民产生影响,但是网民会依据自身的判断,选择加入优势意见阵营,进而网

络之中呈现出意见互动与观点交锋,意见聚合,优势意见产生,舆论最终形成,产生舆论效果,实现舆论目的。网络舆论视具体的情况亦会产生流变,标志为生成新的舆论中心事件,或是在舆论周期过后自然消亡。①

第二节 网络事件

网络事件是网络舆论产生的重要来源。网络事件指的是一定规模的网民群体基于某些非特定目标,围绕某些社会事件在互联网上以点赞、跟帖、转发等方式进行讨论,进而形成舆论并产生一定影响力的传播事件。网络事件通过互联网传播与扩散,形成的影响力可能直接催生网络讨论或舆论,但是网络事件的来源并不限于互联网。网络事件往往涉及现实社会中的热点问题,如官员腐败、社会伦理、社会公平等,其对网络社会与现实社会的影响力有目共睹,网民、平台、政府、公众人物等均是频繁更替的网络事件中的有生力量。

网络事件是基于互联网出现的事物,在传播主体、传播过程、传播机制等方面拥有不同于一般社会事件的特征:网民是最重要的传播主体,在网络事件发生的整个过程中都发挥着主力军的作用,通过设置议题、道德谴责、人肉搜索、线下活动等不同程度地介入网络事件,甚至主导了事件的发展;参与主体多元化,传统媒体、当事人、政府部门、自媒体等都会自动或被动地在网络事件中发声;网络事件往往会在短时间内"引爆"网络,具有一定的突发性。

网络事件是网络传播影响力的体现,它反映了网民的关切,推动公共领域和公共讨论的发展,为一些社会问题的解决提供了开放性的路径。回顾网络事件发展的历史,民生、医疗、教育、反腐、司法等领域是网络事件的高发区,对这些事件的讨论或多或少地推动了社会治理的改善。从这个角度说,网络事件成为网络监督或者社会监督的一部分。对网络事件的曝光,刺激并督促着传统媒体更好地履行监督职能,也推动政府主动拥抱民意,推进信息公开。

然而,网络事件并不是推进民主的制度性设计,一个接一个的网络事件、一场又一场的网络舆论漩涡也会产生一些负面效果。例如,群体极化现象。凯斯·桑斯坦(Cass R. Sunstein)在《网络共和国:网络社会中的民主问题》一书中指出:"群体极化现象是指团体成员一开始既有的价值判断与某些倾向,讨论之后,团体成员朝既有的判断继续偏向,最终形成极端的观点。在网络和新的传播

---

① 谢新洲:《互联网等新媒体对社会舆论影响与利用研究》,北京:经济科学出版社2013年版,第128页。

技术的领域里,志同道合的团体彼此之间会进行沟通与讨论,到最后他们的想法和原先一样,只是形式上变得更极端了。"[1]在网络事件中,网民对网络事件的共同关注与讨论,引发了群体行为。网络事件中讨论群体的数量远大于不同意见与观点的数量,在经过了一定时间的讨论后,群体便依照不同观点进行分化。持同样观点的网民互相印证和支持彼此的看法,形成共振,加之个体的选择性过程等影响,统一的观点与意见逐步被强化,不同的观点与意见可能被忽视。目前信息碎片化逐渐成为趋势,表达篇幅的限制也使得观点或意见被选择性地放大,构成事件的更多部分与细节缺失,这一趋势导致群体极化现象的产生。暴力是极化之后的产物。网络暴力的基本表现是线上的语言谩骂、人身攻击以及通过人肉搜索在线下对当事人造成侵害。在实施网络暴力的过程中,网民认为自身属于正义的一方,而当事人理应受到惩罚。殊不知,在这个过程中,自己成了加害者。在没有足够的证据与理性的判断去辨清事实的真相前,没有任何一个人有权利用道德的力量去审判他人。

第三节　网络舆情管理

舆情是"舆论情况",或者是"关于舆论的情报",从动态的角度关注舆论演化和发展。在传统社会中,舆论在没有形成之前难以被记录和发现,因此"舆情"并不受关注。进入互联网时代,网络中心事件从露出苗头、引发讨论到形成意见都被记录和呈现在网络中,对"舆情"的跟踪与分析变得至关重要。

一、网络舆情分析

网络舆情分析,是在网络舆情监测的基础上,运用专业的理论与技术手段,对网络舆情的特点、规律、发展等进行分析、处理、预测,实现对网络舆情的自动预警、及时应对与科学引导。网络舆情分析有助于把握舆情的传播规律、产生原因及社会影响,并在此基础上了解、沟通民意,制定、调整政策,引导、管理舆论,从而实现识别社会变化、干预社会不公、缓解社会矛盾、解决社会问题、维护社会安定的目的。随着数字技术的广泛运用和网络传播的迅猛发展,互联网逐渐成为民意表达的最主要空间,网络舆情分析受到格外关注。

---

[1] 〔美〕凯斯·桑斯坦:《网络共和国:网络社会中的民主问题》,黄维明译,上海:上海人民出版社2003年版,第47页。

网络舆情分析包括内容分析、网络分析、路径分析三种类型。内容分析指的是对网络舆情的内容进行挖掘检索,通过提取特征词或关键词对舆情的内容、倾向、态度、情感等进行分析,内容分析的对象不仅包括文字,还包括图像、音频以及其他类型的多媒体内容等。目前对于文字的分析较为成熟,其他类型内容分析的技术正在完善之中。网络分析指的是对网络舆情传播的社会网络进行分析,通过关系数据梳理网络舆情传播的网络状况与关键节点,从而对网络舆情的传播和发展趋势形成较为完整的认识。路径分析指的是对网络舆情的传播路径进行分析,从而能够梳理网络舆情的发展脉络,通过对传播路径的掌握采取有针对性的管理措施。

二、网络舆情引导

网络舆情引导是汇聚民心、凝聚共识、维护社会稳定的重要措施,舆论的类型不同,发展阶段不同,应对的措施也不同。

1. 不同类型的网络舆情引导策略

依据表现形态不同,舆论可以分为信息性、情绪性和观念性三种。信息性的舆论以发布信息或者阐释立场为主,针对这类舆情有效的做法是提供更加全面、准确的信息,消除民众由于信息不对称或者信息不确切而产生的恐慌。实践中,除了发布积极正面的信息以外,还要及时辟谣,公开失实信息和失信信源。情绪性的舆论在网络中尤为突出,尤其是愤怒、悲悯情绪的感染力、传播力非常强大。面对此类舆情,首先要保持冷静,通过唤醒理智、表达共鸣和引导抒发等方式进行疏导。观念性的舆论,要讲求策略,依据"同化评定律",从舆论主体的观念着手,条分缕析,逐渐过渡。"同化评定律"的基本观点是"宣传员所宣传的观点,如果和听众的立场相近,会被同化地认为似乎比实际情况更加相近,更可接受"[1]。引导中要避免"对比评定律",即"在宣传一种和听众立场尖锐对立的观点时,这些观点会被对比地认为似乎比实际情况更加不能接受"[2]。

2. 不同发展阶段的舆情引导策略

网络舆情通常会经过发生期、发酵期、发展期、高涨期和回落期。不同阶段的应对重点不同。发生期的主要任务是控制传播范围和及时汇报发展态势。网络舆情进入发酵期说明信息已经扩散到了较大范围,工作的重点应该调整为统一口径,保证持续发布信息,保持对信息的控制权,避免谣言等借机滋生。这个

---

[1] 陈力丹:《舆论学——舆论导向研究》,北京:中国广播电视出版社1999年版,第110页。
[2] 同上书,第112页。

过程要坚持透明公开的原则。网络舆情发展期的中心任务是解决问题,既要解决引爆舆情的具体问题,又要注意细节和态度,不可忽视受害者家属和一般民众的内心感受。网络舆情高涨期的中心任务是疏导舆论,处理好两个问题:一是召开新闻发布会等,保持与新闻媒体的友善沟通和合作,保证声音正确、全面地传达给公众;二是通过官网、官博、网络发言人等发布信息、解答疑问、展开互动等。网络舆情回落期的首要任务是做好善后处理,包括启动行政问责和司法审判,明确事件原因和责任,其次是善后赔偿,解决问题,安抚民心。

第四节　案例:雷洋案——真相与追问的竞跑

"雷洋案"是一起网民社交媒体爆料、多主体参与推动官方回应的典型舆情案例。雷洋的身份标签引发了网民广泛关注,特别是人大校友这一身份,引发了校友参与讨论舆论热点问题的现象。地方、省市、中央相关部门均对此舆情进行评论、引导和处理,事件爆发多点、舆情发展多链条、涉及行政多层级,其中也有多种利益博弈,具有很强的剖析价值。

一、一篇网帖激起千层浪

2016年5月7日晚21时,一位名叫雷洋的男士从北京昌平家中前往首都机场,途中因"足浴店嫖娼"被便衣警察带走,其后一小时内死亡。

此事静默两天后,百度贴吧一位用户发帖称:"5月7日晚北京昌平区东小口派出所草菅人命,打死人",这是雷洋案第一次走入公众视野,但并未引起大量关注。当日19时前,"知乎"上一篇题为《愿以十万赞,换回一公道》的文章第一次提到死者雷洋的名字,作者"山羊月"以雷洋同学的身份称,雷洋是中国人民大学硕士,初为人父,现就职于一家环境研究机构。作者提出"无心脏病史的雷洋为何会突发心脏病""雷洋死亡后警方为何不第一时间通知家属""手机位置信息和朋友圈为何全部消失""雷洋身上的伤作何解释"等问题。随后,该文改名为《刚为人父的人大硕士,为何一小时内离奇死亡?》,迅速扩散到微博、微信等其他网络社区。由于"山羊月"以雷洋同学的身份在专业性问答平台"知乎"上发文,其可信性较强。

@平安昌平于21时21分在新浪微博发布了关于雷洋事件的一则通报,称雷洋是因涉嫌嫖娼,在被警方带回审查的过程中突然身体不适,送医后身亡,并称已将相关情况通报给检察机关。随后,澎湃新闻发表文章《家属称北京一男子失联死亡,警方:涉嫖娼带走时身体不适不治》①,证实网传热帖内容的真实性,再次指出警方并未对家属疑问进行回答。当晚23时起,"山羊月"的帖子《刚为人父的人大硕士,为何一小时内离奇死亡?》被全网删除。

二、多方发声,探寻事实真相

5月10日凌晨,新京报网发文《硕士"涉嫌嫖娼"被控制后身亡 当天是其结婚纪念日》,称从雷洋家属的代理律师处获悉,家属对此事存有多个疑点,但尚未得到警方回应;10日清晨,"腾讯探针"报道《人大硕士"涉嫖"被控制后身亡》,采访了雷洋家属及当事医院,披露了雷洋被送医院抢救时的细节:"双手在腹部,戴着手铐,嘴上有血。"上午,"界面"发布报道《人大硕士"涉嫖"被控制后身亡引质疑 家属今日将申请进行尸检》,持续追踪事件进展。

10日上午,光明网发表评论员文章《"人大硕士死亡"需要逻辑链完整的答案》,认为警方没有很好地回应家属的质疑和公众的诉求。该文后经网易新闻、澎湃新闻、中国日报网等多家媒体转发,大大加速了话题的传播;下午,《人民日报》通过两微一端发布评论员文章《"涉嫖被抓身亡":以公开守护公正》,认为"只有事实真相才是定海神针",呼吁相关机构回复家属疑问,公开更多证据。凤凰网、财新网、搜狐网等也纷纷发文求真相。

5月11日凌晨,"@平安昌平"再次发布通报,叙述警方抓捕雷洋的过程,并提到有证据证实雷洋嫖娼,同时表示在征得家属同意后,将依法委托第三方在检察机关监督下进行尸检。但是关于公众关心的"嫖娼"与"死亡"的因果联系、是否存在过度执法、过度执法与死亡的关系、死者身上的伤痕是怎么产生的、为何到死亡后两个小时才通知家属等疑问仍然没有得到回应,舆情仍在持续走高。

11日上午,一封题为《中国人民大学88级部分校友就雷洋同学意外身亡的声明》的公开信在微信群流传,该声明认为"回放雷洋意外身亡的整个过程,已经不像意外,更像是一次以普通人、以城市中产阶级为对象、随机狩猎的恶行"。人大校友还发起声援雷洋的签名活动,签名人数达到数十万,成为舆情继续发酵传播的推进剂。各媒体也继续跟进与报道,试图还原更多细节。11日,《新京报》微信号"重案组37号"再发《警方凌晨再通报"雷洋事件",夜访事发地遇报警者:雷洋以为查处者不是警察曾呼救》,采访视频显示,一名报警的目击者称,雷洋在被警方控制的过程中,曾大喊"救命"并呼喊"他们不是真警察"。这篇报道用地图

---

① 周宽玮、郑春风:《家属称北京一男子失联死亡,警方:涉嫖娼带走时身体不适不治》,澎湃新闻网(2016-05-09)[2019-07-23], https://www.thepaper.cn/newsDetail_forward_1467037

标注时间,还原事发当晚雷洋的活动路径,一度被很多媒体引用,成为专业或业余分析雷洋案的重要基础资料。同日,北青网发布《雷洋家属:尸检将于今明在第三方专家监督下进行》,提出家属的三点质疑,而北青网公众号"深一度"发布的《独家调查:雷洋之死,至少有8段视频证据》在融合其他媒体报道内容的基础上,认为"整个过程至少8段视频可以还原雷洋之死的部分真相",同时,传达了家属提出"由于该案件涉嫌刑事犯罪,目前并不知悉昌平公安机关是否回避、命案移交"的问题。网络媒体的线下采访加深了网民对警方不正当执法的怀疑,并且认为警方在隐藏证据。

11日中午,北京电视台新闻频道播出《雷洋案足疗女露面受访:帮他"打飞机"》,披露雷洋进入足疗店后的细节。稍后,北京电视台科教频道栏目《法治进行时》播出《北京警方:现场避孕套鉴定结果证实雷某嫖娼》,节目的播出引发了新一轮的舆情,部分网民认为警方是在依靠对一个公民的道德污名化来自证清白。

三、家属抗议警方引导舆论,谣言伺机而动

中央电视台和北京电视台的采访看似回应了网民的关切,但是网民和家属并不买账。11日傍晚,"@雷洋家属唯一微博"就发布微博,抗议称昌平区公安局作为当事方,应等待检察机关的最终调查结果,而不是到处辩解,误导舆论。对此,凤凰网发表文章《雷洋家属发表声明:警方的做法是在混淆视听》。澎湃新闻发表社论《雷洋是怎么死的》,认为对足疗女的诱导性提问有转移视线、混淆是非的嫌疑,调查若不遵循程序正义,就很难给出让公众信服的真相。[1] 凤凰评论家连续发表多篇评论文章,如《对不起,我想知道雷洋如何死亡,而非怎样嫖娼》的文章,将公众关注的重点从雷洋嫖娼行为本身的可疑性及道德性转移到公安机关执法行为的合法性及当事人非正常死亡的原因,此后对于是否嫖娼的争论已经不是焦点,焦点转移到警方执法是否合适方面。

从11日开始,各种谣言也开始闻风而动,对舆情推波助澜。"卖淫女接受嫖资"的收条、"雷洋是调查常州'毒地'事件专家"、所谓"警方电击雷洋"的视频等不实信息,开始在不同渠道传播,助推舆情的传播和演变。有网络谣言将所谓"嫖资收据"与警方接受采访的截图同时放出,让人误认为警方为洗白自己不惜捏造证据,"电击"视频则意图给警方扣上过度执法的帽子。11日,检方介入调查。中共中央

---

[1] 《媒体:"雷洋之死"执法若有缺陷,执法者要承担责任》,人民网(2013-09-10)[2020-04-12],http://bbs.people.com.cn/post/2/2/1/156018344.html

政法委员会的微信公众号"长安剑"发文《北京雷某尸检结果公开以前,真相还在路上》,呼吁"只问是非,不急着站队,应该成为某种共识",希望公民在尸检结果公开前,应该保持一份对真相的耐心。

四、公正公开,舆情走向法治轨道

5月12日,新华社接连发表两篇评论文章《以有力信息公开取信于民》《权威发布不能落在舆情后面》,指出信息公开要准确及时、令人信服、经得起检验,热点事件的权威信息发布,不能落在舆情后面,更不能落在舆情的对面,鲜明的观点令网友拍案叫绝,这两篇文章更是被网民看作"官方再次表态",对稳定网民情绪起到了关键作用。

然而,5月13日北京市公安局政治部领导前往慰问雷洋事件涉事派出所,被网民看成是北京公安系统在为昌平公安公开撑腰,再次引起网络沸腾。同一天,认证信息为北京市公安局政治部的微信公众号"正警事儿"发布文章《雷某事件,民警正当执法底气十足!》,明确表示民警在现场没有过激行为,属于正当执法,并且对雷洋涉嫖与否、为何没有第一时间通知家属、手机位置被删除等舆论关注的问题进行回应。文章被大量转载,舆论场再次陷入胶着,网民认为北京市公安局政治部是自说自话,为昌平警方洗白,营造北京公安系统已抱团站在网民的对立面的氛围。

5月14日凌晨2时,历时约八小时的雷洋遗体解剖工作完成。"长安剑"于当日发布文章《雷洋涉嫖:真相到来之前共识可否先至》,通过说理给出一个答案:可以合理怀疑,但要以证据说话,更应该相信法律,凝聚网民对雷洋案的共识。

自13日雷洋案件启动尸检程序以来,官方舆论场几乎停止了发声,只有部分网媒在跟进尸检进展,而民间舆论场依然在讨论,主要集中在论坛、微博、微信等,焦点在预测尸检结果及案情走向。

五、北京检方介入后,舆情逐渐降温

5月17日凌晨,有律师在其新浪博客发表了博文《不要傻等雷洋尸检结论,当务之急是刑事立案》,认为"尸检不能解决所有问题,甚至不一定能解决关键问题",当前最重要的是推动刑事立案,固定证据。当天上午,雷洋家属及代理律师向北京市检察院递交了《关于要求北京市检察院立案侦查雷洋被害案的刑事报案书》。5月19日,"@北京检察"发微博表示收到雷洋家属报案书,将案件移交至昌平检察院并进行督办。随后,"@平安北京"也在微博公开回应将坚决尊重事实、尊重法律,坚决依纪依法处理,绝不护短。

6月1日,"@北京检察"发布微博称,北京市昌平区人民检察院完成对雷洋涉嫌嫖娼被民警采取强制约束措施后死亡线索的初查工作,认为符合立案侦查条件,北京市检察机关依法决定对邢某某等五人立案侦查。

消息一出,主流媒体、政法系统等开始发力,引导公众理性、客观地等待司法机关的调查结果。"长安剑"接连发表两篇文章《雷洋案涉事警察被立案侦查究竟是谁的胜利?》《雷洋案涉事民警被立案侦查体现有错必纠的勇气》,突出强调本次案件是法治的胜利,用事实反驳网民对政法机关"沆瀣一气"的偏见,向民众证明了中国的司法制度是值得信任的。

检察系统则对雷洋案接下来的法治程序做出引导,正义网推出《【图解】雷洋案涉事民警被立查,检察机关之后要干啥?》,向公众普及公诉案件立案、侦查、是否起诉等程序。法制网发文《"雷洋案"检方立案就等于警察犯罪了吗?先等等,看看法律怎么说》,指出"立案侦查是通过法律途径查清涉事民警有无滥用职权构成犯罪的必经程序,但这与涉事民警是否构成犯罪并不必然画等号"。6月2日,《人民日报》发表评论文章《法治,须从程序通往正义》,指出"无论是案件的处理,还是公安的执法,回到法律程序的轨道上,才是法治的胜利",向公众传达实现正义的法治信仰不动摇的理念。

然而,海淀公安分局官方账号6月1日的一则微博称:"致战友:这一路,有风有雨,但只要我们在一起,总会见彩虹!!"这则微博让网民普遍认为海淀公安是在为昌平公安打气。该微博也引发警察群体转发,表达对涉事民警连被立案侦查的不满,后海淀公安删除了此条微博。随后,微信公众号"犀牛警长"发表文章《立案不是定罪 真相不需争辩》,认为警察群体"作为法治社会的参与者,需要做的就是提高自身法律修养,而不是对某一个案件肆意揣测"。这些文章对涉事警察被立案侦查这一舆论焦点进行了解读,在一定程度上能够平复和稳定警察情绪,回击网上对警察的负面评论,同时能够减少网民的无端猜测,切断谣言产生的路径。

雷洋事件后,涉警舆情进入高发期,接二连三地刺激公众敏感的神经。6月8日山东兖州一女子被群众误以为是人贩子,遭群殴并被剥光衣服,到场警察制止过程中警车被掀翻;6月9日广东佛山发生一起持械闹事案件,民警朝天鸣枪示警,结果鸣枪点附近出租房5楼一居民被流弹误伤死亡,部分网民指责警方权限过大;6月10日深圳一民警查看两名女子身份证件,后将二人强制传唤,后其中一名女子上传视频称被民警辱骂,网民的批评声蜂拥而至。

6月13日,检方同意第三方鉴定机构北京市明正鉴定中心负责尸检事宜,6

月27日,北京检方通报雷洋尸检进展;6月30日,"@北京检察"正式发布《法医专家解读雷洋尸检鉴定意见》,并且对邢某某、周某以涉嫌玩忽职守罪依法决定逮捕。针对尸检意见,"@雷洋家属唯一微博"发布《雷洋亲属声明》表示接受,相信国家法律公平和公正,尊重司法机关所做决定和尸检鉴定。央视新闻频道等媒体也及时报道了尸检结果,网上围绕尸检结果再次展开热议,网民普遍认为尸检结果维护了法律尊严,彰显了正义,但也有部分网民认为"这是一份非常专业的鉴定意见,也是一份没有说完的真相",追问尸检结果中"胃内容物吸入呼吸道"因何所致,当时警方存在什么不当行为。

当晚,"@北京检察"发布"法医专家解读雷洋尸检鉴定意见",以消除网民疑虑。对此,网络上也有不同的声音出现。"@新浪法院频道"的《雷洋尸检结论的法律与医学解读》认为尸检结果"没有指明究竟是哪种外源性伤害导致了胃内容物反流,尸检结论只是'最客观'地评价雷洋死于胃内容物反流"。知名网络评论人"@五岳散人"评论:"嗯,我个人解读雷洋案尸检报告如下:大概是因为暴力压制导致胃部内容物进入呼吸道身亡,警方涉案人员有伪造证据、妨碍司法调查的嫌疑,很可能就是那个所谓雷洋嫖娼的行为。这个调查报告我觉得是公正的,涉案警察的批捕罪名不予评论。"华东政法大学法制新闻研究中心一名研究员在微博上发表评论"这个解读相当不容易,近千字无一句有实质性内容,看来检察院这位专家是被派来普法的"。

正义网发布《对话北京检方法医:法医专家解读雷洋尸检鉴定意见》,独家采访了全程见证雷洋死因鉴定过程的法医王居生,对尸检鉴定流程和网民关切的问题给予权威解答,该文章被各大主流媒体广泛转播。

六、再生舆情引人思考

6月30日下午,微信公众号"水母侦探社"发表的《雷洋人大毕业 邢副所长呢?》一文开始广泛流传,文章转述与邢副所长共事多年的同事的话,饱含深情地讲述从国家特级贫困县走出来的刑副所长当年是以甘肃省文科状元(后更正为市县一级的状元)的身份考上中国政法大学,上大学的学费是全村人一起卖羊得来的,进入东小口派出所后,工作认真,谨小慎微,连婚礼都没钱办。他完全不能相信这样一个人居然会涉嫌办案违法。该文被诸多网媒以《涉"雷洋案"的副所长邢某某是谁?》转发,激起部分网民的同情心,他们开始埋怨一些媒体和大V在舆论中推波助澜,肆意抹黑警察群体。该文也引发了公众的反思,公众号"犀牛警长"发文《雷洋、邢副所长——两位天之骄子,谁害了他们?》,提出"雷洋案,对所有涉事的家庭来说都是悲剧",并反问同情之余,该如何避免此类悲剧。

7月3日,"@开关Switch"的文章《中国政法大学2003级部分校友关于雷洋先生意外死亡与邢XX同学涉嫌玩忽职守的声明》开始传播,文中希望"有关舆论能够理性客观地报道,网民能够理性客观地评论,检察机关能够依法合规地侦查,法院能够公正中立地审理。"相对于之前的校友或家属公开信,有网民认为此声明"专业性和客观性要强得多,虽然仍然能感觉到倾向性,但没有在倾向的基础上的攻击性,至少,可以作为弥合裂痕的参考"。对此,《环球法律评论》发文《"校友"们,法治其实想静静》,称"法大校友的这个声明终于补齐了舆论场上看客们期待的一环。只是,证据的辩剖演变成了校友的对决,法律的博弈转换成了力量的角逐,正义的实现扭曲成了舆论的表演",同时呼吁知识精英不能放弃自己的社会责任,要成为一个有益的杠杆,以平和理性来澄清事实,拨开浓雾。

▶ **练习题**

1. 名词解释
(1) 数据新闻
(2) 创新性破坏
(3) 慢直播
(4) 同比评定律
(5) 网络事件

2. 简答题
(1) 试比较数字媒体与网络媒体的区别与联系。
(2) 试比较 IPTV 与 OTT TV 的区别与联系。
(3) 简析网络舆情的特征与新趋势。
(4) 搜索引擎对舆论的影响有哪些?
(5) 网络舆情分析包括哪些内容?
(6) 范围经济对新媒体产业经营管理有哪些启发?

3. 论述题
(1) 试阐述推动新媒体发展的因素。
(2) 试阐释网络效应如何改变媒介产业竞争的性质。
(3) 试论平台垄断产生的原因及后果。
(4) 结合"雷洋案",分析影响网络舆情发展的因素有哪些?应如何进行舆情引导?

第十部分
伦理、规范与治理

网络传播中的种种失序和混乱状态,迫切需要与之相应的治理体系。在现代社会中,道德伦理和法治规范是规范社会行为、协调社会关系、维系社会秩序的重要方式。本部分首先梳理了网络传播中的失序状态和危机现象,接着讨论了维系网络传播秩序的伦理和规范体系,然后分析了西方国家网络传播治理的特点和经验,最后总结了中国特色的互联网治理之道。

第一章
网络传播危机

1995年,美国《时代周刊》报道了卡内基梅隆大学(Carnegie Mellon)轰动一时的一项研究结果——网络上83.5%的图片属于色情图片,"在全世界男女老幼都可以随意访问到的公共网络空间中出现这样的色情内容,这提出了一个尖锐的问题,我们不能视而不见,或者把它简单化"①。

2008年10月,韩国女星崔真实不堪网上谣言困扰、上吊自杀。2009年,泰国曼谷一位股票交易员在网上散布关于泰国国王普密蓬—阿杜德健康状况的谣言,引发股市大跌。2011年8月,英国伦敦发生大规模骚乱,两名青年因在互联网上散布谣言、煽动骚乱而被判刑4年。2012年9月,墨西哥中部墨西哥州尼萨市内一起司机争抢拉客事件被一些年轻人在社交网站上渲染成"黑帮杀手"的重大暴力犯罪,夸大其词的博文和照片被广泛转载,最终造成附近几十万居民惶恐不安,几百家商店临时歇业,数所学校被迫停课。②

在2016年美国总统选举期间,南欧巴尔干半岛马其顿共和国一座名叫韦莱(Veles)的只有4.5万人口的小镇上的年轻人,开设了"世界政治""美国政治日报""今日美国保守派""唐纳德·特朗普新闻"等一百多个网页,针对美国大选发布各种或纯粹造假或严重掺假以固化读者偏见的帖子,以吸引关注,进而获取脸书和谷歌等社会化媒体广告分成。"教皇背书支持特朗普""希拉里即将被定罪""奥巴马说非法移民可以投票""希拉里曾建议特朗普竞选总统"等数百条读者超过百万人的假新闻都来自这个小镇。③

垃圾邮件、色情信息、恐怖信息、虚假信息、隐私侵犯、版权侵权、网络暴力等

---

① 〔美〕理查德·斯皮内洛:《铁笼还是乌托邦——网络空间的道德与法律(第二版)》,李伦等译,北京:北京大学出版社2007年版,第51,52页。
② 《韩女星不堪网上谣言困扰自杀 各国打击网络谣言实例》,人民网(2013-06-21)[2016-12-16],http://media.people.com.cn/n/2013/0621/c40606-21921184.html
③ 徐剑梅:《美国大选假新闻横行带来的警示》,《新华每日电讯》2016年11月24日第6版。

问题越来越严重,网络传播导致的主体异化、社会分化以及新社会运动的频发,带来了新的社会问题,恐怖主义等一些威胁人类共同安全的问题向网络延伸,成为人类的公敌,而网络霸权主义依旧存在,成为全球信息生态安全的威胁。

第一节 内容危机

人类进入互联网时代,网络传播成为人们获取信息的重要方式,网络信息的质量影响着人们的认知和思维。在众声喧哗、充满偏见且极不理性的信息环境中,人们会失去对环境的准确判断和严谨的思辨能力。从这个意义上说,网络信息的内容质量关系到个人的进步和社会的发展。信息污染是内容危机的主要表现。信息污染,是指由于信息中混入了无用的、有害的、虚假的元素,破坏和损害了传播生态和信息环境,进而给人类的身心健康带来不良影响。信息污染分为三个层次:一是无用信息的干扰,它分散了人们的注意力,降低了信息使用的效率;二是有害信息和不良信息的侵害,这类信息会给个人和社会带来伤害;三是虚假的或不实的信息,这类信息会干扰正常的生产生活和社会秩序。

一、信息无序与信息过载

香农认为,"信息是用来减少随机不确定性的东西"[①],信息反映了事物的状态和事物之间的关系,是支持人们决策的依据。网络信息增加迅速,迭代频繁,导致网络中充斥着大量重复、老化、无关和冗余的信息;网络信息分布广、结构复杂、类型多样,又缺乏有效的组织和索引,导致一些有用信息淹没在纷繁芜杂的信息中。网络信息的无序扩张,超越了人类信息处理的能力边界,使人们不得不耗费更多的精力处理如潮水般涌入的信息。垃圾邮件是典型的冗余信息,也是全世界公认的信息公害,它不仅占用了网络带宽,降低了网络运行效率,侵犯了收件人的隐私权,耗费收件人的时间、精力,还往往带有病毒,成为黑客攻击的工具。根据中国互联网协会反垃圾信息工作委员会2014年第三季度的调查结果,用户的电子邮箱平均每周接收到的全部邮件数量为38.6封,平均每周接收到的垃圾邮件数量为12.8封,垃圾邮件占比是33.1%。[②] 在移动互联网时代,客户端和小程序的过度推送成为信息过载的新源头。信息过载带来的疲倦感对用户

---

① 转引自陈雪:《信息的通用定义探讨》,《情报探索》2006年第9期,第25页。
② 中国互联网协会:《2014年第三季度中国反垃圾邮件状况调查报告》,北京:中国互联网协会,2015年。

的心理健康造成了不良的影响,增加了人们的焦虑感和不安全感。信息过载也改变了人们的决策方式,人们对自己的信息处理能力产生了怀疑,更加倾向于信任各类"意见领袖"的意见和推荐。

二、有害信息与不良信息

有害和不良信息是指对个人或社会有危害的信息。前者通常会以法律法规的方式明确禁止,后者虽然不一定被明令禁止,但是鉴于其危害性也会被限制传播。世界各国国情不同,对有害和不良信息的界定也存在差异,但存在共同点:这类信息对国家安全、对社会运行秩序、对大多数人的利益构成威胁,或者对个体的身心健康造成伤害。根据欧洲委员会、欧洲经济和社会委员会、欧洲地区委员会联合签署的一项对互联网中违法与有害信息的调查与对策的文件,互联网中的有害信息主要包括:危害国家安全;伤害未成年人的利益和健康;伤害人的尊严;威胁经济运作的安全性;信息安全;破坏他人的隐私权;破坏他人的声誉;破坏知识产权。[1]

2019年国家互联网信息办公室审议通过了《网络信息内容生态治理规定》,明确列举了11条违法信息(有害信息)和9条不良信息。

有害信息包括:反对宪法所确定的基本原则的;危害国家安全,泄露国家秘密,颠覆国家政权,破坏国家统一的;损害国家荣誉和利益的;歪曲、丑化、亵渎、否定英雄烈士事迹和精神,以侮辱、诽谤或者其他方式侵害英雄烈士的姓名、肖像、名誉、荣誉的;宣扬恐怖主义、极端主义或者煽动实施恐怖活动、极端主义活动的;煽动民族仇恨、民族歧视,破坏民族团结的;破坏国家宗教政策,宣扬邪教和封建迷信的;散布谣言,扰乱经济秩序和社会秩序的;散布淫秽、色情、赌博、暴力、凶杀、恐怖或者教唆犯罪的;侮辱或者诽谤他人,侵害他人名誉、隐私和其他合法权益的;法律、行政法规禁止的其他内容。

不良信息包括:使用夸张标题,内容与标题严重不符的;炒作绯闻、丑闻、劣迹等的;不当评述自然灾害、重大事故等灾难的;带有性暗示、性挑逗等易使人产生性联想的;展现血腥、惊悚、残忍等致人身心不适的;煽动人群歧视、地域歧视等的;宣扬低俗、庸俗、媚俗内容的;可能引发未成年人模仿不安全行为和违反社会公德行为、诱导未成年人不良嗜好等的;其他对网络生态造成不良影响的内容。

---

[1] 王玉:《网络信息过滤的法律监督体系构建》,《情报科学》2005年第4期。

三、假新闻与信息失序

不真实的信息具有较大的危害,不仅干扰正常的生产生活秩序,而且可能引发恐慌和动乱。2016 年,伴随着美国总统大选中的政治演讲和外交发言,"假新闻"(fake news)一词广为人知。假新闻打着新闻的幌子,散布的是虚假信息,它的危害不仅在于内容不实,更关键的是,它被当作政治武器,用以满足某些人政治或经济上的利益,而实现这一目的往往要增强公众的偏见。2017 年,哈佛大学的克莱尔·沃德(Claire Wardle)引入了"信息失序"(information disorder)概念来概括各类信息不实的现象。① 他认为信息失序从弱到强可分为七个程度:讽刺与戏仿、错误关联、误导性内容、虚假语境、冒名顶替、操纵内容、虚构内容;此外,他基于信息的"伤害意图"与"虚假性"两个维度,将信息失序分为错误信息(misinformation)、误导信息(disinformation)与恶意信息(malinformation)三种类型。错误信息是指由于粗心大意、认知偏差等在不经意间产生的虚假的信息,该类信息可能是模糊的、不准确的,但是主观恶意性较小;误导信息是传播者故意捏造或操纵的信息,以及故意制造的阴谋或谣言,具有极强的欺骗性;恶意信息是指故意散布能产生危害的真实信息,例如将原本需要保密的信息发布至公共领域,或者发布骚扰信息、仇恨言论,等等。克莱尔·沃德等人认为制造误导性或不准确信息的动机有四种:经济、政治(地缘政治或竞选政治)、社会(与某个群体联系)、心理(寻求或强化声望)。②

信息失序与网络传播环境有密切的关系,网络传播的信源较多,但是传播过程缺乏必要的语境和情境,因此在编码和解码的过程中容易产生偏差。信息和数据从来都不是中立的,传统的政治经济权威借助算法和其他技术力量也增加了虚假信息的隐秘性。

第二节 行 为 危 机

行为危机是行为主体在网络传播中有意识或无意识地给自己、他人和社会带来的危害。

一、隐私侵犯

隐私是指那些不愿意为他人所知晓的有关个人私生活或其他方面的个人事

---

① 阿嘎尔:《从"假新闻"到"信息失序":新视野下 MIL 教育的挑战》,《新世纪图书馆》2021 年第 2 期。
② 杨洸、郭中实:《数字新闻生态下的信息失序:对数据主义的反思》,《新闻界》2021 年第 11 期。

务。保护隐私是人类一种本能的诉求,从开始以树叶蔽体,隐私就与个人尊严联系在一起。尊重隐私是保障人能够享受私人安宁生活和个人信息不被非法侵扰、知悉、收集、复制、利用和公开的基本前提。随着人类社会生活的发展,隐私的范围越来越广,但是总体上可以概括为三个方面,即个人信息、个人领域和个人事务。

人类进入网络时代,网络打破了时间和空间的界限,在方便人们交往的同时,也使保护隐私的天然屏障——时间和空间失去了意义,人类的全部生活被一览无余地记录和保存,且随时有可能被公开。数据驱动的商业模式不断地把个人信息和个人领域资源化、商品化,隐私保护和商业利益之间的博弈难免此消彼长,令人不安。人们在网络中保持私人生活安宁和私人信息、私人空间、私人事务不被打扰的难度越来越大,网络隐私侵犯成为备受关注的议题。

网络隐私侵犯种类繁多,从动因和形式来看,主要包括以下三种:

一是受商业利益驱动对个人数据和个人领域的干扰。个人数据是个人信息的重要组成部分。近年来,通过个人数据实现精准营销备受推崇,助长了不当获取、不当交易和不当使用个人数据的行为。在当前的网络生态中,用户往往不得不通过让渡个人数据的权益来获取相应的网络服务;平台内部、平台之间又通过数据共享或数据交换的方式加大对个人数据的开发力度;最终这些数据被用于营销,而个人领域(私域)成为开展这些活动的最理想的场所。

二是分享或社交驱动的隐私暴露。社交媒体给予了广大网民充分的自我表达空间,"晒"文化成为一些人生活的组成部分。然而,网络空间中私域与公域界限模糊,这些自我暴露的信息很可能成为日后打扰自身生活安宁的素材。录音录像设备的发达和媒介化沟通的存在也使私生活和个人事务被他人记录和传播的可能性大大提升。

三是管理漏洞和安全事故带来的隐私侵害。随着数字时代的来临,政府、平台和其他各类网络信息服务提供者掌握了大量的用户信息,这对数据安全管理提出了较高的要求。目前仍有相当多的机构数据管理能力不足,存在着数据泄露的风险和隐患。近年来,生物信息被广泛采集,其隐患尚未得到足够的重视。生物信息具有唯一性且不能更改,它关乎个人的生命、健康和财产安全,也关乎个人的尊严和幸福,甚至关乎国家安全,亟待加强规范和保护。

并不是所有的隐私都合乎道德,也不是所有的隐私都是合法的,正是基于这样的原因,关于隐私的讨论被广泛置于伦理、社会和法学等学科中,尤其是关于隐私权的研究成为重中之重,因为它明确了一定的社会范围内隐私的边界和内涵,是指导人们维护自身权益和规范自身行为的标准。

二、网络暴力

网络暴力是指在网络中对他人实施的攻击行为,包括人身攻击、散布隐私、人肉搜索、道德谴责和暴力威胁等。人身攻击是以贬损人格、破坏声誉为目的进行的侮辱、谩骂等言语攻击。散布隐私是指未经允许公布当事人不愿意公开的隐私信息,以达到诋毁当事人的目的。人肉搜索是获取隐私和散布隐私的一种极端方式,是指通过利用信息技术和网民广泛参与来搜寻或共享有关当事人的特定信息的活动。人肉搜索对当事人的影响从线上扩展到线下,从陌生人拓展到熟人,给当事人带来无尽的困扰。道德谴责是指站在道德制高点对当事人进行道德绑架和道德审判,以居高临下的姿态形成对当事人的舆论压力。暴力威胁是以言语或行为恐吓的方式逼迫当事人作出让步或屈服。

网络暴力的社会心理学基础是群体暴力和集体无意识,网络传播的符号化、互动性和社交化为其提供了便利。网络暴力的发展与互联网应用的发展如影随形。国内广泛关注的网络暴力事件始于 2006 年的虐猫事件。早期的网络暴力通常伴随着对真相的刺探,发起者利用网民的情绪使事件向自己期待的方向发展。[1] 近年来,网络暴力呈现出新的发展趋势:一是网络暴力中充斥着极端的是非观和亚文化价值观,包容性日渐萎缩,戾气严重;二是网络暴力中不乏"为暴力而暴力",不同意见群体之间展开骂战,主动设置议题进行侮辱、诽谤,或者造谣生事以及恶意营销;三是网络暴力向着小群体、深入化趋势发展,尤其是在未成年人群体中影响巨大,破坏性极强。

三、版权侵权

版权,又称为著作权,是指自然人、法人或者其他组织对文学、艺术和科学作品享有的财产权利和精神权利的总称。互联网开创了一个利益巨大的传播空间,传统的版权所有人希望版权作品的相关权利向网络空间延伸,基于网络产生的作品也希望获得版权保护,网络版权随之产生。网络版权是版权人受版权法保护的作品在网络环境下所享有的版权权利,有两层基本含义:一是传统作品被上传至网络时著作权人所享有的权利,特指"信息网络传播权";二是网上数字作品版权人所享有的权利。

互联网对版权保护提出了新的挑战:一是版权保护的地域性与网络传播的

---

[1] 李建飞、王锦东:《媒体视域中网络暴力治理法律规则建设研究》,《陕西青年职业学院学报》2021年第3期。

时空无限性之间存在矛盾,二是版权的专有性与数字复制的便捷性之间存在矛盾,三是版权保护的作品表现形式与互联网产品的开放性之间存在矛盾。版权并不对思想和观点进行保护,而是保护承载创新思想和观点的产品。传统的版权作品有相对稳定的形态,而基于网络产生的数字产品形态不稳定,且迭代迅速,给网络版权保护带来了挑战。网络作品的生产机制和网络文化的特征也对版权保护提出了挑战。传统的版权作品由相对固定的团队完成,版权保护可以起到鼓励创新的目的,而网络的开放性、参与性和互动性使二次创作、参与传播、跨媒介融合成为网络文化的特征,在这个过程中就存在版权侵权风险。

2019年1月9日,中国网络视听节目服务协会发布了《网络短视频平台管理规范》,其中关于"内容管理规范"的第二项要求是:"网络短视频平台应当履行版权保护责任,不得未经授权自行剪切、改编电影、电视剧、网络电影、网络剧等各类广播电视视听作品;不得转发用户生产内容(UGC)上传的电影、电视剧、网络电影、网络剧等各类广播电视视听作品片段;在未得到专业生产内容(PGC)机构提供的版权证明的情况下,也不得转发PGC机构上传的电影、电视剧、网络电影、网络剧等各类广播电视视听作品片段。"该行业规范出台之后引发了社会各界非常广泛的讨论:支持者认为这项规定可以保护影视作品的合法权益;反对者认为在新的媒介环境中,二次创作和改编使用也是一种创新,非但不会影响原作品,还可以帮助原作品提高知名度。

知识框 32　避风港原则和红旗原则

随着互联网传播生态的发展,网络服务提供商在网络版权侵权中的角色越来越重要,避风港原则和红旗原则成为判定平台第三方责任的依据。避风港原则强调对平台的保护,基于平台对用户所发布的信息不能完全控制的前提,当网络服务商被告知侵权时有删除的义务,否则就被视为侵权,所以避风港原则也被认为是"通知+移除"程序(notice-take down procedure)。红旗原则是避风港原则的例外适用,即如果侵犯网络版权的事实是显而易见的,像红旗一样飘扬,网络服务商就不能装作看不见,或者以不知道侵权为理由来推脱责任,如果在这样的情况下,不采取删除、屏蔽、断开链接等必要措施,尽管权利人没有发出通知,也应该认定网络服务商知道第三方侵权。

《中华人民共和国民法典》第一千一百九十五条和第一千一百九十六条对避风港原则进行了规定,第一千一百九十七条对红旗原则进行了规定。

> **第一千一百九十五条**：网络用户利用网络服务实施侵权行为的，权利人有权通知网络服务提供者采取删除、屏蔽、断开链接等必要措施。通知应当包括构成侵权的初步证据及权利人的真实身份信息。
>
> 网络服务提供者接到通知后，应当及时将该通知转送相关网络用户，并根据构成侵权的初步证据和服务类型采取必要措施；未及时采取必要措施的，对损害的扩大部分与该网络用户承担连带责任。
>
> 权利人因错误通知造成网络用户或者网络服务提供者损害的，应当承担侵权责任。法律另有规定的，依照其规定。
>
> **第一千一百九十六条**：网络用户接到转送的通知后，可以向网络服务提供者提交不存在侵权行为的声明。声明应当包括不存在侵权行为的初步证据及网络用户的真实身份信息。
>
> 网络服务提供者接到声明后，应当将该声明转送发出通知的权利人，并告知其可以向有关部门投诉或者向人民法院提起诉讼。网络服务提供者在转送声明到达权利人后的合理期限内，未收到权利人已经投诉或者提起诉讼通知的，应当及时终止所采取的措施。
>
> **第一千一百九十七条**：网络服务提供者知道或者应当知道网络用户利用其网络服务侵害他人民事权益，未采取必要措施的，与该网络用户承担连带责任。

目前，尽管网络版权保护已经受到高度重视，但是版权侵权的现状仍不容乐观。网络版权侵权包括以下几种类型：一是未经许可，擅自将网络作品通过传统媒体进行传播。二是未经许可，擅自将传统媒体上已发表的作品通过网络进行传播。三是未经许可，擅自将他人网络作品通过网络转载或传播。四是未经允许，歪曲、篡改他人享有版权的作品，损害版权人的声誉。五是剽窃他人作品。六是网络链接侵权，这是一种存在争议的隐蔽的侵权行为。链接在两个不同的文档或同一文档的不同部分之间建立联系，为网络用户实现网络资源共享提供了方便，使用户不必牢记多个网址就能指向所需要的文件，但是从版权保护的角度说，用户绕开了原网站的主页，影响了网站的利益。"谢德兰时报案"（Shetland Times Case）是最早的一起因链接引发的著作权侵权案件。[①]

[①] 黄鹏：《议互联网著作权保护》，《法制与社会》2007年第2期。

第三节 社会危机

网络传播推动了网络社会的崛起,改变了传统的社会结构,也带来了新的社会风险。沉浸式的网络环境,增加了网民对网络和网络产品的依赖,弱化了个体在网络传播中的主体性。网络传播创造了不同的沟通场景,为适应不同的"前台",网民游走于不同的身份之间,愈发疲惫。随着网络深刻地嵌入生产生活环境,个体更倾向于在网络世界里寻找认同。去个性化效应的社会化认同加剧了网络群体极端化和非理性,"新社会运动"此起彼伏。

一、主体异化

"异化"一词体现着主客体之间的关系,即主体的产物成为异己的力量,反过来与主体对立,控制主体。网络传播中的主体异化是网络传播对用户原有意识形态的束缚与塑造。网络成瘾和角色分离都使用户从正常生活行为模式中抽离出来。

网络成瘾(Internet Addiction Disorder,IAD)是指因过度使用和依赖网络而产生的显著的身心和社会性伤害。网络成瘾与赌博成瘾非常相似,均为无成瘾物质作用下的行为冲动失控,可能导致学业失败、工作效率下降、婚姻不和等。网络成瘾表现为心理上的依赖感,不断增加上网时间;从上网行为中获得愉快和满足,离开网络后感觉不快;不愿参与现实社会活动及与他人交往;用上网来逃避现实生活中的烦恼与情绪问题;倾向于否认过度上网给自己的学习、工作、生活造成的损害。[①]

网络空间是一个精神分化空间,约翰·苏勒(John Suler)把人类在网络空间内的心理体验总结为九大特点——有限的感知经验、灵活而匿名的个人身份、平等的地位、超越空间界限、时间延伸和浓缩、永久的记录、易于建立大量的人际关系、变化的梦幻般体验以及黑洞体验。这是网络让人难以抗拒的重要原因。[②] 上网动机影响着网络成瘾,以寻求社会支持、性满足和利用网络创造人格面具为

---

① 林绚晖:《网络成瘾现象研究概述》,《中国临床心理学杂志》2002年第1期。
② John Suler, "The Psychology of Cyberspace," (2022-02-18)[2022-03-11], http://www-usr.rider.edu/~suler/psycyber/psycyber.html

动机的网民更容易沉迷①;网络成瘾者更热衷于具有双向沟通特点的网络服务,例如聊天室、新闻组(主要用来张贴或下载色情图像);网络成瘾还与一些其他心理疾病之间存在相关关系,例如网络成瘾与中度至重度的抑郁有关②。

角色分离是主体异化的另一种表现。网络与现实角色混同导致的人格分裂在青少年身上表现得最为突出。青少年时期是自我统一性形成的关键时期,网络对现实的逼真模拟、网络群体互动带来的刺激,使青少年在现实与虚拟两界之间行走自如,却越来越模糊其边界,导致自我认同的混乱③和人格的分裂。此外,人自闭于社会群体,导致人际交往受阻。网络加强了自我意识,削弱了社会意识。事实上,从工业社会开始,个人的离散与孤立就变得日渐显著,那时体现在社区解体、家庭分裂等方面,而网络带来的人与人之间的隔绝与分离更多地表现在心理上。网络自闭导致人与社会角色的疏离。

二、社会分化

社会分化是指社会结构系统不断分解成新的社会要素、各种社会关系分割重组最终形成新的结构的过程。社会分化导致异质性增强,群体的类别增多。社会学家认为社会分化不仅是领域和区域的分化,而且包括阶级分化、组织分化、利益分化和观念分化。与财富和权力分配的分化相比,观念和自我意识的分化是更为隐蔽、更深层的分化,它使社会成员按照各自的自我意识选边站队,并用所选择的团队的态度、立场和观念来看待社会和外部世界。

赖利夫妇在他们提出的社会系统传播模型中分析了群体对个体媒介选择的影响,事实上,媒介选择也在反向建构着新的社会群体。本书第三部分第四章在介绍"多理论多层次框架"时介绍了"同嗜性"在促进传播网络形成中的作用。网络提供了丰富的途径让人们自由选择信息和互动对象,具有相同"性质"的个体更容易形成群体。群体内部的沟通越来越多,而群体之间的交流越来越少,群体之间的冲突越来越多,社会包容性降低,有些国家已经出现了严重的社会割裂现象。

---

① Kimberly S. Young, "What Makes the Internet Addictive: Potential Explanations for Pathological Internet Use," Chicago, IL: the 105th annual meeting of the American Psychological Association, 1997.
② 林绚晖:《网络成瘾现象研究概述》,《中国临床心理学杂志》2002年第1期。
③ 钟瑛:《网络传播伦理》,北京:清华大学出版社2005年版,第76页。

三、新社会运动

李良荣教授认为:"2011年,世界动荡不停,阿拉伯之春、伦敦之夏、华尔街之秋、莫斯科之冬,性质不同,目标不同,结果不同。但有一点共同:都利用互联网来发动、串联、动员,并在极短时间内形成浩大声势,令当局措手不及。"①

随着互联网的发展,社交媒体广泛参与下的社会运动呈现出新的特征,它们日渐摆脱了对传统政治或社会议题的诉求,社会运动也并不限于追求共同利益,"身份认同、共同体和意义"是社会运动的本质。由于网络传播的全球性,这种新的社会运动具有全球化特征,即"在不同国家的动荡中,社交媒体显现出联结全球的强大能力,它使得诱发于一个国家的社会动荡可轻易地突破国界限制,引发更大规模的示威抗议和社会运动,从而形成地区性乃至全球性的'共振效应'"②。

第四节 全球危机

网络传播的全球性特征为网络空间内的全球危机埋下了隐患。一方面,全球范围内,网络安全、网络冲突不断增强,成为全球公害;另一方面,网络空间内的国际传播秩序不平等,加剧了数字鸿沟和网络霸权。

一、网络冲突

网络传播为全球信息传播提供了便利,也为网络犯罪的全球扩张和文化、宗教、宗族、国家之间发生冲突提供了机会。由于各国网络传播治理的标准和方法存在较大的差异,打击网络犯罪的跨国合作和国际行动相对滞后,虚假信息、网络诈骗、信息非法交易等犯罪行为呈现出跨国发展的趋势。

网络恐怖主义是指非政府组织或个人有预谋地利用网络并以网络为攻击目标,以破坏目标所属国的政治稳定、经济安全,扰乱社会秩序,制造轰动效应为目的的恐怖活动。网络传播为恐怖主义思想的传播和活动的组织创造了条件。2013年12月17日,联合国安理会一致通过决议,对恐怖组织或恐怖分子利用互联网实施恐怖行为表示严重关切,明确要求有关国际组织加强对上述行为的打击力度等。

---

① 李良荣:《透视人类社会第四次传播革命》,《新闻记者》2012年第11期,第3页。
② 霍冠宇:《社交媒体在"阿拉伯之春"中的社会动员作用》,外交学院硕士学位论文,2017年。

传播便利也增加了文明冲突的可能性。新媒体成为国与国、文明与文明、意识形态之间冲突和斗争的新领域,一些国家和组织利用现代传播技术引导社会运动或革命,激化社会矛盾,使之直接转化为"颜色革命"。

二、网络霸权

霸权思想是资本主义全球扩张的产物,是近代殖民主义在文化领域的延伸。资本主义全球扩张的步伐至少可追溯到哥伦布探险美洲时期。此后,随着西方政治、经济、军事力量的快速发展,殖民主义开始在全球扩张。20 世纪 60 年代后期,随着电视及卫星科技的快速发展,美国在国际传媒秩序中的主导地位逐渐稳定,一种以文化征服取代军事征服的文化殖民现象在全球范围内蔓延开来,西方学术界由此提出了文化帝国主义这一概念,而文化帝国主义暗含着媒介帝国主义的思想。

随着媒介技术的迅猛发展,尤其是信息高速公路的形成,全球信息网络建立起来,日渐形成一个相互联系的全球信息市场。作为主要的信息提供者的大众媒体在全球信息市场中扮演着重要角色。由于国家发展水平的差异,发达国家的媒体主导了全球信息市场,造成了发展中国家媒体对发达国家媒体的依附。发达国家的媒介系统掌握着国际舆论的主导权,它们制造和传播了大量信息,形成了信息从发达国家向发展中国家单向流动的趋势。在这个过程中,西方媒体不仅获得了巨大的经济利益,还推动了西方价值观向世界扩张,对发展中国家的文化安全造成了威胁。

20 世纪 80 年代,加拿大媒介研究学者托马斯·麦克费尔(Thomas McPhail)总结了全球信息不平衡的现象,提出了电子殖民主义理论。他认为,"电子殖民主义是经由传播硬体(硬件)、进口软体(软件),以及伴随而来的工程师、技术人员、相关资讯彼此所建立的依赖关系,另行建立起一套外国的规范、价值、期望,可能或多或少改变本国的文化和社会过程"[1]。在麦克费尔看来,电子殖民主义出现和存在于当前"帝国扩张的第四个时期",它"在未来将可能取代过去的军事和重商殖民主义"[2]。

虽然电子殖民主义理论是在 20 世纪 80 年代提出的,但理论的完善是在 21 世纪的第一个十年里,它出现在传统大众媒体向新媒体转型的关键时期。这一

---

[1] 〔加拿大〕托马斯·麦克费尔:《电子殖民主义》,郑植荣译,台北:远流出版事业股份有限公司 1994 年版,第 18 页。

[2] 同上书。

理论解释了全球媒介系统如何影响人们的思想与行动。随着互联网时代的到来,电子殖民主义演化为数字殖民主义,产生了真正意义上的网络霸权。网络霸权表现在技术(产品)、内容(语言和文化)、规制等诸多方面。

全球范围内,网络技术和应用的发展极不平衡,全球数字鸿沟正在扩大。"不发达国家科技落后带来了许多消极的持续的负面影响。而对于先进的工业国,生存技术的进步又会促进其他方面的进步,致使一个社会变得更加富裕和强大。"① 客观来说,发达国家由于具备产业研究和技术创新的优势,往往能够在互联网空间中占据明显的优势地位,这将进一步巩固其在世界中的核心位置,而发展中国家将被进一步边缘化。由于信息技术具有强烈的反馈效应,因此"信息富国"和"信息穷国"往往会因为教育资源、经济资本、创造能力等综合国力方面的差距而在信息开发技术上存在距离,使得各国人民在接受和运用互联网上的能力不同,反过来进一步拉大各国在数字技术发展上的距离。数字鸿沟的危害不仅仅在于技术不平等这一问题,更重要的是会使已经处于世界经济边缘的发展中国家被进一步排挤在新一轮经济发展浪潮之外,不利于人类社会的共同发展和实现世界的普遍繁荣,而且还是"产生国际社会动荡的重要根源"②。

英语是最基本的计算机操作语言,几乎所有的网络系统与软件都以英语的形式开发,即使用本国语言操作,也是英语版本的本地化。随着算法对传播效果的干预性越来越强,通过计算机算法识别语言符号进而对传播内容、顺序进行干扰形成了"算法霸权"。在全球信息网络中,超过八成的信息用英文表达,而访问量最大的 100 个网络节点中,超过 90 个在美国境内。③ 语言是文化和内容的载体,以英语承载的信息是基于西方思维的世界景象。

从全球信息流动来看,传统媒体时代的全球新闻信息网络具有中心边缘结构,西方国家处于中心位置,边缘国家不仅受制于中心国家,而且在信息的交流过程中也经历着被边缘化的过程,边缘国家之间也鲜有信息流的交换。④⑤⑥ 在

---

① 王逸舟:《当代国际政治析论》,上海:上海人民出版社 1995 年版,第 155 页。
② 黄凤志:《数字鸿沟与国际关系知识霸权》,《东北亚论坛》2006 年第 3 期。
③ 石峰、张俊萍、朱江天:《新媒体及其文化影响》,《北京文化发展报告(2005)》,同心出版社 2006 年版。
④ Johan Galtung, Mari Holmboe Ruge, "The Structure of Foreign News: The Presentation of the Congo, Cuba and Cyprus Crises in Four Norwegian Nespapers," *Journal of Peace Research*, 1965, 2(1), pp. 64 – 91.
⑤ Kyungmo Kim, George A. Barnett, "The Determinants of International News Flow: A Network Analysis," *Communication Research*, 1996, 23(5), pp. 323 – 352.
⑥ Tsan-Kuo Chang, Tuen-yu Lau, Hao Xiaoming, "From the United States with News and More International Flow, Television Coverage and the World System," *International Communication Gazette*, 2000, 62(6), pp. 505 – 522.

新闻呈现方面,核心国家出现在国际新闻报道中的机会远远多于边缘国家。[1][2]进入互联网时代后,世界各国的新闻网站之间的超链接的信息流动也存在中心边缘结构。[3][4] 社会化媒体兴起后,英美国家的媒体依然在社会化媒体的全球网络中处于核心地位,拥有绝对的影响力。[5] 网络时代新的殖民关系因此而确立,信息技术发达的国家不容置疑地成为新的"信息宗主国",被他国信息所控制的国家自然就沦为"信息殖民地"。

目前,全球网络空间面临的安全隐患越来越多,分裂主义、恐怖主义以及有组织的跨国犯罪都把罪恶的魔爪延伸到网络空间。网络全球治理面临着严峻形势。但是,以美国为首的西方国家,依旧坚持"先占者主权原则",认为"国家在此类领土空间中的行动自由与国家的能力或者说实力直接相关,有多强的实力就可以获得相应的使用份额"[6]。这实际上就是赤裸裸的霸权主义。在实践中,美国主张网络全球治理的"多利益相关方共治模式"。在当前条件下,"多利益相关方"主要是指美国政府、西方发达国家、美国公司、以美国为首的西方发达国家主导的国际组织与非政府组织等。在网络规则的制定方面,发达国家依旧处于主导地位,各种规则也就代表着主导国的利益,无论是网络市场的划分还是技术协议的标准,无不体现着技术力量带来的利益分配格局。美国在对待本国和他国的互联网内容和技术传播时,常常运用"双重标准"进行衡量。它利用自身所掌握的互联网核心技术优势,在对发展中国家形成了霸主式统治地位的同时,还对其他国家正当的网络监管横加干涉,加以指责。

---

[1] Tsan-Kuo Chang, "All Countries Not Created Equal to Be News: World System and International Communication," *Communication Research*, 1998, 25(5), pp. 528 – 623.

[2] Guy J. Golan, "Where in the World Is Africa? Predicting Coverage of Africa by US Television Networks," *International Communication Gazette*, 2008, 70(1), pp. 41 – 57.

[3] Tsan-Kuo Chang, Itai Himelboim, Dong Dong, "Open Global Networks, Closed International Flows World System and Political Economy of Hyperlinks in Cyberspace," *International Communication Gazette*, 2009, 71(3), pp. 137 – 159.

[4] Itai Himelboim, Tsan-Kuo Chang, Stephen McCreery, "International Network of Foreign News Coverage: Old Global Hierarchies in a New Online World," *Journalism & Mass Communication Quarterly*, 2010, 87(2), pp. 297 – 314.

[5] 相德宝:《国际自媒体涉华舆论传者特征及影响力研究——以 Twitter 为例》,《新闻与传播研究》2015 年第 1 期。

[6] 沈逸:《全球网络空间治理原则之争与中国的战略选择》,《外交评论(外交学院学报)》2015 年第 2 期。

第二章
网络传播伦理

伦理是人类社会中人与人、人与自然、人与社会之间的关系和行为规范。伦理是对道德现象和道德关系作出的系统性回答。道德通常是对人们行为的规范，而伦理不仅包括规范，还包括责任。道德伦理总是与一定的历史条件和生产生活实践相结合。人类进入了互联网时代，网络传播成为人们重要的交往方式，网络传播伦理的建立就显得尤为必要了。网络空间兼具工具和场域的双重特征，因此网络传播伦理既包括作为传播工具的技术伦理，也包括承载着传播关系的社会伦理。从技术伦理的角度看，网络传播伦理回应了技术主体与技术主体、技术主体与技术服务对象、技术主体与自然界、技术主体与社会之间的关系；从社会伦理的角度看，网络传播伦理旨在树立网络传播的参与者（包括使用者、管理者、服务提供者）处理网络空间内人与人之间、人与社会之间、人与网络环境之间的关系和行为的原则。网络空间是人类生活的新疆域，迫切需要建立新的秩序。从这个意义上说，网络传播伦理不仅是传统道德和伦理规范向网络空间的延伸，还包括了解决新问题、倡导新行为、处理新关系的思想、礼仪和方法。

第一节 理论基础与价值建构

"休谟法则"提出了事实与价值之间的"二歧鸿沟"，即"应然"能否从"实然"中推导出来的问题。休谟从道德和逻辑学的角度，提出了从行为事实中产生和推导出道德价值的公式：符合道德目的的行为之事实，就是行为之"应该"，反之违背道德目的的行为之事实，就是行为之"不应该"。[1] 这个公式成为社会成员基于对事实的认知和对道德目的的理解，作出行为取舍的标准。从这个意义上说，理想的道德行为应该建立在两个条件之上：一是对事实的正确认知，二是对

---

[1] 王海明：《伦理学原理》，北京：北京大学出版社2005年版，第4页。

道德价值的正确理解。有关对网络传播的认知在本书其他部分做了充分的介绍,对于网络传播道德和价值的研究是本节的重点。

人类对伦理的认知构成了建立网络传播伦理的理论基础。在西方伦理学中,亚里士多德及其追随者的核心思想是美德。康德认为人是理性的存在,不需要任何外在的东西给他们赋予价值,他认为道德指令的形式不是劝诱,而是命令,且是无条件的命令,就是绝对命令。绝对命令将"良心"与"责任"置于一个神圣不可侵犯的位置,即任何人做事都必须基于与生俱来的良心,良心会告知我们如何承担责任、如何选择善恶、如何区别好坏。人一旦违背了自己的良心,不管是轻微的还是无意的,都应产生负罪感。① 以杰里米·边沁为代表的功利主义认为:道德上的正确选择应该带来最大利益而不是害处。功利主义常被简化为"为最大多数人谋求最大幸福(利、善)"的道德哲学或"两利相权取其重、两害相权取其轻"的处世经验。② 约翰·罗尔斯的《正义论》强调正义的原则,认为社会成员必须站在"原始平等地位",摆脱个人、民族等情感在伦理选择中的偏见。功利主义与正义原则存在相悖之处,功利主义强调"最大多数人",而正义原则意味着必须保护弱小一方。中西方理论存在共同之处,对真善美的追求、对良心和道德的恪守在中国文化中相得益彰。孔子的"己所不欲,勿施于人",孟子的"恻隐之心",墨子的"兼爱"等思想都是强调仁爱之情。除此之外,中国哲学的中庸之道和天下思想在伦理体系中也扮演着重要角色。中庸是不偏不倚的处世态度,强调"节制",追求"平衡、和谐、适度"永存的行为准则。"大道之行,天下为公""天下者非一人之天下,乃天下人之天下也""天下兴亡,匹夫有责"……中国传统文化重视"天下"观念,这与西方国家把国家作为最大的政治单位不同。西方世界把国家作为最大政治单位,强调国家利益最大化,这种思想在处理全球危机时显得力不从心,而以"天下"的观念看待和处理全球事务,更加突出了合作共赢。

伦理是衡量价值的标准,在上述伦理理论的基础上形成了不同的价值观。这些价值观可以概括为人权、责任、平衡、正义、可持续性,等等。技术与价值密不可分,技术可以危害价值,也可以支持价值实现。技术的价值包括技术本身的内在机制,例如技术热情、功率和效率、可靠性、坚固性、易维护性、兼容性、质量和合理性等,也包括技术对于人和社会的价值,例如安全、健康和福祉、所有权和财产、隐私权、不受歧视、公正、民主、包容和可持续等。

---

① 王军:《传媒法规与伦理(第二版)》,北京:中国传媒大学出版社2019年版,第245页。
② 同上书,第246页。

第二节 信息伦理

> 所谓有效地生活就是拥有足够的信息来生活。由此可知,通讯和控制之作为个人内在生活的本质就跟它们之作为个人社会生活的本质一样。①
>
> ——诺伯特·维纳(Norbert Wiener)

控制论的创立者诺伯特·维纳也是早期信息伦理学的主要贡献者。第二次世界大战期间,在战斗机变得快速和敏捷以至于人的眼睛难以有效瞄准和击落它们的背景下,维纳作为麻省理工学院的数学教师,参与设计了一种新型防空炮,它可以"感知"到飞机的状态和变化,并通过自身内部系统之间的相互沟通,在无人干预的情况下执行射击任务。在这个过程中这款新型防空炮能够搜集外部信息,并基于这些信息得出合乎逻辑的结论,进而做出决定并执行。这项研究不仅孕育了控制论的思想,而且引发了维纳对信息伦理的关心:"现代的超高速计算机器原则上是一个自动控制设备的理想的中枢神经系统;而且它的输入和输出不需要数字或图表的形式,而完全可能分别以人工感觉器官,如光电细胞或温度计、电机或螺线管性能的仪表指示数阅读……很久以前,长崎(Nagasaki)和原子弹的公众意识使我认为,我们在这里要面对关于善恶的前所未闻的重要性的另一种社会潜力。"②

维纳对信息伦理的关心体现在两个层面上:一是从信息学的角度,推动信息伦理学的形而上学,把信息视为与物质—能量相提并论的宇宙中一切事物的基本"要素",从这个方面看,信息熵就变得尤为重要。意大利学者卢西亚诺·弗洛里迪(Luciano Floridi)教授认为信息层面的伦理在于零熵律,即信息圈内的熵既不应该产生,又不应该消除。信息学层面的伦理分析解决了作为工具和生产资料的信息如何被更加有效地生产和传播的问题。二是从语义学和社会学的角度对信息可能带来的善恶与利益之间的关系协调问题。1986年,美国管理信息科学专家曼森(Richard O. Mason)提出了信息时代的四个主要伦理议题(PARA理论),即信息隐私权(Privacy)、信息正确权(Accuracy)、信息产权(Property)、

---

① 〔美〕诺伯特·维纳:《人有人的用处:控制论和社会》,陈步译,北京:商务印书馆1978年版,第9页。

② 〔荷兰〕尤瑞恩·范登·霍文、〔澳大利亚〕约翰·维克特:《信息技术与道德哲学》,赵迎欢、宋吉鑫、张勤译,北京:科学出版社2014年版,第9页。

信息资源存取权(Accessibility)。20 世纪 90 年代，美国华盛顿大学信息学院教授巴蒂亚·弗里德曼等人统计了 12 种信息和通信技术领域中特别重要的价值——人的福利、所有权和财产、隐私权的保护、不受歧视的保护、通用性、信任、自我决定、启蒙后的同意、责任、身份、均衡和生态可持续性。①

20 世纪 90 年代之后，信息伦理讨论的问题越来越宏大，主要包括：信息时代国与国、地区与地区之间的数字鸿沟问题；信息共享和信息保护间的动态交互；不同文化背景下的"文化禁区"；公平公正的信息通用访问；等等。以此为基础，从信息生产、信息传播、信息使用三个层面，形成的信息伦理包括：一是为保证交际的顺利实现，信息生产者对信息的真实性和客观性负责，真实性是指"诚实寻求真理，开放接受批评"，客观性则强调对信息的质而非量进行考察，要符合实际，不要轻信信息传播者；二是对信息传播者而言，要注重信息的可访问性、保密性和完整性，即信息的受众是最广泛的大众，保证信息不成为国家、种族和地区冲突的源头，同时信息作为个人的劳动成果，要保证正确、完整，不被随意篡改；三是网络用户作为网络使用者的责任。②

综上所述，信息伦理包括三个层面的要求：一是对信息的正确性、准确性、有用性、效率性方面的基本要求（信息学层面的意义）；二是对增进个人福祉和避免伤害的要求，包括对安全、健康、隐私和财产权利的维护；三是促进沟通且避免分裂的要求，包括开放、公平、公正、平等，反对歧视、分裂、对抗。

信息伦理对指导各国政府制定相应的网络信息规范与管理政策具有重要的指导性，国家互联网信息办公室于 2021 年 1 月 8 日印发的《互联网信息服务管理办法（修订草案征求意见稿）》提出的宗旨是"为了促进互联网信息服务健康有序发展，保护公民、法人和其他组织的合法权益，维护国家安全和公共利益"，为此，"国家倡导诚实守信、健康文明的网络行为，推动传播社会主义核心价值观、社会主义先进文化、中华优秀传统文化，促进形成积极健康、向上向善的网络文化，营造清朗网络空间"。

第三节 新 闻 伦 理

新闻是一类特殊的信息。新闻传播不仅事关国计民生、社会稳定发展，而且

---

① 〔德〕阿明·格伦瓦尔德主编：《技术伦理学手册》，吴宁译，北京：社会科学文献出版社 2017 年版，第 237 页。
② 王国豫、朱雯熙：《从规范伦理到信息形而上学——普适计算时代的德国信息哲学与伦理学研究》，《哲学动态》2017 年第 2 期。

对文化风尚、社会思潮有重大影响。新闻是历史的底稿,也是未来的坐标。新闻通常由专业的机构生成或组织,因此新闻伦理成为指导新闻媒体和新闻工作者的重要原则。有学者通过对79个国家、地区的134条新闻和媒体伦理方面的规范进行分析,总结了其对应的10个方面的原则:保护消息来源,保护隐私,更正、准确、明确新闻界限,保障表达自由、新闻自由,避免利益冲突,以正式方式获取信息,独立,禁止剽窃抄袭等。①

依据新闻生产和传播的过程,新闻伦理包括了对来源、素材的选择甄别、报道和传播方式等,主要有以下几个方面:一是以正义合法的方式获取信息,并合理保护信息源,避免信息交易;二是保证新闻的真实性、准确性,对出现的错误即时更正;三是兼顾新闻自由与社会责任,尊重人类共同的价值,保持良心与仁爱,履行社会责任和道德责任;四是平衡隐私与公共利益,除非因公共利益或更高的需要,否则不可侵犯他人的隐私;五是避免歧视,尊重报道对象,尤其是涉及犯罪、灾难、医院以及未成年人和女性;六是保持独立,避免利益交换,与广告、软文有明确的界限,避免"有偿新闻"或其他利益交换。

第四节 算法伦理

算法伦理是伴随着普适计算的发展,人们感受到工作生活和思维活动日渐为计算机软件或算法所左右时出现的反思。关于计算机如何影响人类的讨论从20世纪80年代业已开始,直到现在依旧没有突破数十年前的主题:智能体伦理规范、人工智能、机器心理学、虚拟社区、远程办公、计算机和失业、计算机和安全、计算机和宗教信仰、计算机和学习、残疾人计算机、人体和机器的合作、计算机专业人员的责任等。② 1985年,詹姆斯·摩尔(James Moor)发表了《什么是计算机伦理学?》一文,指出计算机伦理学之所以重要的一个非常关键的因素是计算机技术具有"逻辑上的可塑性"。"计算机逻辑上的可塑性,则在于对它们的设计、制造,能使其成为具有(可以输入、输出信号及有关的逻辑运算方面来表征的)任何功能的机器。"③摩尔教授的观点很好地解释了为什么同样是人类创造的工具和机器,却鲜有提及"汽车伦理""铁路伦理"。而近年来,基因技术、纳米技术和神经技术备受伦理学界关注,也与这些技术的"可塑性"或"再造性"密切

---

① 王军:《传媒法规与伦理(第二版)》,北京:中国传媒大学出版社2019年版,第256页。
② 〔荷兰〕尤瑞恩·范登·霍文、〔澳大利亚〕约翰·维克特:《信息技术与道德哲学》,赵迎欢、宋吉鑫、张勤译,北京:科学出版社2014年版,第21—23页。
③ 〔美〕J.H.穆尔:《什么是计算机伦理学》,鲁旭东译,《哲学译丛》1988年第1期。

相关。信息技术使逻辑可塑,基因技术使生命可塑,纳米技术使材料可塑,神经技术使心灵可塑,这意味着在某些范式的暗示下,这些技术拥有控制人类和自然界的巨大力量,每一种技术都可能创造与我们过去经历的不同的世界。① 卢西亚诺·弗洛里迪认为这种可编辑、可重塑的改变是由艾伦·图灵所引导的,人类在逻辑推理、信息处理和智能行为领域的主导地位不复存在,数字主体越来越多地替代人类在信息处理和思维领域的工作,人类不再是信息圈至高无上的主宰。这就是"图灵革命"。

任何算法的正确与错误、善与恶的体现,都可以归结为软件的设计者的思想体现,算法伦理本质上是工程师伦理。《澳大利亚计算机协会伦理准则》中表达了几种基本的价值和社会理想:诚实、坦率和公平;竭诚为社会服务;增进人类福祉;关心和尊重人的隐私。② 《英国计算机协会行为守则》中涉及责任的表述包括:重视公众健康、安全和环境;尊重第三方的合法权利;毫无歧视地从事专业活动;拒绝任何贿赂和诱惑。③ 这些条款体现了人类的普遍价值。具体到网络传播领域,算法伦理就是要保障信息伦理和新闻伦理的实现,而不是以"算法无法干预"为由挑战伦理底线。

算法推荐成为智能媒体时代信息分发的一种重要方式。长期以来,算法推荐领域存在着推送有害和不良信息、算法歧视、"大数据杀熟"、诱导沉迷等不规范的行为,还出现了流量的非法交易等。2022 年 3 月 1 日,国家互联网信息办公室、工业和信息化部、公安部、国家市场监督管理总局联合发布《互联网信息服务算法推荐管理规定》,明确了算法推荐的服务范围,提出了坚持主流价值导向、积极传播正能量的要求,明确禁止利用算法推荐服务从事违法活动或者传播违法信息,要求采取措施防范和抵制传播不良信息。算法推荐应符合互联网新闻信息服务管理的相关要求,不得生成合成虚假新闻信息或者传播非国家规定范围内的单位发布的新闻信息;不得利用算法实施影响网络舆论、规避监督管理以及垄断和不正当竞争行为。此外,这个规定还特别关注算法推荐对传播秩序、市场秩序和社会秩序的影响,提出了与其社会影响力相适应的义务要求和责任标准。

---

① 〔荷兰〕尤瑞恩·范登·霍文、〔澳大利亚〕约翰·维克特:《信息技术与道德哲学》,赵迎欢、宋吉鑫、张勤译,北京:科学出版社 2014 年版,第 32 页。
② "ACS Code of Ethics," ACS(2022-03-22)[2022-03-24], https://www.acs.org.au/content/dam/acs/acs-documents/Code-of-Ethics.pdf
③ "BCS Code of Conduct," BCS(2022-03-22)[2022-03-24], https://www.bcs.org/membership-and-registrations/become-a-member/bcs-code-of-conduct/

第五节 平台责任

　　互联网发展早期,平台是指一种技术开发环境,或者是一系列技术集成领域。随着互联网应用的发展和市场分工的专业程度提升,人类从工业经济时代迈向了平台经济时代,出现了一些典型的平台型公司。平台的一个核心特征就是基于自身建立的界面连接供需两侧,实现网络效益。平台在当前的网络传播环境中扮演着重要角色,根据责任铁律,平台的责任应该与其社会地位相适应。责任铁律(Iron Law of Responsibility)认为企业承担的社会责任应与其所享有的社会地位和社会权利相一致,即享有较高社会地位和较多社会权利的企业应该承担更多的与之相适应的社会责任。

　　在网络效应的影响下,平台趋于垄断。平台与公共服务的联姻,让平台从日常生活的"辅助品"转变为生产生活的"必需品",从提升个人生活品质的"消费品"转变为关乎社会福祉和公共治理水平的"公共服务",从独立的新的经济领域转变为影响和引领其他行业和部门转型升级的"基础设施"。从这个意义上说,平台责任不仅包括一般意义上的企业社会责任,还包括一部分公共服务责任。

　　从产业生态来看,传统的生态圈一般存在消费者、生产者、竞争者以及其他支持型组织成员,平台生态圈的主要成员是平台的创建者、供给侧用户、需求侧用户以及其他用户,由此可见平台企业是平台生态圈的核心,其他成员基于平台的规则和引导形成相互交易、相互协作与互补耦合的动态关系。平台通过流量、资本、用户或数据影响着生态体系中的其他企业或用户,拥有行业规则、标准、定价的优先权。从这个意义上说,平台责任还包括维护公平竞争环境和良好商业生态的责任。平台的商业模式是用户共创价值。用户参与生产和传播是平台运营的重要前提,因此平台的责任不仅包括"克己",还包括用户管理。

　　平台责任首先建立在企业社会责任之上。企业社会责任的思想出现于20世纪30年代的美国。一方面,由于二战后工业化进程中企业经济实力的不断扩张,出现了实力雄厚的巨型公司,这些公司凭借其实力左右着成千上万劳动者的命运,决定一个国家或地区的经济兴衰,影响了科学技术、教育、文化等非经济领域的发展;另一方面,由于以美国为首的西方发达国家在向后工业化社会转型的过程中社会结构的变化引发了社会思想的变迁,从关注效率和发展的阶段进入提高生活质量、协调人与自然关系的时期,因而企业的种种负外部性表现,例如环境问题、资源问题等,受到越来越多的批评和限制。企业社会责任理论的提出基于对现代企业仅仅追求经济利益的批判,强调公司是多个相关方的受托者,应对股东和更广泛的群体负责。基于对理论和实践的不断探索,最终形成以责任铁律、"金字塔模型"、利益相关方等理论为主要构架的企业社会责任理论框架。基于前文对平台性质和企业社会责任理论的梳理,平台责任应包括如下三个维度:

一是基于平台性质的责任。基于平台基础性和公共性,促进基本公共服务均等化,以及发挥自身优势,助力政府决策和社会治理,改善民众生活品质成为责任的题中之义;[1]基于其在产业生态中的位置,平台应履行避免垄断、技术扼杀、算法滥用和系统封闭,保障行业公平竞争秩序的责任;基于用户价值导向的商业模式,平台应履行规范平台内各种用户行为、维系网络空间公序良俗、打造清朗的网络环境的责任。

二是基于平台功能的责任。平台的主要功能包括发布信息、便捷交易、方便沟通、提供娱乐。针对不同功能类型的平台,社会责任的要求也有不同的侧重。提供信息发布服务的平台要遵守信息伦理,主要是提高信息质量,注重真实性、公平性和可靠性,坚持正确的价值导向,兼顾经济价值和社会价值,对于发布和传播新闻类信息应获得许可,遵循新闻规律和新闻价值。对于提供交易服务的平台,要对买卖过程严格把关、打击假冒伪劣产品,整治数据造假和虚假宣传,保证交易安全。对于提供社交和沟通服务的平台,要把保护用户的隐私和数据安全作为履行社会责任的主要内容。对于提供服务的平台,一方面要加强版权保护,打击恶性竞争和杀鸡取卵式的发展模式;另一方面,要进行文化治理,避免低俗、极端、暴力等内容充斥网络空间。此外,要加强未成年人保护。

三是基于多利益相关方的责任。在利益相关者维度的概念界定中,有内部和外部两个主要区域范围。内部的利益相关者主要是指客户、员工和股东,是和互联网企业运作直接相关的利益对象。外部的利益相关者是指受企业决策与行为现实的和潜在的、直接的和间接的影响的任何个人、团体乃至社会整体。从利益相关方的视角出发,结合上述维度的分析,平台应履行的责任如表10-2-1所示。

表10-2-1 基于多利益相关方的社会责任体系

用户	提供真实可靠的信息 诚信交易,提供优质产品及售后服务 产品种类、性能多样化,改善用户体验 严格管理因提供产品或服务而获取的客户个人信息,保护个人隐私

---

[1] 田丽、黄泽方:《超越企业的社会责任论——新冠肺炎疫情中互联网企业的责任》,《信息安全与通信保密》2020年第3期。

(续表)

员工	劳动关系的形成、存续及解除均符合劳动法等相关法律法规及地方规定,保障平等雇佣 合理的薪酬体系,完善的培训制度,透明的晋升通道 提供社会保障,遵守工伤保险条例及其他法律法规 建立民主管理、集体协商制度 尊重员工的民族、宗教和其他习俗 优化算法管理,维护劳动者基本权利 完善加班制度,优化办公环境,保障员工身心健康
股东	提高企业利润增长水平及持续盈利能力,增加股东回报 遵守公司法等相关法律法规,保障股东合法权益的实现,参与公司决策 严格遵守信息披露相关规定,保证信息披露的真实、准确、完整、及时、公平 完善公司治理,确保股东充分享有法律法规规章及公司制度所规定的各项合法权益
合作伙伴	遵守法律法规、行业规范、标准及道德准则 按照合同约定履行义务 廉洁从业,监控和防范商业贿赂等行为 构建和谐、诚信、公平的合作模式,逐步形成成熟的行业生态圈
同行竞争者	公平竞争、不滥用市场支配地位 遵守商业道德
政府	依法纳税 积极响应政府政策 坚持社会主义核心价值体系,传播正能量 支持政府公益、福利事业 公司发展战略与社会可持续发展相结合 开展政企合作,共同推动社会进步
社区	带动社区经济增速发展,繁荣社区经济,共享企业经济发展成果 提供就业机会,增加就业 积极参与社会事务,加强与社区的沟通联系,关注不同群体的利益需求 共同维护公共利益,构建和谐社区文化 积极参与并支持社区公益事业
环境	绿色办公 节能产品

第六节 网络文明

文明是一个复杂的概念。广义的文明是指使人类脱离野蛮状态的所有社会行为和自然行为构成的集合,包括人类创造的一切财富,尤其是精神财富。狭义的文明特指社会发展水平较高的有文化的状态,是与蒙昧、野蛮、陋习、粗野相反的状态。网络文明也有广义和狭义之分:广义的网络文明泛指因信息网络技术的应用而产生的一种新的文明形态,狭义的网络文明是指网络空间内的精神文明和礼貌行为。广义的网络文明是一个时代概念,2021年11月19日,习近平在致首届中国网络文明大会的贺信的贺信中提到,"网络文明是新形势下社会文明的重要内容,是建设网络强国的重要领域"。狭义的网络文明指向网络空间参与者的言行伦理。本节所指的网络文明是狭义的概念,主要是网民在网络中的伦理道德和礼仪规范。

网民是网络传播重要的参与者,具有使用者和生产者的双重身份。网民的言行对网络传播伦理建设具有重要的影响。早在2001年,共青团中央、教育部、文化部等多个部委就联合推出了《全国青少年网络文明公约》,号召广大青少年"要善于网上学习,不浏览不良信息;要诚实友好交流,不侮辱欺骗他人;要增强自护意识,不随意约会网友;要维护网络安全,不破坏网络秩序;要有益身心健康,不沉迷虚拟时空"。这些条款涵盖了网络学习和网络社交等最常见的网络行为。随着网络服务和应用的发展,网民在网络空间内的行为也越来越复杂,迫切需要新的文明规范的引导。网络不是法外之地,更不是道德荒漠,网民应该自觉遵守法律法规以及基本的公序良俗,保持善意和良心。2019年12月15日公布的《网络信息内容生态治理规定》特别突出了对网民(网络信息内容服务使用者)的要求。

知识框33 网络信息内容生态治理的网民责任

《网络信息内容生态治理规定》的第四章对网络信息内容服务使用者提出了八条如下要求:

第十八条 网络信息内容服务使用者应当文明健康使用网络,按照法律法规的要求和用户协议约定,切实履行相应义务,在以发帖、回复、留言、弹幕等形式参与网络活动时,文明互动,理性表达,不得发布本规定第六条规定的信息,防范和抵制本规定第七条规定的信息。

> **第十九条** 网络群组、论坛社区版块建立者和管理者应当履行群组、版块管理责任,依据法律法规、用户协议和平台公约等,规范群组、版块内信息发布等行为。
>
> **第二十条** 鼓励网络信息内容服务使用者积极参与网络信息内容生态治理,通过投诉、举报等方式对网上违法和不良信息进行监督,共同维护良好网络生态。
>
> **第二十一条** 网络信息内容服务使用者和网络信息内容生产者、网络信息内容服务平台不得利用网络和相关信息技术实施侮辱、诽谤、威胁、散布谣言以及侵犯他人隐私等违法行为,损害他人合法权益。
>
> **第二十二条** 网络信息内容服务使用者和网络信息内容生产者、网络信息内容服务平台不得通过发布、删除信息以及其他干预信息呈现的手段侵害他人合法权益或者谋取非法利益。
>
> **第二十三条** 网络信息内容服务使用者和网络信息内容生产者、网络信息内容服务平台不得利用深度学习、虚拟现实等新技术新应用从事法律、行政法规禁止的活动。
>
> **第二十四条** 网络信息内容服务使用者和网络信息内容生产者、网络信息内容服务平台不得通过人工方式或者技术手段实施流量造假、流量劫持以及虚假注册账号、非法交易账号、操纵用户账号等行为,破坏网络生态秩序。
>
> **第二十五条** 网络信息内容服务使用者和网络信息内容生产者、网络信息内容服务平台不得利用党旗、党徽、国旗、国徽、国歌等代表党和国家形象的标识及内容,或者借国家重大活动、重大纪念日和国家机关及其工作人员名义等,违法违规开展网络商业营销活动。

针对网络中出现的新交往方式,倡导"网络礼仪"(netiquette)的呼声越来越高。礼仪不仅是一种行为规范,还往往传达着某种情绪,如尊重、信任、祝贺等。礼仪是文明的一种表现,建构"网络礼仪"正是网络文明的具体表现。网络礼仪包括问候礼仪、回应礼仪、社交礼仪、公开发言的礼仪、参与讨论的礼仪、引用礼仪、消费礼仪、游戏礼仪等,这些礼仪在不同的场景中有不同的要求。以问候礼仪为例,网络传播兼具正式传播和非正式传播的属性,问候礼仪要与网络应用和沟通情境相一致,过分的客气和过分的亲切都会让人产生不适感。礼仪的基本原则是尊重和不打扰。我国台湾地区一项面向高中生的信息素养和伦理教育,总结了网络礼仪的十项原则:推己及人;(网上网下)表里如一;入境随俗;节约资源(包括尊重他人的时间,节省带宽和主机存储空间);言行有礼;传播善知;网络论战保持理性和道德;尊重隐私;行权以仁;宽以待人。

第七节 全球伦理

人类进化到现在,还没有完全成功地创造出一种被普遍接受的具有全球性特征的全球伦理。无论是宗教还是任何一种政治学说都尚未在实践中统治全球。互联网给人类带来了深刻的变化,网络空间没有传统意义上的边界,网络空间的边界取决于个人或机构在网络空间的渗透能力。由于网络传播具有全球性特征,与网络传播相关的问题实际上更具有全球性。网络传播伦理承载着全球治理的需要,是建立全球伦理的关键领域。网络传播的全球伦理应该建立在相互尊重安全和发展利益的基础上,促进人类共享网络传播带来的机会。

首先是尊重差异。尽管网络传播技术和应用具有全球性特征,但是技术的意义建构和文化解释却具有鲜明的社会性。由于各个国家在技术、文化、政治、意识形态和社会发展阶段方面存在差异,尚不具备形成统一的伦理标准的前提,因此尊重是避免冲突的前提。其次是维护安全。网络传播的全球性特征使恐怖主义等传统安全议题网络化,进而发展成为全球公害,威胁着人类的共同安全,而肃清这些不安全因素需要全球共同努力。再次是促进公平。目前,全球发展不平等的问题在网络空间内不是缩小,而是有所扩大,网络传播的全球伦理倡导的不是以强欺弱或者牺牲欠发达国家和地区的利益,成全发达国家和地区的进一步发展,而是通过倡导利用网络传播带来的机遇,积极弥合数字鸿沟,共享网络发展的红利。总而言之,尊重、公平、合作、共享和发展才是网络传播全球伦理的核心要义。

第三章
西方国家网络传播治理实践

网络传播带来的危机成为世界各国治理中面临的重要课题。西方国家从法治、市场、技术、公众等多种渠道,采取司法、行政、行业自律、专项行动以及技术手段等,对互联网信息内容和网络传播进行治理。本章将重点介绍美国、欧盟、英国联邦以及我国亚洲邻国在互联网治理方面的特点与经验。

第一节 美国:有争议的监管,更积极的监控

美国是互联网的发源地,互联网也是美国拓展国家利益的重要平台。纵观美国互联网治理的全过程会发现:一方面,美国立法、司法、行政等权力主体和社会公众对网络内容监管保持极审慎的态度;另一方面,在涉及国家安全的领域,政府开展了全面深入的技术监控。

基于美国的政治传统以及三权分立的政治体制,网络传播治理是一个长期以来有争议的话题。美国宪法第一修正案严格禁止联邦、各州以及地方政府对公民言论开展审查行动,网络传播治理受到严格的限制。美国的网络传播治理更加倚重在既有的法律框架和社会体制下的公众对话、立法辩论、司法审核等方式。由私人部门或地方政府发起的局部管制逐渐代替了直接的联邦层面的统一监管。从20世纪90年代开始,美国开始尝试限制互联网上的色情内容,特别是儿童色情信息。但是,在具体权衡未成年人保护与言论自由的双重价值时,美国陷入了长期的立法争议,因此美国的网络传播治理在全球范围内都是极特殊的。

美国于1996年修订了《电信法》,其中的一篇——《传播庄重法》(又称为《文明通信法》,Communication Decency Act)在国会通过,并被签署为法律。该法旨在消除网上低俗和色情信息对少年儿童的影响,其中明确了网络服务提供者对青少年获取色情信息采用禁止技术时不承担法律责任。修订后的《传播庄重法》一经公布便引起极大争议,美国民权联盟(American Civil Liberty Union)就

此代表多个民间组织于 1997 年向美国最高法院提起诉讼。最高法院认为《传播庄重法》"对言论自由的保护造成了沉重的负担","严重压抑了向成年人发送言论",同时认为其"对猥亵内容的定义过于含糊",9 名大法官全票裁定其中有关禁止低俗内容传播的条款违反宪法,但是保留了该法的第 230 款:"互联网信息服务提供者不必对第三方在网络上的言论行为负责;信息服务提供者出于好意自愿禁止某些冒犯性资讯或为第三方提供禁止内容接入技术也不承担法律责任。"

1998 年,为弥补《传播庄重法》被判违宪的空白,美国又颁布了《儿童在线保护法》[又称为《儿童网上保护法》(Child Online Protection Act)],以控制未成年人获取互联网上被判定为少儿不宜的信息内容。该法案将限制内容缩减到商业网站并只限于美国地区的内容供应商,要求商业网站在向用户提供色情内容时必须审查用户的年龄①,但同样因为难以在保护未成年人的同时不侵犯成年人获取信息的权利,也被最高法院裁定违反宪法。

经历两次立法失败后,美国国会改变了策略:既然对内容供应商的监管如此困难,不妨对政府权力可及范围内的机构施加影响。② 这一转变催生了《儿童互联网保护法》(Children's Internet Protection Act),该法不再寻求广义上全网络范围内的内容监管,而是要求接受联邦教育基金资助的全国范围的学校和图书馆采取措施,阻止未成年人通过其网络接触到不适宜的内容或不安全的信息行为,安装色情信息过滤软件,允许成年人要求删除或屏蔽子女对特定信息内容的接触,并监控未成年人的网络行为。该法颁布后,美国民权联盟和图书馆协会(American Library Association)便起诉其对图书馆的内容审查要求侵犯了公民言论自由权利,宾夕法尼亚州东区法院也做出了违宪的裁定。但是,在联邦政府提出上述法案后,美国最高法院最终于 2003 年裁定《儿童互联网保护法》符合宪法,可以施行。该法案规定美国的公共图书馆必须给联网计算机安装色情过滤系统,政府为建立网络过滤技术系统提供资金支持,以防止未成年人上网接触"淫秽、儿童色情和伤害未成年人的露骨描述"。

除对已经颁布的法律反复进行合法性审核外,美国国会多年来还有过多次对网络信息内容监管的立法尝试,但均因类似的原因未获通过。因此,美国网络传播治理转而寻求各州、各地方政府的立法和司法检查,以及互联网行业或公众

---

① 何蕴琪:《[天下远见]美国也有互联网监管 美国网络监管管什么》,南方周末网(2012-12-27)[2021-09-17],http://www.infzm.com/contents/84461.

② 同上。

组织的关注。截至 2013 年，美国有 12 个州要求学校和图书馆安装信息过滤软件，有 13 个州要求学校和图书馆采取适当的保护未成年人的策略，有 5 个州要求互联网服务提供商对接入用户提供可以管控所浏览信息的技术或工具。同时，苹果、谷歌、脸书等多家互联网企业都自发采取措施限制冒犯性信息内容。

与慎重的网络内容治理同时发展的是一个有计划、有组织、有目的的在美国全国乃至全球范围内的网络信息监控与安全保护的体系。

1998 年 5 月，克林顿政府发布了《关于保护美国关键基础设施的第 63 号总统令》，首次正式明确了信息安全的概念、意义、目标，设立了关键基础设施保障办公室，指定保护一批重要的政府部门，制订了详尽的信息保护计划。2000 年 1 月，又发布了更为详尽、具体的《信息系统保护国家计划》。"9·11"事件发生后，美国的网络安全战略全面升级。2001 年 10 月，布什政府发布了名为《信息时代保护关键基础设施》的行政命令，将原有的国家互联网基础设施办公室升级为总统关键基础设施委员会。同年又通过了著名的《美国爱国者法》（USA Patriot Act），它与 2002 年 7 月通过的《国土安全法》一起背书了美国政府对公众互联网信息和数据资源的监控行为。2003 年 2 月，美国发布了《确保网络空间安全的国家战略》，正式将网络空间安全提升至国家安全的战略高度，提出了三项总体战略目标和五项具体优先目标。2006 年，布什政府发布《国家基础设施保护预案》，标志着美国互联网安全战略由积极防御转为攻防兼备。2007 年，美国空军组建了专门负责实施信息网络攻击的空军网络司令部。2008 年 1 月，布什政府再次发布了《国家网络安全综合计划》。

由于互联网在奥巴马竞选时起到了巨大的推动作用，奥巴马政府上台后特别重视美国的互联网安全和利益。2009 年 5 月，奥巴马政府公布《网络空间安全评估报告》，明确了新政府的全球互联网战略。同年 6 月，美军组建新的网络战司令部，整合各军种指挥机构，并因此成为全球首个公开正式将战争机构引入互联网的国家。2010 年 1 月，美国国防部发布《四年任务使命评估报告》，指出网络中心战是美军的核心能力。同年 5 月，奥巴马在《2010 年国家安全战略报告》中宣称网络安全威胁是美国面临的最严重的国家安全、公共安全和经济安全挑战之一。2011 年 5 月，奥巴马政府又发布《网络空间国际战略》报告，提出了美国在全球互联网建立主导权的战略。互联网信息内容进一步从美国政府需要应对的政策问题转向为其谋求网络霸权地位的工具。特别是斯诺登事件曝光了美国多个政府部门的多项全访问网络信息监控行动，使得美国互联网监控战略为世人所知。

从以上的总结中发现，美国的网络传播治理既与美国政治传统和体制紧密相连,又得益于其强大的网络技术与资源。这使美国的网络传播治理始终处于有效的国家治理框架之内,同时又能为谋求网络国家利益起到推动作用。

> **知识框 34　美国网络传播治理案例**
>
> 　　2011年1月,美国内华达州首府卡森城两所中学的6名女生,因为在脸书上发起了一个名为"袭击教师日"的活动被警方逮捕;同年6月下旬,一名美国男子因在泰国发电邮威胁杀死美国副总统拜登,于9月抵达夏威夷时被捕;2013年5月,美国马萨诸塞州的一个大学生在脸书上威胁称会制造比波士顿马拉松赛爆炸案更厉害的恐怖袭击,随后被警方逮捕;6月,美国一男子在白宫官方网站上留言,威胁奥巴马一家,后于11月被警方逮捕;2014年3月,洛杉矶一男子在推特上发文称"如果征集到100人回复,我即枪杀街上行人",警方当天下午将其逮捕。①

第二节　欧盟(欧洲大陆):有法可依的分类治理

与美国不同,欧盟国家较早地意识到高位阶的成文法对网络传播治理的重要性。2002年,欧盟颁布了5个适用于所有信息网络的一致指令,要求成员国尽快落实为国内法律,其中就有针对垃圾邮件、网络犯罪、未成年人保护等内容性问题的统一部署。2005年12月,欧盟委员会发布《视听媒体业务指令》,禁止播出色情、极端暴力等伤害未成年人的节目。欧盟将网络信息内容区分为非法和有害两种。对前者,采取立法、司法和行业自律等方式限制传播,特别针对儿童色情、种族仇视等方面的内容;而对于后者,则进一步区分为限制传播内容和冒犯性内容,倡导社会、家庭的力量制约青少年对这些信息的接触。

德国是欧盟的主要国家,对网络传播治理采取了较为有力的监管措施。1997年6月,德国颁布了世界上第一部互联网传播法《多媒体法》。随后,德国进一步颁布了《电信服务法》《数字签名法》等,并根据实际需要修订了《刑法法典》《治安条例法》以适应网络内容治理需要。德国的网络传播治理主要针对网上传播的色情、暴力等危害儿童身心健康的信息以及煽动纳粹恐怖主义、种族歧

---

① 董佳宁:《美20岁男子因推特散布恐怖信息被捕 需交纳5万美元可保释》,观察者网(2014-03-14)[2019-12-20],https://www.guancha.cn/america/2014_03_14_213802_s.shtml

视、侮辱和诽谤的言论等。德国内政部是负责互联网信息安全的最高政府部门，下设信息技术安全局并设立了网络警察，负责监控网络信息。德国政府还特别成立了危害青少年媒体检查处，专门负责追踪、识别和检查网络信息内容，一方面运用技术手段阻隔青少年接入不当信息，另一方面要求网络信息服务提供商自觉保护青少年权益，否则就要接受长期的政府督查。

欧盟的另一个主要国家——法国，也高度重视网络传播治理。早在1996年，法国便修订了原有的关于通信自由的法律条文，要求互联网的接入提供商提供信道封锁的技术，成立行业委员会制定职业规范，并声明会对违反规定的企业追究刑事责任。1999年，还成立了互联网国家顾问委员会，协调政府与行业主体共同对网络信息开展管理。随着时间的推移，法国对网络内容的治理力度进一步增强。2000年，法国法院要求雅虎删除其网站上涉及纳粹主义的信息。2001年，美国地方法院认为法国法院的判决与美国宪法相违背，支持雅虎不必执行法国法院判决，但该意见没有得到美国最高法院的支持。该案例成为跨国公司信息内容监管的里程碑事件。跨国网络公司遵守当地法律由此逐渐成为惯例。2006年，法国法律增加了"互联网服务供应商必须向用户介绍并推荐使用内容过滤软件"的条款，并且要求每一个内容提供商都要遵守与电信监督机构签订的合同。2009年，法国议会通过了《警察与安全：国土安全绩效指导和规划法》(LOPPSI 2)，要求互联网服务提供商必须阻止用户接入法国内务部列出的儿童色情网站，同时还补充了有关禁止非法下载的条款。

欧盟国家数量多，文化背景不一。但从欧盟委员会的统一指令和德法两个主要国家的治理行动来看，欧盟国家特别重视未成年人获取网络信息时的保护措施，注重以欧盟统一的和各国特色的法律为基础，以多种监管方式区别对待不同的网络信息内容，同时也比较注重发挥社会力量营造网络共管的氛围。

第三节 英联邦：注重行业自律的力量

与欧洲大陆国家以成文法为基础、政府主导推行网络传播治理的做法不同，以英国为代表的英联邦国家更加注重发挥互联网行业组织的自律力量。

1996年，英国的互联网信息服务提供商自发组织成立了网络观察基金会(Internet Watch Foundation)，以制定标准、接受用户举报等方式指导互联网行业开展信息内容自律行动。该基金会是在英国工业贸易部、国内事务部、城市警察署的支持下开展工作的，由12人组成董事会，其中4人来自网络服务平台，8人为非网络人士。同时，英国互联网信息服务提供商协会还拟定了《从业人员行为守则》(ISPA Code of Practice),强调互联网信息内容适用既有的传播法律,运营商应接受公众举报投诉并设立内容分级和过滤系统。在长期的互联网治理实践中,英国通过立法保障和行业自律,辅之以政府指导,贯彻"监督而非监控"的理念。

但从21世纪初开始,由于全球安全形势的变化,针对恐怖主义和网络犯罪的泛滥,英国也开始加大互联网内容治理的力度。截至2013年,在有5岁至15岁的未成年人的家庭中有43%安装了网络信息过滤软件。[1]

澳大利亚也是较早开展网络传播治理的英联邦国家之一。澳大利亚的相关治理工作由地方政府首先推动。1995年11月,西澳大利亚省通过了《检查法案》,直接规定网络平台对在其上传播的内容负责。1996年又修正《检查法案》,规定网络信息犯罪行为包括:传输、获取、展示明知为禁止内容的文件;播放含有禁止内容的广告;向未成年人提供限制级内容文件;向未成年人提供可获得限制级内容文件的渠道;等等。

1999年《广播服务补充法(在线服务)》在澳大利亚参议院通过,指定澳大利亚广播局为负责调查网络管制问题的专门机构。2000年1月1日起开始受理侵扰性内容申诉,要求所有互联网服务提供商必须对网上的流通内容进行过滤,并公布了一份禁止访问的网站清单。澳大利亚广播局从四个方面开展网络传播治理工作:一是培植产业协会,评价、登记并记录监控行为规则的有效性,就规则的空白或失灵之处制定产业标准,保证产业发展,并要求网络行业主动遵守社会义务全面的指导方针;二是对有关禁止性内容的申诉进行调查,遵从特定程序,以限制对禁止性内容的获得;三是研究社会对互联网的使用情况,对公众进行教育,以提升公众对解决内容问题的重视程度;四是密切关注和参与解决互联网内容问题的政府间行动和其他国际行动。[2]

2005年,澳大利亚广播局改组为澳大利亚通信和媒体管理局(Australian Communications and Media Authority, ACMA),并开始运营澳大利亚境内的互联网违禁信息的热线举报机制,包括儿童色情或虐待等信息。在具体监管中,对网络信息内容的分级和分类的标准等同于澳大利亚电影与电脑游戏领域应用的国家分类体系框架(National Classification Scheme)。由ACMA负责的内容举报框架体现了多方共治的特征,政府、产业以及用户社群都在网络传播治理中扮

---

[1] 刘石磊:《英国网络防火墙屏蔽近两万网站 大力净化网络环境》,新华网(2014-08-07)[2018-04-12],http://www.xinhuanet.com/world/2014/08/07/c_1111975153.htm

[2] 刘兵:《关于中国互联网内容管制理论研究》,北京邮电大学博士学位论文,2007年。

演着重要角色。2009年3月,ACMA首次对一个拒绝执行链接删除指令的网络运营商开出罚单,每天罚款11000美元,直到违禁内容被删除为止。① 依照法律规定,ACMA可以更多地获得用户在网络上的私人数据信息。从2010年起,有政党提出建立遍及澳大利亚全国的互联网过滤技术体系,虽然该立法建议被搁置至今,但由互联网信息服务提供商自发组织的局部过滤体系仍然可以运营。

从英国和澳大利亚的网络传播治理特征的总结中可以发现,互联网行业组织、社会公众团体是治理的重要推动力量。但随着网络内容问题的逐渐突出,两国政府也都加强了治理的计划性、加大了治理力度。

第四节　亚洲邻国:侧重政府主导的行政管制

亚洲国家的网络传播治理中比较典型的是新加坡和韩国。新加坡的网络传播治理起步较早,1996年就颁布了《网络管理办法》和《网络行为准则》,对网络平台采取分级授权制度,按性质与提供的内容分为需要登记注册与无须登记注册两类。此外,还制定了《网络内容指导原则》,对危害公共安全与国防、破坏种族及宗教和谐、违反公共道德的网络信息开展治理。新加坡的网络主管机构是媒体发展管理局,该局是在2003年由新加坡广播局与电影、出版等主管部门合并成立的。在治理早期,互联网的信息服务都被纳入国家广播管理体系进行监督管理,由政府主导开展较严格的审查。互联网信息服务提供商必须接受分类许可并在广播管理部门注册登记,如果网络运营商涉嫌发布违规信息就会从源头予以制止。同时,对网络信息开展审查,特别是对于进入家庭的信息或未成年人会接触的信息都有着更大力度的政府审查。随着时间的推移,新加坡的网络信息内容治理逐渐体现出政府、企业和公众共同参与、联合管理的特征。媒体发展管理局将分类许可、鼓励产业自律和积极开展公共教育等措施相结合,不再强调预先审查,而是更注重互联网服务提供商、互联网内容提供商自行遵守法律,判断信息是否违规。新加坡三家主要的互联网服务提供商业已提供了可选的家庭网络访问工具,过滤了大量色情内容。

韩国注重互联网治理的法律先导原则。1995年即颁布了《电子通信商务法》,为网络信息内容治理奠定了法律基础。随后,成立了信息和通信道德规范

---

① Asher Moses, "Banned Hyperlinks Could Cost You $11,000 a Day," The Sydney Morning Herald(2009-03-17)[2021-03-07], https://www.smh.com.au/technology/banned-hyperlinks-could-cost-you-11-000-a-day-20090317-gdtf8j.html

委员会(ICEC),它有权根据网络内容确定被封堵的站点黑名单,并命令信息提供者删除或限制信息。2001年,《不当互联网站点鉴定标准》和《互联网内容过滤法令》生效,网络服务提供商被要求封锁政府编列的站点,并为青少年接入互联网提供信息过滤软件。可以说,韩国不仅有专门的互联网管理法律,而且其他法律法规也在网络时代不断扩充、修订,延伸到网络内容治理领域。韩国网络内容治理的对象涉及广泛,国家主权、青少年保护、网络诽谤、性暴力、网络犯罪、色情等信息均是监管的重点。

韩国在网络治理工作中的另一个典型案例是实名制的兴废。2005年6月,一个女孩在地铁车厢内与一个老人发生口角,其过程被人用手机拍下上传至网络。随即,该少女遭到"人肉搜索",个人真实信息被曝光于网络,其个人、家人的身心受到极大冲击。以此事件为契机,2005年9月,韩国信息通信部正式举行了互联网实名制听证会。在此后一年多的时间里,逐步试点扩大了网络实名制的应用范围。2007年,最终正式在全国范围内推行实名制,要求日均页面浏览量在30万人次以上的门户网站,以及日均页面浏览量在20万人次以上的媒体网站,必须引入身份验证机制。[1] 在实名制实施一年后,2008年10月韩国女星崔真实自杀,自杀原因被认为与网络谣言直接相关。该事件引发了社会对实名制制约网络暴力的有效性的质疑。有韩国学者研究指出,虽然网络实名制对减少网络诽谤的作用甚微,但对网络用户活跃性的降低作用十分显著,且实名制反而引发了身份伪造软件的滥用。2011年7月,韩国主要门户网站和社交网站遭黑客攻击,约3500万用户的个人信息泄露,引发了韩国社会史无前例的一场有关网络安全和政府网络管理能力的危机。事发一个月后,韩国政府首次表态会重新考虑网络实名制的必要性。2012年8月,韩国宪法裁判所裁定网络实名制违宪。[2] 自此,实施了5年之久的韩国网络实名制,正式画上了句号。

新加坡和韩国的网络传播治理,是政府主导的行政治理手段的代表。二者都是在政府的关注和推动下,基于法律条文对互联网内容开展多方面的治理。类似的还有日本和越南。相比于西方国家,亚洲国家的网络内容治理的对象更多样、敏感,还会涉及政治、宗教话题。

---

[1] 颜竹芹:《浅析网络实名制与公民基本权利的冲突与协调》,《黑龙江省政法管理干部学院学报》2015年第1期。

[2] 莽九晨:《韩国宪法裁判所裁定网络实名制违宪》,搜狐新闻(2012-08-23)[2014-03-12],http://news.sohu.com/20120823/n351385693.shtml

第四章
中国特色的网络传播治理之道

中国与世界上其他国家一样,迎来了互联网和信息时代,也面临着网络传播治理的任务。互联网对中国有着格外重要的意义,网络传播带给中国经济社会发展的影响巨大。

"时代"一词在马克思主义的语境下具有特殊意义。时代是反映社会发展某一特定历史阶段并具有自己基本特征的社会范畴。马克思在《资本论》中指出:"各种经济时代的区别,不在于生产什么,而在于怎样生产,用什么劳动资料生产。劳动资料不仅是人类劳动力发展的测量器,而且是劳动借以进行的社会关系的指示器"。[①] 马克思认为,个人借以进行生产的社会关系即社会生产关系,是随着物质生产资料、生产力的变化和发展而变化和发展的,生产关系总合起来就构成社会关系,构成社会,并且构成一个处于一定历史发展阶段上的社会,也就是具有独特特征的社会。生产方式和经济制度的变化,是马克思划分时代的基本标准。

与以往的机器不同,信息技术不只是人的四肢的延伸,而且是人脑的延伸,能代替人的部分脑力劳动。它的出现是人类智力解放的里程碑,让人类劳动智力化,形成了知识生产力。信息革命推动了科技社会化,科技发展与社会紧密结合,技术参与社会治理成为重要特征。信息技术引起生产力各要素的变革,人们不再单纯依靠自然资源,而是按照人的需要设计和制造具有特殊性能和结构的新型材料,人类的劳动对象发生根本性的改变,劳动生产率大幅度提高。各国间科技、信息交流和专利产品的买卖已成为推动经济发展的首要因素。

网络空间已成为人类生活的共同空间,网络空间规则与愿景成为关乎人类福祉的大事。人类空间的每一次延伸和拓展都带来了新的竞争,同时也产生了新的规则与新的愿景。正如陆地领土竞争的白热化导致了主权观念的制度化,

---

① 《马克思恩格斯全集》第44卷,人民出版社2001年版,第210页。

领海竞争导致了海上相关空间的规则界定,在每一个新空间诞生的时候,都可以看到明显的观念争论以及其中的利益博弈。拥有更多开发能力的国家要求更广泛的"自由",实质上这是一种行使霸权的自由,而相对弱势的一方则要求明确权利的边界,从而获得保护。在人类进入互联网时代时,也是如此。当前,互联网领域的主要权力被牢牢控制在某些国家手中,广大发展中国家被排斥在规则制定之外。每一轮科技革命都伴随着新的权力转移。科技革命对于大国来说是不可多得的历史性机遇,抓住了机遇就会长期保持竞争优势,而没有抓住机遇的国家不仅会在竞争中败落,还可能面临极大的生存危机。在过去的科技革命中,中国以及美洲文明等古老文明因为学习变革太慢而丧失了历史机遇,几乎遭遇了亡国灭种的危险。当前,信息革命已经开始,这场革命再次带来新一轮的全球权力转移,世界面临五百年未有之大变局。中国在这场变局中面临着重大的机遇和挑战。

在网络传播的影响下,世界各国在政治、社会、文化、教育、福利、居民健康和国民素质等各个方面都发生了巨大的适应性变化。政治的现代化涉及权威的合理化、权力结构的分离和公民政治参与程度的加深与扩大;新的中间阶层和技术人员阶层大量增加;公民的知识积累和知识结构发生了根本性的转变。

我国网络传播治理面临多重压力。互联网已经成为意识形态斗争的主战场、主阵地、最前沿,是当前意识形态领域面临的"最大变量",是影响国家安全和意识形态安全的重要因素。随着改革开放的深入和社会主义市场经济的发展,网络化生产、网络化生活成为常态,一些志趣相投、利益相关的网民跨地域、行业和国别,组成一个个带有一定标识的社会单位、社会群体,随时随地互动讨论,影响着公共事务和政策的走向,致使人们的价值取向、思维方式、道德标准等更趋多元。特别是随着西方传媒的进入,各种思潮相互交织、相互依存、相互影响,进步与落后的观念相互制衡、相互攻讦、相互挑战,使意识形态领域的防线受到冲击。

为了把握信息革命带来的机遇,掌握信息时代的主动权,同时防范网络传播带来的各种风险,中国积极探索有中国特色的网络传播治理之道。

第一节 治理思想

党的十八大以来,党中央高度重视互联网的发展和治理,统筹经济社会发展的各领域,作出一系列重大决策,形成了网络强国战略。习近平总书记关于网络强国的重要思想构成了指导网络传播治理的思想基础。

一、坚持党的领导

党管媒体是马克思主义新闻观的题中之义。进入互联网时代,"党管媒体,不能说只管党直接掌握的媒体。党管媒体是把各级各类媒体都置于党的领导之下","党管媒体的原则贯彻到新媒体领域,所有从事新闻信息服务、具有媒体属性和舆论动员功能的传播平台都要纳入管理范围,所有新闻信息服务和相关业务从业人员都要实行准入管理"。①

二、以人民为中心

全心全意为人民服务是中国共产党的根本宗旨,让广大人民群众共享改革发展成果是社会主义的本质要求,中国特色的网络传播治理之道必须贯彻以人民为中心的理念。互联网发展的目标就是网络发展成果惠及14亿中国人民,网络传播治理的目标是为亿万民众创造更好的精神家园。"网络空间天朗气清、生态良好,符合人民利益。网络空间乌烟瘴气、生态恶化,不符合人民利益。谁都不愿生活在一个充斥着虚假、诈骗、攻击、谩骂、恐怖、色情、暴力的空间。互联网不是法外之地。利用网络鼓吹推翻国家政权,煽动宗教极端主义,宣扬民族分裂思想,教唆暴力恐怖活动,等等,这样的行为要坚决制止和打击,决不能任其大行其道。利用网络进行欺诈活动,散布色情材料,进行人身攻击,兜售非法物品,等等,这样的言行也要坚决管控,决不能任其大行其道。没有哪个国家会允许这样的行为泛滥开来。我们要本着对社会负责、对人民负责的态度,依法加强网络空间治理,加强网络内容建设,做强网上正面宣传,培育积极健康、向上向善的网络文化,用社会主义核心价值观和人类优秀文明成果滋养人心、滋养社会,做到正能量充沛、主旋律高昂,为广大网民特别是青少年营造一个风清气正的网络空间"。②

三、构建网上网下同心圆

同心圆理论来源于习近平总书记关于凝聚共识工作的一系列讲话。"互联网是一个社会信息大平台,亿万网民在上面获得信息、交流信息,这会对他们的求知途径、思维方式、价值观念产生重要影响,特别是会对他们对国家、对社会、对工作、对人生的看法产生重要影响。实现'两个一百年'奋斗目标,需要全社会

---

① 习近平:《论党的宣传思想工作》,北京:中央文献出版社2020年版,第183—184页。
② 同上书,第196页。

方方面面同心干,需要全国各族人民心往一处想、劲往一处使。如果一个社会没有共同理想,没有共同目标,没有共同价值观,整天乱哄哄的,那就什么事也办不成。我国有十三亿多人,如果弄成那样一个局面,就不符合人民利益,也不符合国家利益。"①同心圆"就是在党的领导下,动员全国各族人民,调动各方面积极性,共同为实现中华民族伟大复兴的中国梦而奋斗"②。

同心圆内涵丰富,包括了对群众工作、宣传工作、统战工作、文化建设和社会管理等方面的要求。"人在哪儿,宣传思想工作的重点就在哪儿,网络空间已经成为人们生产生活的新空间,那就也应该成为我们党凝聚共识的新空间。"③媒体坚持移动优先策略,加快融合发展,"让主流媒体借助移动传播,牢牢占据舆论引导、思想引领、文化传承、服务人民的传播制高点"④。在群众工作和意识形态方面,要"争取人心,要区别不同问题、采取不同方法"⑤,"对网上热点问题,要线上线下共同发力"⑥,"要关注那些具有特殊性的知识分子,下功夫做好网络意见领袖、网络作家、签约作家、自由撰稿人、独立演员歌手等群体的工作"⑦。

四、构建网络空间命运共同体

习近平总书记在第二届世界互联网大会开幕式上的讲话中充分表达了构建网络空间人类命运共同体的思想,并提出了推进全球互联网治理体系变革的四项原则和共同构建网络空间命运共同体的五点主张。四项原则是指:尊重网络主权;维护和平安全;促进开放合作;构建良好秩序。五点主张包括:加快全球网络基础设施建设,促进互联互通;打造网上文化交流共享平台,促进交流互鉴;推动网络经济创新发展,促进共同繁荣;保障网络安全,促进有序发展;构建互联网治理体系,促进公平正义。

第二节 治 理 体 系

伴随着互联网在中国从无到有的发展,中国网络传播治理体系逐渐形成,这一过程大体可以分为三个阶段:

---

① 习近平:《论党的宣传思想工作》,北京:中央文献出版社 2020 年版,第 194—195 页。
② 《习近平新闻思想讲义(2018 年版)》,北京:人民出版社、学习出版社 2018 年版,第 121 页。
③ 习近平:《论党的宣传思想工作》,北京:中央文献出版社 2020 年版,第 355 页。
④ 同上。
⑤ 《习近平关于网络强国论述摘编》,北京:中央文献出版社 2020 年版,第 78 页。
⑥ 同上书,第 76 页。
⑦ 同上书,第 63 页。

1994年至1999年,是中国互联网产业的起步阶段,发展的重点是网络和基础设施,应用层的服务还比较少,网民人数和参与度都十分有限,这一时期的互联网治理主要是针对单个计算机或局域网方面的安全防范规定。互联网的管理机构开始出现。1993年底,中国设立的国家经济信息化联席会议作为非正式的协调机构开始发挥作用。这一阶段的互联网管理部门主要是在1998年国务院机构改革中新组建的信息产业部。

2000年至2011年是中国网络传播治理的重要探索时期。20世纪90年代的最后几年,以三大门户网站和网络搜索、即时通信、电子邮件、在线音乐为代表的第一代互联网产品和服务迅速普及,互联网日渐成为影响公众认知的"第四媒体",政府对互联网内容的规范管理全面启动,内容管理政策涉及面趋广,逐步向各行业和领域渗透。这一时期主要制定了九项政策,包括《计算机信息网络国际联网安全保护管理办法》(2011年修订)、《全国人民代表大会常务委员会关于加强网络信息保护的决定》《互联网安全条例》《中华人民共和国电信条例》和《互联网信息服务管理办法》等,这些文件基本构成了互联网治理的依据。从治理手段上来看,大多数采取直接管控的方式,对象集中在公告栏系统(BBS)提供商和互联网新闻方面。

这一阶段也是中国网络传播治理的基本理念和手段形成的时期。这一时期的特点是:一是限制性政策较多,指导性政策较少;政策法规层级较低,稳定性较弱,且具有一定的模糊性;二是政策法规和执法重点追着"技术"和"突发事件"走,缺乏预期性和规划性;三是"封堵"和"删帖"成为重要的行政手段;四是政治有害信息和涉及未成年人保护的内容是治理的重点;五是内容治理主体涉及党政双口,通常由负责技术与硬件资质的部门(例如工信部)、负责宣传文化和新闻管理的部门以及公安、安全等部门联合进行。

2012年至今,中国对网络传播治理的体制和机制开始进行重大改革。体制上成立了党中央直接领导的高于国务院的专门机构,统筹规划包括网络传播治理在内的互联网治理,网络内容治理的体制和管理模式日渐形成,内容治理的幅度、力度和强度显著增强。一是形成了政府主导、多元参与的治理体系,提出了"重双基、强双责"的工作思路,强化属地管理和平台责任;《网络信息内容生态治理规定》的出台对网民和行业组织参与网络传播治理做出了规定。二是互联网内容治理的范畴进一步拓展,从打击非法不良信息到"打击"和"保护"并举,尤其是加大了对涉及隐私、版权内容的保护力度。三是形成了信息治理的"频谱思维",较为明确地界定了非法信息、不良信息和积极鼓励传播的信息。四是内容治理的政策法规和监管手段日渐丰富,从以行政手段为主向多种手段并举发展,从重视结果合规到开始重视程序合规。

治理机构方面的改革,呈现出统一领导和统筹协调的特点。2011年,中央外宣办(国务院新闻办公室)内设机构不断调整,增设网络新闻应急事务局、网络评论工作局和网络信息服务管理局,并对网络新闻宣传局和网络新闻协调局的职能进行调整。同年5月,国务院办公厅设立了国家互联网信息办公室,以较高的行政级别统筹网络传播工作。国家互联网信息办公室不另设机构,加挂在国务院新闻办公室。2014年,为统筹互联网的安全与发展,中共中央成立了网络安全和信息化领导小组,由总书记担任小组组长,并设立中央网络安全和信息化领导小组办公室作为办事机构,中央组建新的国家互联网信息办公室(以下简称"国家网信办"),承担中央网络安全和信息化领导小组办公室工作,两者为一个机构,两块牌子。国家网信办同时具有行政管理职能,此后逐渐形成了中央、省、地市的三级体系。2018年,中央网络安全和信息化领导小组改为中央网络安全和信息化委员会,成为中央直属议事协调机构。中共中央宣传部是党的意识形态管理部门,对网络宣传、网络舆论、网络文化等方面的工作进行指导。国家新闻出版署(国家版权局)、文化和旅游部、国家广电总局等机构对网络传播中的具体产业或产品进行行政管理。工业和信息化部对网络传播中涉及的基础设施和技术产品进行行政管理,国家市场监督管理总局对网络广告和网络传播领域的其他经营行为进行管理,公安部负责对涉及违法犯罪的内容和行为进行监管。

第三节 依 法 治 理

网络传播治理形成了涵盖法律、行政法规、司法解释、规章及规范性文件等多层次的法规体系,其中又衔接各部门法,形成行政、民事、刑事部门的综合性监管体系。民事法律规范侧重解决网络侵权纠纷,刑事法律规范重在惩治网络诽谤、赌博、传播淫秽信息等网络犯罪,行政法规、规章及文件数量尤其庞大。在大量的文件中,涉及网络传播治理的内容零散分布于各部法律法规之中。

2017年5月出台的《互联网信息内容管理行政执法程序规定》是一部专门针对网络信息内容治理的程序性部门规章,其中明确了网络信息内容的监管主体与范围,建立了行政执法督查制度,提出加强执法队伍建设,确立整套管辖、立案、调查取证、听证、约谈、处罚决定、送达、执行结案的办案程序,为网络信息内容执法提供了依据,标志着中国网络传播治理进入了一个更加规范、更加符合法治精神的新阶段。

根据法律效力的等级,网络传播治理的依据包括法律、行政法规、司法解释、部门规章、规范性文件和行业规定。目前,主要的法律法规包括《中华人民共和国网络安全法》《中华人民共和国未成年人保护法》《中华人民共和国个人信息保护法》《中华人民共和国反不正当竞争法》《中华人民共和国电子商务法》《中华人民共和国密码法》《全国人民代表大会常务委员会关于加强网络信息保护的决定》以及《全国人民代表大会常务委员会关于维护互联网安全的决定》。

> **知识框35 网络传播治理的主要法律依据**
>
> 一是《中华人民共和国网络安全法》。这是中国第一部全面规范网络空间安全管理方面问题的基础性法律,是中国网络空间法治建设的重要里程碑,其中第一章第十二条和第四章对内容安全和信息安全做了非常详尽的规定。
>
> 二是《中华人民共和国未成年人保护法》。2020年的修订版中特别增加了"网络保护"专章,对涉及未成年人信息发布、产品设计、身份认证进行了明确规定,并规定了国家、社会、学校、家庭以及企业等多方的责任和义务。
>
> 三是《中华人民共和国个人信息保护法》。这是一部保护个人信息的法律,阐释了个人信息的保护范围和处理原则等问题。
>
> 四是《中华人民共和国反不正当竞争法》。2017年修订的《反不正当竞争法》新增加了对互联网领域不正当竞争行为的法律规制。第十二条规定"经营者利用网络从事生产经营活动,应当遵守本法的各项规定。经营者不得利用技术手段,通过影响用户选择或者其他方式,实施下列妨碍、破坏其他经营者合法提供的网络产品或者服务正常运行的行为:(一)未经其他经营者同意,在其合法提供的网络产品或者服务中,插入链接、强制进行目标跳转;(二)误导、欺骗、强迫用户修改、关闭、卸载其他经营者合法提供的网络产品或者服务;(三)恶意对其他经营者合法提供的网络产品或者服务实施不兼容;(四)其他妨碍、破坏其他经营者合法提供的网络产品或者服务正常运行的行为"。
>
> 五是《中华人民共和国电子商务法》。这部法律旨在保障电子商务各方主体的合法权益,规范电子商务行为,维护市场秩序和促进电子商务持续健康发展。其中第五条规定,"电子商务经营者从事经营活动,应当遵循自

愿、平等、公平、诚信的原则,遵守法律和商业道德,公平参与市场竞争,履行消费者权益保护、环境保护、知识产权保护、网络安全与个人信息保护等方面的义务,承担产品和服务质量责任,接受政府和社会的监督"。第三十一条规定"电子商务平台经营者应当记录、保存平台上发布的商品和服务信息、交易信息,并确保信息的完整性、保密性、可用性。商品和服务信息、交易信息保存时间自交易完成之日起不少于三年;法律、行政法规另有规定的,依照其规定"。

六是《中华人民共和国密码法》。这部法律旨在规范密码应用和管理,促进密码事业发展,保障网络与信息安全,维护国家安全和社会公共利益,保护公民、法人和其他组织的合法权益。

七是《全国人民代表大会常务委员会关于加强网络信息保护的决定》(以下简称《决定》)。《决定》第五条和第六条规定,网络服务提供者作为特殊义务主体还需负担某些特殊网络信息保护相关义务:管理其用户发布信息的义务,要求其在发现法律、法规禁止发布或者传输的信息之时,立即停止传输该信息,采取消除等处置措施,保存有关记录,并向有关主管部门报告;要求用户提供真实身份信息的义务,在与用户签订协议或者确认提供服务时应当要求用户向其提供真实身份信息;配合有关主管部门并提供技术支持的义务,在有关主管部门依法履行职责时,网络服务提供者应当予以配合,提供技术支持。

八是《全国人民代表大会常务委员会关于维护互联网安全的决定》(以下简称《决定》)。《决定》为加强网络信息保护提供了法律依据。

近年来,网络传播方面的依法治理进程加快,上述法律为规范网络传播活动提供了非常重要的保障。与此同时,一批行政法规、司法解释、部门规章和规范性文件也构成了网络传播治理的依据。

从法律责任方面看,网络传播治理突出两方面的责任:一是制作、复制、发布、传播非法信息内容的法律责任。在现行法律(主要是行政性立法)中,对制作、复制、发布、传播法律禁止信息内容的单位与个人进行依法处罚,其所承担的法律责任中,主要是行政责任与刑事责任的合并性规定。对制作、复制、发布、传播违法网络信息内容情节严重的从重追究责任主体的行政责任、刑事责任是近年来的一个明显趋势。对违法违规单位处以警告、罚款、责令停业整顿、限期改正、吊销许可证资格、责令关闭网站,违法违规个人担负的行政责任主要是罚款。

单位与个人触犯刑法需要依法追究刑事责任。为有效阻断非法互联网信息内容的传播,监管部门不仅要对违法后果追责,更为重要的是对违法过程的预防。监管工具结合责任设定的创新,加重第三方网络平台的监管义务,采用"国家—平台—公民"三元对抗模式,是目前网络内容治理的另一个明显趋势。二是平台所承担的责任与义务。监管部门倾向为互联网平台设定法定监管义务,赋予平台行使一定的监管权限,只有平台未履行这些义务,才会导致责任的产生。

我国网络传播的依法治理取得了长足的进步,立法进程加快,治理依据的效力层级显著提升,尤其是涉及国家和人民核心利益的问题得到了有效回应。内容治理的对象更加清晰,并在不同效力层级的法律中一以贯之。但是,网络传播是一个技术和市场主导的领域,立法和司法的进程落后于产业成为常态,在这个过程中,往往会出现对新业态、新产品或新现象的立法滞后问题。

第四节 行 政 管 理

行政管理是运用国家权力对网络传播进行的管理活动,是对提供网络传播服务或从事传播活动的条件与资质,网络传播过程中应履行的义务与责任,应遵守的原则进行的引导、规范、管理以及处罚和惩戒等。

行政管理包括主体管理、过程管理、内容管理等。主体管理是对提供网络信息服务或从事网络传播活动的主体进行管理。广义上的主体管理涉及包括网民在内的网络传播活动的所有主体,狭义上主体管理主要针对提供经营性或公共性服务的主体。主体管理通过资格准入的方式进行管理。网络传播领域的资格准入管理通常包括行政许可(审批制)和行政确认(备案制)两种。通常只有对基础性、资源型和影响力大的项目实行审批制。例如,2021年1月8日发布的《互联网信息服务管理办法》(修订草案征求意见稿)第四条明确规定:"国家对经营性互联网信息服务实行许可制度;对非经营性互联网信息服务实行备案制度。未取得许可或者未履行备案手续的,不得从事互联网信息服务。"近年来,政府把简政放权作为深化改革的方向,网络传播领域的行政许可范围也在逐步缩小。目前,行政许可管理主要针对新闻信息服务、金融信息服务、网络视听节目服务、网络出版、网络游戏网上运营等。过程管理是对网络传播经营或运营过程的规范。例如网络出版要求履行重大选题备案制度,短视频和微电影要求"先审后发",提供网络信息服务需要设立"总编辑",运营网络游戏必须做用户指引和警示说明等。内容管理是针对网络信息内容的合法合规性要求。

一、网络出版

网络出版包括网络文学、网络学术、网络地图、网络游戏等。网络出版实行较为严格的管理模式,准入方面实行许可制,要求"相关服务器和存储设备必须在境内","外资单位不得从事网络出版服务",对提供网络出版服务的单位实行年检制。在过程管理和内容管理方面,实行"出版物内容审核责任制度""重大选题备案制度""人工干预网络推广查验制度",以及"网络出版物标识制度"等。

网络游戏在网络出版中占有重要位置,网络游戏的用户数量和产业规模十分可观,而游戏行业的社会负面性较强,因此行政管理部门对网络游戏的管理执行较为严格的标准。对网络游戏线上运营和网络游戏虚拟币发行和交易实行行政许可管理。在过程管理中突出对未成年人权益的保护,对游戏中争议较大的规则,例如强制对战、诱导投入等进行了限制,严格限制虚拟币交易。

二、网络信息服务

从事互联网信息服务业务必须取得电信管理机构或信息产业主管部门颁发的互联网信息服务增值电信业务经营许可证;网络信息服务管理对经营性和非经营性的服务进行了区别管理,前者实行审批制,后者实行备案制。从事新闻、出版、教育、医疗保健、药品和医疗器械等互联网信息服务,须经有关主管部门审核同意。

网络新闻信息服务,包括通过互联网刊登新闻信息、提供时政类电子公告服务和面向公众发送时政类通信信息。只有依法设立的报社、广播电台、电视台和通讯社等新闻单位才能登载网络新闻信息,非新闻单位只能转载新闻信息。2016年,国家网信办给了14家新闻网站采访权,这14家网站都是中央新闻媒体单位设立的网站。商业网站没有采访权。2017年,为适应技术应用发展需要,国家网信办出台了《互联网信息服务管理规定》,加强了对网站、论坛、博客、微博客、公众账号、即时通信工具、网络直播等形式提供新闻信息服务的统一规范和管理。网络新闻信息服务业严格限制外资进入,规定外资不得设立网络新闻单位,网络新闻信息采编业务不允许非公有资本介入。网络新闻转载必须保证传递内容不失真。[①]

金融信息服务,是指向从事金融分析、金融交易、金融决策或者其他金融活

---

① 王军:《传媒法规与伦理(第二版)》,北京:中国传媒大学出版社2019年版,第201页。

动的用户提供可能影响金融市场的信息或者金融数据的服务。2018年12月26日,国家互联网信息办公室公布了《金融信息服务管理规定》并于2019年2月1日开始施行,明确金融信息服务采取行政审批制管理,强调金融信息服务提供者的主体责任,要求配备相应的管理人员和资源,保证信息可追溯,并确保金融信息真实、客观、合法。此外,还特别要求设置便捷投诉窗口,并保存有关记录。

金融信息服务提供者不得制作、复制、发布、传播下列内容的信息:散布虚假金融信息,危害国家金融安全以及社会稳定的;歪曲国家财政货币政策、金融管理政策,扰乱经济秩序、损害国家利益的;教唆他人商业欺诈或经济犯罪,造成社会影响的;虚构证券、基金、期货、外汇等金融市场事件或新闻的;宣传有关主管部门禁止的金融产品与服务的;法律、法规和规章禁止的其他内容。

三、网络视听节目服务

网络视听节目服务,指制作、编辑、继承并通过互联网向公众提供视音频节目,以及为他人提供上载传播视听节目服务的活动。网络视听节目服务采取行政许可制。根据技术应用发展需要,网络视听节目服务提出禁止"二次创作"的要求,即不得制作、传播歪曲、恶搞、丑化经典文艺作品的节目;不得截取节目片段再拼接;不得篡改节目;对节目的完整性和商业性进行管理,对片花、预告以及冠名、赞助进行规范。

四、网络直播、短视频、网络剧、微电影

近年来,网络直播、短视频、网络剧、微电影等新兴形态逐渐兴起,逐步被纳入网络传播行政管理的范畴。对这类内容和传播行为的管理在原则上继承了网络信息服务管理的要求,尤其是把新闻信息与其他信息进行区分管理,在内容管理方面要求"先审后发"。网络直播服务提供商应遵守"后台实名,前台自愿"的原则,网络剧和微电影应实行重点节目主动事前备案、特殊题材征求意见等。

行政手段具有强制性、权威性、直接性、快速性等特征,在解决网络传播具体问题中往往效率高、见效快,能够达到立竿见影的效果,但是行政手段受到管理者水平与能力的影响较大,不具有稳定性,且过度使用行政手段会造成管理者的懒惰和怠慢。

> **知识框 36　网络传播治理的专项行动**
>
> 专项行动是一类典型的行政管理方式,是指相关机关依据法律法规的规定,对某类突出问题,在一定时期内集中人员、集中精力针对特定内容和对象开展集中打击或整治。网络传播领域形成了多项持续性的专项行动,例如旨在保护未成年人权益的"护苗"行动,旨在保护知识产权的"剑网"行动,旨在打击利用网络制作、传播淫秽色情信息的"净网"行动等。还有一些非连续性的行动,例如2021年的"清朗·'饭圈'乱象整治"专项行动。

第五节　平台自治

平台自治是推动网络传播治理体系完善的重要举措。平台自治包括对平台上的信息或服务的治理,也包括对平台中用户的治理。对内容和信息的治理,是平台治理的关键。各大公司在法规规定的禁止性条款的大原则下分别作出了更加细致的规定,并借助技术手段进行管理。近年来,随着人工智能技术的发展,在内容管理中引入智能识别技术显得尤为重要。平台的用户治理方式有两类:一类是对特殊用户的保护,例如对未成年用户采取一些相应的措施,包括保护网络安全、防止沉迷、推出专属内容等;另一类是对不良用户的限制、封禁,包括禁言、封号、删除、屏蔽等。

> **案例　"饭圈"乱象整治中的平台自治**
>
> 2021年,吴亦凡事件充分暴露出流量明星产业和"饭圈"生态中的种种问题。中央网信办决定在全国范围内开展"清朗·'饭圈'乱象整治"专项行动。网络平台积极响应,对明星榜单、热门话题、粉丝社群、互动评论等重点环节展开治理,对"饭圈"粉丝互撕谩骂、拉踩引战、挑动对立、侮辱诽谤、造谣攻击、恶意营销等各类有害信息进行规范。以新浪微博为例,针对性完善相关社区规则和用户公约,明确涉"饭圈"相关用户行为规范和违规处置措施,建立健全包括《微博投诉操作细则》《微博账号管理规范》《娱乐自媒体号违规行为界定及处罚措施(试行)》《明星经纪公司及官方粉丝团社区行为指引(试行)》在内的13项制度机制,其中新建制度6项、完善制度4项、健全机

制3项。在产品功能上,微博取消所有明星艺人的排行榜;关闭带有明星名字的超话排行内容;关闭以打投、应援、集资、控评、八卦、爆料等为主题的粉丝群组;处置和拦截各类有害信息,禁评部分账号的点赞功能。

▶ **练习题**

1. 名词解释

(1)网络暴力

(2)避风港原则

(3)信息伦理

(4)网络礼仪

(5)责任铁律

(6)网络空间命运共同体

2. 简答题

(1)简述信息伦理的基本原则。

(2)简述平台责任的内涵与外延。

(3)美国网络传播治理的特征有哪些?

3. 论述题

(1)试论网络霸权的表现及形成原因。

(2)试阐释算法伦理的特殊性。

(3)简述中国网络传播治理的特征。

后　记

　　传播与文明有着千丝万缕的联系,媒介与传播更是息息相关。自 20 世纪后半叶计算机和互联网发明以来,人类传播活动的形式与意义都发生了深刻的变革。网络传播不仅改变了信息与信息扩散的方式,还孕育了新的文化形态和社会结构。尽管自 20 世纪 90 年代开始,对新媒体与网络传播的研究就逐渐兴起,网络传播教学与实践活动也相继展开,但是长久以来网络传播的研究与教学受制于传统大众传播的范式与流派,缺乏面向新事物与新问题的总结和探索。近年来,随着实践的发展和研究的深入,对网络传播研究与教学创新的诉求越来越强烈,相应的学科基础也越来越厚重。为了使这些新现象、新观点、新思想、新理论能够更好地传播与传承,作者萌发了编撰一部体系相对完整、观点相对全面、能够体现研究性与创新性的教材。

　　然而,开工之后才倍感工程之浩大! 一方面,每一部分都似乎是一个独立的研究领域,从梳理理论脉络到分析实际问题,涉及内容之广远远超出了既有的知识储备。另一方面,实践的发展日新月异,总有新的内容在脑海中盘旋。因此,书稿几经周折,反复从出版社要回来补充、替换。为此,由衷地感谢本书责任编辑胡利国老师的辛苦付出! 那些因为种种原因,最终没有呈现的内容也凝结了他的心血。

　　本书在编撰过程中,尽力做到以下几点:一是经典性与创新性相结合,本书引用或印证的成果与素材既包括学术大家的经典理论,也包括一些学术新人的创新性成果;二是知识性与研究性相结合,书中不仅介绍了一些系统的理论或者知识,也十分注重介绍研究进展与研究设计,旨在引导青年学生的学术兴趣,培养学术素养;三是问题意识与理论分析相结合,本书体例设计与理论介绍,以实际问题为导向,注重现实问题对研究的引导性,以及理论对实际问题的观照。从这个意义上说,本书不只是知识与理论的介绍,还是从事网络传播研究的基础性和启蒙性资料。当然,理想与现实之间的距离是作者的水平与见识有限,作者深知还有很多问题依旧没有得到很好的处理,期待以后与各位读者共同探讨。

后 记

本书是集体智慧的结晶。书稿从酝酿至今已经历时数载,很多对此书有过贡献的人已经难以一一列举。新媒体研究院的学生张华麟、赵丹彤、朱垚颖、李冰、赵珞琳、安静、刘芳、张翼、白映莎、柏小林、吴雅文、方菲、李代、李哲哲,还有武汉大学的李小宇博士参与了本书的资料收集与整理工作。陈馨婕同学协助完成了大量的统稿和校对工作,她的工作细致认真,为本书的出版做出了贡献。没有大家的努力,本书的写作难以完成。

本书在写作过程中,参考引用了大量前人的研究成果,特向各位作者表达深深的谢意!本书得到了北京大学新媒体研究院各位同事的大力支持,一并表示感谢!此外,特别感谢主修这门课的同学们,他们的讨论与建议为本书的写作提供了很多启发。

对于书中存在的不足与疏漏,希望各位读者批评指正。

编　者

2022 年 6 月